LA FRANCE

LE ROYAUME-UNI

LA MER DU NORD

LES PAYS-BAS (m.)

Langues maternelles
- ☐ Le français langue maternelle majoritaire
- ▨ Le français langue maternelle d'une minorité importante

Langues officielles
- ⬚ Le français est la seule langue officielle
- ⬚ Le français est une des langues officielles du pays
- ⊠ Le français est la langue de culture ou des affaires pour une partie importante de la population

LA BELGIQUE
la Wallonie

LE LUXEMBOURG

LA MANCHE

Dunkerque
Calais
Boulogne
Lille
LA PICARDIE
Dieppe
Amiens
Cherbourg
Le Havre
Rouen
LA CHAMPAGNE
Reims
Verdun
Metz
Caen
la Seine
Paris ⭐
LA LORRAINE
Nancy
Strasbourg
St. Malo
LA NORMANDIE
Versailles
L'ÎLE-DE-FRANCE
L'ALSACE
Brest
le Mont-St. Michel
Chartres
Fontainebleau
LES VOSGES
Colmar
L'ALLEMAGNE
LA BRETAGNE
Rennes
Troyes
Le Mans
Orléans
la Loire
Angers
Blois
la Saône
Dijon
Besançon
Nantes
Tours
la Loire
Bourges
LA TOURAINE
LA BOURGOGNE
LA SUISSE
LA VENDÉE
Poitiers
LE POITOU
LA FRANCE
LE JURA
La Rochelle

L'OCÉAN ATLANTIQUE (m.)

Limoges
Clermont-Ferrand
Lyon
le Val d'Aoste
L'AUVERGNE
Rocamadour
Grenoble
L'ITALIE
Bordeaux
LE MASSIF CENTRAL
LES ALPES
la Garonne
LE DAUPHINÉ
le Rhône
Moissac
Albi
Nîmes
Avignon
Nice
Biarritz
Toulouse
Montpellier
LA PROVENCE
Cannes
Arles
Marseille
MONACO
LE PAYS BASQUE
Lourdes
Carcassonne
LE LANGUEDOC
la Corse
LES PYRÉNÉES
Perpignan
LA MER MÉDITERRANÉE

L'ANDORRE

L'ESPAGNE (f.)

0	50	100 MILLES
0	50 100	150 KILOMÉTRES

LE MONDE

0   1,000   2,000 MILLES
AT
EQUATOR
0   1,000   2,000   3,000   KILOMÉTRES

L'OCÉAN
ARCTIQUE (m.)

LE GROENLAND

LA FÉDÉRATION
RUSSE

l'Alaska (m.)
(LES
ÉTATS-UNIS)

le Yukon

les Territoires
du Nord-Ouest
(m.)

LE CANADA

la Colombie
Britannique

l'Alberta
(m.)

le
Manitoba

la
Saskatchewan

l'Ontario
(m.)

le
Québec

Terre-
Neuve (f.)

Saint-Pierre-et-Miquelon
(LA FRANCE)

L'AMÉRIQUE
DU NORD

le Maine

le New-Hampshire

le Vermont

le Nouveau-Brunswick

la Nouvelle-Écosse

le Massachusetts

LES ÉTATS-UNIS

la Louisiane

le Rhode Island

le Connecticut

L'OCÉAN
ATLANTIQUE (m.)

Hawaii
(LES ÉTATS-UNIS)

L'AMÉRIQUE
CENTRALE

LE
MEXIQUE

BELIZE (m.)

LES CARAÏBES

LE GUATEMALA
LE SALVADOR (m.)
LE HONDURAS
LE NICARAGUA
LE PANAMÁ

LE COSTA
RICA

la Guyane française
(LA FRANCE)

VANUATU (m.)

Wallis-et-Futuna
(LA FRANCE)

TUVALU   KIRIBATI

LES SAMOA
(f.pl.)

LA POLYNÉSIE
FRANÇAISE

FIDJI   TONGA
(m.)   (m.)

la Nouvelle-Calédonie
(LA FRANCE)

LE VENEZUELA

LA
COLOMBIE

LA GUYANA

LE SURINAM

L'ÉQUATEUR
(m.)

LE PÉROU

L'AMÉRIQUE
DU SUD

LA
BOLIVIE

LE BRÉSIL

LE PARAGUAY

LE CHILI

L'ARGENTINE (f.)

L'URUGUAY (m.)

LA NOUVELLE-ZÉLANDE

L'OCÉAN
PACIFIQUE (m.)

LA SUÈDE
LA FINLANDE
LA NORVÈGE
LA MER
DU NORD
l'ISLANDE (f.)
LA FÉDÉRATION RUSSE
LE
ROYAUME
UNI
L'IRLANDE
(f.)
L'AZERBAIDJAN
(m.)
L'ARMÉNIE (f.)
LA GÉORGIE
LA TURKMÉNIE
L'EUROPE
LA FRANCE
LE KAZAKHSTAN
L'OUZBÉKISTAN
LA MONGOLIE
LA CORÉE
DU NORD
L'ANCIEN
SAHARA
OCCIDENTAL
(m.)
LA KIRGHIZIE
LA CHINE
LE JAPON
LA GAMBIE
LA TURQUIE
LE TADJIKISTAN
LE MAROC
LA TUNISIE
L'IRAK
(m.)
L'IRAN
(m.)
L'AFGHANISTAN (m.)
LE NÉPAL
LE BHOUTAN
LE LAOS
LA CORÉE
DU SUD
LE SÉNÉGAL
L'ALGÉRIE
LE
VIÊT-NAM
TAÏWAN
LA LIBYE
LE PAKISTAN
L'ÉGYPTE
(f.)
L'ARABIE
SAOUDITE
(f.)
L'INDE (f.)
LA MAURITANIE
L'AFRIQUE
L'OMAN
LA THAÏLANDE
LE MALI
LE NIGER
LE TCHAD
LE SOUDAN
LE YÉMEN
LE
BANGLA
DESH
LE KAMPUCHÉA
LE BURKINA-FASO
LE NIGERIA
L'OUGANDA
(f.)
L'ÉTHIOPIE
(f.)
DJIBOUTI
L'UNION
DE MYANMAR
LES PHILIPPINES
(f.pl.)
LA GUINÉE-
BISSAU
LA RÉPUBLIQUE
CENTRAFRICAINE
LE SRI LANKA
LA
PAPOUASIE-
NOUVELLE
GUINÉE
LA GUINÉE
CAMEROUN
LE CONGO
LE KENYA
Pondichéry
LA SIERRA
LEONE
LE GABON
LE ZAÏRE
LE RUANDA
LE LIBERIA
LE BURUNDI
LA
TANZANIE
LA ZAMBIE
L'INDONÉSIE (f.)
LA CÔTE D'IVOIRE
LE GHANA
L'ANGOLA
(m.)
LE MALAWI
LE TOGO
LE BÉNIN
LA GUINÉE-
ÉQUATORIALE
LA
NAMIBIE
LE
BOTSWANA
MADAGASCAR
L'AUSTRALIE (f.)
L'AFRIQUE DU SUD (f.)
LE
LESOTHO
LE ZIMBABWE
LE MOZAMBIQUE
LE
SWAZILAND

Langues maternelles

☐ Le français langue maternelle majoritaire

☐ Le français et un créole français langues maternelles

☐ Créole français langue maternelle majoritaire

☐ Le français langue maternelle d'une minorité importante

Langues officielles

☐ Le français est la seule langue officielle

☐ Le français est une des langues officielles du pays

☐ Le français sert de langue administrative ou dans l'enseignement

☐ Le français est la langue de culture ou des affaires pour une partie importante de la population

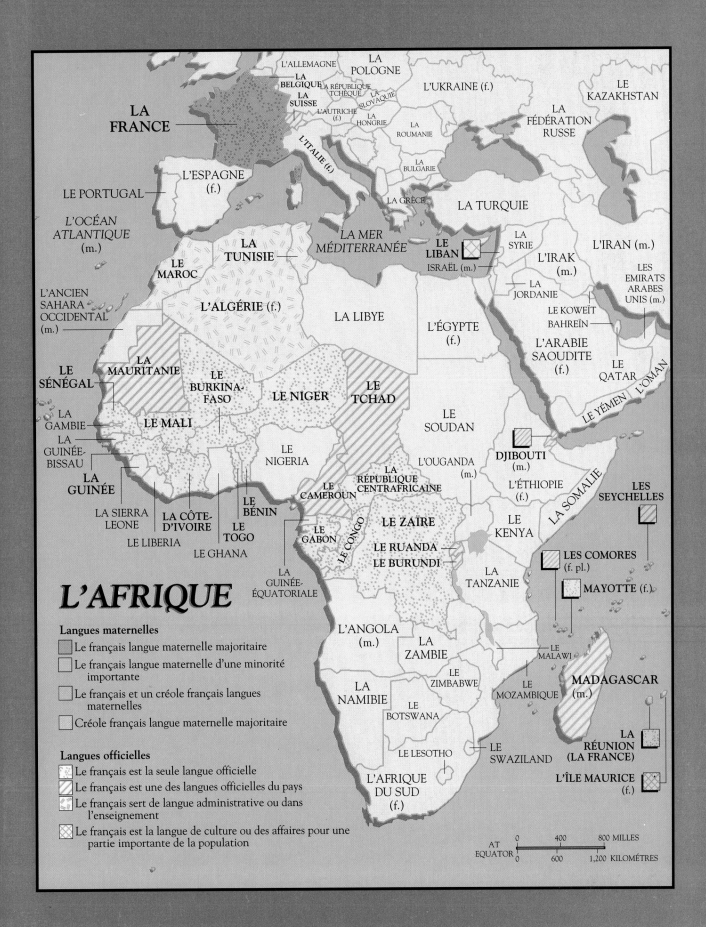

L'AFRIQUE

Langues maternelles

- Le français langue maternelle majoritaire
- Le français langue maternelle d'une minorité importante
- Le français et un créole français langues maternelles
- Créole français langue maternelle majoritaire

Langues officielles

- Le français est la seule langue officielle
- Le français est une des langues officielles du pays
- Le français sert de langue administrative ou dans l'enseignement
- Le français est la langue de culture ou des affaires pour une partie importante de la population

L'ALLEMAGNE
LA BELGIQUE
LA SUISSE
LA POLOGNE
L'UKRAINE (f.)
LE KAZAKHSTAN
LA RÉPUBLIQUE TCHÈQUE
LA SLOVAQUIE
L'AUTRICHE (f.)
LA HONGRIE
LA ROUMANIE
LA FÉDÉRATION RUSSE
LA FRANCE
L'ITALIE (f.)
LA BULGARIE
L'ESPAGNE (f.)
LA GRÈCE
LA TURQUIE
LE PORTUGAL
L'OCÉAN ATLANTIQUE (m.)
LA TUNISIE
LA MER MÉDITERRANÉE
LE LIBAN
ISRAËL (m.)
LA SYRIE
L'IRAN (m.)
LE MAROC
LA JORDANIE
LES EMIRATS ARABES UNIS (m.)
L'ANCIEN SAHARA OCCIDENTAL (m.)
L'ALGÉRIE (f.)
LA LIBYE
L'ÉGYPTE (f.)
LE KOWEÏT
BAHREÏN
L'ARABIE SAOUDITE (f.)
LE QATAR
LE SÉNÉGAL
LA MAURITANIE
LE BURKINA-FASO
LE NIGER
LE TCHAD
LE SOUDAN
LE YÉMEN
L'OMAN
LA GAMBIE
LE MALI
DJIBOUTI (m.)
LA GUINÉE-BISSAU
LE NIGERIA
L'OUGANDA (m.)
L'ÉTHIOPIE (f.)
LA GUINÉE
LE BÉNIN
LE CAMEROUN
LA RÉPUBLIQUE CENTRAFRICAINE
LA SOMALIE
LES SEYCHELLES
LA SIERRA LEONE
LA CÔTE-D'IVOIRE
LE TOGO
LE GABON
LE ZAÏRE
LE KENYA
LE LIBERIA
LE GHANA
LE CONGO
LE RUANDA
LE BURUNDI
LES COMORES (f. pl.)
MAYOTTE (f.)
LA GUINÉE-ÉQUATORIALE
LA TANZANIE
L'ANGOLA (m.)
LA ZAMBIE
LE MALAWI
MADAGASCAR (m.)
LE ZIMBABWE
LE MOZAMBIQUE
LA NAMIBIE
LE BOTSWANA
LA RÉUNION (LA FRANCE)
LE LESOTHO
LE SWAZILAND
L'ÎLE MAURICE (f.)
L'AFRIQUE DU SUD (f.)

AT EQUATOR

| 0 | 400 | 800 MILLES |
| 0 | 600 | 1,200 KILOMÉTRES |

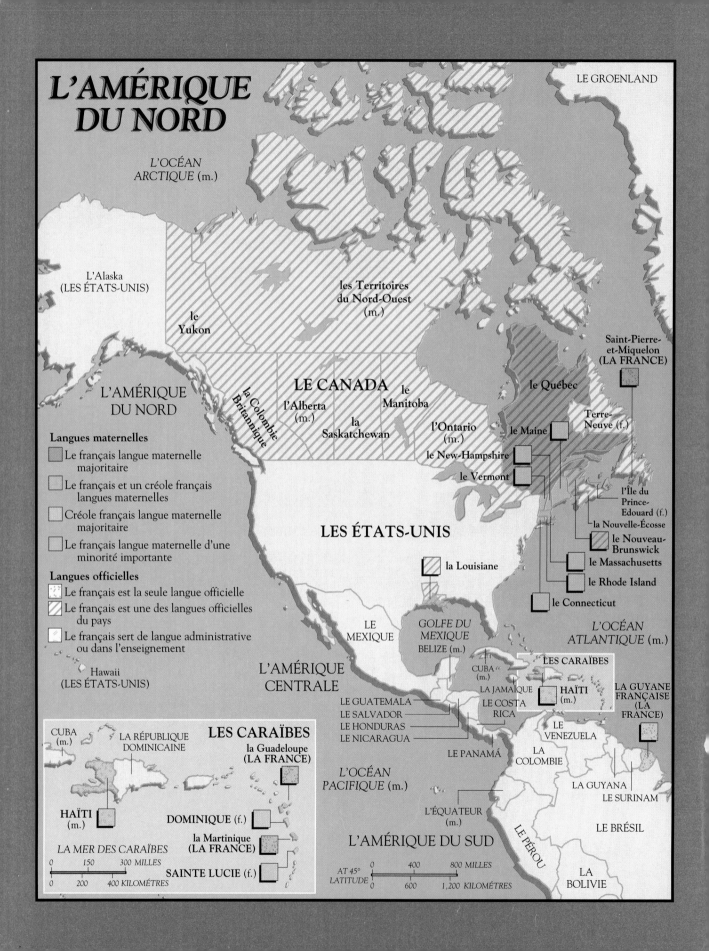

L'AMÉRIQUE DU NORD

LE GROENLAND

L'OCÉAN ARCTIQUE (m.)

L'Alaska (LES ÉTATS-UNIS)

le Yukon

les Territoires du Nord-Ouest (m.)

Saint-Pierre-et-Miquelon (LA FRANCE)

le Québec

Terre-Neuve (f.)

L'AMÉRIQUE DU NORD

LE CANADA

la Colombie Britannique

l'Alberta (m.)

le Manitoba

la Saskatchewan

l'Ontario (m.)

le Maine

le New-Hampshire

le Vermont

l'Île du Prince-Edouard (f.)

la Nouvelle-Écosse

le Nouveau-Brunswick

le Massachusetts

le Rhode Island

le Connecticut

Langues maternelles

Le français langue maternelle majoritaire

Le français et un créole français langues maternelles

Créole français langue maternelle majoritaire

Le français langue maternelle d'une minorité importante

Langues officielles

Le français est la seule langue officielle

Le français est une des langues officielles du pays

Le français sert de langue administrative ou dans l'enseignement

Hawaii (LES ÉTATS-UNIS)

LES ÉTATS-UNIS

la Louisiane

L'OCÉAN ATLANTIQUE (m.)

LE MEXIQUE

GOLFE DU MEXIQUE

BELIZE (m.)

L'AMÉRIQUE CENTRALE

CUBA (m.)

LA JAMAÏQUE

LE COSTA RICA

LES CARAÏBES

HAÏTI (m.)

LA GUYANE FRANÇAISE (LA FRANCE)

LE GUATEMALA

LE SALVADOR

LE HONDURAS

LE NICARAGUA

LE PANAMÁ

LE VENEZUELA

LA COLOMBIE

LA GUYANA

LE SURINAM

L'OCÉAN PACIFIQUE (m.)

L'ÉQUATEUR (m.)

LE BRÉSIL

L'AMÉRIQUE DU SUD

LE PÉROU

LA BOLIVIE

LES CARAÏBES

CUBA (m.)

LA RÉPUBLIQUE DOMINICAINE

la Guadeloupe (LA FRANCE)

HAÏTI (m.)

DOMINIQUE (f.)

la Martinique (LA FRANCE)

LA MER DES CARAÏBES

SAINTE LUCIE (f.)

0   150   300 MILLES

0   200   400 KILOMÉTRES

AT 45° LATITUDE

0   400   800 MILLES

0   600   1,200 KILOMÉTRES

Situations et Contextes

Situations et Contextes

SECOND EDITION

H. Jay Siskin

University of Oregon

Jo Ann M. Recker

Xavier University

Holt, Rinehart and Winston
Harcourt Brace College Publishers
Fort Worth   Philadelphia   San Diego   New York   Orlando   Austin   San Antonio
Toronto   Montreal   London   Sydney   Tokyo

Editor-in-Chief	Ted Buchholz
Senior Acquisitions Editor	Jim Harmon
Developmental Editor	Nancy Beth Geilen
Project Editor	Erica Lazerow
Senior Production Manager	Kenneth A. Dunaway
Senior Art Director	Serena Barnett Manning
Picture Development Editor	Greg Meadors
Text Designer	Paula Goldstein
Illustrator	George Richards
Cover Artist	Turtel Onli

Photo and realia credits appear at the end of the book.

Address for Editorial Correspondence: Harcourt Brace College Publishers, 301 Commerce Street, Suite 3700, Fort Worth, TX 76102.

Address for Orders: Harcourt Brace & Company, 6277 Sea Harbor Drive, Orlando, FL 32887. 1-800-782-4479, or 1-800-433-0001 (in Florida).

ISBN 0-15-500592-8

Library of Congress Catalog Number 93-77004

This book is printed on acid-free paper.

Printed in the United States of America

4 5 6 7 8 9 0 1 2 048 9 8 7 6 5 4 3 2

Preface

Situations et Contextes emphasizes a communicative and proficiency approach to the teaching of speaking, reading, listening, writing, and culture. The program consists of several components that enable students to function in everyday situations using authentic language and culturally appropriate behavior.

Student textbook

The student textbook is composed of fourteen chapters with the following divisions:

Warm-up: Each chapter begins with a page of photos intended to stimulate discussion of cross-cultural differences and prepare students for the communicative and cultural themes of the chapter.

Situations: Each chapter contains three *Situations.* The *Situations* present grammar and vocabulary associated with places or scenarios that are likely to be encountered by a person studying, working, or traveling in a French-speaking country. They are usually in dialogue form and follow the lives of the Bordier family and their American au pair girl, Anne Williams. Comprehension questions follow each *Situation.*

Autrement dit: Each *Situation* is followed by a section that expands the vocabulary and expressions presented in context in the dialogue. These new items are organized according to semantic field, such as colors or clothing; context, such as "at the university" or "at the movies"; or linguistic function, such as "expressing happiness," or "inviting." This new vocabulary is practiced through mechanical, meaningful, and communicative exercises that follow.

Structures: This section explains new grammar that has been presented in context through the *Situation.* Grammar is presented in small steps and recycled; for example, the imperfect is discussed four times: its three different functions are explained in separate *Structures* and then it is contrasted with the *passé composé.* Exercises that focus on form, meaning, and communication follow.

Documents/Lectures: Beginning with chapter 2, each chapter contains a reading based on a piece of realia. Beginning in chapter 5, this is complemented by a more extensive reading. Literary readings are introduced in chapter 9. Readings were selected to complement the theme of the chapter and to explore French institutions, values, and social patterns. All readings are authentic and minimally edited. They are preceded by preparatory activities that concentrate on reading strategies such as guessing meaning from context or form and hypothesizing about content. Post-reading exercises check comprehension and contain meaningful and communicative activities that give students additional practice in speaking. Questions following literary selections allow students to explore themes and enhance their aesthetic appreciation.

Activités: The concluding section, *Activités,* contains games and role-play activities that help students to recycle vocabulary and structures presented in the chapter.

Other features: Each chapter ends with an alphabetical list of the active vocabulary presented in the chapter. The appendixes consist of verb charts, including irregular verbs; a list of verbs that use the auxiliary **être**; French–English/English–French vocabularies; and the index.

Ancillaries

The Workbook/Lab Manual

Writing, listening comprehension, and pronunciation are the foci of the *Workbook/Lab Manual.* Each chapter is divided into two parts: *Activités écrites* and *Activités orales.* For each *Autrement dit* and *Structure* of the student text, the *Activités écrites* provide additional writing practice, while the *Activités orales* provide practice in listening comprehension. Typical written activities include mechanical exercises such as matching and fill-in-the-blanks; meaningful exercises, in which students are asked to complete sentences in a way that expresses their personal situation; and open-ended, communicative exercises. Each chapter also contains two written compositions, preceded by preparatory activities. These activities break the writing process into small steps that allow students to practice and compose before they complete the final product. In chapters 1–7, these compositions are based on realia such as student schedules and ordering forms, thus reflecting real-life writing needs.

The oral activities of the *Workbook/Lab Manual* are found on corresponding cassettes. The *Activités orales* section of each chapter begins with pronunciation explanations and drills and is followed by various listening activities that practice new vocabulary and structures presented in the chapter.

Compréhension auditive

This section contains authentic, unedited messages recorded in France and Canada and contained on the Student Listening Cassette. Among the listening tasks are announcements, telephone messages, and radio broadcasts. Each message or group of messages is accompanied by pre-listening exercises, which activate background knowledge in order to facilitate the listening task; the listening task itself (guided dictations, grids, true/false questions, etc.); and post-listening exercises, which relate the listening task to other modalities such as speaking and writing.

Acknowledgments

For this second edition, we would like to thank our Acquisitions Editor, Jim Harmon, for his role in initiating the project; Nancy Beth Geilen, for her encouragement, hard work, and sense of humor; and our production team: Erica Lazerow, Project Editor, Kenneth A. Dunaway, Senior Production Manager, Serena Barnett Manning, Senior Art Director, Greg Meadors, Photo Researcher, Sarah E. Hughbanks, Ancillary Project Editor, Wendy Temple, Ancillary Production Coordinator, and Diane Gray, Media Coordinator.

We would also like to acknowledge the role of the many reviewers who provided us with insightful comments and helpful criticism for improving the text: Sara T. Borgerson, Jefferson College; Hope Christiansen, University of Arkansas; Françoise Gebhart, Ithaca College; Marie-Christine Koop, University of North Texas; Michèle Godar-Londono, University of Miami; Sara Ellen Malueg, Oregon State University; Margaret M. Marshall, Southeastern Louisiana University; Bonnie Elgin Todd, Stephen F. Austin State University; David M. Uber, Baylor University; and John H. Williams, Pepperdine University.

Finally we would like to thank our friends and family who supported us and did without us during the writing process.

Table des matières

CHAPITRE **3**   LA JOURNÉE DES BORDIER   **47**

CHAPITRE **4**   LES VOISINS DES BORDIER   **73**

CHAPITRE **5**   LES REPAS   **99**

CHAPITRE **6**   LES COURSES   **127**

CHAPITRE **7**   **LES LOISIRS**   163

CHAPITRE **8**   **BON ANNIVERSAIRE**   187

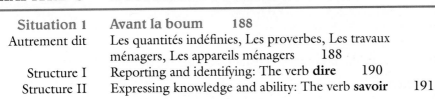

CHAPITRE 9   **LE MYSTÈRE CONTINUE**   **219**

CHAPITRE **12**   LA VIE EST DURE   **307**

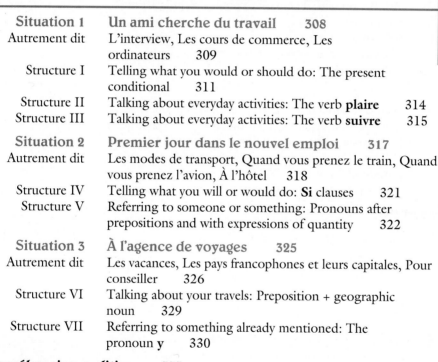

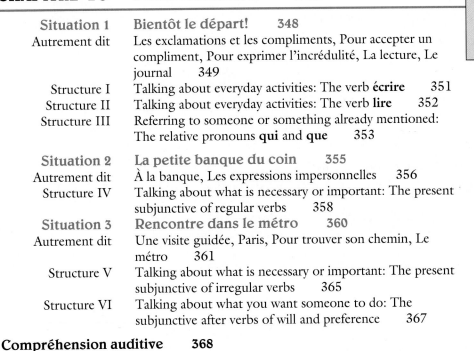
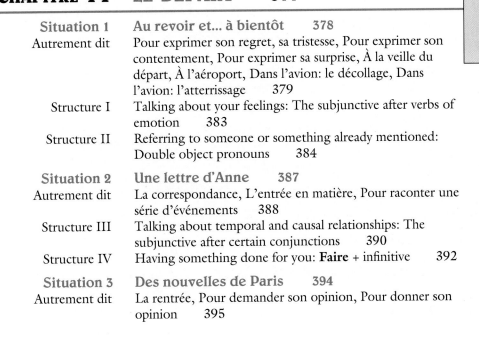

CHAPITRE 1

Nouvelles

Situation 1

Avant la classe

MONIQUE:	Salut, Jean-Philippe.
JEAN-PHILIPPE:	Salut, Monique. Ça va?
MONIQUE:	Oui, très bien. Et toi?
JEAN-PHILIPPE:	Ça va.
MONIQUE:	Quoi de neuf?
JEAN-PHILIPPE:	La fille au pair arrive demain.
MONIQUE:	L'Américaine?
JEAN-PHILIPPE:	Oui. Anne Williams. Ah! Voilà Claire. Bonjour, Claire, comment ça va?
CLAIRE:	Comme ci comme ça.

Avez-vous suivi?

A. Choisissez la réponse correcte. *(Choose the appropriate answer to the question.)*

1. Salut, Jean-Philippe, ça va?
   a. Anne Williams arrive demain.
   b. Quoi de neuf?
   c. Ça va.

2. Bonjour, Claire. Quoi de neuf?
   - (a) La fille au pair arrive demain.
   - b. Voilà Monique.
   - c. Et toi?

3. Voilà Monique. Comment ça va?
   - (a) Ça va, et toi?
   - (b) Très bien, et vous?
   - c. Quoi de neuf?

4. _____ est américaine.
   - (a) Anne
   - c. Monique
   - b. Claire

5. Jean-Philippe est _____.
   - a. américain
   - (b) français

B. **Les noms français.** Connaissez-vous les noms suivants? Classez-les selon le sexe indiqué. *(Do you know the following names? Classify them according to whether they refer to males or females.)*

   1. Didier **M**
   2. Laurent **F/M**
   3. Thierry **M**
   4. Jean-Marie **M|F**
   5. Annick **F**
   6. Michel **M**

Autrement dit

Pour dire «bonjour»

◇[1] **Salut,** Monique.
  Bonjour, Monique.
☐ Bonjour, Monsieur/Madame/Mademoiselle.

◇ Bonsoir°, Monique.
☐ Bonsoir, Monsieur/Madame/Mademoiselle.

Good evening

Pour parler un peu

◇ **Ça va?**
◇ Comment vas-tu?
☐ Comment allez-vous?

◇ **Très bien, et toi?**
◇ Ça va (et toi?)
◇ Pas mal (et toi?)
☐ Très bien, merci (et vous?)

Pour identifier

Ah! Voilà Claire.
C'est Claire.

[1]The symbol ◇ indicates informal register; the symbol ☐ indicates formal register.

Les présentations

Claire, c'est Jean-Philippe. Jean-Philippe, c'est Claire.

Pratique et conversation

A. Tu ou vous? Indicate whether you would use **tu** or **vous** with the following people by putting an X in the appropriate column. Discuss your choices.

	TU	VOUS
1. your new neighbor		·
2. your boy/girlfriend	·	
3. your sister	·	
4. your father	·	
5. a passerby		·

B. Salut, ça va? How would you greet and make small talk with the following people?

1. your instructor √
2. your cousin T
3. your elderly neighbor √
4. your closest friend T
5. your friend's parents √

C. Et vous? Complétez les dialogues. *(Complete the dialogues.)*

1. Bonjour, Madame. _____?
   Très bien, merci, et vous?
2. Salut, ça va?
   _____?
   Comme ci comme ça.
3. Salut, _____. Comment vas-tu?
   _____. Et toi?
4. Bonjour, _____.
   Comment allez-vous?
   Très bien, _____?

En contexte

Dans le couloir. You meet your instructor in the hall. You greet him/her and make small talk. He/She replies and asks how you are doing. You reply.

Dans la salle de classe. Introduce a classmate to another classmate. They will exchange greetings and make small talk.

Situation 2

Devoirs pour demain

LE PROFESSEUR:	Et pour demain, préparez le chapitre cinq.
MONIQUE:	C'est tout, Monsieur?
LE PROFESSEUR:	Non. Lisez aussi le chapitre six. *(cease)*
HENRI:	Et c'est tout, Monsieur?
LE PROFESSEUR:	Non. Répondez aux questions de la page quatorze.
PIERRE:	Et maintenant, c'est tout, Monsieur?
LE PROFESSEUR:	Oui, c'est tout. Au revoir, tout le monde.

Avez-vous suivi?

1. Les devoirs pour demain sont _____, _____ et _____.
2. Le professeur est...
    a. sévère.
    b. patient.
    c. généreux.
    d. original.

3. Les étudiants sont...
    a. contents.
    b. furieux.
    c. impatients.
    d. respectueux.

Autrement dit

Dans la salle de classe

{Préparez le chapitre cinq!   *Prepare chapter five!*
{Étudiez la leçon cinq!   *Study lesson five!*
{Ouvrez votre livre à la page huit!   *Open your books to page eight!*
{Allez à la page huit!   *Go to page eight!*

Fermez votre livre!	*Close your book!*
Lisez aussi le chapitre six.	*Also read chapter six.*
Répétez la phrase!	*Repeat the sentence!*
Répondez à la question!	*Answer the question!*
Écoutez la cassette!	*Listen to the tape!*
Écrivez la phrase!	*Write the sentence!*
Je n'ai pas compris!	*I don't understand!*
Choisissez	Choose

Pratique et conversation

A. Vous êtes le professeur. *(You are the teacher.)* En français...

1. Greet two of your students.
2. Ask the class to open their books.
3. Ask them to turn to page six.
4. Ask Philippe to answer the question.
5. Ask Monique to read.
6. Ask the class to listen to the tape.
7. Ask the class to repeat.
8. Ask the class to close their books.
9. Say good-bye to two of your students.

B. Est-ce que vous comprenez? *(Do you understand?)* It is your first day in class as an exchange student in Switzerland. Show that you understand by responding appropriately to your teacher's and classmates' statements.

1. Salut [Marie], ça va?
2. Bonjour [Anne].
3. Ouvrez votre livre à la page cinq.
4. Fermez votre livre.

Autrement dit

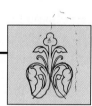

Pour exprimer les quantités

0	zéro	11	onze	21	vingt et un
1	un	12	douze	22	vingt-deux
2	deux	13	treize	23	vingt-trois
3	trois	14	quatorze	24	vingt-quatre
4	quatre	15	quinze	25	vingt-cinq
5	cinq	16	seize	26	vingt-six
6	six	17	dix-sept	27	vingt-sept
7	sept	18	dix-huit	28	vingt-huit
8	huit	19	dix-neuf	29	vingt-neuf
9	neuf	20	vingt	30	trente
10	dix				

L'arithmétique

$2 + 2 = 4$
Deux et deux, ça fait quatre.

$5 - 3 = 2$
Cinq moins trois, ça fait deux.

Pratique et conversation

A. Comptez en français. *(Count in French.)*

1. Count from 0 to 30.
2. Count from 0 to 30 by twos, fives, tens.

B. Les calculs. Lisez et calculez.

1. $17 - 9 =$ _____
2. $4 + 7 =$ _____
3. $12 + 3 =$ _____
4. $16 - 5 =$ _____
5. $8 + 6 =$ _____

C. Paris en avril. Lisez les températures en français.

	Maximum	*Minimum*
Ajaccio	16°C	6°C
Biarritz	10°C	6°C
Brest	8°C	3°C
Caen	7°C	2°C
Dijon	6°C	1°C
Lille	10°C	5°C
Marseille	12°C	8°C
Paris	7°C	2°C
Strasbourg	9°C	1°C
Pointe-à-Pitre	20°C	15°C

D. Allez les verts! Lisez les résultats de ces matchs de football. *(These are the scores from recent soccer matches. Read the numbers in French.)*

Saint-Étienne bat Brest	3-0 (trois à zéro)
Bastia bat Lyon	2-0
Tours bat Metz	4-1
Strasbourg bat Tours	3-1
Nantes bat Nancy	5-1

E. Les résultats. You are a sports announcer for a Canadian television station. Report the results of the latest games.

MODÈLE: **Chicago bat Montréal 21-14.**

Autrement dit

Pour identifier

a	a	j	ji	s	esse
b	bé	k	ka	t	té
c	cé	l	elle	u	u
d	dé	m	emme	v	vé
e	e	n	enne	w	double vé
f	effe	o	o	x	iks
g	gé	p	pé	y	i grec
h	ache	q	ku	z	zède
i	i	r	erre		

a. The accents in French are:

   ´ accent aigu *(acute accent)*: **étudiant**
   ` accent grave *(grave accent):* **très**
   ^ accent circonflexe *(circumflex accent):* **fête**
   ç c cédille *(cedilla)*: **ça va**
   ¨ tréma *(diaeresis):* **Noël**

  Learn the appropriate accent as part of the spelling of the word.

b. To spell a word out loud, use the following models: **De Gaulle: d majuscule** *(capital, upper case),* **e, g majuscule, a, u, deux l, e. Hélène: h majuscule, e accent aigu, l, e accent grave, n, e.**

Pratique et conversation

A. Les lettres de l'alphabet. Épelez en français. *(Spell the following words in French).*

1 salut	4 fille	7 classe
2 très	5 au revoir	8 bonjour
3 page	6 répétez	

B. Allô? You call directory assistance to get the number of friends residing in France. Spell the names to the operator.

  1. Carole Kruger
  2. Robert Davis
  3. Alice Monroe
  4. Misty Starr
  5. Peg Jaegerfrau

C. Codes postaux. Lisez la ville *(city)* et le code postal.

1. Québec, Québec GIK 7P6
2. Montréal, Québec H2Y 3N4
3. Ottawa, Ontario KIK 2C6
4. Winnepeg, Manitoba R3C 1B3
5. Vancouver, Colombie-Britannique V6E 2M8

En contexte

Vive les maths! *(Hurray for math!)* Dictate five math problems to a partner, allowing only a few seconds for a response. Score one point for each correct answer, zero for an incorrect answer. Then change roles and do the same thing. Winners from each team should meet in challenge rounds until only one math whiz remains.

Situation 3

À demain!

JEAN-PHILIPPE:	Salut, Monique, à demain.
MONIQUE:	Oui, à demain. Oh... et bonjour à Anne.
JEAN-PHILIPPE:	Anne?
MONIQUE:	Oui... la fille au pair! Elle° arrive demain, non?
JEAN-PHILIPPE:	Oui, c'est vrai! Anne Williams!

°She

Avez-vous suivi?

Choisissez la réponse correcte. *(Choose the appropriate rejoinder.)*

1. Salut, Monique.
   a. Salut, Jean-Philippe.
   b. À demain, Jean-Philippe.
   c. Comme ci comme ça.
   d. Oui, c'est vrai.

2. La fille au pair arrive demain, non?
   a. Oui, elle arrive demain.
   b. Bonjour!
   c. Ça va, et toi?
   d. Oui, à demain.

Autrement dit

Pour dire «au revoir»

◇ **Salut,** Monique.
   Au revoir, Monique.
◇ Ciao!
☐ Au revoir, Monsieur/Madame/Mademoiselle.

   À demain.
   À tout à l'heure.
   À bientôt.

   Bonne nuit°, Sylvie.   Good night

Dans la librairie

Je voudrais...

des magazines — un Tee-shirt
des affiches
un livre
un cahier — un disque
un crayon — une cassette
un stylo — une gomme

...s'il vous plaît. Merci

Dans la salle de classe

un professeur	*teacher*
un étudiant	*student* (m.)
une étudiante	*student* (f.)
un tableau	*picture, blackboard*
un bureau	*desk*
une chaise	*chair*
un cartable	*satchel, bookbag*
une porte	*door*
une table	table

Pratique et conversation

A. Au revoir! How might you say good-bye to the following people?

1. your best friend
2. your teacher
3. your mother
4. the mailman

B. Chez un ami. *(At a friend's house.)* You are invited to a friend's house. There you exchange greetings with other friends who are present, make small talk, and bid farewell.

C. Trouvez l'intrus. *(Find the intruder.)* Tell which word or expression does not belong in the series.

1. stylo, crayon, phrase, gomme
2. cahier, livre, magazine, chaise
3. pas mal, au revoir, à tout à l'heure, salut
4. disque, leçon, chapitre, livre
5. étudiant, professeur, bureau, étudiante

D. Identifiez. Identifiez les objets sur le dessin à la page 5.

Structure I

Defining and identifying
The indefinite noun markers *un, une, des*

article

SINGULAR		PLURAL	
C'est **un** livre.	*This is a book.*	Ce sont **des** stylos.	*These are pens.*
C'est **une** affiche.	*This is a poster.*	Ce sont **des** cassettes.	*These are tapes.*

a. All French nouns belong to one of two gender categories called masculine or feminine. Except for nouns referring to people, gender is generally unpredictable and must be learned along with the noun.

b. The indefinite noun marker **un/une** indicates gender. The indefinite noun marker used before masculine nouns is **un.** The indefinite noun marker used before feminine nouns is **une.**

c. All French nouns also show number, singular or plural. The indefinite noun marker used before plural nouns is **des.**

d. When **des** is followed by a word beginning with a vowel, a **z** sound links the two. This is called **liaison: Ce sont des ˊᶻˋaffiches.**

e. Most nouns form their plural by adding an **-s** to the singular form. This **-s** is written but not pronounced.

f. Nouns that end in **-eau** form their plural by adding an **-x** (**un tableau, des tableaux; un bureau, des bureaux**).

g. Since most of the time there is no difference in pronunciation between the singular and the plural, the form of the indefinite noun marker will signal this difference.

h. To identify someone or something, use **c'est** *(this is, that is)* before singular nouns and **ce sont** *(these are, those are)* before plural nouns.

i. To say what something is not, use **ce n'est pas** before singular nouns and **ce ne sont pas** before plural nouns:

Ce n'est pas un livre.	*This (That) is not a book.*
Ce ne sont pas des cassettes.	*These (Those) are not tapes.*

j. To ask for identification, use the question **Qu'est-ce que c'est?:**

Qu'est-ce que c'est?	C'est un disque.
Qu'est-ce que c'est?	Ce sont des disques.

Pratique et conversation

A. La rentrée. *(The beginning of the new school year.)* You are at a bookstore. Tell the clerk what supplies you will need. You need many things!

MODÈLE: **Je voudrais un crayon et deux stylos, s'il vous plaît.**

B. Dans mon sac à dos. *(In my backpack.)* List five things that you have in your backpack.

C. Qu'est-ce que c'est? List the objects you would need for the following situations.

1. your homework assignment
2. writing a letter
3. listening to music
4. decorating your dorm room
5. the first day of class

Structure II

Asking questions
Intonation

To turn a statement into a question, use rising intonation rather than falling intonation:

Statement:	Ça va. ↘
Question:	Ça va? ↗
Statement:	C'est un livre. ↘
Question:	C'est un livre? ↗

Suis
es
est
sommes
êtes
sont

Pratique et conversation

A. Un cadeau. *(A gift.)* Your roommate has bought you a small gift for your birthday. You try to guess what it is. Reply to each guess either affirmatively or negatively. After three incorrect guesses, you ask your partner what the gift is. Use the vocabulary in the *Autrement dit.*

> MODÈLE: Vous: **Ce sont des disques?**
> Votre partenaire: **Non. Ce ne sont pas des disques.**
> (ou: **Oui, ce sont des disques.**)

B. Le cancre. *(The dunce.)* One student will play **le cancre** by holding or pointing to objects in the classroom and asking if what he or she is calling the object is correct. Of course, the student will be wrong each time!

> MODÈLE: C'est un crayon? *(While holding a book.)*
> **Non, c'est un livre!**

e
es   *drop s̲*
e
ons
ez
ent

Compréhension auditive

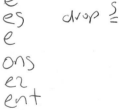

ARRIVÉE EN FRANCE

Avant d'écouter

A. Renseignez-vous *(Inform yourself)*. One of the most striking things a traveler notices upon arrival in a foreign country is the new sounds: sounds of a new language of course, but also new sounds from familiar objects and even the sounds of unfamiliar objects. In this exercise, you will become acquainted with the sounds of France. Although at first it might seem that this activity is for fun only, when you have completed it you will understand that these sounds often signal important information. Familiarity with these sounds will make your travels in France much easier.

n̲ ... p̲

B. Une culture différente, des sons différents. Have you ever traveled to a foreign country? What different kinds of sounds did you hear? In what ways might recognition of sounds facilitate your travels?

Écoutons

A. Qu'est-ce que c'est? Listen to the sounds and match them with the descriptions.

Son	Objet
1. __4__	a. C'est un téléphone.
2. __7__	b. C'est une voiture de police.
3. __9__	c. C'est une moto.
4. __6__	d. Ce sont des klaxons *(horns)*.
5. __8__	e. C'est une ambulance.
6. __3__	f. C'est une cathédrale.
7. __1__	g. C'est une annonce.
8. __2__	h. C'est un marché.
9. __5__	i. C'est une sonnette *(doorbell)*.

B. Amusons-nous. This activity is for fun only! Can you tell where you are from these sounds?

Son	Endroit
1. _____	a. au zoo
2. _____	b. au concert
3. _____	c. au cirque
4. _____	d. à un match de rugby
5. _____	e. au théâtre

Document I

Votre prénom révèle votre âge

What do French first names reveal about a person's age? The following document gives some clues.

Avant de lire

Because of a common linguistic history, French and English share many words that are similar in form and meaning. These words are called *cognates*. Use your knowledge of English to guess the meanings of the following words:

1. époque
2. statisticiens
3. déterminer
4. baser

5. consultez
6. amusez-vous!
7. découvrir

Lisons

En France, les prénoms° marquent l'époque. Les statisticiens ont élaboré° des techniques pour déterminer l'âge d'une personne basé sur le prénom. Votre° âge est donc affiché° clairement dans votre prénom. Consultez la liste et amusez-vous à découvrir l'âge de vos amis!

first names; devised
your
displayed

PRÉNOMS	NOMBRE DE PRÉNOMS À L'ÉTAT-CIVIL	AGE MOYEN
ALAIN	25 022	33
BÉATRICE	5 642	27
BENOIT	1 139	28
BRIGITTE	11 191	29
BRUNO	9 012	26
CAROLE	1 674	23
CATHERINE	15 743	30
CHANTAL	12 427	32
CHRISTIAN	18 825	35
CHRISTOPHE	6 248	22
CORINE	5473	23
DENIS	5675	34
DIDIER	11 235	27
DOMINIQUE	19 320	30
FLORENCE	3 918	25
FRÉDÉRIC	5 678	26
GILLES	8 710	33
HERVÉ	5318	29
ISABELLE	10 959	28
JACKY	5 755	33
JEAN-CLAUDE	6 802	36
JEAN-FRANÇOIS	2 292	29
JEAN-PIERRE	7 485	34
MARTINE	15 673	31
NATHALIE	8 431	22
SABINE	1 378	27
SYLVAIN	1 753	33
SYLVIE	13 658	25
XAVIER	2 325	32

LE « SCORAGE » DES 20-40 ANS

Avez-vous suivi?

A. Équivalents. Quel est l'équivalent en anglais des prénoms suivants? *(What is the English equivalent of the following first names?)*

1. Hervé
2. Denis
3. Benoît
4. Alain
5. Christophe

B. Quel âge? En consultant la liste, classez les prénoms d'après l'âge relatif qu'ils indiquent. *(Classify the following first names as to whether they indicate a relatively younger or older age.)*

NOM	+JEUNE	−JEUNE
Christophe		
Nathalie		
Alain		
Denis		
Carole		
Corine		
Sylvie		
Christian		

C. Et chez nous? Can American first names be classified in a similar way? Fill in the chart below, using the models provided.

NOM	+JEUNE	−JEUNE
Elmer		✓
Tiffany	✓	

Document II

L'histoire des prénoms

Do you know the origin of your first name? What famous people share it? If your first name is Benjamin, the following article will tell you all this and more.

Avant de lire

Les mots apparentés. Use your knowledge of English to guess the meanings of the following words:

1. fête
2. janvier, février, mars, avril
3. variante
4. célèbre
5. maître

Benjamin

Fête : le 31 mars.
Origine : de l'hébraïque ben yamin (fils de la main droite, c'est-à-dire fils de bon augure).
Variantes : Benjamine, Yasmine, Yasmina, Ben ; Beniamino (Italie) ; Veniamine (Espagne) ; Benny (Grande-Bretagne et USA).
Les Benjamin célèbres : Benjamin Franklin (1706-1790), homme d'État, philosophe et physicien américain, inventeur du paratonnerre ; Benjamin Constant (1767-1830), écrivain et homme politique d'origine suisse, auteur du célèbre roman « Adolphe » ; Benjamin Rabier (1864-1939), affichiste et célèbre illustrateur animalier, il est le créateur du fameux symbole publicitaire « La Vache qui rit » ; le compositeur anglais Benjamin Britten (1913-1976), un des maîtres de la grande musique : « Le Viol de Lucrèce » (1946), « Le Songe d'une nuit d'été » (1960) ; le clarinettiste et chef d'orchestre de jazz Benny Goodman (1909-1986) ; l'acteur américain Ben Gazzara ; l'athlète canadien Ben Johnson, dépossédé de la médaille d'or du 100 m aux Jeux olympiques de Séoul pour dopage ; l'acteur et fantaisiste britannique Benny Hill (récemment disparu).

Avez-vous suivi?

Parcourez. Find the passage in the reading where. . .

1. a British composer is mentioned.
2. the origin of the name Benjamin is given.
3. the name of a Canadian athlete is mentioned.
4. the Italian version of the name Benjamin is listed.
5. the name of an American inventor is given.

Activités

A. Nouveaux amis. *(New friends.)* You are at a café. A friend arrives with a visitor from out of town. You greet each other. Then your friend introduces you to the visitor and you make small talk. Then you say good-bye.

B. Le pendu. *(The hangman.)* One student will select a vocabulary word and write as many blanks on the board as there are letters in the word. The other students will guess letters. Each correct letter is placed in the appropriate blank; for each incorrect letter, another part of the "hangman" is added.

C. La librairie. You are a foreign exchange student in France and you need to buy school supplies. You go to the bookstore. You greet the employee, tell him/her what you need, thank him/her, and say good-bye.

Vocabulaire actif

	À bientôt.	*See you soon.*		Fermez!	*Close!*
	À demain.	*See you tomorrow.*	une	fille au pair	*au pair girl*
une	affiche	*poster*	une	gomme	*eraser*
	Allez!	*Go!*		Je n'ai pas	*I don't under-*
une	Américaine	*American*		compris.	*stand.*
	À tout à l'heure.	*See you soon.*		Je voudrais…	*I would like . . .*
	elle arrive	*she arrives*	une	leçon	*lesson*
	avant	*before*		Lisez!	*Read!*
	Au revoir.	*Good-bye.*	un	livre	*book*
	aussi	*also*		Madame	*Ma'am* (may not be
	Bonjour.	*Hello.*			translated)
	Bonne nuit.	*Good night.*		Mademoiselle	*Miss* (may not be
	Bonsoir.	*Good evening.*			translated)
un	bureau	*desk*	un	magazine	*magazine*
un	cahier	*notebook*		maintenant	*now*
un	cartable	*satchel*		Monsieur	*Sir* (may not be
une	cassette	*cassette tape*			translated)
	[2 et 2] ça fait	*[2 and 2] equals,*		non	*no*
		makes		oui	*yes*
	Ça va?	*How's it going?*		Ouvrez!	*Open!*
	Ce n'est pas…	*This/That is not . . .*	une	page	*page*
	C'est…	*This/That is . . .*		Pas mal.	*Not bad.*
	C'est tout?	*Is that all?*	une	phrase	*sentence*
	C'est vrai.	*That's true.*	une	porte	*door*
une	chaise	*chair*		pour	*for*
un	chapitre	*chapter*		Préparez!	*Prepare!*
	Ciao!	*Bye!*	un	professeur	*teacher*
une	classe	*class*	une	question	*question*
	Comme ci	*OK., So-so.*		Quoi de neuf?	*What's new?*
	comme ça.			Répétez!	*Repeat!*
	Comment allez-	*How are you?*		Répondez!	*Answer!*
	vous?			Salut!	*Hi!, Good-bye!*
	Comment ça va?	*How's it going?*		s'il vous plaît	*please*
	Comment vas-tu?	*How's it going?*	un	stylo	*pen*
un	crayon	*pencil*	un	tableau	*blackboard,*
	demain	*tomorrow*			*picture*
	des	*some* (may not be	un	Tee-shirt	*T-shirt*
		translated)		tout le monde	*everybody*
des	devoirs (m.)	*homework*		très bien	*very well*
un	disque	*record*		un	*a, an, one*
	Écoutez!	*Listen!*		une	*a, an, one*
	Écrivez!	*Write!*		voilà	*here/there is*
	Et toi?	*And you?*			
		(familiar)		les nombres	*see page 6*
un	étudiant	*student*		(m.) de	
une	étudiante	*student*		1 à 30	
	Étudiez!	*Study!*			
	Et vous?	*And you?* (polite)			

CHAPITRE 2

Chez les Bordier

Situation 1

Anne arrive chez les Bordier

ANNE:	Bonjour, Madame. Je suis Anne Williams.
MME BORDIER:	Ah! Bonjour, Anne! Je suis Solange Bordier.
ANNE:	Enchantée, Madame.
MME BORDIER:	Mais entrez, entrez! Comment allez-vous? Et le voyage?
ANNE:	Ça va. Je suis un petit peu fatiguée°, mais ça va.
MME BORDIER:	Mettez votre° valise ici... Charles! C'est Anne Williams, la jeune fille au pair!
M. BORDIER:	Ah, très heureux, Mademoiselle. Solange, où est Jean-Philippe?
MME BORDIER:	Il est dans la cuisine, avec la petite. Ils arrivent.
M. BORDIER:	Et ça, c'est le gardien de la maison... Pataud.
PATAUD:	Oua! Oua!

tired

your

Avez-vous suivi?

A. La famille Bordier. Identifiez les membres de la famille Bordier dans le dessin. *(Identify the members of the Bordier family in the drawing.)*

B. Anne arrive chez les Bordier. What do you know about Anne from the dialogues? Fill in the grid.

Nom de famille:	
Prénom:	
Nationalité:	
Âge:	
Situation en France:	

Autrement dit

Pour identifier

LE PLAN DE L'APPARTEMENT

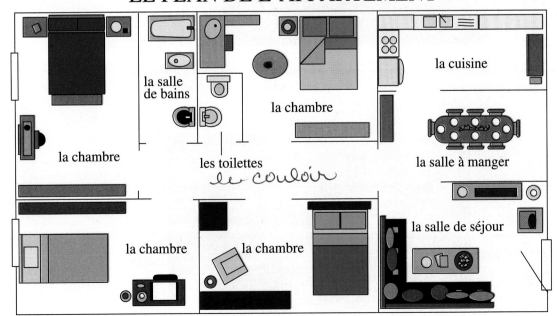

LA SALLE DE SÉJOUR

une fenêtre

une télévision

un sofa

un tableau

une lampe

une radio

un magnétoscope

un fauteuil

LA SALLE À MANGER

un buffet

des chaises

une table

LA CHAMBRE

un téléphone

une chaîne stéréo

un lit

Pour situer

Où est Jean-Philippe?

Il est... *in*
        dans l'ascenseur

devant la télé
In front of

Et Pataud?

Il est...
        sur la chaise   sous la table   derrière le sofa
        On   *under*   *behind*

Pratique et conversation

A. Trouvez l'intrus. *(Find the intruder.)* In each series, indicate which word
does not belong.

1. une chaise, un tableau, un sofa, un fauteuil
2. une télévision, un tableau, un magnétoscope, une radio
3. un disque, une chaîne stéréo, un lit, une cassette
4. une salle à manger, une salle de séjour, une salle de classe, une salle de bains
5. une cuisine, une chaise, une table, un buffet

B. Vrai ou faux? Regardez le dessin. Indiquez si les phrases sont vraies ou fausses *(true or false)*.

1. _____ M. Bordier est devant un sofa.
2. _____ Pataud est sur une chaise.
3. _____ Sylvie est devant une table.
4. _____ Monique est derrière Alain.
5. _____ Mme Bordier est dans une salle de classe.

C. Chez moi. Où se trouvent les objets suivants dans votre maison? Classez-les en utilisant la grille suivante. *(Where are the following items located in your house? Classify them using the grid.)*

	DANS LA CUISINE	DANS LA SALLE DE SÉJOUR	DANS LA SALLE À MANGER	DANS LA CHAMBRE
un téléphone				
une télévision				
un fauteuil				
un lit				
une table				

Structure I

Defining and identifying
The definite noun markers *le, la, les*

	SINGULAR		PLURAL	
masculine	**le** stylo	*the pen*	**les** stylos	*the pens*
	l'étudiant	*the student*	**les** étudiants	*the students*
feminine	**la** table	*the table*	**les** tables	*the tables*
	l'étudiante	*the student*	**les** étudiantes	*the students*

a. The form of the definite noun marker will depend on the gender and number of the noun.

b. The vowel of **le** and **la** is dropped before a singular noun beginning with a vowel sound: **l'étudiant, l'étudiante.** This is called **élision.**

c. In the plural, there is a linking /z/ sound when **les** is followed by a noun beginning with a vowel sound : **les´ᶻˋétudiants, les´ᶻˋétudiantes.**

Pratique et conversation

A. Transformez. Remplacez **un, une, des** par **le, la, les.**

> MODÈLE: C'est un livre.
> **C'est le livre.**

1. C'est un disque.
2. C'est une cassette.
3. Ce sont des crayons.
4. C'est une chaise.
5. C'est une affiche.
6. Ce sont des étudiants.
7. C'est un stylo.

B. La maison renversée. *(The upside-down house.)* Regardez le dessin. Où sont les objets? *(Look at the drawing and tell where the objects are located.)*

En contexte

Un plan.   Dessinez le plan de votre maison/appartement et donnez-le à votre partenaire. Ensuite, décrivez-lui son ameublement. Il/Elle ameublera votre logement d'après votre description. *(Give the floor plan of your house/apartment to your partner. Then, describe its furnishings to him/her. He/She will furnish it according to your description.)*

MODÈLE: **Mettez** *(put)* **une table et quatre chaises dans la cuisine. Mettez un vase sur la table...**

Structure II

Describing situations and conditions
Present tense of the verb *être*

SUBJECT PRONOUNS	ÊTRE *(TO BE)*	
Je	**suis**	dans la cuisine.
Tu	**es**	dans la salle de bains.
Il/Elle/On	**est**	chez les Bordier.
Nous	**sommes**	dans la chambre.
Vous	**êtes**	sur la chaise.
Ils/Elles	**sont**	dans la salle de classe.

a. The subject pronouns must be used before the verb. Remember that **tu** is used with a person with whom you are well acquainted, such as a friend, a colleague, a family member, or a child. **Tu** is always singular. In the plural, use **vous. Vous** also serves as a singular pronoun to address people whom you do not know well, or to address those who are older or to whom you wish to show respect. It is better to use **vous** when addressing a native speaker. He or she will let you know when it is appropriate to use **tu.**

b. The pronoun **on** can have a variety of references. In popular speech, it is often used instead of **nous: On est en classe maintenant.** *We're in class now.* It may also have an indefinite reference. **On parle français ici.** *People/They speak French here./French is spoken here.*

c. **Ils** is used for an exclusively male group or a mixed group (male and female). **Elles** is used for an exclusively female group.

d. Third-person pronouns can also be used to replace nouns referring to things when used used as a subject: *Le stylo* **est sur la table.** *Il* **est sur la table.**

e. To negate a verb, **ne (n')** is placed before the verb and **pas** is placed after it. When **ne** is followed by a verb beginning with a vowel sound, **élision** occurs.

Je	ne	**suis**	pas	**dans la cuisine.**
Tu	n'	**es**	pas	**dans la salle de bains.**
Il/Elle/On	n'	**est**	pas	**chez les Bordier.**
Nous	ne	**sommes**	pas	**dans la chambre.**
Vous	n'	**êtes**	pas	**sur la chaise.**
Ils/Elles	ne	**sont**	pas	**dans la salle de classe.**

Pratique et conversation

A. Chez les Bordier. Remplacez l'infinitif par la forme correcte du verbe.

1. Nous/être/chez les Bordier.
2. Les Bordier/être/dans la salle de séjour.
3. Jean-Philippe/être/dans la cuisine.
4. Bonjour. Je/être/Solange Bordier.
5. Ce/être/la fille au pair.
6. Ah! Vous/être/Anne!

B. Pluriel ou singulier? Changez le sujet et le verbe de la phrase du singulier au pluriel ou vice versa.

1. C'est le professeur.
2. Vous êtes la fille au pair.
3. Nous sommes dans la salle de séjour.
4. Ce sont les étudiants.
5. Je suis devant le bureau.

C. Transformations. Changez la phrase du négatif à l'affirmatif ou vice versa.

MODÈLE: C'est un crayon.
Ce n'est pas un crayon.

1. Vous êtes professeur.
2. Elle est étudiante.
3. Nous ne sommes pas dans la salle de classe.
4. Tu es devant le sofa.
5. Il est dans la cuisine.
6. Je ne suis pas étudiant.

D. Où est... ? Regardez le professeur et répondez à la question.

1. Où est le professeur?
2. Où est le stylo?
3. Où est le livre?
4. Où sont le cahier et le crayon?
5. Où sont les chaises?

Situation 2

Jean-Philippe, le fils de la famille

JEAN-PHILIPPE:	Bonjour, Anne. Tu es exactement° comme sur la photo.
ANNE:	La photo? Mon Dieu!°
JEAN-PHILIPPE:	Mais non, c'est un compliment. Tu es très bien sur la photo. Dis donc°, Anne, tu parles drôlement° bien français.
ANNE:	J'adore les langues.
JEAN-PHILIPPE:	Moi° aussi. Au lycée on étudie le latin, l'allemand et l'anglais et franchement° je préfère l'anglais, parce que° c'est facile°.
ANNE:	J'aime beaucoup votre° appartement!
JEAN-PHILIPPE:	Ce n'est pas la Californie.
ANNE:	Justement!° «Vive la différence!»

exactly

Heavens!

Say; really

Me

frankly; because; easy

your

Exactly!

Avez-vous suivi?

1. Identifiez les deux compliments de Jean-Philippe.
2. Identifiez le compliment d'Anne.
3. Vrai ou faux?
   _____ Anne n'aime pas les langues.
   _____ Jean-Philippe est à l'école primaire.
   _____ Jean-Philippe étudie trois langues.
   _____ Jean-Philippe préfère le latin.
   _____ L'anglais est difficile pour Jean-Philippe.

4. «Vive la différence» signifie qu'Anne...
  a. n'aime pas les différences.
  b. préfère la Californie.
  c. apprécie les différences.
  d. étudie le français.

Autrement dit

Les études

Les cours de langue

le français	*French*
l'espagnol *(m.)*	*Spanish*
l'italien *(m.)*	*Italian*
le russe	*Russian*
l'allemand *(m.)*	*German*

Les sciences

la chimie	*chemistry*
la physique	*physics*
l'informatique *(f.)*	*computer science*
les mathématiques *(f.pl.)*	*mathematics*
◇ les maths *(f.pl.)*	
la biologie	*biology*

Les sciences sociales

la sociologie	*sociology*
les sciences politiques	*political science*
l'histoire *(f.)*	*history*
la philosophie	*philosophy*

Les autres matières

le journalisme	*journalism*
le commerce	*business*
l'éducation physique *(f.)*	*physical education*

À l'université (◇ la fac)

Les étudiants étudient	à la bibliothèque	*at the library*
	dans le bâtiment des langues modernes	*in the modern language building*
Ils écoutent le professeur	dans l'amphithéâtre	*in the lecture hall*
Ils écoutent des cassettes	dans le laboratoire des langues	*in the language lab*
	◇ dans le labo	
Ils habitent	dans une chambre à la résidence	*in a room at the dorm*
	dans un appartement	*in an apartment*
	dans une maison	*in a house*

Le restaurant universitaire est aussi sur le campus, mais les étudiants préfèrent les restaurants en ville.

Pratique et conversation

A. Quelle classe? *(Which class?)* You are walking down the hall and hear parts of different classes being taught. Based on what you hear, try to guess what class it is.

> MODÈLE: Pour demain, étudiez le chapitre deux de *Situations et Contextes.*
> **C'est la classe de français.**

1. L'oxygène et l'hydrogène sont des éléments importants.
2. ¡Buenos días! ¿Cómo estás?
3. La société américaine est très diverse.
4. Le diamètre d'un cercle...
5. Pour disséquer une grenouille *(frog)*...
6. Nein! Fräulein Grünmann, bitte...
7. Les codes binaires sont composés de «zéro» et de «un».

B. Sur le campus. Where do you do the following activities? Complete the sentences.

1. J'étudie...
2. J'écoute le professeur...
3. Je répète les phrases...
4. J'écoute les cassettes...
5. J'habite...

C. Les études. Classez les cours suivants selon le schéma ci-dessous. Donnez un point pour les réponses avec «peu»; deux points pour les réponses avec «assez»; et trois points pour les réponses avec «très». Selon la classe, quel cours est le plus intéressant? Le moins utile?
(Classify the courses below. Give one point for each answer with "a little"; two points for answers with "somewhat"; and three points for answers with "very." Which course is the most interesting? the least useful?)

	UTILITÉ	INTÉRÊT	DIFFICULTÉ
	(très/assez/peu utile)	*(très/assez/peu intéressant[e])*	*(très/assez/peu difficile)*
la biologie			
l'anglais			
le français			
la philosophie			
l'informatique			
l'histoire			
la chimie			

Pour exprimer les préférences

+	−
J'aime les langues.	Je n'aime pas les langues.
J'adore les langues.	Je déteste les langues.
Je préfère les langues.	

Où habiter?

Les Bordier habitent en **ville°**, dans **un immeuble°**.   city; apartment building
Les Rey habitent dans **la banlieue°**. Les Dupont habitent dans une maison   suburbs
à **la campagne°**. Ils n'aiment pas la ville. Ils préfèrent **les jardins°** et les animaux.   country; gardens

Pratique et conversation

A. La ville, la banlieue ou la campagne? Indicate which description applies to which living environment.

	LA VILLE	LA BANLIEUE	LA CAMPAGNE
la tranquillité			
le crime			
les boutiques			
la nature			
l'espace			
le cinéma			
le théâtre			
la pollution			
les animaux			

B. Complétez. Complétez la phrase en utilisant le vocabulaire de l'*Autrement dit*.

1. J'aime habiter _____ parce que j'aime _____.
2. Je n'aime pas habiter _____ parce que je n'aime pas _____.
3. J'adore _____ parce que c'est un cours intéressant.
4. Je déteste le cours de _____ parce que c'est trop *(too)* difficile.
5. Je préfère étudier _____.

Structure III

Question-asking

Est-ce que

a. We have already seen one way of asking a yes/no question in French by raising the pitch of the voice at the end of a statement. This rise in pitch is called rising intonation.

  C'est un livre.   →   C'est un livre? ↗
  This is a book.   *Is this a book?*

b. Another way of asking yes/no questions in French is by placing the phrase **est-ce que** in front of a statement. These questions also have rising intonation.

  C'est un livre.   →   Est-ce que c'est un livre? ↗
  Il est étudiant. →   Est-ce qu'il est étudiant? ↗

Pratique et conversation

A. Questions. Turn the following statements, based on the dialogues, into questions, which your partner will answer. Alternate asking and answering questions.

1. C'est l'appartement des Bordier.
2. Sylvie est la fille au pair.
3. Anne est fatiguée.
4. Jean-Philippe est à l'école primaire.
5. Jean-Philippe étudie l'allemand.

B. Devinez. *(Guess.)* In pairs, one student will think of an item in his/her briefcase or backpack. The other will try to guess what it is. Repeat the activity, reversing roles. The next time, think of an item in your home.

C. Où est... ? Mr. Bordier misplaced his pen. Can you guess where it is? Your instructor will tell your partner the location. You have five guesses to find it.

Structure IV

Talking about everyday activities
Present tense of verbs ending in *-er*

PARLER *(TO SPEAK)*			STEM + ENDING	
Je	**parle**	allemand.	parl	**e**
Tu	**parles**	anglais.	parl	**es**
Il ne	**parle**	pas espagnol.	parl	**e**
Nous	**parlons**	à Mme Bordier.	parl	**ons**
Vous	**parlez**	français et italien.	parl	**ez**
Elles	**parlent**	à Sylvie.	parl	**ent**

a. To conjugate a regular **-er** verb such as **parler,** obtain the verb stem by dropping the **-er** from the infinitive: **parler > parl-.** The appropriate subject endings are then added to the stem: **-e, -es, -e, -ons, -ez, -ent.**

b. The present tense expresses habitual action or action in progress. It may be translated in one of three ways.

je parle $\begin{cases} \textit{I speak} \\ \textit{I do speak} \\ \textit{I am speaking} \end{cases}$

c. Before a verb form that begins with a vowel, **élision** is made in the first-person singular and **liaison** occurs throughout the plural.

AIMER *(TO LIKE)*	
Singular	*Plural*
j'aime	nous´ᶻˋaimons
tu aimes	vous´ᶻˋaimez
il aime	elles´ᶻˋaiment

d. In the conjugation of the verb **préférer,** the **é** before the endings becomes **è** in the **je, tu, il,** and **ils** forms.

PRÉFÉRER *(TO PREFER)*	
Singular	*Plural*
je préfère	nous préférons
tu préfères	vous préférez
elle préfère	ils préfèrent

Look at accents some-

Joints are really enjoyable

Répéter is conjugated like **préférer.**

e. Here are other useful **-er** verbs. You used some of these verbs as commands in Chapter 1.

chercher	*to look for*
danser	*to dance*
donner	*to give*
écouter	*to listen to*
entrer (dans)	*to enter*
étudier	*to study*
fermer	*to close*
habiter	*to live at, to reside*
manger	*to eat*
penser	*to think*
préparer	*to prepare*
quitter	*to leave*
regarder	*to look*
rentrer	*to come home*
travailler	*to work*

✳ f. When two verbs are used in sequence with no change in subject, the second is generally an infinitive: **J'aime danser.** *I like to dance.*

Pratique et conversation

A. Le week-end. Explain to your classmates what you do or don't do on the weekend.

MODÈLE: travailler
Le week-end, je ne travaille pas.

étudier	danser
regarder la télévision	parler au téléphone
écouter la radio	

B. Préférences. Explain to your classmates what you like or don't like to do during your free time.

MODÈLE: danser
J'aime danser.

travailler	parler français
écouter la radio	regarder la télévision
étudier	

C. Le week-end. Un groupe d'étudiants parle de leurs activités de week-end. Formulez des phrases en utilisant les éléments donnés. *(A group of students is talking about their weekend activities. Formulate complete sentences using the elements given below.)*

1. Nous/travailler/à la bibliothèque.
2. Catherine et Nathalie/écouter/des cassettes dans le laboratoire des langues.
3. Didier et moi, nous/aimer/regarder la télévision.
4. Et toi, Hélène, tu/manger/avec nous demain soir *(evening)*.
5. Moi, je/donner/des cours particuliers *(private)* de français.
6. Anne et Thierry, vous/quitter/la ville/ce *(this)* week-end?
7. Non, nous/préférer/rester *(stay)* à la maison.

D. Activités. Where do you do the following activities? Select a verb from column one and a location from column two.

1	2
étudier	dans la chambre
écouter la radio	dans la salle à manger
parler au téléphone	dans la cuisine
penser	dans la salle de bains
regarder la télé	dans la salle de séjour
manger	à la bibliothèque
travailler	à la résidence

E. Est-ce que vous étudiez le français? A French friend wants to know what you and your college friends do. Answer his/her questions.

MODÈLE: Votre ami(e) *(Your friend):* **Est-ce que vous étudiez la biologie?**
Vous: **Oui, nous étudions la biologie.**

1. Est-ce que vous parlez français en classe?
2. Est-ce que vous regardez la télévision?
3. Est-ce que vous écoutez la radio?
4. Est-ce que vous travaillez?
5. Est-ce que vous aimez danser?
6. Est-ce que vous étudiez la chimie?

En contexte

Interview. Find out about your partner's activities, likes, and dislikes at the university. Ask him/her if he/she . . .

1. is studying English/chemistry/computer science/history.
2. likes the classes that are mentioned above.
3. likes to study.
4. studies a lot **(beaucoup).**
5. watches television on the weekend.
6. dances on the weekend.

Report your results to the class.

Préférences. Ask your partner if he/she prefers . . .

1. the city or (**ou**) the suburbs.
2. the suburbs or the country.
3. an apartment or a house.
4. chemistry or biology.
5. English or French.

Situation 3

Sylvie, la sœur de Jean-Philippe

ANNE:	Qui sont les deux petites filles là-bas°?	over there
JEAN-PHILIPPE:	C'est ma° sœur Sylvie et une camarade de classe. Sylvie est à l'école primaire. Sylvie, Sylvie, regarde, c'est Anne Williams.	my
SYLVIE:	Qui?	
JEAN-PHILIPPE:	C'est Anne, d'Amérique.	
SYLVIE:	Anne, oh oui, bien sûr. Bonjour, Anne, ça va? Parle un peu anglais.	
JEAN-PHILIPPE:	Mais, qu'est-ce que tu racontes? Anne est ici pour pratiquer le français, pas l'anglais.	
SYLVIE:	Tu étudies l'anglais au lycée, mais tu n'aimes pas pratiquer.	
JEAN-PHILIPPE:	Oh, arrête, Sylvie.	

Avez-vous suivi?

1. Vrai ou faux?

_____ Sylvie est au lycée.
_____ Anne est en France pour pratiquer le français.
_____ Jean-Philippe n'aime pas parler anglais.

2. À la fin, Jean-Philippe est...
   a. cordial.
   b. impatient.
   c. furieux.
   d. content.

Autrement dit

Pour présenter

To introduce yourself:

☐ Bonjour, Madame.
  Bonjour, je me présente.
  Je suis [Betsy Ungar].
  Bonjour, [Bradley Dean].
  Je m'appelle [Benjamin].

To respond to an introduction:

☐ Enchanté (*f.* Enchantée), Madame.
☐ Très heureux (*f.* Très heureuse), Mademoiselle.
☐ Bonjour, Monsieur/Madame/Mademoiselle.
◇ Salut.

To introduce somebody to an acquaintance or to two people:

☐ Je vous présente [M. Doumas].

To introduce somebody to a friend:

◇ Je te présente [Bernard].

[handwritten margin notes: aller / vais / vas / va / allons / allez / vont]

Pratique et conversation

A. Présentations. Complétez les dialogues.

1. Bonjour. Je suis Anne Williams.
   _____.

2. Bonjour. Solange Bordier.
   _____.

3. Salut, Patrick. Je _____ Marie.
   Ah, bonjour, Marie.
4. Je vous présente M. Bordier.
   _____, Monsieur.

B. Une invitation. You have invited a friend over to dinner. Introduce him/her to your parents. Each replies appropriately.

C. Une boum. You are having a party. Many of the guests do not know each other. Make introductions.

Structure V

Giving orders

The imperative

Sylvie, Sylvie, **regarde,** c'est Anne Williams.
Parle un peu anglais.
Écoutez la cassette.

a. The imperative of the **vous** form of -**er** verbs is derived from the present tense
    by dropping the subject pronoun.

> | Étudiez! | *Study!* |
> |----------|----------|
> | Regardez! | *Look!* |

b. The imperative of the **tu** form of -**er** verbs is derived from the present tense
    by dropping the subject pronoun, and the final -**s** of the verb.

> | Travaille! | *Work!* |
> |------------|---------|
> | Étudie! | *Study!* |

c. When the subject pronoun is dropped from the **nous** form of the present
    tense, the meaning of the verb is *Let's . . .*

> | Parlons anglais. | *Let's speak English.* |
> |------------------|------------------------|
> | Travaillons. | *Let's work.* |

d. In the negative imperative, **ne... pas** surrounds the verb.

> | **Ne** | travaille | **pas.** |
> |--------|-----------|----------|
> | **Ne** | regardez | **pas** la téle. |
> | **N'** | écoutons | **pas.** |

Pratique et conversation

A. Les règles de la maison. Using the cues below, tell Jean-Philippe what he
should and should not do.

> MODÈLE: regarder la télévision
>
> **Ne regarde pas la télévision. (ou: Regarde la télévision.)**

1. étudier l'anglais
2. travailler
3. écouter la radio
4. parler anglais avec Anne
5. rentrer tard *(late)*
6. danser

B. **Conseils aux étudiants.** What advice would you give your fellow students so that they will do well in French? Name four things.

MODÈLE: **Étudiez la leçon!**

C. **Situations.** What advice would you give your friend in the following situations? Use an imperative.

1. He/She is not doing well in class. *etudie*
2. He/She needs money for an upcoming trip. *travaille*
3. He/She is planning to go skiing at a nearby resort, but is not sure what the weather will be like tomorrow. *regarde la télé*
4. He/She spends too much time watching TV and not enough time studying biology. *ne regarde pas la télé, etudie la biologie*
5. He/She needs to brush up on his/her spoken French. *parle français*

Structure VI

Asking questions

The interrogatives *qui* and *qu'est-ce que*

Qui sont les deux petites filles là-bas?
Mais, **qu'est-ce que** tu racontes?

a. **Qui** refers to people and means *who*. When it is the subject of a question, the verb following **qui** is always in the third person, singular or plural.

SUBJECT	VERB	COMPLEMENT
Qui	est	Anne Williams?
Qui	sont	les Bordier?

b. **Qu'est-ce que** refers to things and means *what*. You have already seen this form in the question: **Qu'est-ce que c'est? Qu'est-ce que** is used as the object in question.

OBJECT	SUBJECT	VERB
Qu'est-ce que	tu	étudies?
Qu'est-ce que	M. Bordier	raconte?

Pratique et conversation

A. **Identifications.** Ask your partner to identify the following people.

MODÈLE: le président
        Vous: **Qui est le président?**
        Votre partenaire: **C'est Monsieur [Smith].**

1. le professeur de français   *C'est Matt*
2. Anne Williams
3. Pataud
4. Sylvie
5. l'étudiant(e) devant [Marie]
6. l'étudiant(e) derrière [Patrick]

B. Demandez. Using **qu'est-ce que** and the verbs below, ask your partner questions about his/her studies.

> MODÈLE: étudier
> > Vous: **Qu'est-ce que tu étudies?**
> > Votre partenaire: **J'étudie le français, la biologie et**
> > > **l'histoire.**

1. étudier
2. préférer
3. adorer
4. détester
5. écouter dans le labo
6. répéter dans la classe de français

C. Posez la question. Ask the questions that elicit the following answers.

1. Jean-Philippe étudie l'informatique.   *Qu'est -ce que*
2. C'est la fille au pair.   *Qui c'est*
3. C'est le gardien de la maison   *qui est*
4. Je n'aime pas les maths.   *Qu est -ce que*
5. Nous écoutons la radio.   *Qu est -ce que*

Compréhension auditive

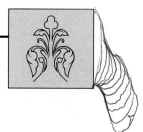

DEUX TÉLÉGRAMMES

Avant d'écouter

A. Renseignez-vous. To send a telegram in France, you may go to the local post office **(le bureau de poste, la poste, les P.T.T.)** or you may place it by phone by dialing 36 55. If you place your telegram by phone, a free copy is mailed to you. Telegrams are charged by the word and are also subject to additional taxes.

B. Le langage télégraphique. Since telegrams are charged by the word, the sender will save money by making the message as concise as possible. Frequently, noun markers and subject pronouns are omitted when comprehension will not be affected. Can you reconstitute and read the following telgraphic messages?

1. Arrivons Rouen aujourd'hui *(today)* avec famille Bordier.
2. Passe trois jours Paris, cherche chambre.
3. Arrive demain train 22.
4. Attention M. Charles Bordier. Message urgent. Téléphonez 21-15-08-17.

C. Vocabulaire. Look at the blank telegram below. Using your knowledge of cognates, what might the following words and expressions mean?

1. bureau d'origine
2. bureau de destination
3. code postal
4. services spéciaux demandés
5. la signature

6. le numéro
7. le destinataire
8. l'expéditeur (HINT: What does the word *expedite* mean in English?)

D. Le formulaire. *(The form.)* Looking again at the blank telegram form, tell

1. where the receiver's name and address should be written;
2. where the text should be written;
3. how the text should be written.

Can you make out what other information is asked for?

E. Soyons clair. *(Let's be clear.)* When spelling a name over the phone, a code is often used to ensure that the name is transmitted accurately. In English, we say "F as in Frank, S as in Sam," etc. The French code is reproduced below.

A comme Adèle	N comme Noémi
B comme Béatrice	O comme Odette
C comme Caroline	P comme Pierre
D comme Denise	Q comme Quentin
E comme Eugène	R comme Robert
F comme François	S comme Simone
G comme Georges	T comme Thomas
H comme Hector	U comme Ursule
I comme Isidore	V comme Victor
J comme Jacques	W comme William
K comme Karl	X comme Xavier
L comme Léon	Y comme Yves
M comme Marie	Z comme Zoé

Using this code, spell the following names:

1. Bordier   2. Lalout   3. Chevalley   4. Silvestri

Écoutons

A. **Un télégramme.** As you will find out in Chapter 3, Madame Bordier is a travel agent. One of her clients, Monsieur Dumas, is sending her a telegram. Listen to the text of the telegram and write Monsieur Dumas's message on the form printed below. Although you may not know every word, try to write as much as you can.

B. **La réponse.** Now, Mme Bordier responds to her client's telegram. Listen to its text once to get the overall meaning. Then, listen again and write the message on the form below. Although you may not know every word, try to write as much as you can.

Pratique et conversation

A. Un autre télégramme. You are going to be spending the year in France as an exchange student. You missed your flight to Paris, so you send an urgent telegram to your host family, telling them that you will be arriving the following day, Air France flight **(vol Air France)** 04 from Los Angeles. Dictate the telegram to your partner. Be sure to give the name and address of the intended recipient.

B. La réponse. Take the role of a member of the host family. Send a reply in which you thank your prospective exchange student for the telegram and wish him/her a good trip. Dictate the telegram to your partner.

Document

Les petites annonces

Use your knowledge of English to predict the meaning of the many cognate forms in the job announcements below.

Avant de lire

A. Le suffixe -*eur*. The suffix **-eur** often indicates a person who does something. Study the following examples

Personne	*Activité*
un danseur	il danse
un penseur	il pense
un donneur	il donne
un professeur	il «professe»
un acteur	il joue un rôle

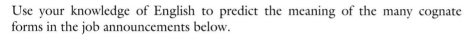

What might the following people do?

un accompagnateur
un animateur
un employeur
un vendeur
un serveur

B. Les abbréviations. Study the following abbreviations, which are common in ads of this type.

cher.	cherche
j.f.	jeune fille
c.v.	curriculum vitæ *(résumé)*
qual.	qualifié
km	kilomètre
h.	heure *(hour)*

C. Devinez. Can you guess the meaning of the italicized words from their context?

1. Cherche employée de maison, *logée, nourrie*.
2. Cherche j.f. pour *garde-enfant*.
3. Cherche agent de voyages, *formation* tourisme.

Lisons

273010 Cherche femme de ménage°, 3-4 h par semaine°. Quartier Verdanson. Tél. 67.79.09.50.	cleaning lady week	
273011 Cherche dame ou j.f. pour garder enfants 5 et 8 ans, le mercredi° et jours non scolarisés et aller chercher à l'école Mas Drevon. Tél. 67.42.33.56 après 20 h 30.	Wednesday	
448030 Cher. employée de maison, logée, nourrie, références. 67.45.67.04 de 10 à 12 h		
448197 Devenez° animateur, guide, accompagnateur, réceptionniste. Formation tourisme C.F.T., 6, rue Grd-St-Jean, Montpellier. Tél. 67.92.98.30.	Become	

452502 Employée de maison demandée qu. Rondelet 2 après-midi° par mois°. Ecrire Havas n. 190.137 Montpellier (34063)	afternoons month	
452511 Recherche J.F. pour garde enfant + ménage, 10 km Montpellier, logée, nourrie + salaire. Ecrire Havas n. 190.139 Montpellier 34063.		
330182 Urgent cherche serveur qual., bonne référence, place à l'année. Tél. 67.78.31.51.		

Avez-vous suivi?

1. If you wanted a position as an *au pair*, which ad(s) would you answer?
2. What benefits would you have?
3. If you were interested in a job that allowed you to travel, what position would you apply for?
4. If you wanted to work in food service, which job would you pick?
5. If you only wanted to work part-time, which ad(s) might you answer?

Activités

A. Une réception. You are at a reception given by an international organization. You meet a French student and introduce yourself. The student asks you about American student life and you respond with information about your studies and what you like to do in your free time; then you ask about student life in France.

B. Les étudiants américains. You are a Swiss exchange student writing an article about American students for your class back home. Ask three students in your class if they: work, like the university, study a lot, and like to dance on the weekend.

C. Sondage. Take a survey of your classmates. Find out how many of them (1) study English, (2) love political science, (3) work on weekends, (4) study on weekends, (5) watch television a lot.

D. Chez le professeur. You have been invited to a party at your teacher's home. There you see several professors and students whom you come across frequently on campus. Introduce yourself to them and explain that you are studying French. They ask you about your experience: whether you like your class, your teacher, the students. You respond to their questions.

Vocabulaire actif

adorer	*to adore*	l' éducation physique (f.)	*physical education*
aimer	*to like, to love*		
l' allemand (m.)	*German* (language)	elle	*she, it* (f.)
l' anglais (m.)	*English* (language)	elles	*they* (f.)
un amphithéâtre	*lecture hall*	Enchanté(e)!	*Pleased to meet you!*
un animal (pl. animaux)	*animal*	entrer (dans)	*to enter*
arrêter	*to stop*	l' espagnol (m.)	*Spanish* (language)
arriver	*to arrive, to come*	est-ce que	*(used to form a question)*
un ascenseur	*elevator*	être	*to be*
aussi	*also*	les études (f. pl.)	*studies*
la banlieue	*suburbs*	étudier	*to study*
un bâtiment	*building*	la faculté (fac)	*university*
beaucoup	*a lot*	un fauteuil	*armchair*
une bibliothèque	*library*	une fenêtre	*window*
bien sûr	*of course*	fermer	*to close*
la biologie	*biology*	une fille	*girl, daughter*
un buffet	*sideboard*	un fils	*son*
ça	*this, that*	le français	*French* (language)
un(e) camarade	*friend*	un gardien	*guardian*
la campagne	*country(side)*	habiter	*to live*
une chaîne stéréo	*stereo*	l' histoire (f.)	*history*
une chaise	*chair*	ici	*here*
une chambre	*bedroom*	il	*he, it* (m.)
chercher	*to look for*	ils	*they* (m. or mixed)
la chimie	*chemistry*	un immeuble	*apartment building*
comme	*like, as*	l' informatique (f.)	*computer science*
le commerce	*business*	l' italien (m.)	*Italian* (language)
un compliment	*compliment*	un jardin	*garden*
un cours (pl. des cours)	*course*	je	*I*
une cuisine	*kitchen*	Je te/vous présente...	*This is . . .* (introduction)
dans	*in*	le journalisme	*journalism*
danser	*to dance*	un laboratoire (labo)	*laboratory*
derrière	*behind*		
détester	*to hate*	une lampe	*lamp*
devant	*in front of*	une langue	*language*
donner	*to give*	le latin	*Latin* (language)
une école primaire	*elementary school*	le (l'), la (l'), les	*the* (m., f., pl.)
écouter	*to listen*	un lit	*bed*
		un lycée	*high school*

un	magnétoscope	*VCR*	
	mais	*but*	
une	maison	*house*	
	manger	*to eat*	
les	mathématiques (f. pl.) (maths)	*math*	
	Mettez!	*Place!, Put!*	
	moderne	*modern*	
	ne... pas	*not* (negation)	
	nous	*we*	
	on	*we, you, one, people*	
	ou	*or*	
	Où est... ?	*Where is . . .?*	
	parler	*to speak*	
	penser	*to think*	
une	petite	*little girl*	
un	petit peu	*a little bit*	
un	peu	*a little*	
la	philosophie	*philosophy*	
une	photo	*photo*	
la	physique	*physics*	
	pratiquer	*to practice*	
	préférer	*to prefer*	
	préparer	*to prepare*	
	qu'est-ce que	*what*	
	qui	*who*	
	quitter	*to leave*	
	raconter	*to tell, to talk about*	
une	radio	*radio*	

	regarder	*to watch, to look at*
	rentrer	*to go home*
une	résidence	*dormitory*
un	restaurant universitaire	*student cafeteria*
le	russe	*Russian (language)*
une	salle à manger	*dining room*
une	salle de bains	*bathroom*
une	salle de séjour	*living room*
les	sciences politiques (f. pl.)	*political science*
la	sociologie	*sociology*
	sous	*under*
	sur	*on*
une	table	*table*
un	téléphone	*telephone*
une	télévision	*television*
une	toilette	*toilet*
	travailler	*to work*
	Très heureux (-euse).	*Pleased to meet you.*
	tu	*you* (familiar, sing.)
une	valise	*suitcase*
une	ville	*city*
	vous	*you* (familiar, pl.; polite, sing. and pl.)
un	voyage	*trip*

CHAPITRE 3

La journée des Bordier

Situation   1

On parle de travail

M. BORDIER: Je suis architecte[1]. En semaine, je quitte la maison vers° huit   toward
heures et j'arrive au bureau à neuf heures du matin. Je
travaille jusqu'à cinq heures de l'après-midi. Je rentre vers six
heures, mais quelquefois, je dîne au restaurant avec des
clients et je rentre vers neuf heures du soir.

ANNE: Et vous, Mme Bordier, où est-ce que vous travaillez?

MME BORDIER: Dans une agence de voyages. Et pendant l'été, on est très
occupés. Quelquefois, pendant les fêtes, je reste au bureau
jusqu'à dix heures du soir... et même° jusqu'à minuit avant   even
le quinze août.

Avez-vous suivi?

1. Décrivez la famille Bordier.
   a. Qui *(who)* est étudiant au lycée?
   b. Qui est architecte?
   c. Qui est agent de voyages?
   d. Qui est le gardien de la maison?
   e. Qui est à l'école primaire?
2. Décrivez l'emploi du temps de M. Bordier.

---

[1]Note the omission of the indefinite noun marker after the verb **être** when followed by the name of a
profession. In the third person, two patterns are possible: **Il est architecte/C'est un architecte.**

3. Mme Bordier est très occupée _____ et surtout *(especially)* _____.
4. Le quinze août en France est...
    a. la fête du travail.
    b. la fête de l'Assomption.
    c. la Saint-Valentin.
    d. la fête nationale.

Autrement dit

Les emplois

Je suis...

architecte	
journaliste	
professeur	
étudiant/étudiante	
agent de voyages	
cadre	*executive*
informaticien/informaticienne	*computer scientist*
instituteur/institutrice	*elementary school teacher*
médecin/femme médecin	*doctor*
infirmier/infirmière	*nurse*
avocat/avocate	*lawyer*
ingénieur/femme ingénieur	*engineer*
ouvrier/ouvrière	*factory worker*
caissier/caissière	*cashier*
coiffeur/coiffeuse	*hairdresser*
serveur/serveuse	*waiter/waitress*
facteur	*mail carrier*

Où est-ce que vous travaillez?
Dans...

une agence de voyages	
une université	
un hôpital	
une école	
un restaurant	
un lycée	
une école maternelle	*nursery school*
une usine	*factory*
un bureau	*office*

À...

la caisse	*cash register*
la poste	*post office*

L'heure

En semaine, j'arrive au bureau à...

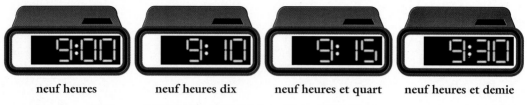

| neuf heures | neuf heures dix | neuf heures et quart | neuf heures et demie |

...du matin.

Je déjeune à...

| midi | midi et demi | une heure |

Je travaille jusqu'à...

| cinq heures | six heures moins le quart | six heures moins dix |

...de l'après-midi.

Je n'arrive pas **en retard**° j'arrive **à l'heure**° ou **en avance**°.

late; on time; early

Les activités

À six heures du soir, Mme Bordier a...

> un cocktail
> une réunion
> rendez-vous chez le coiffeur

Pratique et conversation

A. L'heure. Lisez l'heure.

B. Au travail! Où est-ce qu'on travaille?

1. Un professeur travaille...
2. Un médecin travaille...
3. Une institutrice travaille...
4. Un architecte travaille...
5. Un agent de voyages travaille...
6. Je travaille...

C. Les professsions. Classez les professions suivantes selon le schéma ci-dessous. Donnez un point pour les réponses avec «peu», deux points pour les réponses avec «assez», et trois points pour les réponses avec «très». Selon la classe, quelles professions sont les mieux payées? les moins prestigieuses? les plus techniques? *(Classify the courses below. Give one point for each answer with "a little", two points for answers with "somewhat", and three points for answers with "very". Which professions are the best paid? the least prestigious? require the most training?)*

	PAIE	PRESTIGE	FORMATION
	(très bien/assez bien/ mal récompensé)	*(très/assez/ peu prestigieux)*	*(très/assez/ peu spécialisé)*
agent de voyages médecin professeur infirmier facteur avocat ouvrier architecte			

D. On cherche un emploi. You work in an employment agency. What career would you recommend for the following job candidates?

1. M. Bodin: Il aime la cuisine française.
2. Mme Mézil: Elle étudie le commerce.
3. Mme Hoffman: Elle parle français.
4. M. Félix: Il aime voyager.
5. Mlle Sandover: Elle étudie l'informatique.
6. M. Dominique: Il n'aime pas les mathématiques.

E. Interview. Demandez à votre partenaire...

1. s'il/si elle travaille.
2. s'il/si elle arrive à l'heure.
3. si les cours commencent à neuf heures.
4. s'il/si elle travaille jusqu'à cinq heures.
5. s'il/si elle travaille le week-end.

Structure I

Asking questions
Information questions

a. Most information questions use the pattern below:

QUESTION WORD + *EST-CE QUE* + SUBJECT + VERB			
Où	est-ce que	vous	travaillez?
À quelle heure	est-ce que	vous	travaillez?
Quand *(When)*	est-ce que	vous	travaillez?

b. The question word **pourquoi** means *why*. To answer a question with
pourquoi, use **parce que** *(because)*.

Pourquoi est-ce que vous étudiez le français?
J'étudie le français **parce que** j'aime la France.

c. Another pattern may be used to form information questions. In this pattern,
called inversion, the order of subject and verb is reversed after the question
word. You have already seen this pattern.

QUESTION WORD	+	VERB	+	SUBJECT
Comment		vas-		tu?
Où		est		le magnétoscope?

Using inversion to form information questions is less common in spoken
French than is the pattern with **est-ce que.** Later we will point out the cases
where inversion is more usual.

d. In questions using inversion, a **-t-** is added between the verb and the subject
pronoun in the third person singular if the final letter of the verb form is a
vowel.

Comment va-**t**-il?   *vowel to vowel = t in middle*
Où travaille-**t**-elle?

e. To ask the time of day, use the question:

Quelle heure est-il?

The answer will be:

Il est (quatre) heures (de l'après-midi).

Pratique et conversation

A. Curiosité. Composez des questions.

> MODÈLE: Où/M. Bordier/travailler?
> **Où est-ce que M. Bordier travaille?**

1. À quelle heure/Jean-Philippe/rentrer?
2. Quand/vous/étudier?
3. À quelle heure/tu/regarder/la télévision?
4. Où/nous/déjeuner?
5. Quand/les Bordier/dîner?
6. À quelle heure/tu/étudier?
7. Pourquoi/vous/aimer/le français?
8. Comment/le professeur/parler/français?

B. Interview. Posez une question à votre partenaire.

> MODÈLE: à quelle heure/étudier
> Vous: **À quelle heure est-ce que tu étudies?**
> Votre partenaire: **J'étudie à sept heures.**

1. où/travailler
2. quand/regarder la télévision
3. à quelle heure/quitter la maison
4. à quelle heure/déjeuner
5. à quelle heure/rentrer
6. où/étudier
7. quand/danser
8. pourquoi/étudier le français

C. Les réponses. A classmate will ask you about your partner's schedule from Activity B. Answer his/her questions.

> MODÈLE: Votre partenaire: **À quelle heure est-ce que [Marc] étudie?**
> Vous: **Il étudie [à trois heures].**

En contexte

Encore des questions. Posez une question à votre partenaire. Demandez-lui *(Ask him/her)*...

1. comment il/elle va.
2. quelle heure il est.
3. où est le professeur.
4. à quelle heure il/elle travaille.
5. quand il/elle étudie.

Situation 2

L'emploi du temps

SYLVIE: Moi, je vais à l'école tous° les jours sauf° le mercredi et le   every; except
samedi après-midi. Le dimanche, bien sûr, je ne vais pas à
l'école.

JEAN-PHILIPPE: Bah, ce n'est rien° à côté de mon emploi du temps. Demain,   it's nothing
par exemple, j'ai un examen. Et puis, il y a les devoirs. Vous,
les parents, vous n'avez pas de devoirs.

MME BORDIER: Pas de devoirs? Et la cuisine, et le ménage, et la petite?
Maintenant, ça va... Anne est ici. Mais après?

Avez-vous suivi?

1. Quand est-ce que Sylvie ne va pas à l'école?
2. Identifiez deux obligations d'un étudiant.
3. Identifiez trois responsabilités de Mme Bordier.

Autrement dit

Quel jour sommes-nous?

Nous sommes ⎫
      C'est ⎬ lundi.

Les jours de la semaine sont...

> lundi
> mardi
> mercredi
> jeudi
> vendredi
> samedi
> dimanche

Le week-end, j'aime danser.

Pratique et conversation

A. L'agenda de Mme Bordier. Lisez l'agenda et répondez aux questions.

LUNDI MARS **8**	MARDI MARS **9**	MERCREDI MARS **10**	JEUDI MARS **11**	VENDREDI MARS **12**	SAMEDI MARS **13**
S. Jean de Dieu 67-298	Sᵉ Françoise 68-297	S. Vivien 69-296	Sᵉ Rosine 70-295	Sᵉ Justine 71-294	S. Rodrigue 72-293

(agenda grid with handwritten entries)

- Mardi 11: *déjeuner avec Charles*
- Lundi 12: *coiffeur*
- Mercredi 13: *jour de congé: moi*
- Vendredi 12: *déjeuner chez les Silvestri*
- Mardi 16: *jour de congé: Charles*
- Mercredi 19: *Dîner au restaurant Charles et moi*
- Jeudi 20: *Charles rentre tard*

1. Quand est-ce que Mme Bordier déjeune avec M. Bordier? *Mme Bordier déjeune a*
2. Quand est-ce qu'elle déjeune chez les Silvestri?
3. Quand est-ce que M. Bordier rentre tard?
4. Quand est-ce que Mme Bordier ne travaille pas? et M. Bordier?
5. Quand est-ce que les Bordier dînent au restaurant?
6. Quand est-ce que Mme Bordier a rendez-vous chez le coiffeur?

B. Interview. Demandez à votre partenaire...

1. quand il/elle rentre tard.
2. quand il/elle ne travaille pas.
3. quand il/elle étudie le français/l'histoire/la chimie.
4. quand il/elle dîne à la maison.
5. quand il/elle est à l'université.

Structure II

Talking about movement and location
Present tense of the verb *aller*

ALLER *(TO GO)*		
Je ne	**vais**	pas à l'école le mercredi et le dimanche.
Tu	**vas**	à l'université demain?
On	**va**	au restaurant.
Nous	**allons**	à la classe de français.
Vous	**allez**	où?
Elles	**vont**	au lycée.

a. The preposition **à** (to, at) contracts with the definite noun markers **le** and **les**.

En semaine, j'arrive	**au**	bureau à neuf heures du matin.
Les étudiants vont	**aux**	cours.

b. There is no contraction of **à** with **la** and **l'**.

Vous allez	**à la**	poste?
Le médecin va	**à l'**	hôpital.

Pratique et conversation

A. Où est-ce qu'ils vont? Complétez les phrases par le verbe **aller.**

>   MODÈLE: Mme Bordier/à l'appartement
>   **Mme Bordier va à l'appartement.**

1. Jean-Philippe/à la cuisine
2. nous/à l'université
3. les étudiants/au cours de maths
4. tu/au bureau
5. je/à l'agence de voyages
6. Anne/au cours de français

B. Activités. Composez des phrases. Utilisez un élément de chaque colonne.

Le soir			la bibliothèque
Le week-end			l'université
Le vendredi	je		le restaurant
L'après-midi	le professeur	aller	la classe de français
À [six] heures	nous		la discothèque
À [neuf] heures			le cours de [maths]
Le dimanche			le travail

C. Interview. Demandez à votre partenaire...

1. quand il/elle va à la bibliothèque.
2. quand il/elle va au restaurant.
3. quand il/elle va à l'université.
4. à quelle heure il/elle va au cours de français.
5. quand il/elle ne va pas à l'université.

Structure III

Expressing possession
Present tense of the verb *avoir*

AVOIR *(TO HAVE)*		
J'	**ai**	trois disques.
Tu	**as**	un stylo.
Il	**a**	deux enfants.
Nous	**avons**	une classe de français.
Vous	**avez**	trois livres?
Les Bordier	**ont**	un appartement.
Et puis, il y	**a**	les devoirs.

a. The expression **il y a** means *there is* or *there are*. It is invariable.

b. To ask *how many,* use the question word **combien de:**

Combien de cours avez-vous aujourd'hui?
How many courses do you have today?

c. Use the verb **avoir** to express age:

J'ai dix-huit ans.
I'm eighteen years old.

vais   ai
vas   as
va   a
allons   avons
allez   avez
vont   ont

Pratique et conversation

A. Obligations. Complétez les phrases par le verbe **avoir.**

MODÈLE: M. Bordier/trois réunions
    M. Bordier a trois réunions aujourd'hui.

1. Jean-Philippe/une classe
2. je/rendez-vous chez le médecin

   3. Sylvie et Jean-Philippe/un examen
   4. Julie et moi, nous/rendez-vous chez le coiffeur
   5. Anne-Françoise/quatre cours
   6. les Bordier/un dîner important

B. L'agenda de la patronne. *(The boss's agenda.)* You are a secretary and your boss calls you to get the day's appointments and activities. Read the following schedule.

   MODÈLE: 9:00/réunion
      À neuf heures du matin, vous avez une réunion.

   1. 12:00/déjeuner
   2. 2:15/rendez-vous chez le coiffeur
   3. 3:45/réunion
   4. 5:30/cocktail
   5. 7:30/dîner

C. À quelle heure... ? Later in the day, your boss calls to inquire about her activities for the next day. Use the times below to answer her questions.

   MODÈLE: 9:30/réunion
      Votre patronne: **À quelle heure est-ce que j'ai une réunion?**
      Vous: **Vous avez une réunion à neuf heures et demie.**

   1. 8:30/réunion
   2. 10:10/rendez-vous
   3. 12:00/déjeuner
   4. 3:50/réunion
   5. 8:00/dîner

En contexte

Interview. Demandez à votre partenaire...

   1. combien de cours il/elle a aujourd'hui.
   2. combien de réunions il/elle a demain.
   3. combien d'étudiants il y a dans la classe de français.
   4. combien de frères/sœurs il/elle a.
   5. combien d'enfants les Bordiers ont.

Les activités. What do you have on your agenda today? Classes? Meetings? Appointments? Name three things.

Situation 3

Des ennuis

MME BORDIER: Demain, je vais avoir des ennuis...

ANNE: Mais, pourquoi?

MME BORDIER: Deux ou trois jours avant les fêtes, il y a une foule dans l'agence.

ANNE: Ah, oui! Vendredi, c'est le quinze août.

MME BORDIER: C'est juste. Les clients arrivent au dernier moment et demandent un billet pour la Bretagne, pour la Normandie, pour la Provence. Mais c'est trop° tard. Il n'y a pas de places dans les trains, pas de places dans les avions...   too

JEAN-PHILIPPE: Et on ne trouve pas de Parisiens à Paris!

MME BORDIER: Alors, écoutez Sylvie et Jean-Philippe. Pas d'histoires demain soir, entendu°? Je vais être crevée°.   is that understood? tired

Avez-vous suivi?

Complétez les phrases.

1. Avant les fêtes, Mme Bordier a _____.
2. Les clients demandent _____.
3. Mais, il n'y a pas de _____ dans les trains.
4. Et il n'y a pas de _____ à Paris!

Autrement dit

Les fêtes

Deux ou trois jours avant **les fêtes,** il y a foule dans l'agence. Vendredi, **c'est le quinze août.**

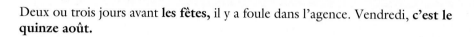

1993 JANVIER ☉ 7h46 à 16h03	FÉVRIER ☉ 7h22 à 16h47	MARS ☉ 6h34 à 17h33	AVRIL ☉ 5h30 à 18h20	MAI ☉ 4h32 à 19h04	JUIN 1993 ☉ 3h53 à 19h44
1 V JOUR de l'AN	1 L S°Ella	1 L S. Aubin	1 J S. Hugues	1 S FÊTE du TRAVAIL	1 M S. Justin
2 S S. Basile	2 M Présentation	2 M S. Charles le B.	2 V S°Sandrine	2 D S. Boris	2 M S°Blandine
3 D Épiphanie	3 M S. Blaise	3 M S. Guénolé	3 S S. Richard	3 L SS. Phil., Jacq.	3 J S. Kévin
4 L S. Odilon	4 J S°Véronique	4 J S. Casimir	4 D Rameaux	4 M S. Sylvain	4 V S°Clotilde
5 M S. Édouard	5 V S°Agathe	5 V S. Olive	5 L S°Irène	5 M S°Judith	5 S S. Igor
6 M S. Mélaine	6 S S. Gaston	6 S S°Colette	6 M S. Marcellin	6 J S°Prudence	6 D Fête des Mères
7 J S. Raymond	7 D S°Eugénie	7 D S°Félicité	7 M S. J.-B. de la S.	7 V S°Gisèle	7 L S. Gilbert
8 V S. Lucien	8 L S°Jacqueline	8 L S. Jean de D.	8 J S°Julie	8 S VICTOIRE 1945	8 M S. Médard
9 S S°Alix	9 M S°Apolline	9 M S°Françoise	9 V S. Gautier	9 D Fête Jeanne-d'Arc	9 M S°Diane
10 D S. Guillaume	10 M S. Arnaud	10 M S. Vivien	10 S S. Fulbert	10 L S°Solange	10 J S. Landry
11 L S. Paulin	11 J N.-D. Lourdes	11 J S°Rosine	11 D PÂQUES	11 M S°Estelle	11 V S. Barnabé
12 M S°Tatiana	12 V S. Félix	12 V S°Justine	12 L S. Jules	12 M S. Achille	12 S S. Guy
13 M S°Yvette	13 S S°Béatrice	13 S S. Rodrigue	13 M S°Ida	13 J S°Rolande	13 D Fête-Dieu
14 J S°Nina	14 D S. Valentin	14 D S°Mathilde	14 M S. Maxime	14 V S. Matthias	14 L S. Elisée
15 V S. Remi	15 L S. Claude	15 L S°Louise	15 J S. Paterne	15 S S°Denise	15 M S°Germaine
16 S S. Marcel	16 M S°Julienne	16 M S°Bénédicte	16 V S. Benoît-J.	16 D S. Honoré	16 M S. J.F. Régis
17 D S°Roseline	17 M S. Alexis	17 M S. Patrice	17 S S. Anicet	17 L S. Pascal	17 J S. Hervé
18 L S°Prisca	18 J S°Bernadette	18 J S. Cyrille	18 D S. Parfait	18 M S. Eric	18 V S. Léonce
19 M S. Marius	19 V S. Gabin	19 V S. Joseph*	19 L S°Emma	19 M S. Yves	19 S S. Romuald
20 M S. Sébastien	20 S S°Aimée	20 S PRINTEMPS	20 M S°Odette	20 J ASCENSION	20 D S. Silvère
21 J S°Agnès	21 D S. P. Damien	21 D S°Clémence	21 M S. Anselme	21 V S. Constantin	21 L ÉTÉ
22 V S. Vincent	22 L S°Isabelle	22 L S°Léa	22 J S. Alexandre	22 S S. Emile	22 M S. Alban
23 S S. Barnard	23 M Mardi-Gras	23 M S. Victorien	23 V S. Georges	23 D S. Didier	23 M S°Audrey
24 D S. Fr. de Sales	24 M Cendres	24 M S°Cath. de Su.	24 S S. Fidèle	24 L S. Donatien	24 J S. Jean-Bapt.
25 L Conv. S. Paul	25 J S. Roméo	25 J Annonciation	25 D Jour du Souvenir	25 M S°Sophie	25 V S. Prosper
26 M S°Paule	26 V S. Nestor	26 V S°Larissa	26 L S°Alida	26 M S. Bérenger	26 S S. Anthelme
27 M S°Angèle	27 S S°Honorine	27 S S. Habib	27 M S°Zita	27 J S. Augustin	27 D S. Fernand
28 J S. Th. d'Aquin	28 D Carême	28 D S. Gontran	28 M S°Valérie	28 V S. Germain	28 L S. Irénée
29 V S. Gildas		29 L S°Gwladys	29 J S°Cath. de Si.	29 S S. Aymard	29 M SS. Pierre, Paul
30 S S°Martine	Epacte 6 / Lettre dominicale C	30 M S. Amédée	30 V S. Robert	30 D PENTECÔTE	30 M S. Martial
31 D S°Marcelle	Cycle solaire 14 / Nbre d'or 18 Indiction romaine 1	31 M S. Benjamin		31 L Visitation	CASLON - Paris (1) 45 42 13 20

1993

1993 JUILLET ☉ 3h53 à 19h56	AOUT ☉ 4h25 à 19h28	SEPTEMBRE ☉ 5h09 à 18h32	OCTOBRE ☉ 5h51 à 17h28	NOVEMBRE ☉ 6h39 à 16h29	DÉCEMBRE 1993 ☉ 7h24 à 15h55
1 J S. Thierry	1 D S. Alphonse	1 M S. Gilles	1 V S°Th. de l'E.J.	1 L TOUSSAINT	1 M S°Florence
2 V S. Martinien	2 L S. Julien-Ey.	2 J S°Ingrid	2 S S. Léger	2 M Défunts	2 J S°Viviane
3 S S. Thomas	3 M S°Lydie	3 V S. Grégoire	3 D S. Gérard	3 M S. Hubert	3 V S. Xavier
4 D S. Florent	4 M S. J.M. Vianney	4 S S°Rosalie	4 L S. Fr. d'Assise	4 J S. Charles	4 S S°Barbara
5 L S. Antoine	5 J S. Abel	5 D S°Raïssa	5 M S°Fleur	5 V S°Sylvie	5 D S. Gérald
6 M S°Mariette	6 V Transfiguration	6 L S. Bertrand	6 M S. Bruno	6 S S°Bertille	6 L S. Nicolas
7 M S. Raoul	7 S S. Gaétan	7 M S°Reine	7 J S. Serge	7 D S°Carine	7 M S. Ambroise
8 J S. Thibaut	8 D S. Dominique	8 M Nativité N.D.	8 V S°Pélagie	8 L S. Geoffroy	8 M Imm. Concept.
9 V S°Amandine	9 L S. Amour	9 J S. Alain	9 S S. Denis	9 M S. Théodore	9 J S. P. Fourier
10 S S. Ulrich	10 M S. Laurent	10 V S°Inès	10 D S. Ghislain	10 M S. Léon	10 V S. Romaric
11 D S. Benoît	11 M S°Claire	11 S S. Adelphe	11 L S. Firmin	11 J ARMISTICE 1918	11 S S. Daniel
12 L S. Olivier	12 J S°Clarisse	12 D S. Apollinaire	12 M S. Wilfried	12 V S. Christian	12 D S°Jeanne F.C.
13 M SS. Henri, Joël	13 V S. Hippolyte	13 L S. Aimé	13 M S. Géraud	13 S S. Brice	13 L S°Lucie
14 M FÊTE NATIONALE	14 S S. Evrard	14 M La S° Croix	14 J S. Juste	14 D S. Sidoine	14 M S°Odile
15 J S. Donald	15 D ASSOMPTION	15 M S. Roland	15 V S°Th. d'Avila	15 L S. Albert	15 M S°Ninon
16 V N.D.Mt-Carmel	16 L S. Armel	16 J S°Edith	16 S S°Edwige	16 M S°Marguerite	16 J S°Alice
17 S S°Charlotte	17 M S. Hyacinthe	17 V S. Renaud	17 D S. Baudouin	17 M S°Elisabeth	17 V S. Gaël
18 D S. Frédéric	18 M S°Hélène	18 S S°Nadège	18 L S. Luc	18 J S°Aude	18 S S. Gatien
19 L S. Arsène	19 J S. Jean Eudes	19 D S°Emilie	19 M S. René	19 V S. Tanguy	19 D S. Urbain
20 M S°Marina	20 V S. Bernard	20 L S. Davy	20 M S°Adeline	20 S S. Edmond	20 L S. Abraham
21 M S. Victor	21 S S. Christophe	21 M S. Matthieu	21 J S°Céline	21 D Prés. Marie	21 M HIVER
22 J S°Marie-Mad.	22 D S. Fabrice	22 M S. Maurice	22 V S°Elodie	22 L S°Cécile	22 M S°Fr.-Xavière
23 V S°Brigitte	23 L S. Rose de L.	23 J AUTOMNE	23 S S. Jean de C.	23 M S. Clément	23 J S. Armand
24 S S°Christine	24 M S. Barthélemy	24 V S°Thècle	24 D S. Florentin	24 M S°Flora	24 V S°Adèle
25 D S. Jacques	25 M S. Louis	25 S S. Hermann	25 L S. Crépin	25 J S°Catherine L.	25 S NOËL
26 L SS. Ann., Joa.	26 J S°Natacha	26 D SS. Côme, Dam.	26 M S. Dimitri	26 V S°Delphine	26 D S. Etienne
27 M S°Nathalie	27 V S°Monique	27 L S. Vinc. de Paul	27 M S°Emeline	27 S S. Séverin	27 L S. Jean
28 M S. Samson	28 S S. Augustin	28 M SS. Sim., Jude	28 J S. Simon	28 D Avent	28 M SS. Innocents
29 J S°Marthe	29 D S°Sabine	29 M S. Michel	29 V S. Narcisse	29 L S. Saturnin	29 M S. David
30 V S°Juliette	30 L S. Fiacre	30 J S. Jérôme	30 S S. Bienvenue	30 M S. André	30 J S. Roger
31 S S. Ignace de L.	31 M S. Aristide		31 D S. Quentin		31 V S. Sylvestre

La date

Quelle est la date aujourd'hui?

C'est aujourd'hui
Nous sommes } le dix-neuf août.
C'est

Quelle est la date de la Toussaint?
C'est le premier novembre.

Les moyens de transport

Est-ce que vous préférez voyager **en avion, en voiture°, en autobus** ou **par le train?**   car

Je préfère aller **à pied°** ou **à vélo°.**   by foot; by bicycle

Pratique et conversation

A. Quelle est la date aujourd'hui? Lisez les dates.

MODÈLE: 30/10
         C'est le trente octobre.

1. 12/3
2. 25/12
3. 4/8
4. 15/7
5. 6/11

B. Fêtes. Identifiez la fête américaine qui correspond à la fête française.

1. le jour de l'an   a. Pentecost
2. Pâques   b. New Year's Day
3. la Pentecôte   c. Veterans Day
4. la Toussaint   d. Easter
5. l'Armistice   e. All Saints' Day

C. Encore des fêtes. Your partner will ask you for the dates of the following holidays. You respond, using a calendar.

MODÈLE: Noël
         Votre partenaire: **Quelle est la date de Noël?**
         Vous: **Noël? C'est le vingt-cinq décembre.**

1. Pâques 11 Avril
2. la fête du travail 1 Mai
3. l'Ascension
4. la Pentecôte
5. la fête nationale
6. l'Assomption
7. la Toussaint
8. l'Armistice

D. Interview. Demandez à votre partenaire...

1. la date aujourd'hui.
2. quel jour nous sommes aujourd'hui.
3. s'il/si elle a beaucoup d'ennuis.
4. s'il/si elle aime voyager.
5. s'il/si elle préfère le train ou l'avion.

E. Les provinces. How well do you know France? Using the map, identify the provinces where the following activities and products may be found.

	LA NORMANDIE	LA BRETAGNE	LA PICARDIE	L'ALSACE	LA PROVENCE	L'AUVERGNE	LA BOURGOGNE
fishing							
manufacturing							
steel							
grape growing							
apple production							
cheese production							
coal mining							
textiles							
high-tech							

F. Les moyens de transport. Complétez les phrases suivantes.

1. Pour aller de New York à Paris, je préfère voyager ~~en avion~~ *avion*
2. Je prends *(take)* ~~en voiture~~ pour aller à l'université.
3. Je voudrais traverser les États-Unis *par le train*
4. *l'avion* est le moyen de transport le plus rapide.
5. *par le train* est le moyen de transport le plus agréable.

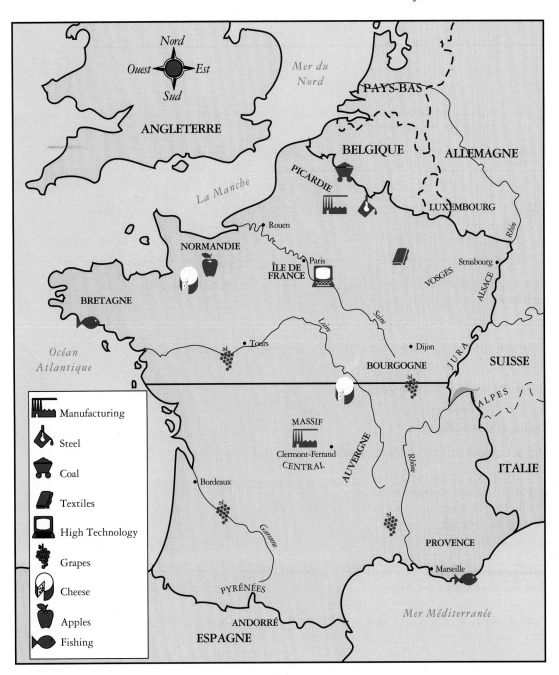

Nord
Ouest · Est
Sud

Mer du Nord

PAYS-BAS

ANGLETERRE

BELGIQUE

ALLEMAGNE

PICARDIE

LUXEMBOURG

La Manche

Rhin

Rouen

NORMANDIE

ÎLE DE FRANCE

Paris

Strasbourg

VOSGES

ALSACE

BRETAGNE

Loire

Seine

Tours

Dijon

Océan Atlantique

BOURGOGNE

JURA

SUISSE

ALPES

MASSIF

CENTRAL

Clermont-Ferrand

AUVERGNE

Rhône

ITALIE

Bordeaux

Garonne

PROVENCE

Marseille

PYRÉNÉES

ANDORRÉ

Mer Méditerranée

ESPAGNE

Manufacturing

Steel

Coal

Textiles

High Technology

Grapes

Cheese

Apples

Fishing

Structure IV

Expressing negative quantities
Noun markers after negated verbs

Il n'y a pas **de** places dans les trains, pas **de** places dans les avions...
Et on ne trouve pas **de** Parisiens à Paris!

a. Following negated verbs, the indefinite noun markers become **de**.

Il a	**un**	stylo.	→	Je n'ai pas	**de**	stylo.
Je trouve	**une**	place.	→	Je ne trouve pas	**de**	place.
Tu as	**des**	livres.	→	Tu n'as pas	**de**	livres.
Il y a	**des**	livres sur la table.	→	Il n'y a pas	**de**	livres sur la table.

DOES NOT CHANGE AFTER ÊTRE

b. The indefinite noun marker does not become **de** after a negated form of the verb **être**.

C'est **une** cassette. → Ce n'est pas **une** cassette.

c. Note that the definite noun marker remains unchanged in negative expressions.

J'ai **le** livre. → Je n'ai pas **le** livre.

Pratique et conversation

A. Oui ou non? Mettez les phrases positives au négatif et vice versa.

1. L'étudiant cherche un crayon.
2. J'ai un examen demain.
3. Elle n'a pas d'ennuis.
4. C'est un étudiant.
5. Tu as une place?
6. Il y a des étudiants dans le couloir.
7. Je trouve des amis.
8. Il n'a pas de vidéos.

B. Dans mon sac à dos. *(In my backpack.)* Each member of the group will name three things that are in the given location and one thing that can't possibly be there. The first member of the group to challenge a statement gets one point. The winner is the one who pays the most attention!

MODÈLE: une salle de classe
Votre partenaire: **Dans une salle de classe, il y a des crayons, un stylo, un chien et un cahier.**
Vous: **Il n'y a pas de chien dans une salle de classe!**

1. une librairie
2. une agence de voyages
3. une salle de séjour
4. un lycée
5. une chambre

C. Questions. Demandez à votre partenaire...

1. s'il y a un éléphant dans la salle de classe.
2. s'il/si elle a un téléphone dans la salle de bains.
3. s'il y a un ordinateur *(computer)* dans le laboratoire des langues.
4. s'il y a des chiens *(dogs)* dans le couloir.
5. s'il y a un magnétoscope dans la bibliothèque.

[handwritten: Indefinite articles / un une des / def. art = le la / les]

Structure V

Talking about the near future
Aller + infinitive

ALLER + INFINITIVE			
Demain, je	**vais**	**avoir**	des ennuis.
Ils	**vont**	**être**	crevés.

To express an event that will occur in the near future, use **aller** conjugated with the subject, followed by an infinitive.

Pratique et conversation

A. Le week-end. Demandez à votre partenaire...

1. s'il/si elle va étudier samedi.
2. s'il/si elle va au cours de français.
3. s'il/si elle va à l'université.
4. s'il/si elle va danser.
5. s'il/si elle va regarder la télé.
6. s'il/si elle va travailler.

[handwritten: est que vous aller / Nous ne allons pas]

B. Demain. Demandez à votre partenaire à quelle heure demain il/elle va faire *(do)* les activités suivantes.

1. étudier
2. arriver à l'université
3. déjeuner
4. dîner
5. rentrer

Compréhension auditive

L'HORLOGE PARLANTE

Avant d'écouter

A. Renseignez-vous. Quelle heure est-il? Pour vous renseigner, composez *(dial)* le 36 99. C'est le numéro de l'horloge parlante. Elle donne l'heure vingt-quatre heures sur vingt-quatre.

B. L'heure officielle. L'horloge parlante utilise l'heure officielle. Comparez:

Pour donner l'heure	*Pour donner l'heure officielle*
il est: six heures (du matin)	six heures
dix heures et demie (du matin)	dix heures trente
midi	douze heures
trois heures et quart (de l'après-midi)	quinze heures quinze
sept heures (du soir)	dix-neuf heures
neuf heures vingt-cinq (du soir)	vingt-et-une heures vingt-cinq
minuit	zéro heure

Maintenant, donnez l'heure officielle:

1. Il est onze heures et quart du matin. _____
2. Il est quatre heures et demie de l'après-midi. _____
3. Il est six heures du soir. _____
4. Il est huit heures vingt du soir. _____
5. Il est dix heures et demie du soir. _____

C. Une journée typique. D'habitude, à quelle heure est-ce que...

1. les Français déjeunent? _____
2. les Français dînent? _____
3. la première séance de cinéma commence le soir? _____
4. les magasins *(stores)* ouvrent/ferment? _____
5. l'école primaire commence? et le lycée? _____

Écoutons

A. Dictée. Écoutez l'horloge parlante et écrivez l'heure que vous entendez.

1. _____ heures, _____ minutes, _____ secondes
2. _____ heures, _____ minutes, _____ secondes
3. _____ heures, _____ minutes, _____ secondes
4. _____ heures, _____ minutes, _____ secondes
5. Au quatrième top, il sera *(will be)* exactement _____ heures.

B. Ma montre. *(My watch)*. Écoutez l'heure. Ensuite, indiquez si la montre dans le dessin avance, retarde ou est à l'heure.

MODÈLE: Vous entendez: `10:16`   Il est dix heures quatorze.

Vous encerclez: **Ma montre avance.**

1. `4:09`   3. `9:13`   5. `8:27`

2. `2:17`   4. `6:02`

1. Ma montre avance. Ma montre retarde. Ma montre est à l'heure.
2. Ma montre avance. Ma montre retarde. Ma montre est à l'heure.
3. Ma montre avance. Ma montre retarde. Ma montre est à l'heure.
4. Ma montre avance. Ma montre retarde. Ma montre est à l'heure.
5. Ma montre avance. Ma montre retarde. Ma montre est à l'heure.

Pratique et conversation

A. Les musées de Paris. Vous passez une semaine à Paris et vous adorez les musées d'art. Lisez les annonces suivantes et indiquez sur votre emploi du temps les musées que *(that)* vous voulez visiter pendant la semaine.

Emploi du temps

jour/heure   musée

lundi 13h00

_____

mardi 15h30

_____

mercredi 10h00

_____

jeudi 20h00

_____

vendredi 14h00

_____

samedi 15h00

_____

dimanche 11h00

_____

★ **CENTRE NATIONAL D'ART ET DE CULTURE, GEORGES POMPIDOU,** plateau Beaubourg, 42.77.11.12. Ouvert tous les jours, sauf mardi (except. Tuesday) de 12 h à 22 h. Samedi, dimanche, de 10 h à 22 h.

★ **GRAND PALAIS,** av. du Général-Eisenhower. 42.89.54.10. Ouvert tous les jours, sauf mardi (except. Tuesday), de 10 h à 20 h. Le mercredi jusqu'à 22 h.

★ **LE LOUVRE (Palais du Louvre),** rue de Rivoli. 42.60.39.26. Ouvert tous les jours, sauf mardi (except. Tuesday), de 9 h 45 à 17 h.

★ **MAISON DE VICTOR HUGO,** Hôtel de Rohan-Guéménée, 6, place des Vosges, 42.72.16.65. Ouvert tous les jours, sauf lundi (except. Monday), de 10 h à 17 h 40.

★ **MANUFACTURE NATIONALE DES GOBELINS,** 42, avenue des Gobelins. 43.37.12.60. Ouvert les mardis, mercredis, jeudis, de 14 h 15 à 14 h 45.

★ **MONNAIE DE PARIS,** 11, quai Conti (Mº Odéop). 40.46.56.66. **Magasin de vente :** 2, rue Guénégaud : T.l.j. sf dim. et fêtes de 9h à 17h45. Sam. : 9h à 11h45.

★ **MUSEE D'ART JUIF DE PARIS,** 42, rue des Saules (18ᵉ), 42.57.84.15. Ouvert tous les jours de 15 h à 18 h (sauf vendredi et samedi pendant les fêtes juives).

★ **MUSEE DES ARTS DECORATIFS DE PARIS,** 107, rue de Rivoli, 42.60.32.14. Ouvert tous les jours, sauf lundi et mardi (except. Monday and Tuesday) de 12 h 30 à 18 h, dim. de 11 h à 18 h.

★ **MUSEE DES ARTS ET TRADITIONS POPULAIRES,** 6, route du Mahatma-Gandhi (Mº Sablons), 47.47.69.80. Ouvert tous les jours, sauf mardi (except. Tuesday), de 10 h à 17 h 15.

★ **MUSEE DE L'ARMEE (Hôtel des Invalides),** 45.55.92.30. Eglise du Dôme (Tombeau de l'Empereur). Ouvert tous les jours de 10 h à 18 h.

★ **MUSEE D'ART MODERNE DE LA VILLE DE PARIS,** 11, avenue du Pdt-Wilson. 47.23.61.27. Ouvert tous les jours, sauf lundi (except. Monday), de 10 h à 17 h 30. Mercredi jusqu'à 20 h 30.

B. Un(e) employé(e) de musée. Vous travaillez dans un de ces *(these)* musées. Un(e) touriste vous pose des questions sur les heures et les jours d'ouverture ou de fermeture. Répondez aux questions.

Document

Les parcs d'attraction

The newest amusement park in France, Euro-Disney, joins a number of well-established ones. This article describes their attractions.

Avant de lire

A. Mots apparentés. Use your knowledge of English to predict the meaning of the following words.

1. le gigantisme
2. les vacances scolaires
3. l'ouverture nocturne
4. la recherche
5. le tarif

B. Le contexte. Use the surrounding context to guess the meaning of the italicized words.

1. Aventure Golf: 18 *trous*, 39 F; 36 *trous*, 57 F.

   (What might the abbreviation *F* stand for?)

2. Avec des enfants en *bas* âge (moins de 5 ans), allez à Fantasyland.
3. Les prix des hôtels: de 550 F *(basse saison)* à 1950 F *(haute saison)*.

Lisons

MARINELAND

C'est à Antibes que vous découvrirez° le Marineland. Ce° centre de recherche spécialisé dans la protection des animaux marins présente, en été, quatre shows par jour. Avec des dauphins, des orques°, des otaries° et des éléphants de mer°.

● À visiter : la Manchotière, le premier élevage° au monde de manchots° royaux. Et l'Écloserie, où le 13 septembre 1990 est né Éclair, le bébé de Joséphine, la star du « Grand Bleu ».

● Les autres animations : La Jungle des papillons° et La Petite Ferme° provençale et sa ruche° transparente, Adventure Golf (un parcours° 18 trous exotique) et l'Aquasplash.

● Ouverture : toute l'année, premier spectacle à 14 h 30 ; restaurant : 11 h.

● La Petite Ferme et La Jungle des papillons, tous les jours et jusqu'à 10 h du soir en été.

● Adventure Golf, tous les jours pendant les vacances scolaires de 14 h à 18 h ; nocturne jusqu'à 1 h du matin en juillet et août.

● Aquasplash, tous les jours de 10 h à 19 h jusqu'en septembre. Tarifs : adultes, 86 F ; enfants de 3 à 12 ans, 57 F.

● La Petite Ferme : adulte,

45 F ; enfants, 35 F.

● La Jungle des papillons : adultes, 25 F ; enfants, 18 F.

● Adventure Golf : 18 trous, 39 F ; 36 trous 57 F.

■ **Marineland-Côte d'Azur,** RN7, 06600 La Brague. Tél. : (16.1) 93.33.49.49.

EL DORADO CITY

Entre Marseille et Fos, une véritable ville de Far West a

été construite°. Le spectacle est dans la rue : 40 acteurs et cascadeurs° se livrent à° des pillages de banques, des pendaisons° ou des duels. Faites le tour du village en diligence°. Assistez à° l'attaque du train. Et arpentez° l'ancienne mine d'or°.

● Ouverture : de 11 h à 19 h, tous les jours en juillet et août ; les dimanche et jours fériés jusqu'à fin décembre, de 11 h à 18 h. Tarifs : adultes, 45 F ; enfants de 2 à 12 ans, 35 F.

■ El Dorado City, Vallon du Pas-de-la-Fos, 13220 Châteauneuf-les-Martigues. Tél. : (16) 42.79.86.90.

EURO DISNEY RESORT®

Le gigantisme à l'américaine à 30 mn de Paris. Le Parc Euro Disneyland regroupe à lui seul° plusieurs° parcs. Plus exactement cinq pays° : Main Street, U.S.A., Frontierland, Adventureland, Fantasyland et Discoveryland. Si vous ne disposez que° d'une journée, ne vous attardez° pas dans Main Street, U.S.A., vous ferez vos courses° avant de sortir°.

● Avec des enfants en bas âge (moins de 5 ans), prenez° le train à vapeur et descendez à Fantasyland.

● Pour les 6 à 10 ans, commencez par Adventureland. Avec des adolescents, rendez-vous à Discoveryland, puis° à Frontierland.

● Mais parmi les 29 attractions, ne manquez pas° Big Thunder Mountain, le CinéMagique, Dumbo the Flying Elephant, le Lucky Nugget Saloon, le Phantom Manor, Pirates of the Caribbean, Star Tours, le Théâtre du Château, le Visionarium.

● Ouverture : toute l'année à partir de° 9 h (haute saison) ou 10 h le matin. Tarif à la journée : 225 F ; enfants de 3 à 11 ans. 150 F (gratuit° en-dessous°). Passeport 2 jours : 425 F (12 ans et +), 285 F (3 à 11 ans). Passeport 3 jours : 565 F, 375 F. Les prix des hôtels : de 450 F (basse saison) à 1950 F (haute saison).

■ Réservations hôtelières : (33.1) 49.41.49.10. Depuis le E-U, tel. (407) W-DISNEY. Commande des passeports : (33.1) 64.74.43.03. Information sur le parc à thèmes : (33-1) 64.74.30.00. Adresse postale : Euro Disney SCA, BP 100, 77777 Marne-la-Vallée Cedex 4.
DOMINIQUE LOUTERBACH ■

you will discover
this

assembles in one spot; several countries
whales
sea lions
sea
only have available
raising; delay
penguins
do your errands
before leaving

take
butterflies
farm
hive

course
then

don't miss

was constructed

stuntmen
carry out
hangings;
   beginning
stagecoach
witness
walk around; free;
below; gold

Avez-vous suivi?

Quel parc? Quel(s) parc(s) correspond(ent) aux descriptions suivantes?

DESCRIPTION	MARINELAND	EL DORADO CITY	EURO-DISNEY
a un thème américain			
le moins cher pour toutes *(all)* les attractions			
parc pour protéger les animaux			
le plus grand			
le plus loin *(far)* de Paris			
ouvert le plus tôt *(early)*			

Activités

A. **Je rentre tard.** You are complaining to your roommate about the busy day you are facing. Tell him/her all your activities, their times and what time you will be returning. Then, he/she will tell you about his/her schedule for today. You ask for the time and realize that you have an appointment, so you say good-bye.

B. **Encore des fêtes.** France has important Jewish and Moslem populations. What holidays do these groups celebrate? What do you know about their celebration?

C. **Mon emploi du temps.** To better organize yourself, you are making out a tentative schedule for next week. Tell one thing you will do each day next week and at what times you propose to begin your various activities.

D. **Mon jour de congé.** *(My day off.)* Tell what you will do and not do on your next holiday or day off.

Vocabulaire actif

	à côté de	*compared to*	un(e)	**ami(e)**	*friend*
	à l'heure	*on time*	une	**année**	*year*
	à pied	*on foot*		**août** (m.)	*August*
	à quelle heure	*at what time*	un	**autobus**	*bus*
	à vélo	*on bicycle*		**après**	*after*
une	**agence de voyages**	*travel agency*	l'	**après-midi**	*afternoon*
un(e)	**agent de voyage**	*travel agent*	un(e)	**architecte**	*architect*
	aller	*to go*	l'	**Armistice** (m.)	*Veterans Day*

l'	**Ascension** (f.)	*Ascension*	un(e)	**instituteur(-trice)**	*elementary*
l'	**Assomption** (f.)	*Assumption*			*school*
	aujourd'hui	*today*			*teacher*
en	**avance**	*early*		**janvier** (m.)	*January*
	avant	*before*		**jeudi** (m.)	*Thursday*
un	**avion**	*airplane*	un	**jour**	*day*
un(e)	**avocat(e)**	*lawyer*	le	**jour de l'an**	*New Year's*
	avoir	*to have*			*Day*
	avril (m.)	*April*	un(e)	**journaliste**	*journalist*
un	**billet**	*ticket*		**juillet** (m.)	*July*
un	**bureau**	*office*		**juin** (m.)	*June*
un	**cadeau**	*present*		**jusqu'à**	*until*
un(e)	**cadre**	*executive*		**lundi** (m.)	*Monday*
une	**caisse**	*register*		**mai** (m.)	*May*
un(e)	**caissier(-ière)**	*cashier*		**maintenant**	*now*
un(e)	**client(e)**	*client,*		**mardi** (m.)	*Tuesday*
		customer		**mars** (m.)	*March*
un	**cocktail**	*cocktail party*	un	**matin**	*morning*
un(e)	**coiffeur(-euse)**	*hairdresser*	un(e)	**médecin/**	*doctor*
	combien de	*how many*		**femme médecin**	
	comment	*how*	le	**ménage**	*housework*
	décembre (m.)	*December*		**mercredi** (m.)	*Wednesday*
un	**déjeuner**	*lunch*		**midi** (m.)	*noon*
	déjeuner	*to have lunch*		**minuit** (m.)	*midnight*
	demander	*to ask*	un	**mois**	*month*
	dimanche (m.)	*Sunday*		**Noël** (m.)	*Christmas*
un	**dîner**	*dinner*		**novembre** (m.)	*November*
	dîner	*to have*		**occupé**	*busy*
		dinner		**octobre** (m.)	*October*
une	**école maternelle**	*nursery school*	un(e)	**ouvrier(-ière)**	*worker*
un	**emploi**	*job*		**parce que**	*because*
un	**emploi du temps**	*schedule*	des	**parents** (m.)	*parents*
en	**avance**	*early*		**par exemple**	*for example*
	en retard	*late*		**Pâques** (f.)	*Easter*
un	**examen**	*exam*	un(e)	**Parisien(ne)**	*Parisian*
un	**facteur**	*mail carrier*		**pendant**	*during*
une	**famille**	*family*	la	**Pentecôte**	*Pentecost*
une	**fête**	*holiday*	à	**pied**	*on foot*
la	**fête du travail**	*"Labor Day"*	une	**place**	*seat*
la	**fête nationale**	*national*		**plus tard**	*later*
		holiday	la	**poste**	*post office*
	février (m.)	*February*		**pourquoi**	*why*
une	**foule**	*crowd*		**premier**	*first*
une	**heure**	*hour, o'clock*	un	**professeur**	*professor*
une	**histoire**	*story*		**puis**	*then*
un	**hôpital**	*hospital*		**quand**	*when*
	ici	*here*		**quelquefois**	*sometimes*
	il y a	*there is, there*	un	**rendez-vous**	*appointment*
		are	un	**repas**	*meal*
un(e)	**infirmier(-ière)**	*nurse*	un	**restaurant**	*restaurant*
un(e)	**informaticien(ne)**	*computer*		**rester**	*to stay*
		operator	en	**retard**	*late*
un(e)	**ingénieur/femme**	*engineer*	une	**réunion**	*meeting*
	ingénieur		un	**sac à dos**	*backpack*

	samedi (m.)	*Saturday*	un	travail (pl. des travaux)	*work, job*
une	semaine	*week*		trouver	*to find*
	septembre (m.)	*September*			
un(e)	serveur(-euse)	*waiter/ waitress*	une	université	*university*
			une	usine	*factory*
	tard	*late*		vendredi (m.)	*Friday*
la	Toussaint	*All Saints' Day*	à	vélo	*on bike*
			une	voiture	*car*
un	train	*train*	un	week-end	*weekend*

CHAPITRE 4

Les voisins des Bordier

Situation 1

À droite

MME BORDIER: Nos° voisins sont très sympathiques. À droite, il y a la   our
                famille Silvestri. Ils sont d'origine italienne.

M. BORDIER: M. Silvestri est pharmacien. Il est très sociable. Mme Sil-
                vestri aussi est très gentille.

JEAN-PHILIPPE: Ils ont deux filles. Marie est jolie, mais Christine...

MME BORDIER: Jean-Philippe!

Avez-vous suivi?

Que savez-vous des personnes suivantes? *(What do you know about the following people?)*

a. la famille Silvestri   d. Marie
b. M. Silvestri   e. Christine
c. Mme Silvestri

Autrement dit

Les relations familiales

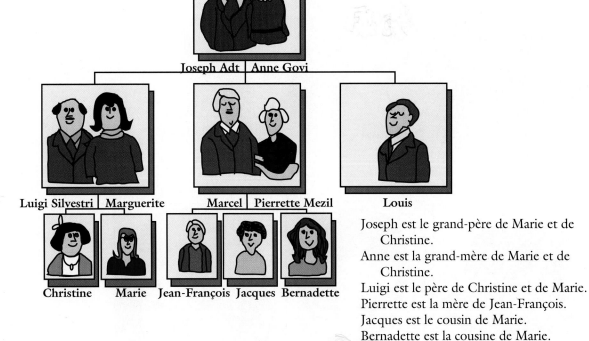

Joseph Adt | **Anne Govi**

Luigi Silvestri | **Marguerite**   **Marcel** | **Pierrette Mezil**   **Louis**

Christine   **Marie**   **Jean-François**   **Jacques**   **Bernadette**

Joseph est le grand-père de Marie et de Christine.

Anne est la grand-mère de Marie et de Christine.

Luigi est le père de Christine et de Marie.

Pierrette est la mère de Jean-François.

Jacques est le cousin de Marie.

Bernadette est la cousine de Marie.

Pierrette est la tante de Christine et de Marie.

Louis est l'oncle de Christine et de Marie.

Pour décrire

=	≠
Nos voisins sont très sympathiques.	antipathiques.
agréables.	désagréables.
aimables.	
◇ sympa.	
M. Silvestri est grand.	petit.
mince.	gros.
Mme Silvestri aussi est très gentille.	
charmante.	
intelligente.	bête.
Ils ont deux filles. Marie est jolie.	laide.

Pour parler des yeux et des cheveux

Elle a les cheveux courts et noirs.
Elle a les yeux noirs.

Elle a les cheveux longs et roux.
Elle porte des lunettes.

Il a les cheveux blonds et raides.
Il a les yeux verts comme
son pull°.

Il a les cheveux bruns et
frisés.
Il a les yeux marron.

Elle a les cheveux châtains
ondulés.
Elle a les yeux bleus.   pullover

Pratique et conversation

A. Chez le coiffeur. You are a hair stylist. Describe the color and style of your
clients' hair, played by the other members of your group.

B. Que je suis étourdi! *(How forgetful I am!)* You cannot remember the name
of someone in your class, so you give a description of this person to the others. They help you remember the person's name based on your description.

MODÈLE: **Elle est jolie. Elle a les yeux bleus. Elle a les cheveux noirs et frisés.**

C. La généalogie. Regardez l'arbre généalogique (page 75) et identifiez les personnes suivantes.

1. Qui est le frère de Pierrette?
2. Qui est le père de Marie?
3. La sœur de Jacques est...
4. La mère de Christine est...
5. Qui est Pierrette Mézil?
6. Qui est Joseph Adt?

D. Un arbre généalogique. Dictez votre arbre généalogique à votre partenaire qui le dessinera. Donnez le nom et l'âge des personnes décrites. *(Dictate your family tree to your partner, who will draw it. Give the name and the age of the people described.)*

Structure I

Describing
Adjectives

Nos voisins sont très **sympathiques.**
M. Silvestri est pharmacien. Il est très **sociable.**
Mme Silvestri aussi est très **gentille.**
Ils ont deux filles. Marie est **jolie,** mais Christine...

a. Adjectives change form depending on the gender and number of the persons or things being described.

b. Adjectives are classified according to the pronunciation and spelling of the masculine and the feminine singular forms.

Group I: Masculine and feminine forms sound alike and are spelled alike.

GROUP I: SAME PRONUNCIATION/ SAME SPELLING	
Masculine	*Feminine*
sympathique	sympathique

Similar to **sympathique** are: **sociable, mince, agréable, aimable, responsable, difficile, facile, timide, jeune, riche, bête.** triste

Group II: Masculine and feminine forms sound alike but have different spellings. The feminine is formed by adding an **-e** to the masculine.

GROUP II: SAME PRONUNCIATION/ DIFFERENT SPELLING	
Masculine	*Feminine*
joli	jolie

Similar to **joli** are: **poli, impoli, fatigué, vrai.**

Group III: Masculine and feminine forms sound different and have different spellings. The feminine is formed by adding an -**e** to the masculine. The final written consonant is pronounced only in the feminine.

GROUP III: DIFFERENT PRONUNCIATION/ DIFFERENT SPELLING	
Masculine	*Feminine*
grand	grand**e**
heureux	heureu**se**

Similar to **grand** are: **blond, laid, court, content, charmant, froid, patient, mécontent, intéressant, intelligent, gros** (*f.* **grosse**), **gentil** (*f.* **gentille**), **long** (*f.* **longue**). *petit*

Similar to **heureux** are: **curieux, mystérieux, généreux, malheureux.**

c. To form the plural of adjectives, add an -**s** to the singular, except where the singular already ends in an **s** or **x**. The plural -**s** is only pronounced in **liaison.**

	SINGULAR		PLURAL	
Group	*Masculine*	*Feminine*	*Masculine*	*Feminine*
I	sympathique	sympathique	sympathiques	sympathiques
II	poli	polie	polis	polies
III	grand	grande	grands	grandes
	gros	grosse	gros	grosses
	heureux	heureuse	heureux	heureuses

d. The adjectives **beau** and **bon** are unlike the adjectives above.

SINGULAR		PLURAL	
Masculine	*Feminine*	*Masculine*	*Feminine*
beau	belle	beaux	belles
bon	bonne	bons	bonnes

e. The question **Comment est... ?/Comment sont... ?** asks for a description.

Comment est le professeur de français?
Elle est patiente, intelligente, belle...

f. Most adjectives follow the noun they describe. The exceptions are **beau, bon, grand, petit, joli,** and **jeune,** which precede the noun.

C'est **une étudiante intelligente.**
C'est **un architecte français.**
Ce sont **de grands immeubles.**
Ce sont **de bonnes idées.**

Note that **des** becomes **de** when it precedes an adjective in the plural.

Pratique et conversation

A. Une pièce. You are writing a melodrama for your French class to perform. How will the following characters look?

MODÈLE: Le premier *(leading man)* est grand, beau et sympathique.

1. le héros
2. l'héroïne
3. la victime
4. l'assassin
5. l'avocat(e)

B. Une identification incertaine. You and a friend are discussing people you saw at a party late last night. Because of the hour and the circumstances, your memories are less than reliable . . . in fact, you can't agree on a description at all. Your friend says the exact opposite of whatever you say.

MODÈLE: Jacqueline/grand
　　　　 Votre ami(e): **Jacqueline est grande.**
　　　　 Vous: **Jacqueline? Grande? Mais non, elle est petite!**

1. Jacques/beau
2. Christine/impoli
3. Hélène/joli
4. Thomas/petit
5. Roseline/laid
6. Robert/content
7. Anne-Françoise/petit
8. Janine/malheureux

C. Descriptions. Comment sont les personnes suivantes?

1. le professeur de français
2. le professeur de [chimie]
3. le président des États-Unis *(United States)*
4. [Bernard]
5. [Nicole]

D. Une recommandation. You need to write a recommendation for a classmate. Ask him/her questions using the adjectives below.

1. généreux
2. sérieux
3. intelligent
4. heureux
5. patient
6. ???

E. Petites annonces. Complete the following personal ads by putting the adjective in the correct form and position.

1. Je cherche un homme. (intelligent)
2. Je cherche un étudiant. (timide)
3. Je cherche une femme. (sympathique, petit)
4. Je cherche une femme. (blond, joli)
5. Je cherche un poète. (aimable, jeune)

En contexte

F. Un marieur. *(A matchmaker.)* Your best friend Marc is trying to introduce you to someone he thinks would be a perfect match for you. He has given your phone number to this person, who is now calling you. Role-play the scene: you ask each other about your physical appearance, your likes and dislikes, whether you work or study, etc. How well do you match up?

Situation 2

À gauche

M. BORDIER:	À gauche, il y a M. et Mme Ibn Hassam, des jeunes mariés. Ils sont algériens. Et en face, c'est l'appartement de M. Péreira. M. Péreira est portugais.
JEAN-PHILIPPE:	Tu vois°, Anne, tu habites... aux Nations Unies! C'est sympa, non?
MME BORDIER:	Oui, l'immeuble est très agréable, très tranquille...

You see

Avez-vous suivi?

1. Que savez-vous de *(What do you know about)* la famille Ibn Hassam? M. Péreira? l'immeuble?
2. Où est-ce que M. et Mme Ibn Hassam habitent? et M. Péreira?

Autrement dit

Les pays de l'Europe et de l'Afrique du Nord

La France est **au nord** de l'Espagne.
L'Italie est **au sud** de la Suisse.
L'Allemagne est **à l'est** de la France.
La France est **à l'ouest** de l'Allemagne.
La Suède est **entre** la Norvège et la Finlande.
Paris est **la capitale** de la France.

Pratique et conversation

A. Où est-ce? Identifiez le pays.

1. La capitale est Stockholm.
2. C'est le pays au sud de la France.
3. On parle français, allemand et italien dans ce *(this)* pays.
4. La capitale est Bruxelles.
5. C'est le pays à l'ouest de l'Espagne.
6. On parle français et arabe dans ce pays.
7. La capitale est La Haye.
8. C'est le pays au nord de la France.

B. Mes vacances. Select a country on the map in this chapter as your vacation spot. Let the others in the group ask yes/no questions, trying to guess where you are going. After four incorrect guesses, the others will pay your way.

MODÈLE: Vos camarades: **Est-ce que c'est un grand pays?**
Est-ce qu'il est entre l'Espagne et la Belgique?
Est-ce que la capitale est Paris?
Est-ce que c'est la France?
Vous: **Oui, c'est la France!**

Structure II

Describing
Adjectives of nationality

Ils sont **algériens.** M. Péreira est **portugais.**

a. Adjectives of nationality may also be classified according to their pronunciation and spelling in the masculine and feminine singular.

GROUP I: SAME PRONUNCIATION/ SAME SPELLING	
Masculine	*Feminine*
suisse	suisse

Similar to **suisse** are: **russe** and **belge.**

GROUP II: SAME PRONUNCIATION/ DIFFERENT SPELLING	
Masculine	*Feminine*
espagnol	espagnole

GROUP III: DIFFERENT PRONUNCIATION/ DIFFERENT SPELLING	
Masculine	*Feminine*
allemand	allemande
algérien	algérienne
portugais	portugaise
américain	américaine

Similar to **algérien** are: **américain, canadien, italien, tunisien, parisien, vietnamien,** and **européen.** Note that **américain** does not double the final consonant in the feminine: **américain → américaine.** Similar to **portugais** are: **anglais, irlandais, français,** and **écossais.**

b. To form the plural of adjectives of nationality, follow the same rules as for other adjectives: add **-s** to the singular, except where the singular already ends in **s** or **x.**

Pratique et conversation

A. Aux Nations Unies. Identifiez la nationalité.

MODÈLE: Françoise/France
Françoise est française.

1. Antonio/Portugal
2. Nur (nom féminin)/Algérie
3. Juan/Espagne
4. Charlotte/États-Unis
5. Marie et Charles/Suisse
6. Sophia/Italie
7. Mounir (nom masculin)/Tunisie
8. Katia/Allemagne

B. Mme Bordier aime bavarder. Mme Bordier is chatting with the concierge, Mme Chevalley, about the tenants in the building. One student will take the role of Mme Bordier, another that of Mme Chevalley. Ask questions and answer them according to the model.

MODÈLE: Mme Silvestri/italien/oui
Mme Bordier: **Est-ce qu'elle est italienne?**
Mme Chevalley: **Oui, elle est italienne.**

1. M. Péreira/tunisien/non
2. Mme Ibn Hassam/algérien/oui
3. Christine Silvestri/espagnol/non
4. Mme Nguyen/algérien/non
5. M. Silvestri/portugais/non
6. Simone/français/oui
7. Mme Smith/anglais/oui
8. M. Raynouard/italien/non

Structure III

Expressing possession
Noun + *de* + noun

C'est l'appartement **de** M. Péreira.

a. The phrase noun + **de** + noun expresses possession.

b. Note the following contractions of **de** with the noun markers **le** and **les**.

de + le = du: C'est la table **du** professeur.
de + les = des: C'est l'appartement **des** Bordier.

c. There is no contraction of **de** with **la** or **l'**.

de + la = de la: C'est la table **de la** cuisine.
de + l' = de l':   C'est le cahier **de l'**étudiante.

Pratique et conversation

A. Objets trouvés. *(Lost and found.)* Identifiez les objets trouvés dans la salle de classe.

MODÈLE: crayon/Marie
         C'est le crayon de Marie.

1. magnétoscope/le professeur
2. radio/les étudiants
3. gomme/Françoise
4. photos/Charles
5. livres/les professeurs
6. disques/Susanne
7. crayons/Antoine
8. livres/la classe
9. lampe/le professeur
10. stylo/Lise

B. La capitale. Identifiez le pays qui a la capitale indiquée.

MODÈLE: Paris
         Paris est la capitale de la France.

1. Rome   5. Berlin
2. Madrid   6. Lisbonne
3. La Haye   7. Berne
4. Stockholm   8. Londres

En contexte

C. La Poursuite triviale. Your instructor will divide the class into two teams; the first team to correctly identify the country he/she describes will get a point. The team with the most points wins, of course!

Situation 3

La mystérieuse Madame X

SYLVIE: Mais, il y a une femme mystérieuse dans notre immeuble! C'est Mme X, la dame qui habite au fond du° couloir! Ses volets° sont toujours fermés. Elle quitte son appartement très tôt et elle rentre toujours très tard. Qu'est-ce qu'elle fait? Qui est-elle? C'est un mystère!

°at the end of
°shutters

MME BORDIER: Oh! Je suis sûre que ce n'est pas un mystère pour notre concierge: Mme Chevalley sait TOUT°! Et puis, ce° nom «Mme X», c'est ridicule! Elle s'appelle°... elle s'appelle... au fait°, comment s'appelle-t-elle?

°knows everything; °that
°Her name is
°by the way

Avez-vous suivi?

1. Qui est Mme X?
2. Pourquoi est-elle mystérieuse?
3. Qui est Mme Chevalley?

Autrement dit

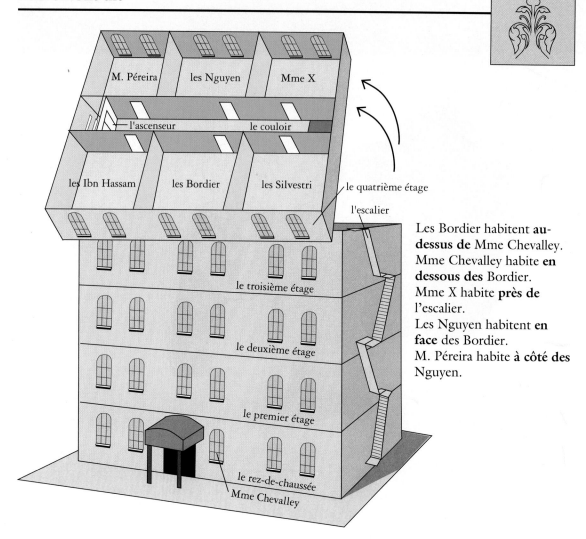

M. Péreira   les Nguyen   Mme X

l'ascenseur   le couloir

les Ibn Hassam   les Bordier   les Silvestri

le quatrième étage

l'escalier

le troisième étage

le deuxième étage

le premier étage

le rez-de-chaussée
Mme Chevalley

Les Bordier habitent **au-dessus de** Mme Chevalley.
Mme Chevalley habite **en dessous des** Bordier.
Mme X habite **près de** l'escalier.
Les Nguyen habitent **en face** des Bordier.
M. Péreira habite **à côté des** Nguyen.

Pour situer
Les appartements

M. Péreira a un studio. Il n'a pas de chambre. Les Ibn Hassam ont un deux-pièces. Ils ont une chambre, un coin salle à manger, et une salle de séjour. L'appartement des Bordier est très grand. Ils ont un six-pièces: quatre chambres, une salle à manger, et une salle de séjour.

Pratique et conversation

A. Où est-ce qu'ils habitent? Répondez aux questions en utilisant le dessin.

1. Où est-ce que M. Péreira habite?
2. Où est-ce que les Bordier habitent? et les Silvestri?
3. Où est-ce que les Nguyen habitent?
4. Où est-ce que Mme Chevalley habite?

B. Mon appartement. Complétez les phrases.

MODÈLE: Je n'aime pas habiter...
   Je n'aime pas habiter près de l'ascenseur.

1. Je préfère un appartement...
2. Un grand appartement a...
3. Un studio n'a pas...
4. Dans un appartement,... est très pratique.
5. Je n'aime pas habiter...

C. Une nouvelle maison. Below you see the plans for a variety of houses. Select one and give a description of it to the others. From your description, the others should be able to guess which one you have selected.

D. Préférences. En utilisant les plans ci-dessus, dites quelle maison vous préférez et pourquoi. (*Using the floor plans above, tell which house you like and why.*)

Structure IV

Expressing possession
The possessive adjectives *son* and *leur*

Ses volets sont toujours fermés.
Elle quitte **son** appartement très tôt et elle rentre toujours très tard.

POSSESSOR	POSSESSIVE ADJECTIVE + NOUN POSSESSED	
il, elle, on	**son** livre	*his/her book*
	sa table	*his/her table*
	ses livres	*his/her books*
	ses tables	*his/her tables*
ils, elles	**leur** livre	*their book*
	leur table	*their table*
	leurs livres	*their books*
	leurs tables	*their tables*

a. The possessive adjective refers to the owner/possessor. The particular form chosen will depend on the gender and number of the noun possessed. If the possessor is **il, elle,** or **on,** use **son** before a masculine singular noun, **sa** before a feminine singular noun, and **ses** before a plural noun. If the possessor is **ils** or **elles,** use **leur** before all singular nouns and **leurs** before all plural nouns.

b. The adjective **son/sa/ses** can mean *his, her,* or *its.* The context will clarify the meaning.

c. The form **son** is used instead of **sa** before a feminine singular noun which begins with a vowel sound: **son amie** *his/her friend;* **son histoire** *his/her story.*

Pratique et conversation

A. Anne est curieuse. Anne pose des questions à Sylvie. Répondez à ses questions.

> MODÈLE: Est-ce que la femme de M. Silvestri est intéressante? (Oui)
> **Oui, sa femme est intéressante.**

1. Est-ce que le mari de Mme Silvestri est petit? (non)
2. Est-ce que la sœur de Marie est jolie? (oui)
3. Est-ce que la fille de Mme Silvestri est polie? (oui)
4. Est-ce que les filles de M. et Mme Silvestri sont blondes? (non)
5. Est-ce que la mère de Marie et Christine est sympathique? (oui)

B. Christine est curieuse aussi. Répondez aux questions de Christine Silvestri. Utilisez un adjectif possessif.

1. Est-ce que le père de Jean-Philippe est architecte? (oui)
2. Est-ce que la mère de Jean-Philippe est institutrice? (non)
3. Est-ce que les parents de Jean-Philippe sont riches? (non)
4. Est-ce que l'appartement des Bordier est grand? (oui)
5. Est-ce que la sœur de Jean-Philippe est jeune? (oui)
6. Est-ce que les amis de Jean-Philippe sont sympathiques? (oui)
7. Est-ce que les amis des Bordier sont italiens? (oui)

C. Vieilles (*old*) photos. Anne regarde de vieilles photos de la famille Bordier. Elle pose des questions et Mme Bordier répond. Jouez les rôles.

MODÈLE: frère/Jean
Anne: **Est-ce que c'est le frère de Jean?**
Mme Bordier: **Oui, c'est son frère.**

1. fille/tante Françoise
2. mère/M. Bordier
3. frères/oncle Henri
4. femme/M. Pelletier

5. enfants/Louise
6. filles/les Silvestri
7. mère/Marie et Christine
8. parents/Marie et Christine

Structure V

Expressing possession
The possessive adjectives *mon, ton, notre, votre*

Mais il y a une femme mystérieuse dans **notre** immeuble.
Je suis sûre que ce n'est pas un mystère pour **notre** concierge.

POSSESSOR	POSSESSIVE ADJECTIVE + NOUN POSSESSED	
je	**mon** livre	*my book*
	ma table	*my table*
	mes livres	*my books*
	mes tables	*my tables*
tu	**ton** livre	*your book*
	ta table	*your table*
	tes livres	*your books*
	tes tables	*your tables*
nous	**notre** livre	*our book*
	notre table	*our table*
	nos livres	*our books*
	nos tables	*our tables*
vous	**votre** livre	*your book*
	votre table	*your table*
	vos livres	*your books*
	vos tables	*your tables*

Once again, the possessive adjective refers to the owner/possessor. The particular form chosen will depend on the gender and number of the nouns possessed. **Mon** and **ton** are used instead of **ma** and **ta** before a feminine singular noun beginning with a vowel sound: **mon amie/ton amie.**

Pratique et conversation

A. Le téléphone. Avec qui est-ce que vous parlez au téléphone? Répondez selon le modèle.

> MODÈLE: parents
> > **Je parle avec mes parents.**

tante Émilie/cousins/grand-mère/grands-parents/voisins/amis

B. Le cinéma. Avec qui est-ce que vous allez au cinéma? Répondez selon le modèle.

> MODÈLE: frère
> > **Je vais au cinéma avec mon frère.**

parents/tante Françoise/amie/cousins/oncle Henri/mère

C. Notre immeuble. Anne pose des questions aux Bordier. Donnez leurs réponses.

> MODÈLE: Comment est votre immeuble? (grand)
> > **Notre immeuble est grand.**

1. Comment sont vos voisins? (sympathique)
2. Comment est votre concierge? (responsable)
3. Comment est votre appartement? (confortable)
4. Comment est votre cuisine? (petit)
5. Comment sont vos amis, les Silvestri? (aimable)

D. Interview. Posez les questions suivantes à un(e) camarade. Demandez-lui...

1. s'il/si elle habite avec ses parents maintenant.
2. comment est sa maison ou son appartement.
3. comment sont ses classes à l'université.
4. comment sont ses amis.
5. s'il/si elle parle beaucoup au téléphone avec ses amis.

E. Encore une interview. Posez les questions suivantes à plusieurs *(several)* camarades. Demandez-leur...

1. s'ils aiment leur cours de français.
2. si leur appartement/maison est grand(e).
3. comment sont leurs professeurs.
4. si leurs parents sont généreux.
5. si leurs camarades de classe sont sympathiques.

Structure VI

Talking about everyday activities
The verb *faire*

FAIRE *(TO MAKE, TO DO)*		
Qu'est-ce que je	**fais?**	
Tu	**fais**	le lit?
Elle	**fait**	ses devoirs.
Nous	**faisons**	notre travail.
Qu'est-ce que vous	**faites?**	
Deux et deux	**font**	quatre.

Faire means *to make* or *to do*. There are many verbal expressions with **faire.** Learn the ones below.

faire la vaisselle	*to do the dishes*
faire des courses	*to do errands*
faire les courses	*to go grocery shopping*
faire le lit	*to make the bed*
faire la lessive	*to do the laundry*
faire ses devoirs	*to do homework*
faire ses comptes	*to do one's finances*
faire le ménage	*to do housework*
faire des achats	*to go shopping*

Pratique et conversation

A. Les Bordier à la maison. Qu'est-ce que les Bordier font?

1. Mme Bordier et moi, nous/faire/la vaisselle le matin.
2. Les Bordier/faire/leur lit.
3. Sylvie/faire/son lit.
4. Je/faire/les courses.
5. Jean-Philippe/faire/ses devoirs.
6. Après le dîner, Jean-Philippe et moi, nous/faire/la vaisselle.

B. Chez moi. Ask your partner who does the following activities at his/her house.

1. Who does the errands?
2. Who does the dishes?
3. Who does the laundry?
4. Who makes the beds?
5. Who prepares dinner?
6. Who does the finances?

Compréhension auditive

VOYAGEONS!

Avant d'écouter

A. Renseignez-vous. Air France is the French national carrier, serving 172 cities in 77 countries. Paris is Air France's principal hub; its flights leave from both of Paris's international airports, Charles De Gaulle/Roissy in the northern suburbs and Orly, to the south.

B. Testez votre géographie. Où sont les villes suivantes? Indiquez le pays dans la colonne de droite qui correspond à la ville dans la colonne de gauche.

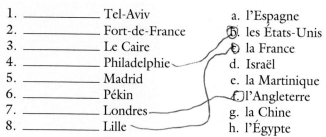

1. _____ Tel-Aviv
2. _____ Fort-de-France
3. _____ Le Caire
4. _____ Philadelphie
5. _____ Madrid
6. _____ Pékin
7. _____ Londres
8. _____ Lille

a. l'Espagne
b. les États-Unis
c. la France
d. Israël
e. la Martinique
f. l'Angleterre
g. la Chine
h. l'Égypte

C. Et la capitale? Indiquez la capitale dans la colonne de droite qui correspond au pays dans la colonne de gauche.

1. _____ le Mexique
2. _____ la Colombie
3. _____ le Maroc
4. _____ le Viêt-nam
5. _____ l'Iran

a. Hanoï
b. Téhéran
c. Bogotá
d. Rabat
e. Mexico

Écoutons

A. Une grille. Vous allez écouter l'horaire *(schedule)* des vols *(flights)* Air France. Écoutez la cassette et remplissez la grille. L'enregistrement va s'arrêter *(the recording will stop)* après chaque phrase pour vous donner le temps d'écrire *(the time to write)*.

VOL (flight)	Provenance (origin)	Horaire (scheduled)	Attendu (actual arrival)
020	WASHINGTON/BOSTON	9h40	10h05
	Philadelphie/New York	10h00	10h30
042	MIAMI	10h00	10h05
246	Fort-de-France/Pointe-à-Pitre	10h40	12h20
206	Bogotá/Cayenne	10h55	11h30
1370	TEL AVIV	11h05	11h05
252	Saint-Domingue/Pointe-à-Pitre	12h35	12h40
046	MEXICO	15h55	15h55
008	Papeete/Los Angeles	16h	16h00
		17h35	17h40
244	Cayenne/Fort-de-France	12h50	

B. Est-ce qu'il va arriver à l'heure? Regardez la grille que vous avez remplie (*that you have filled out*). Combien de vols arrivent en avance? à l'heure? en retard?

En avance: _____

À l'heure: _____

En retard: _____

Pratique et conversation

A. À l'heure ou en retard? Consultez la même grille et indiquez le nombre de minutes de retard de chaque vol.

MODÈLE: le vol 020
Le vol 020 a vingt-cinq minutes de retard.

1. le vol 026
2. le vol 008
3. le vol 004

4. le vol de Bogotá
5. le vol de Tel-Aviv

B. À l'agence Inter Voyages. Jouez le rôle de Mme Bordier et répondez aux questions de vos clients. Consultez le même horaire.

MODÈLE: À quelle heure est-ce que le vol de Philadelphie va arriver?
Il va arriver à 10h30.

C. Pour aller en France... Est-ce que vous avez un aéroport international dans votre ville/région? Est-ce qu'il y a des vols directs pour Paris? Si (*if*) non, où est-ce qu'il est nécessaire de faire des escales (*stopovers*)?

Document I

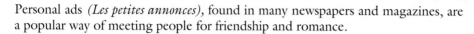

De vous à vous

Personal ads *(Les petites annonces)*, found in many newspapers and magazines, are a popular way of meeting people for friendship and romance.

Avant de lire

A. Les abbréviations. Personal ads often contain abbreviations. In the examples below, use the abbreviations that are explained to predict the meaning of those that are not.

1. j.f.   = jeune femme, fille
   j.h.   = _____ _____
2. ch.   = cherche
   dés.   = désire
   aim.   = _____
3. m.   = mètre
   kg.   = _____
4. cel.   = célibataire (≠ marié(e))
   div.   = _____
5. intell. = intelligent
   cult.   = _____

B. Devinez. Use the context to guess the meaning of the italicized abbreviations.

1. cherche *relat.* stable
2. aime les *activ.* sportives

Lisons

Mannequin. Pharmacien. 25 a. Ravissante blde, yeux verts, look suédois, raffinée, sensuelle, sportive, souh. passion et raison avec Homme de goût.
EXCEPTION (1)
47-42-59-86/87

Sud-Ouest F div., 57 a. phy. agréable, chaleureuse aim. la vie, la nature renc. H libre de qualité, authentique, chaleureux, tolérant. Ecrire journal, réf. 332 8N.

JF 29a. Cél., jolie, douce, équil. ch. H cultivé, tendre, stable pr relat. sincère, durable. Lettre détaillée + photo. Ecrire journal, réf. 332 8T.

H 48 a. Pas beau, pas grand, pas riche, pas PDG, un peu intello, aimant le temps qui passe, la poésie, la musique, la nature, la finesse de l'humour et aussi les activ. sportives. Ecrire journal, réf. 332 10P.

Ecrivain globe-trotter ch. partenaire intelligente aimant l'amour. (1)
45-79-67-03.

75 H 52 a. Cadre, grand, mince, humour 1 enft ch. Femme gaie, cult., sensible pr rel. stable. Ecrire journal, réf. 332 9I.

75 H 42 a. 1,80 m Div., sympa, tendre ch. JF bien phys., charme, sincère pr relation durable. Photo souhaitée. Ecrire journal, réf. 332 9S.

Avez-vous suivi?

1. Les annonces sont anonymes. Donnez un nom à ces personnes°.   these people
2. Qui est jeune? grand(e)? mince? cultivé(e)?
3. Be a matchmaker! Who would be a good match for these people?
   a. a thirty-year-old male who is intelligent and affectionate
   b. a fiftyish, down-to-earth male who likes the outdoors
   c. a sincere, middle-aged female
   d. a middle-aged female who likes to go to concerts and tennis matches

Document II

Le courrier des animaux

Avant de lire

A. Les chats et les chiens. In the context of pets and pet care, can you guess the meaning of the following words?

1. *chat* siamois
2. *chaton* siamois, 6 mois
3. très beau chat *tigré*
4. chat *castré*, vacciné, *tatoué*
5. un chat tricolore, *écaille* et blanc
6. cherche maison pour mon petit chien: *chiot* 2 mois

Lisons

JOLI CHAT, 1 an, croisé siamois, affectueux, calme, cherche gentils maîtres. Tél.: 16 (7) 868-23-64.

DONNE SETTER irlandais de 4 ans, tatouée et vaccinée, robe fauve, belle, intelligente, débordante d'affection et de vitalité. Nécessaire vivre en pavillon. Tél.: 237-44-08. Urgent.

OFFRE à personnes sérieuses une petite chatte noire de 6 mois et une tricolore écaille et blanc de 3 mois. Tél.: 805-34-66.

DONNE CHIEN de petite taille, roux, âge approximatif 2 ans, très gentil. Tél.: 794-86-79.

CHIOT 2 MOIS, bâtard d'épagneul français (mère chasseuse !), cherche maîtres affectueux car je suis obligé de quitter ma maman ! S'adresser à Delacour P. et C., 46, rue Font-Chevalier, 07100 Annonay.

TRES BEAU CHAT tigré gris, 8 mois, opéré, tatoué, vacciné. Charactère enjoué, drôle et très câlin. Tel.: 567-85-55 (après 20 h).

S.O.S. TENDRESSE pour un abandonné : Félix, chat candide. Tél.: 567-85-55 ou 805-19-23.

Avez-vous suivi?

1. Which dogs/cats would be good with children? Why?
2. Which dog would make a good guard dog?
3. You are looking for a pet with a pedigree. Which would you choose?
4. Which dogs/cats would make good house pets? Why?

Activités

A. Dans le café. You and a classmate are having a meal in a café. A friend comes in and you introduce your friend to your classmate. You also give a brief description of your friend by explaining his or her nationality, what languages he or she speaks, and what he or she is studying at the university.

B. Histoires sentimentales. You have been selected to appear on the French TV show «Marions-les». Your prospective dates are hidden behind a screen. Since you cannot see them, ask them about their character and physical appearance. Make up five to seven questions. Three of your classmates will answer your questions.

C. Vingt questions. Your instructor will hand you a card with the name of a famous person on it. Your classmates must guess who you are. They will ask you questions about your profession, your physical appearance, your likes and dislikes, etc. They may only ask twenty questions, which can be answered with **oui** or **non**.

Le monde francophone

Les Ibn-Hassam vous parlent

Notre pays d'origine, c'est l'Algérie, une ancienne° colonie française. Nous sommes venus° en France pour améliorer la qualité de notre vie. En Algérie, il y a beaucoup de problèmes: il est difficile de trouver un bon emploi, et la tradition musulmane veut que° le rôle de la femme reste limité. Mais l'Algérie nous manque° beaucoup. La vie° est très douce° là-bas. Nous préférons le climat, la cuisine et le rythme de la vie, qui est plus lente°. Ici, en France, la vie est difficile pour les immigrants. Il est impossible de négliger le racisme de certains Français. Les Maghrébins° ont des difficultés à trouver un travail satisfaisant. Il semble qu'une grande partie de la société nous est fermée. Pourtant°, il existe plus de possibilités en France et nous ne regrettons pas notre décision d'immigrer.

former
we came

has it that

we miss Algeria; life; pleasant

slow

North Africans

however

Les faits et la vie

Connaissez-vous *(are you acquainted with)* notre pays? Remplissez la grille suivante:

Capitale:

Les plus grandes villes:

Langues parlées:

Religion principale:

Année d'indépendance de la France:

Activités

1. Nommez d'autres pays francophones de l'Afrique. Quelle est leur capitale? Quelles autres langues sont parlées? Quelle est la date de leur indépendance de la France?
2. Nommez un plat algérien typique.
3. Quels autres groupes d'immigrants est-ce qu'il y a en France?
4. Quels groupes d'immigrants est-ce qu'il y a dans notre pays? Est-ce qu'ils sont venus *(did they come)* pour des raisons politiques? économiques?

Vocabulaire actif

	à côté de	*next to*	un	deux-pièces	*one-bedroom apartment*
	à droite	*to the right*		difficile	*difficult*
	à gauche	*to the left*		écossais(e)	*Scottish*
	agréable	*pleasant*	l'	Écosse (f.)	*Scotland*
	aimable	*friendly*		en dessous de	*underneath*
	à l'est de	*to the east of*		en face de	*opposite*
l'	Algérie (f.)	*Algeria*	un	escalier	*staircase*
	algérien(ne)	*Algerian*	l'	Espagne (f.)	*Spain*
l'	Allemagne (f.)	*Germany*		espagnol(e)	*Spanish*
	allemand(e)	*German*	un	étage	*floor*
	à l'ouest de	*to the west of*		européen(ne)	*European*
l'	Angleterre (f.)	*England*		facile	*easy*
	antipathique	*unfriendly, unpleasant*		faire	*to make, to do*
				faire des achats	*to go shopping*
	au-dessus de	*above*		faire des courses	*to do errands*
	au fond de	*at the end of*		faire la lessive	*to do laundry*
	au nord de	*to the north of*		faire la vaisselle	*to do dishes*
	au sud de	*to the south of*		faire le lit	*to make the bed*
	beau (belle)	*beautiful*		faire les courses	*to go grocery shopping*
	belge	*Belgian*			
la	Belgique	*Belgium*		faire ses comptes	*to do the finances*
	bleu(e)	*blue*			
	blond(e)	*blond*		faire ses devoirs	*to do homework*
	bon(ne)	*good*		fatigué(e)	*tired*
	brun(e)	*dark brown*	une	femme	*woman, wife*
le	Canada	*Canada*	une	fille	*girl, daughter*
	canadien(ne)	*Canadian*	la	France	*France*
une	capitale	*capital*	un	frère	*brother*
	charmant(e)	*charming*		frisé(e)	*curly*
	châtain	*brown*		froid(e)	*cold*
les	cheveux (m.pl.)	*hair*		généreux(-euse)	*generous*
un(e)	concierge	*superintendent, janitor*		gentil(le)	*nice*
				grand(e)	*tall*
	content(e)	*happy*	une	grand-mère	*grandmother*
un	couloir	*corridor*	un	grand-père	*grandfather*
	court(e)	*short*		gros(se)	*fat*
un(e)	cousin(e)	*cousin*		heureux(-euse)	*happy*
	curieux(-euse)	*curious*	un	homme	*man*
une	dame	*lady*		impoli(e)	*impolite*
	désagréable	*unpleasant*		intelligent(e)	*intelligent*
	deuxième	*second*			

	intéressant(e)	*interesting*		poli(e)	*polite*
	irlandais(e)	*Irish*		porter	*to wear*
l'	Italie (f.)	*Italy*		portugais(e)	*Portuguese*
	italien(ne)	*Italian*	le	Portugal	*Portugal*
	jeune	*young*		premier(-ère)	*first*
	joli(e)	*pretty*		près de	*near*
	laid(e)	*ugly*	un	pull	*sweater*
	leur, leurs	*their*		quatrième	*fourth*
	loin de	*far from*		raide	*straight*
	long(ue)	*long*		responsable	*responsible*
des	lunettes (f.pl.)	*glasses*	le	rez-de-chaussée	*ground floor*
le	Luxembourg	*Luxembourg*		riche	*rich*
	malheureux(-euse)	*unhappy*		ridicule	*ridiculous*
des	mariés (m.pl.)	*married couple*		roux (rousse)	*red* (hair)
				russe	*Russian*
le	Maroc	*Morocco*		sociable	*friendly*
	marron	*brown*	une	sœur	*sister*
	mécontent(e)	*unhappy*		son, sa, ses	***his, her, its***
une	mère	*mother*	un	studio	*studio apartment*
	mince	*thin*			
	mon, ma, mes	*my*	la	Suisse	*Switzerland*
un	mystère	*mystery*		suisse	*Swiss*
	mystérieux(-euse)	*mysterious*		sûr(e)	*sure*
les	Nations Unies (f.pl.)	*United Nations*		sympathique (sympa)	*nice*
	noir(e)	*black*	une	tante	*aunt*
un	nom	*name*		timide	*timid*
	notre, nos	*our*		ton, ta, tes	*your*
un	œil (pl. des yeux)	*eye*		tôt	*early*
un	oncle	*uncle*		tranquille	*calm, quiet*
	ondulé(e)	*wavy*		troisième	*third*
	parisien(ne)	*Parisian*	la	Tunisie	*Tunisia*
	patient(e)	*patient*		tunisien(ne)	*Tunisian*
les	Pays-Bas (m.pl.)	*Netherlands*		vert(e)	*green*
un	père	*father*		vietnamien(ne)	*Vietnamese*
une	personne	*person*	un(e)	voisin(e)	*neighbor*
	petit(e)	*small, short*	un	vol	*flight*
une	pièce	*room*		votre, vos	*your*

CHAPITRE 5

Les repas

Situation 1

Comment allez-vous *(handwritten in margin)*

Jean-Philippe a soif

JEAN-PHILIPPE: J'ai soif. Allons boire quelque chose!

MADELEINE: Moi, j'ai faim. Allons manger quelque chose!

JEAN-PHILIPPE: Voilà un café!

LE SERVEUR: Bonjour, Messieurs-Dames. Qu'est-ce que vous prenez?

JEAN-PHILIPPE: Moi, je voudrais un coca. Non, attendez°! Une
menthe à l'eau°. J'ai très soif.

HENRI: Moi, je vais prendre de l'eau minérale... une Évian, s'il
vous plaît.

MADELEINE: Moi, un café crème, et quelque chose à manger, bien sûr.

HENRI: Bien sûr!

JEAN-PHILIPPE: Madeleine mange comme quatre.

wait!

*mineral water with
crème de menthe*

Avez-vous suivi?

1. Qu'est-ce que Jean-Philippe commande°? Pourquoi?
2. Qu'est-ce qu'Henri commande? Pourquoi?
3. Et Madeleine? Qu'est-ce qu'elle commande? Pourquoi?

order

Autrement dit

Pour commander

Je voudrais un coca.
Je vais prendre

Un coca, s'il vous plaît.

Pour parler des conditions physiques

J'ai soif.	*I'm thirsty.*
faim	*hungry*
sommeil	*sleepy*
chaud	*hot*
froid	*cold*

Les boissons

Allons boire (*drink*) quelque chose.
prendre un verre.

Moi, je voudrais un coca. Non, attendez! Une menthe à l'eau.   MINT WATER

un jus d'orange	
un café (au lait/crème)	*coffee (with milk)*
une bière	BEER
un (vin) rouge/blanc	*white/red wine*
un Schweppes	*tonic water*
un Orangina	*orange soda*
un express	*espresso*
un thé (nature/au citron)	*tea (plain/with lemon)*
un chocolat	*hot chocolate*
une limonade	*lemon soda* (lemonaide)
une Évian	
une Perrier	

Pratique et conversation

A. Expliquez. Complétez les phrases. Employez une expression avec **avoir.**

1. Je mange beaucoup quand... J'ai faim
2. J'aime boire de la limonade quand... J'ai soif
3. Je vais à la plage *(beach)* quand... J'ai ~~froid~~ chaud
4. Je ne vais pas au cinéma parce que... J'ai sommiel
5. Je ne déjeune pas parce que... Je n'ai pas faim
6. Je vais boire du chocolat parce que... J'ai froid

B. Interview. Demandez à votre partenaire...

1. quand il/elle a faim d'habitude *(usually)*.
2. s'il/si elle mange beaucoup quand il/elle a faim.
3. s'il/si elle aime boire quand il/elle étudie.
4. s'il/si elle préfère le café, le thé ou le chocolat quand il/elle a froid.
5. s'il/si elle préfère le coca, la limonade ou le thé glacé *(iced tea)* quand il/elle a chaud.
6. à quelle heure il/elle a sommeil.

C. Les boissons. Classez les boissons suivantes. *(Group the drinks according to category.)*

	AVANT LE REPAS	AVEC LE REPAS	APRÈS LE REPAS	ALCOOLISÉE	NON ALCOOLISÉE
un café					
une bière					
un Schweppes					
une Évian					
une menthe à l'eau					
une Perrier					
un cognac					
un chocolat					
un vin rouge					
un Orangina					
une limonade					

Structure I

Talking about food
The verb *prendre*

PRENDRE *(TO TAKE, TO HAVE)*			STEM + ENDING	
Je	**prends**	un cognac.	prend	s
Tu	**prends**	une bière.	prend	s
Elle	**prend**	un sandwich.	prend	—
Nous	**prenons**	un coca.	pren	ons
Qu'est-ce que vous	**prenez?**		pren	ez
Ils	**prennent**	leur vin.	prenn	ent

Prendre, *to take,* may also be used in the sense of *to have* with the names of foods or drinks.

Je **prends** un café.
I'll have a coffee./I'm having a coffee.

Pratique et conversation

A. Au café. Composez des phrases.

1. Mes parents et moi, nous/prendre/un café ensemble.
2. Je/prendre/de l'eau.
3. Elles/prendre/un vin rouge.
4. Madeleine/prendre/un café crème avec Henri et Jean-Philippe.
5. Tu/prendre/aussi une eau minérale.
6. Vous/prendre/un coca.

B. Interview. Demandez à votre partenaire...

1. à quelle heure il/elle prend le petit déjeuner *(breakfast)*.
2. s'il/si elle prend des croissants au petit déjeuner.
3. à quelle heure il/elle prend le déjeuner.
4. où il/elle déjeune.
5. s'il/si elle prend un coca au déjeuner.
6. s'il/si elle dîne à la maison.
7. s'il/si elle prend un café après le dîner.

Structure II

Talking about food
The verb *boire*

BOIRE *(TO DRINK)*			STEM + ENDING	
Je	**bois**	un thé.	boi	s
Tu	**bois**	un coca.	boi	s
Henri	**boit**	un café.	boi	t
Nous	**buvons**	une limonade.	buv	ons
	Buvez-	vous beaucoup?	buv	ez
Elles	**boivent** ̨bawav	un Orangina.	boiv	ent

A. On boit, on mange. Composez des phrases.

        buvons
1. Nous/boire/un café au lait.
2. Henri et Jean-Philippe/boire/une bière avec leur déjeuner. boivent
3. Et Madeleine? Elle/boire/un café crème. boit
4. Je/boire/un express. bois
5. Vous/boire/un thé. buvez
6. Tu/boire/beaucoup. bois

B. Au café. You and a friend are thirsty and decide to go to a café. Discuss what you will have to drink, and then give your order to the waiter.

En contexte

Un(e) babysitter. You have volunteered to babysit for your friends' two children, Michel and Nathalie. Ask your friends what time the children eat, what they like to eat and drink, if they like to watch TV, and what time they go to bed **(aller au lit).**

Situation 2

Madeleine a faim

MADELEINE: Vous avez des sandwichs?

LE SERVEUR: Oui, bien sûr, Mademoiselle: au pâté, au jambon, au saucisson...

MADELEINE: Mmmm! Un au jambon et un autre au saucisson.

HENRI: Tu vas manger deux sandwichs?

MADELEINE: Et alors? Je meurs de faim°.   I'm dying of hunger.

HENRI: Mais Madeleine, tu as toujours faim.

MADELEINE: Tiens! Ils ont aussi du fromage et de la tarte aux pommes. Mmm...

LE SERVEUR: Donc, pour l'instant, une menthe, une Évian, un café crème, un sandwich au saucisson et un jambon-beurre.

MADELEINE: Ah non, je vous en prie, je ne mange jamais de beurre! Je suis au régime.

Avez-vous suivi?

1. Quelles sortes de sandwichs est-ce qu'ils ont au restaurant?
2. Qu'est-ce que Madeleine commande? Pourquoi?
3. Pourquoi est-ce que Madeleine ne veut pas de beurre?

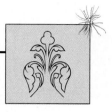

Autrement dit

Le petit déjeuner au café

du pain   une tartine de pain beurré   un croissant

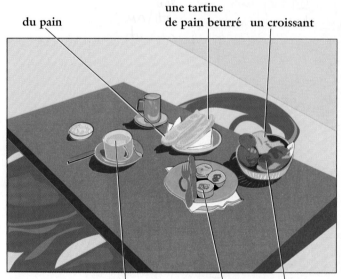

du café au lait   de la confiture   une brioche

Le déjeuner au café

une omelette
une salade
du pâté
de la pizza
une quiche
un hot-dog
un croque-monsieur   *grilled ham and cheese sandwich*
un steak frites   *steak and French fries*
un croque-madame   *grilled ham and cheese sandwich with a poached egg*

Une recette pour une omelette

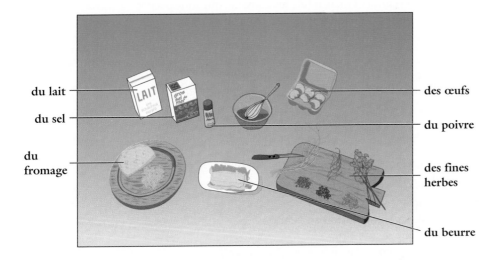

du lait — des œufs

du sel — du poivre

du fromage — des fines herbes

du beurre

Il faut° des œufs, du lait, du fromage râpé°, des fines herbes, du sel et du poivre.

You need; grated

Battez° les œufs. Ajoutez° le reste des ingrédients. Faites cuire° dans du beurre. Servez avec une salade.

Beat; Add; Cook

les Desserts

FROMAGE SÉLECTIONNÉ	25 f.
FRUIT DE SAISON	10 f.
CRÈME CARAMEL ou MOUSSE AU CHOCOLAT	17 f.
CRÈME CARAMEL OU MOUSSE AU CHOCOLAT AVEC CHANTILLY	19 f.
TARTE AUX POMMES	22 f.
PATISSERIE MAISON	25 f.
SALADE DE FRUITS	18 f.
DAMNATION (crème de marron, chocolat, chantilly)	30 f.
PROFITEROLES	37 f.
FROMAGE BLANC AU COULIS DE FRAISE	25 f.
FRUIT GIVRÉ (orange, citron, noix de coco)	25 f.

Pratique et conversation

A. Un régime. Vous êtes au régime. Cochez (✔) les aliments qui sont permis. Mettez un **X** devant les aliments qui sont interdits (≠ permis).

1. ____ la pizza
2. ____ l'eau minérale
3. ____ la tarte aux pommes
4. ____ les sandwichs au jambon
5. ____ les salades

6. ____ les omelettes
7. ____ les frites
8. ____ le café
9. ____ le vin blanc
10. ____ les croissants

B. J'ai faim! Vous êtes au régime. Répondez aux questions de votre partenaire. Il/Elle vous demande...

1. si vous avez faim/soif.
2. si vous allez commander un sandwich au jambon.
3. si vous allez prendre une salade.
4. si vous allez commander une tarte au citron *(lemon tart)*.
5. si vous allez prendre un café.
6. si vous aimez votre régime.

C. On déjeune avec Madeleine. Vous allez au café avec Madeleine. Vous avez très faim. Vous parlez de ce que *(what)* vous allez commander. Le serveur arrive et vous commandez.

Structure III

Expressing nonspecific quantities
The partitive noun marker

EXPRESSING NONSPECIFIC QUANTITIES		
count nouns	indefinite noun marker **un une des**	Tu as **un** disque. Elle a **des** stylos.
noncount nouns	partitive noun marker **du de la de l'**	Vous prenez **du** café. Il prend **de la** pizza. Je prends **de l'**eau.
negative expressions	(pas) **de d'** (jamais) **de d'** (except after **être**)	Tu n'as pas **de** disque. Elle n'a pas **de** stylos. Vous ne prenez pas **de** café. Je ne prends pas **d'**eau. Ce n'est pas **un** architecte. Ce ne sont pas **des** étudiants.

a. You have already used the indefinite noun markers **un, une,** and **des** to express nonspecific quantities. Indefinite noun markers are used before nouns that can be counted such as **disque: un disque, deux disques, trois disques... Chaise, table,** and **sandwich** are other examples of count nouns.

b. The partitive noun marker is used to express the idea of nonspecific quantity before nouns which cannot be counted using the cardinal numbers. The masculine form **du** and the feminine form **de la** are used before nouns beginning with a consonant. Use **de l'** before nouns beginning with a vowel.

Tiens! Ils ont aussi **du** fromage et **de la** tarte aux pommes. Mmm...
Moi, je vais prendre **de** l'eau minérale... une Évian, s'il vous plaît.

c. Often, the partitive noun marker is not translated in English. Sometimes, it may be translated by *some* or *any.*

Tiens! Ils ont aussi **du** fromage et **de la** tarte aux pommes. Mmm...
Hey! They also have cheese and apple tart. Mmm . . .

d. As with the indefinite noun marker, in a negative sentence, all forms of the partitive noun marker become **de.**

Ah, non, je vous en prie, je ne mange jamais **de** beurre.

e. When ordering in a restaurant, the indefinite noun marker is used when designating units.

At a restaurant: Un café, s'il vous plaît. (unit: **un café** = *a cup of coffee*)
But: Au pétit déjeuner, je prends du café. (**du café** = *some coffee*)

Pratique et conversation

A. Au dîner. Qu'est-ce que vous buvez au dîner? Répondez selon le modèle.

MODÈLE: vin
      Au dîner, je prends du vin. (ou: Je ne prends pas de vin.)

1. coca *un/du*
2. eau minérale *d'*
3. bière *une/de la*
4. limonade *une*   *Je ne prends pas de coca.*
5. thé *un/du*   *Je ne prends pas de bière*
6. lait *du/un*

B. Je prépare un repas. Dites à votre professeur comment préparer les deux plats suivants.

Une omelette:

MODÈLE: œufs   **Ajoutez des œufs!**
         vin   **N'ajoutez pas de vin!**

1. fromage   5. poivre
2. sel   6. pain
3. jambon   7. lait
4. eau

Une quiche lorraine:

MODÈLE: poivre   **Ajoutez du poivre.**
         pain   **N'ajoutez pas de pain.**

1. fromage   5. cognac *(m.)*
2. œufs   6. frites *(f.pl.)*
3. jambon   7. lait
4. sel   8. eau

C. Au café. Qu'est-ce qu'on prend au petit déjeuner? Répondez selon le modéle.

MODÈLE: bière
       Vous: **Est-ce qu'on prend de la bière?**
       Votre ami(e): **Non, on ne prend pas de bière.**

1. vin rouge   6. œufs
2. eau minérale   7. fromage
3. café   8. salade
4. tartines   9. quiche
5. thé   10. croissants

Structure IV

Expressing how often an action is performed
Adverbs of frequency

Mais Madeleine, tu as **toujours** faim.
Ah non, je vous en prie, je **ne** mange **jamais** de beurre! Je suis au régime.

a. Adverbs of frequency tell how often an action is performed.

b. Some common adverbs of frequency are:

toujours	*always*
tout le temps	*all the time*
souvent	*often*
quelquefois	*sometimes*
de temps en temps	*from time to time*
rarement	*rarely*
ne... jamais	*never*

c. The adverbs **toujours, souvent,** and **rarement** usually follow the verb directly. The others usually are placed at the beginning or the end of a sentence.

Il arrive **toujours** à l'heure.
Elle travaille **rarement** le samedi.
Je vais **souvent** au café.
Quelquefois, il arrive en retard.

d. Like **ne... pas,** the negation **ne... jamais** surrounds the verb.

Je **ne** suis **jamais** au régime.

Pratique et conversation

A. **Comment sont les étudiants?** Posez des questions à votre partenaire. Il/Elle va répondre avec un adverbe. Après, calculez les résultats pour trouver le/la meilleur(e) *(best)* étudiant(e).

> MODÈLE: Demandez-lui s'il/si elle étudie la leçon.
> Vous: **Est-ce que tu étudies la leçon?**
> Votre partenaire: **J'étudie toujours (souvent, rarement, etc.) la leçon.**

Demandez-lui s'il/si elle...

1. fait ses devoirs.
2. va au labo.
3. parle français en classe.
4. pose des questions.
5. va à la bibliothèque.

Résultats: Chaque réponse du premier groupe vaut *(is worth)* 1 point; du deuxième groupe, 2 points; du troisième, 3 points; et du quatrième, 4 points. Le/La meilleur(e) étudiant(e) a le plus de points.

Premier Groupe	*Deuxième Groupe*	*Troisième Groupe*	*Quatrième Groupe*
jamais	quelquefois	souvent	toujours
rarement	de temps en temps		tout le temps

B. Le régime. Posez une question à votre partenaire. Il/Elle va répondre en utilisant un adverbe. Après, calculez les résultats.

MODÈLE: Demandez-lui s'il/si elle mange des légumes.
Vous: **Est-ce que tu manges des légumes?**
Votre partenaire: **Je mange souvent (toujours, rarement, etc.) des légumes.**

Demandez-lui s'il/si elle...

1. prend le petit déjeuner.
2. prend des vitamines.
3. mange des salades.
4. est au régime.
5. mange du «fast food».
6. boit de la bière.
7. prend un dessert.

Résultats: Pour les quatre premières questions, calculez les points comme dans l'Activité A. Pour les trois dernières°, inversez les groupes: donnez 1   last ones
point pour les réponses *toujours* et *tout le temps,* 2 points pour *souvent,* 3 points pour *quelquefois* et *de temps en temps,* et 4 points pour *jamais* et *rarement.* L'étudiant(e) avec le plus de points a les meilleures habitudes.

C. Habitudes. Répondez aux questions.

1. Qu'est-ce que vous ne faites jamais au restaurant?
2. Qu'est-ce que vous faites rarement à la maison?
3. Qu'est-ce que vous faites souvent en classe?
4. Qu'est-ce que vous faites toujours le soir?

En contexte

Chez le médecin.   Vous allez chez le médecin parce que vous êtes fatigué(e) tout le temps. Il/Elle vous pose des questions sur votre régime alimentaire et vos habitudes. Son diagnostic: vous mangez très mal et vous ne faites pas assez d'exercice! Jouez la scène.

Situation 3

Au restaurant

M. BORDIER:	Monsieur, s'il vous plaît, la carte.
UN SERVEUR:	Voici, Monsieur. Voici, Madame.
MME BORDIER:	Merci... Voyons°... hors d'œuvre... viande... légumes...
	Qu'est-ce qui te tente°?
M. BORDIER:	Il y a du poisson?
MME BORDIER:	Oui, ici.
SYLVIE:	Qu'est-ce qu'ils ont comme dessert?
M. BORDIER:	Légumes... salade... le poisson a l'air° bon. Fromage...
	Qu'est-ce que vous allez manger, les enfants?
SYLVIE:	Comme dessert, qu'est-ce qu'ils ont?
JEAN-PHILIPPE:	Dans ce° restaurant, Sylvie, ils n'ont PAS de dessert.
SYLVIE:	Maman!!!

Marginal glosses: Let's see — tempts you — looks — this

Avez-vous suivi?

1. Selon *(According to)* vous, qu'est-ce que M. Bordier va commander? Et Sylvie?
2. Chez nous, quand est-ce qu'on prend la salade? le fromage? Et en France?
3. Est-ce que la réponse de Jean-Philippe est sérieuse?

Autrement dit

La table

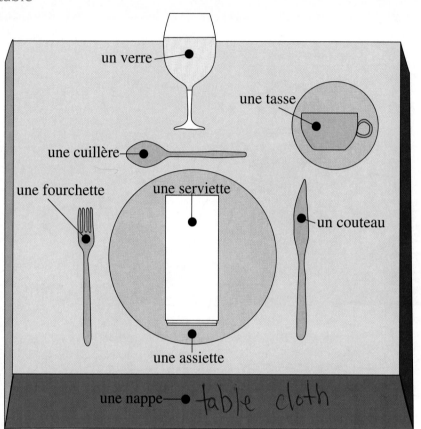

- un verre
- une tasse
- une cuillère
- une fourchette
- une serviette
- un couteau
- une assiette
- une nappe — *table cloth*

Pour parler des repas

La carte, s'il vous plaît.
Le menu à 90 francs.
La carte des vins. Prenons du chablis.
                 du beaujolais
                 du champagne

Voyons... **des hors d'œuvre...**

un œuf dur mayonnaise	*hard-boiled egg with mayonnaise*
du saucisson	*sausage*
des crudités	*raw vegetables*

... de la viande...

du poulet	*chicken*
du bœuf	*beef*
de l'agneau	*lamb*
du veau	*veal*
du rosbif	*roast beef*
un bifteck	*steak*

... des légumes...

des carottes	*carrots*
des pommes de terre	*potatoes*
des petits pois	*peas*
des haricots verts	*green beans*

no

Il y a... du poisson...

de la truite	*trout*
de la sole	*sole*
du thon	*tuna*
des crevettes	*shrimp*
des moules	*mussels*

... de la salade...

de la salade de tomates
de la salade verte

... du fromage...

du camembert
du brie
du roquefort

Le poisson a l'air bon.
    délicieux
    frais   *fresh*

J'aime les desserts.

la tarte aux pommes	*apple tart*
la tarte au citron	*lemon tart*
la mousse au chocolat	*chocolate mousse*
les glaces	*ice cream*
la pâtisserie	*pastries*
les fruits	

Je voudrais **une orange.**

une pêche	*peach*
une poire	*pear*
une pomme	*apple*
des fraises	*strawberries*

L'addition, s'il vous plaît.   *Check, please.*
Est-ce que le **service est compris?**   *Is the tip included?*

Pratique et conversation

A. Les plats. Classez les plats selon les catégories données.

	LES HORS D'ŒUVRE	LES PLATS PRINCIPAUX	LES LÉGUMES	LES DESSERTS
le saucisson				
le veau				
les petits pois				
les œufs durs mayonnaise				
les oranges				
les crudités				
la truite				
le brie				
les pommes de terre				
le poulet				
les glaces				
le camembert				

B. Français ou Américain? Dites si les phrases suivantes décrivent les Français ou les Américains.

1. On prend le café avec le repas.
2. On prend la salade avant le plat principal.
3. On mange des fruits comme dessert.
4. On prend le repas principal le soir.
5. On mange des œufs au petit déjeuner.
6. On tient *(hold)* le couteau à la main droite et la fourchette à la main gauche.

C. Au dîner. D'habitude, à quelle heure est-ce que vous dînez chez vous? Décrivez un dîner typique. Qu'est-ce que vous prenez? Qu'est-ce que vous buvez? Qu'est-ce que vous adorez/détestez? Et les autres membres de votre famille... décrivez leurs préférences.

D. Au restaurant. Vous êtes au restaurant avec votre famille. Vous regardez la carte et faites votre choix. Jouez la scène.

Structure V

Making inquiries
The interrogative pronouns

Qu'est-ce qui te tente?
Qu'est-ce que vous prenez?
Qu'est-ce qu'ils ont comme dessert?

a. You have already learned the interrogative pronouns **qui** and **qu'est-ce que. Qui** refers to people, and you have used it as the subject of a question. **Qu'est-ce que** refers to things and functions as the direct object in a question.

b. As you have noted, the choice of interrogative pronoun depends on its grammatical function in the question and whether it refers to a person or a thing.

c. The chart below presents the remaining forms and functions of the interrogative pronouns.

	PERSONS	THINGS
Subject	**Qui** va au restaurant?	**Qu'est-ce qui** est bon?
Direct Object	**Qui est-ce que** vous regardez? **Qui** regardez-vous?	**Qu'est-ce que** vous commandez? **Que** commandez-vous?
Object of a Preposition	**À qui est-ce que** vous parlez? **À qui** parlez-vous?	**Avec quoi est-ce que** vous travaillez? **Avec quoi** travaillez-vous?

d. For direct objects and for objects of a preposition, there are long and short forms of the interrogative pronoun. The long form contains **est-ce que.** The short form does not contain **est-ce que,** but the subject and verb that follow must be inverted.

Pratique et conversation

A. Au restaurant. Posez une question qui donne la réponse soulignée.

MODÈLE: Je vais prendre un café.
> **Qu'est-ce que vous allez prendre?**

1. M. Bordier parle au serveur.
2. Mme Bordier regarde la carte.
3. Sylvie commande un dessert.
4. Jean-Philippe mange avec une fourchette et un couteau.
5. M. Bordier va prendre du poisson.
6. Le camembert a l'air délicieux.
7. Le serveur apporte la soupe.
8. M. Bordier demande l'addition.

B. Sondage. Find out about your partner's eating habits by asking

1. what he/she likes to have for breakfast/lunch/dinner.
2. who prepares breakfast/lunch/dinner at his/her house.
3. with whom he/she eats.
4. what he/she likes to have for dessert.
5. what he/she likes to drink with cheese/dessert.
6. what he/she drinks when he/she is thirsty/hot/cold/sleepy.

C. Je ne mange pas de tripes. You are a very picky eater. Each time a selection is proposed to you, you first ask what is in it. The others will then list some of the main ingredients.

1. le coq au vin
2. le bœuf bourguignon
3. la quiche lorraine
4. l'omelette au jambon
5. la bouillabaisse

D. Monsieur! You are a waiter at a restaurant. The others in your group are the patrons at one of your tables. They first look at the menu and discuss what looks good and what they are considering. Then you take their order, asking them what they want as an appetizer, as a meat dish, as a vegetable, dessert, and drink.

Structure VI

Asking questions
Review

You have learned many different ways of asking questions. They are summarized below.

a. To form yes/no questions, use either rising intonation or **est-ce que.**

Vous allez à l'université?
Est-ce que vous allez à l'université?

b. To form information questions, use the pattern below.

QUESTION WORD	+ EST-CE QUE +	SUBJECT +	VERB
Pourquoi *what*	est-ce qu'	elle	rentre très tard?
À quelle heure	est-ce que	la classe	commence?
Combien de cours	est-ce que	vous	avez?

c. Some information questions more commonly use inversion.

QUESTION WORD + VERB + SUBJECT		
Comment	allez-	vous
Comment	est	M. Silvestri?
*Comment	va-t-	il?

*[handwritten: *Comment est - il]*

[handwritten right margin: How is he? what's he like?]

This is especially the case after **comment,** when asking about health or physical descriptions. Other common inversion questions are:

Quelle heure est-il?
Où est la concierge?

d. In addition to these types of questions, you have learned to form questions with interrogative pronouns.

Qui est devant la classe?
Qu'est-ce que tu vas commander?

Pratique et conversation

A. Allons au cinéma. Vous invitez un ami au cinéma. Composez les questions suivantes.

1. Bonjour! Comment/tu/aller?
2. Qu'est-ce que/tu/faire/?
3. Tu/aimer/films/italiens?
4. À quelle heure/le film/commencer?
5. Comment/les films italiens/être?
6. Avec qui/tu/aller/au cinéma?
7. Qui/être/dans le film?
8. Où/le cinéma/être?
9. Combien de/cinémas/il y avoir/en ville?

B. Interview. Demandez à votre partenaire...

1. comment il/elle va aujourd'hui.
2. la date.
3. à quelle heure il/elle va à l'université.
4. où il/elle va le samedi soir.
5. quand il/elle étudie.
6. pourquoi il/elle aime le français.
7. s'il/si elle étudie la chimie.
8. où est son cahier.

C. Questions. Your friend is going to a restaurant tonight. Try to find out as much as possible from him/her by asking questions with interrogative pronouns and other question words.

MODÈLE: **Avec qui est-ce que tu vas au restaurant?**

D. Une star. Your teacher will give you a card with the name of a famous star written on it, whose identity you will assume. Other students will try to guess your identity by asking you questions about your appearance, habits, and preferences.

Compréhension auditive

LA TOUR EIFFEL

Avant d'écouter

A. Renseignez-vous. The Eiffel Tower (**la tour Eiffel**) was erected in 1889 on the site of the **Exposition Universelle,** which commemorated the one-hundredth anniversary of the French Revolution. Although it was initially ridiculed and was nearly torn down, it has become a beloved landmark and a symbol of Paris. Visitors to the Eiffel Tower may reach the first and second levels by stair, or all three levels by elevator.

B. Visite de la tour Eiffel. Regardez le dessin de la tour Eiffel et répondez aux questions.

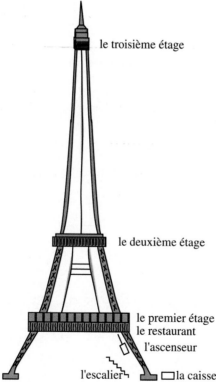

1. La tour Eiffel a combien d'étages? _____

2. Où est le restaurant? _____

3. Pour monter au sommet, il y a un _____ et un _____.

4. Où est-ce qu'on paie? _____

5. Pour un bon panorama de Paris, allez _____.

C. Les tarifs. The price of admission (**le tarif**) to the Eiffel Tower varies according to the size of the group, the type of visit, and the age of the visitor. Match the expression in Column A with its equivalent in Column B.

A	*B*
1. _____ un tarif groupe	a. going up by stair
2. _____ le prix pour les individuels	b. group rate
3. _____ l'ascension par l'ascenseur	c. going up by elevator
4. _____ un tarif réduit	d. single admission
5. _____ l'ascension par l'escalier	e. reduced admission

Écoutons

A. Le message. Look over the categories of information you are being asked to listen for. Then, listen to the message once for general meaning. On subsequent listenings, fill in as much of the information as you can.

Les heures d'ouverture:

La tour Eiffel est ouverte toute l'année, l'été *(in summer)* de _____ à

_____, l'hiver *(in winter)* de _____ à _____.

Les tarifs:

Le prix actuel *(current)* de l'ascension pour les individuels est par l'ascenseur,

_____ francs jusqu'au *(up to)* _____, _____ francs

jusqu'au _____, quarante-cinq francs jusqu'au _____. Par l'es-

calier, _____ francs jusqu'au _____. Les enfants de moins de

_____ ans ne paient pas. Ceux *(those)* de moins de _____ ans ont

droit au *(have the right to)* tarif réduit soit *(either)* par l'ascenseur _____

francs jusqu'au _____, _____ francs jusqu'au _____,

_____ francs jusqu'au _____.

Les tarifs groupes:

Les groupes d'enfants de plus de _____ enfants de moins de

_____ ans bénéficient du tarif réduit, par l'ascenseur, _____

francs jusqu'au _____, _____ francs jusqu'au _____,

_____ francs jusqu'au _____.

Pratique et conversation

A. Combien est-ce qu'ils paient? Using the information above, how much would the following people pay to visit the Eiffel Tower?

1. Sylvie Bordier, 8 ans, ascension par l'ascenseur au sommet.
2. La classe de Jean-Philippe Bordier, un groupe de vingt-cinq étudiants de seize ans, ascension par l'ascenseur jusqu'au deuxième étage.
3. M. Bordier, ascension par l'escalier jusqu'au deuxième étage.
4. La petite nièce de Mme Bordier; elle a deux ans.

B. Une visite à un monument célèbre. Est-ce qu'il y a un monument célèbre dans la ville où vous habitez? Donnez les heures d'ouverture et les tarifs. Est-ce qu'il y a des tarifs réduits? Des tarifs groupes?

Document 1

Restaurants à Caen

You're spending an evening in the city of Caen, located northwest of Paris in Normandy. Where would you like to have dinner? The regional cooking often features dairy products (cream, butter, Camembert), apples, cider . . . and be sure to try **tripes à la mode de Caen!**

BAR RESTAURANT DE L'EQUITATION

En semaine :
MENUS - PLAT DU JOUR - REPAS D'AFFAIRES
Le week-end :
BANQUETS, MARIAGES, COMMUNIONS, GROUPES, etc...

64, rue de la Folie - 14000 CAEN - Tél. 31 44 20 38

▶ **L'EQUITATION : LA BONNE DIRECTION** ◀

Friendly HOTEL CAEN ★★★

Restaurant de cuisine classique
(dernier service 23 h)

CENTRE DE LOISIRS (OUVERT A TOUS)
SÉMINAIRES, BANQUETS (jusqu'à 300 personnes)
2, place Boston - Citis - Hérouville-St-Clair - ☎ 31 44 05 05 (direction CHU, Citis et Bd Becquerel)

le *Grill* restaurant

Ouvert tous les jours jusqu'à minuit

Avenue de la Côte de Nacre
14000 CAEN - Tél. 31 93 05 88

novotel

RESTAURANT « LES COLONNES »

52 chambres équipées - Canal +
Chambres familles - Bar
Salles séminaires jusqu'à 80 personnes

Côte de Nacre (C.H.U.)
11, rue Professeur Rousselot
BP 5030 - 14021 **CAEN** CEDEX
Tél. 31 95 87 00 - Fax 31 94 46·54

Cottage-Hôtel
Reposez-vous la vie

OPEN hotel ★★
Grill Restaurant

Caen Mémorial
Rond-point du Débarquement

Tél. 31 44 98 00

Viens déjeuner ou dîner au Jardin de l'Open je t'offrirai mon Pin's !

Réservé aux enfants de moins de 12 ans accompagnés d'un adulte. Offre valable dans la limite des stocks.

Buffet de la Gare

2 formules : BAR-BRASSERIE
RESTAURANT "Le Relais Normandy"

Place de la Gare
14300 CAEN
Tél. 31 82 24 58
Fax 31 83 57 36

Grande capacité d'accueil
Réception groupe, agence, repas d'affaires

Avez-vous suivi?

Quel restaurant? Quel restaurant...

1. accueille *(welcomes)* spécialement les enfants?
2. est ouvert *(open)* très tard?
3. a un thème sportif?
4. a l'air *(looks)* tranquille?
5. a une grande capacité?

Document II

Si vous allez au café
ou au restaurant...

In this text, you will learn about certain regulations which help inform and protect patrons in French cafés and restaurants.

Avant de lire

A. Mots apparentés. Use your knowledge of English to predict the meaning of the following words.

1. nombreux
2. propriétaire
3. établissement
4. extérieur
5. pourcentage

B. Devinez. Using the hints in parentheses, guess the meaning of the underlined words.

1. Les propriétaires de ces *(these)* établissements sont **soumis** à certaines règles. (How might restaurant owners have to respond to rules that govern their businesses?)
2. Les **prestations les plus servies** sont: la tasse de café noir, un jus de fruit, une eau minérale... (The list following the colon explains the word **prestation;** what do the words in this list have in common? What then might **prestation** mean? Based on your knowledge of English, what does the rest of the underlined expression mean?)
3. la tasse de café, **un demi** de bière, **un flacon** de bière... (Based on the relationship of **tasse** to **café,** what might the underlined words mean?)
4. une eau minérale **plate** ou gazeuse... (Based on your knowledge of English, what does **gazeuse** mean? The word **ou** indicates a choice; if a drink is not _____, it must be _____.)
5. C'est maintenant une obligation dans les restaurants et **débits** de boissons. (**Restaurants** serve food; **débits** serve _____; what might **débit** mean?)
6. boissons ou **denrées.** (**Ou** indicates a choice; in the context of a restaurant, if we are not referring to drinks, we are probably referring to _____.)

Lisons

En vacances, vous êtes nombreux à vous rendre° dans une «bonne table» de la région ou au café. Sachez que° les propriétaires de ces établissements sont soumis à certaines règles, notamment en ce qui concerne° les prix, leur affichage° à l'extérieur comme à l'intérieur, la carte des vins...

    Avant d'entrer, regardez les prix, ils doivent° être affichés à l'extérieur.

    —Au restaurant, les menus et cartes doivent être affichés à l'extérieur pendant toute la durée du service et au moins à partir de° 11 h 30 pour le déjeuner, de 18 h pour le dîner.

    —Au café, les prix des prestations les plus couramment° servies doivent être affichés à l'extérieur; ce sont: la tasse de café noir, un demi de bière à la pression°, un flacon de bière, un jus de fruit, un soda, une eau minérale plate ou gazeuse, un apéritif anisé (pour ces° cinq boissons, la contenance doit être indiquée), un plat du jour, un sandwich.

    À l'intérieur des restaurants, des cartes et menus identiques à ceux affichés à l'extérieur vous seront remis°; à l'intérieur des cafés, un affichage complet des prix des boissons et denrées offertes vous permet de vous informer avant de choisir.

    Dans tous les cas, les prix doivent s'entendre° «service compris°»: C'est maintenant une obligation dans les restaurants et débits de boissons. Toutefois°, le pourcentage du service perçu° doit figurer sur les affiches et cartes.

Aller
Be aware that
In the matter of
Display
Must

From

Frequently

Draft
Those

Will be given to you

Should be understood to mean; included
In any case; charged

Avez-vous suivi?

1. Qu'est-ce qui doit être affiché à l'extérieur des restaurants/des cafés?
2. Quand est-ce que les menus et cartes doivent être affichés?
3. Qu'est-ce qui doit être affiché à l'intérieur des cafés?
4. À l'intérieur, qu'est-ce que le serveur est obligé de donner au client?
5. Donnez un exemple d'une bière française; d'un jus de fruit; d'un soda; d'une eau minérale plate/gazeuse; d'un apéritif.
6. Si le service est compris, est-il nécessaire de laisser un pourboire°? Est-ce que le service est toujours compris?

gratuity

Activités

A. Une invitation. You are inviting your boyfriend/girlfriend over to dinner and you want to be sure to impress him/her by preparing his/her favorite foods. Ask him/her what kind of meat/vegetables/desserts/drinks he/she likes. He/She responds.

    MODÈLE: Vous: **Est-ce que tu aimes les tripes?**
               Votre ami(e): **Non, je n'aime pas (je déteste) les tripes.**

B. Au régime. You are inviting another friend over for dinner, but he/she is a picky eater. Ask him/her what kind of meat/vegetables/desserts/drinks he/she eats.

    MODÈLE: Vous: **Est-ce que tu manges du poulet?**
               Votre ami(e): **Non, je ne mange pas de poulet.** (ou:
                          Oui, je mange du poulet.)

C. **Au restaurant.** You are at a high-class restaurant, but the kitchen has run out of everything you want! After several tries, you are finally able to order a complete meal.

D. **Dans le frigo.** (*In the refrigerator.*) In groups of two, try to guess what is in your partner's refrigerator. Score one point for each correct guess. After ten guesses, designate the winner.

Vocabulaire actif

une **addition**	*check*	du **cognac**	*cognac*
de l' **agneau** (m.)	*lamb*	**commander**	*to order*
ajouter	*to add*	**compris**	*included*
une **assiette**	*dish*	de la **confiture**	*jam*
avoir chaud	*to be hot*	un **couteau**	*knife*
avoir faim	*to be hungry*	une **crevette**	*shrimp*
avoir froid	*to be cold*	un **croissant**	*croissant*
avoir l'air bon	*to look good*	un **croque-monsieur**	*grilled ham*
avoir soif	*to be thirsty*		*and cheese*
avoir sommeil	*to be sleepy*		*sandwich*
beaucoup	*a lot*	un **croque-madame**	*grilled ham*
du **beaujolais**	*beaujolais*		*and cheese*
	(type of red		*sandwich*
	wine)		*with a*
			poached egg
du **beurre**	*butter*	des **crudités** (f.pl.)	*raw vegeta-*
de la **bière**	*beer*		*bles*
du **bifteck**	*steak*	une **cuillère**	*spoon*
blanc(he)	*white*	**délicieux(-euse)**	*delicious*
du **bœuf**	*beef*	un **dessert**	*dessert*
boire	*to drink*	**de temps en temps**	*from time to*
du **brie**	*brie (type of*		*time*
	cheese)	**donc**	*so*
une **brioche**	*brioche (type*	**du, de la, de l'**	*some, any*
	of bread)		*(may not*
un **café**	*café, coffee*		*be trans-*
un **café au lait**	*coffee with*		*lated)*
	steamed milk	de l' **eau minérale** (f.)	*mineral*
un **café crème**	*coffee with*		*water*
	steamed milk	**être au régime**	*to be on a*
du **camembert**	*camembert*		*diet*
	(type of	une **Évian**	*Évian (brand*
	cheese)		*of mineral*
une **carotte**	*carrot*		*water)*
une **carte**	*menu*		
du **chablis**	*chablis (type*	un **express**	*espresso*
	of white	des **fines herbes** (f.pl.)	*herb mixture*
	wine)	une **fourchette**	*fork*
du **champagne**	*champagne*	**frais(fraîche)**	*fresh*
du **chocolat**	*hot chocolate*	une **fraise**	*strawberry*
un **citron**	*lemon*	des **frites** (f.pl.)	*French fries*
du **coca**	*cola*	du **fromage**	*cheese*

du	fruit	*fruit*		prendre	*to take, to have (a meal, food)*
de la	glace	*ice cream*			
des	haricots verts (m.pl.)	*green beans*			
un	hors d'oeuvre	*appetizer*		prendre un verre	*to have a drink*
un	hot-dog	*hot dog*			
du	jambon	*ham*		quelque chose	*something*
	je vous en prie	*please*		quelquefois	*sometimes*
du	jus d'orange	*orange juice*	une	quiche	*quiche (type of savory tart)*
du	lait	*milk*			
un	légume	*vegetable*			
de la	limonade	*lemon soda*		rarement	*rarely*
de la	mayonnaise	*mayonnaise*	un	régime	*diet*
une	menthe à l'eau	*mint syrup with mineral water*	un	repas	*meal*
			du	roquefort	*roquefort (type of cheese)*
un	menu	*fixed-price meal*	du	rosbif	*roast beef*
	Messieurs-Dames	*ladies and gentlemen*		rouge	*red*
			une	salade	*salad*
des	moules (f.pl.)	*mussels*	un	sandwich	*sandwich*
de la	mousse au chocolat	*chocolate mousse*	du	saucisson	*sausage*
une	nappe	*tablecloth*	un	Schweppes	*Schweppes (brand of tonic water)*
	nature	*black (tea, coffee)*			
			du	sel	*salt*
	ne... jamais	*never*	le	service	*tip, service charge*
un	œuf	*egg*			
un	œuf dur	*hard-boiled egg*	une	serviette	*napkin*
				s'il vous plaît	*please*
une	omelette	*omelet*	de la	sole	*sole*
un	Orangina	*orange soda*		souvent	*often*
une	orange	*orange*	un	steak frites	*steak with French fries*
du	pain	*bread*			
du	pâté	*pâté*	une	tarte au citron	*lemon tart*
de la	pâtisserie	*pastry*	une	tarte aux pommes	*apple tart*
une	pêche	*peach*	une	tartine	*slice of bread with butter or jam*
une	Perrier	*Perrier (brand of mineral water)*			
			une	tasse	*cup*
un	petit déjeuner	*breakfast*	du	thé	*tea*
des	petits pois (m.pl.)	*peas*	du	thon	*tuna*
une	pizza	*pizza*	une	tomate	*tomato*
une	poire	*pear*		toujours	*always*
du	poisson	*fish*		tout le temps	*all the time*
du	poivre	*pepper*	de la	truite	*trout*
une	pomme	*apple*	du	veau	*veal*
une	pomme de terre	*potato*	un	verre	*glass*
du	poulet	*chicken*	de la	viande	*meat*
	pour l'instant	*for now*	du	vin	*wine*
				voici	*here is*

CHAPITRE 6

Les courses

Situation 1

Dans une librairie

ANNE:	Pardon, monsieur... c'est combien, ce livre sur la peinture, s'il vous plaît?
LE VENDEUR:	Il est beau, n'est-ce pas? Il a trente-cinq illustrations en couleur.
ANNE:	Oui. C'est combien?
LE VENDEUR:	J'ai reçu° le même livre en cadeau°, l'année dernière°. Vous aimez les impressionnistes?
ANNE:	Monsieur, s'il vous plaît... quel est le prix?
LE VENDEUR:	Je ne sais pas°, je ne travaille pas ici. Je suis vendeur de chaussures dans le magasin d'à côté.

I received; gift; last year

I don't know

Avez-vous suivi?

1. Où est Anne?
2. Qu'est-ce qu'elle demande?
3. Pourquoi est-ce que le livre sur la peinture est exceptionnel?
4. Où est-ce que le vendeur travaille?
5. Nommez deux artistes impressionnistes.

Autrement dit

Les nombres au-dessus de 30

trente et un	31	quatre-vingt-deux	82
trente-deux	32	quatre-vingt-dix	90
trente-neuf	39	quatre-vingt-onze	91
quarante	40	quatre-vingt-douze	92
quarante et un	41	cent	100
quarante-deux	42	cent un	101
cinquante	50	cent soixante-dix-huit	178
cinquante et un	51	deux cents	200
cinquante-cinq	55	deux cent un	201
soixante	60	trois cents	300
soixante et un	61	trois cent quatre-vingt-deux	382
soixante-sept	67	neuf cents	900
soixante-dix	70	mille	1.000 *one thousand*
soixante et onze	71	mille neuf cent cinquante-quatre	1.954
soixante-douze	72	deux mille un	2.001
soixante-dix-neuf	79	neuf mille cinq cent trente-quatre	9.534
quatre-vingts	80	dix mille	10.000
quatre-vingt-un	81		

Au magasin

Bonjour, Madame. Vous désirez?	*May I help you?*
Un petit renseignement?	*May I help you?*
Je peux vous renseigner?	*Are you being helped?*
Je voudrais voir...	*I would like to see . . .*
essayer	*try on*
acheter	*buy*
Montrez-moi...	*Show me . . .*
J'ai besoin de...	*I need . . .*
C'est combien?	*How much is it?*
Ça fait combien?	*How much is it?*
Ça coûte combien?	*How much does it cost?*
C'est trop cher!	*It's too expensive.*
Ils sont en solde?	*Are they on sale?*
C'est vraiment bon marché.	*That/It is really cheap.*
C'est une affaire!	*It's a bargain!*
Quelle affaire!	*What a bargain!*

775

Vous payez comment?	*How are you paying?*
Vous réglez comment?	*How are you paying?*
En espèces, par chèque, ou par carte de crédit?	*Cash, check, or credit card?*
Carte Bleue/EuroCard	*Visa/MasterCard*
American Express/Diners Club	
C'est pour offrir?	*Is it a gift?*
Je vous donne une pochette?	*Would you like a gift package?*
Je vous donne un paquet-cadeau?	*Would you like a gift package?*
Merci, Madame! Au revoir, Madame!	

Pratique et conversation

A. C'est combien? Vous désirez acheter les objets suivants. Donnez leur prix.

MODÈLE: **la lampe/184 francs**
La lampe coûte cent quatre-vingt-quatre francs.

1. le disque/66 francs
2. le magnétoscope/2.400 francs
3. la bicyclette/1.800 francs
4. le téléphone/490 francs
5. le stylo/189 francs

B. Échanges. Complétez le dialogue.

1. Bonjour, Monsieur. _____?

   C'est combien ce stylo?

   _____

   C'est trop cher!

2. _____

   Je voudrais acheter ce livre.

   _____

   Par carte de crédit.

   _____

3. _____

   C'est combien, ce cartable?

   _____

   C'est une affaire! _____?

   Oui, c'est la «semaine fantastique». Tout *(Everything)* est en solde.

C. Vous payez comment? Vous faites des achats *(purchases)* pour la maison et vous achetez les objets sur les photos. Votre partenaire indique le prix de vos choix et demande comment vous allez payer. Vous répondez.

PARTENAIRE:	Bonjour, Monsieur. Vous désirez?
VOUS:	Je voudrais voir cette chaise.
PARTENAIRE:	Voilà, Monsieur.
VOUS:	C'est combien?
PARTENAIRE:	C'est 99 francs. Vous payez comment?
VOUS:	Par carte de crédit.

99ᶠ

CHAISE DACTYLO REGLABLE
Sur roulettes, piétement laqué.
Assise et dossier tissu.
Système de bloquage.

77ᶠ 50
GLOBE TERRESTRE
Ø 25 CM
LUMINEUX
Avec loupe. Ampoule 25 W fournie.

79ᶠ

LAMPE DE BUREAU HALOGENE
H. MAXI 50 CM
Basse tension 20 W, télescopique
et orientable. Ampoule fournie.
Différents coloris.

NOVEAU

1690ᶠ

MACHINE A ECRIRE
PORTABLE OLIVETTI
Réf. ETP 540 SP.
Affichage à cristaux
liquides. 22 carac-
tères. **12 carac-**
tères/sec,
système d'écri-
ture par marguerites.
Mémoire de 4500 caractères
pour enregistrer et modifier jusqu'à 9
textes différents. Correcteurs orthographi-
que et de ponctuation intégrés. Garantie 1 an.

D. L'inventaire. Vous travaillez dans une grande librairie et vous faites l'inventaire. Lisez la liste au patron.

1. 8.688 crayons
2. 13.920 livres
3. 5.365 stylos
4. 1.555 cahiers
5. 476 affiches
6. 7.244 gommes

Structure I

Identifying
The demonstrative adjective *ce*

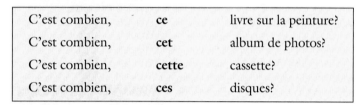

C'est combien,	**ce**	livre sur la peinture?
C'est combien,	**cet**	album de photos?
C'est combien,	**cette**	cassette?
C'est combien,	**ces**	disques?

a. The demonstrative adjective may be translated *this* or *that*, *these* or *those* depending on the context.

b. There are two masculine singular forms. Use **ce** before nouns beginning with a consonant and **cet** before nouns beginning with a vowel sound. Use **cette** with all feminine singular nouns and **ces** with all plurals.

Pratique et conversation

A. Des achats. Vous êtes dans une librairie avec un(e) camarade. Qu'est-ce que vous allez acheter?

MODÈLE: livre
Je vais acheter ce livre.

1. crayon
2. affiche
3. cahiers
4. table
5. peinture
6. cassette

B. Une affaire! Complétez le dialogue. Donnez la forme correcte de l'adjectif démonstratif.

—Bonjour, Madame. Vous désirez?

—Bonjour, Monsieur. Combien coûte _____ album?
—Soixante francs. Il est beau, hein?

—Il est beau, mais c'est un peu cher. Et _____ disque?
—Soixante-quinze francs.

—Hmmm... Et _____ cassette?
—Quatre-vingts francs.

—Cher aussi... _____ radio?
—Cent dix francs.

—Ce n'est pas possible. Et _____ stylos?
—Ah, les stylos sont en solde. Ils coûtent quarante francs.
   C'est une affaire!

C. Le prix. Vous êtes vendeur/vendeuse. Donnez le prix des objets suivants.

MODÈLE: table/315 francs
   Cette table coûte trois cent quinze francs.

1. album/42 francs
2. magnétoscope/1.859 francs
3. lampe/775 francs
4. radio/284 francs
5. compacts disques/390 francs
6. buffet/3.000 francs
7. chaîne stéréo/4.200 francs
8. livres/598 francs
9. télévision/2.400 francs

Structure II

Asking questions
The interrogative adjective *quel*

Quel	est le prix?
Quelle	est la couleur?
De **quels**	livres parles-tu?
Quelles	couleurs est-ce que vous préférez?

a. A question with **quel** asks for one item selected from a larger group of similar items.

b. Since **quel** is an adjective, it must agree in gender and number with the noun it modifies.

c. Questions with **quel** follow the same patterns as other questions you have learned. You may use **est-ce que.**

QUEL + NOUN + *EST-CE QUE* + SUBJECT + VERB				
Quels	cours	est-ce que	vous	aimez?
Quelles	affiches	est-ce que	tu	préfères?

You may also use inversion.

QUEL + NOUN + VERB + SUBJECT			
Quels	livres	regardes-	tu?
Quelle	heure	est-	il?
Quel	âge	as-	tu?

The answer to this last question is: **J'ai [dix-huit] ans.**

d. **Quel(s) est/sont...?** corresponds to the English question *What is/are . . .?*

Quel est votre nom?	*What is your name?*
Quelle est votre adresse?	*What is your address?*
Quelle est votre profession?	*What is your profession?*
Quels sont vos passe-temps?	*What are your hobbies?*

Note that **quel** agrees in gender and number with the noun following **être**.

e. Some verbs are followed by a preposition which introduces an object.

Je parle **à** mes amis.
Le vendeur parle **du** livre.
Jean-Philippe travaille **avec** ses amis.

Such prepositions will begin a question with **quel.**

PREPOSITION + *QUEL* + NOUN + *EST-CE QUE* + SUBJECT + VERB					
De	quel	livre	est-ce qu'	il	parle?
Avec	quels	amis	est-ce que	vous	travaillez?

or

PREPOSITION + *QUEL* + NOUN + VERB + SUBJECT				
À	quels	amis	parles-	tu?
Pour	quelle	agence	travaille-t-	elle?

Pratique et conversation

A. Les achats. Votre nouveau voisin vous pose des questions sur le quartier *(neighborhood)*. Composez ses questions.

1. Quel/magasins/être/près de l'immeuble? Quels
2. À quel/magasin/trouver/on/disques? Quel
3. Quel/être/adresse/d'un bon restaurant? Quelle
4. Quel/être/numéro de téléphone du restaurant? Quel
5. À quel/agence de voyages/aller/vous? Quelle
6. À quel/coiffeur/aller/vous? Quel

B. Interview. Interviewez un(e) camarade. Demandez-lui...

1. son âge.
2. sa nationalité.
3. son adresse.
4. la profession de son père/de sa mère.
5. sa classe préférée.
6. ses deux livres préférés.

En contexte

Un nouveau locataire. You are talking to M. and Mme Silvestri about the new tenants, a young married couple, whom they have not met yet. They ask you questions about the tenants' nationality, appearance, age, and profession. You answer.

Une carte de crédit. You are working in a department store and are helping a customer (played by your partner) open a charge account. What questions might you ask him/her? Role-play the situation.

Situation 2

Le lendemain°, dans un magasin de chaussures

The next day

LE VENDEUR:	Vous désirez, Mademoiselle? Ah! Mais c'est vous! Bonjour! Vous avez acheté ce livre sur la peinture hier?
ANNE:	Non, j'ai décidé d'attendre° un peu. Et puis, ce matin, j'ai vu ces petites chaussures blanches dans la vitrine, pour porter avec ma nouvelle robe.
LE VENDEUR:	Ah oui! Elles sont jolies, hein? Et c'est une bonne affaire!
ANNE:	Vous avez ma pointure? Je fais du trente-six.
LE VENDEUR:	Allons voir...

wait

Avez-vous suivi?

1. Où est Anne?
2. Est-ce qu'elle a acheté le livre sur la peinture?
3. Qu'est-ce qu'elle désire acheter?
4. Quelle est sa pointure?

Autrement dit

Des achats

Vous avez ma pointure?	*Do you have my shoe/glove size?*
ma taille?	*clothing size*
Quelle est votre pointure?	*What is you shoe/glove size?*
votre taille	*clothing size*
Du combien faites-vous?	*What size do you take?*
Je fais du trente-six.	*I take a thirty-six.*
Je prends un trente-six.	

FEMMES						HOMMES						
Manteaux, robes, pantalons, chemisiers, etc.						*Manteaux, blousons, costumes, pantalons, etc.*						
USA	3	5	7	9	11	13	26	28	30	32	34	36	38
France	34	36	38	40	42	44	36	38	40	42	44	46	48
Chaussettes, chaussures, bottes						*Chaussettes, chaussures, bottes*						
USA	5–5½	6–6½	7–7½	8	8½	9	6½–7	7½	8	8½	9–9½	10–10½
France	36	37	38	38½	39	40	39	40	41	42	43	44
Collants						*Chemises*						
USA	8	8½	9	9½	10	10½	14	14½	15	15½	16	16½	17
France	0	1	2	3	4	5	36	37	38	39	40	41	42

Où faites-vous vos achats?	*Where do you shop?*
Au centre commercial?	*At the shoping center?*
À l'hypermarché?	*At the large discount store?*
En ville, dans un grand magasin?	*Downtown, in a department store?*

Au grand magasin

L'employée parle à un client.
Pour trouver...

des chaussettes

une cravate

un costume

un imperméable

un chapeau

une veste

un pantalon

une chemise

... allez au rayon mode homme.

Pour trouver...

un manteau

un chemisier

une jupe

une robe

des gants

un pull

... allez au rayon mode femme.

Pour trouver ...

bijou → jewel, gem

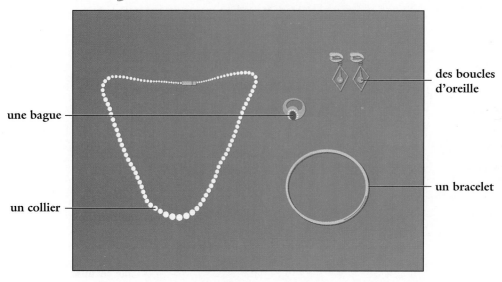

une bague

un collier

des boucles
d'oreille

un bracelet

... allez au rayon bijouterie.

Pour trouver...

des bottes

des chaussures
à talons hauts

des chaussures
de tennis

des mocassins

des sandales

des baskets

... allez au rayon chaussures dames/hommes.

Les tissus, les couleurs et les motifs

Et puis, j'ai vu ces petites chaussures dans la vitrine.

In F.P. form

vert
vertes

rose
roses

gris
grises

blanc
blanches

rouge
rouges

jaune
jaunes

Pour la fête des Pères, j'ai reçu...

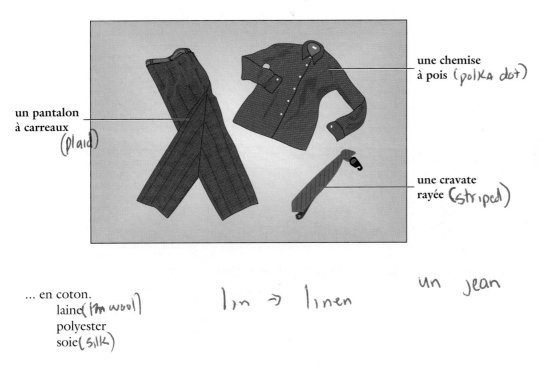

**une chemise
à pois** (polka dot)

**un pantalon
à carreaux**
(plaid)

**une cravate
rayée** (striped)

... **en coton.**
   laine (wool)
   polyester
   soie (silk)

lin → linen   un jean

Est-ce que cette cravate rouge va bien avec cette chemise orange?
Oui, elle va très bien avec.
Non, elle ne va pas du tout avec.

Pratique et conversation

A. Dans quel rayon? Vous travaillez à l'accueil d'un grand magasin. Répondez aux questions des clients.

MODÈLE: jupes
Client: **Où sont les jupes?**
Vous: **Allez au rayon mode femme au troisième étage.**

1. cravates
2. sandales
3. boucles d'oreille
4. manteaux
5. chapeaux
6. bracelets
7. chaussures à talons hauts

B. Qu'est-ce que vous allez porter? You are going to meet someone for the first time at a restaurant in town. Over the telephone you ask this person to give you a detailed description of what he/she is going to be wearing. Your partner responds by giving an accurate description of what he/she is wearing in class. Then you describe what you are wearing.

C. Encore une cravate! You decide to buy your father a shirt and tie for Father's Day. You pick out a white and blue striped shirt and ask the salesperson for suggestions for a tie. He/She offers several possibilities. Select one, ask the price, and pay.

Structure III

Talking about past events
The *passé composé*

PASSÉ COMPOSÉ			
Subject	*Auxiliary*	*Past Participle*	
J'	**ai**	**décidé**	d'attendre un peu.
Tu	**as**	**parlé**	avec Mme Chevalley?
On	**a**	**déjeuné**	au restaurant?
Nous	**avons**	**travaillé**	aujourd'hui.
Vous	**avez**	**trouvé**	une chemise?
Elles	**ont**	**déjeuné**	à midi.

a. The **passé composé** has two parts: an auxiliary verb and a past participle.

b. For most verbs, the auxiliary verb is the present tense of the verb **avoir.**

c. To form the past participle of -**er** verbs, drop the infinitive ending -**er** and add **é.**

INFINITIVE		PAST PARTICIPLE
man**ger**	→	man**gé**
don**ner**	→	don**né**

d. **Ne... pas** surrounds the auxiliary verb in the **passé composé.**

SUBJECT	*NE*	AUX.	*PAS*	PAST PARTICIPLE	
Mme Bordier	**n'**	a	**pas**	travaillé	hier.
Tu	**n'**	as	**pas**	écouté	la cassette.

e. Here are some irregular past participles.

avoir → eu
boire → bu
être → été
faire → fait
prendre → pris
reçu

f. The **passé composé** may be translated in English in three different ways.

J'ai pris. { *I have taken.*
{ *I took.*
{ *I did take.*

g. Adverbs of frequency such as **beaucoup, souvent,** and **toujours** follow the auxiliary verb. Adverbs of time may come at the beginning or at the end of the sentence.

Elle a **beaucoup** travaillé.
Hier, j'ai trouvé des chaussures.
J'ai essayé les chaussures **ce matin.**

Since adverb placement varies, the best way of learning the position of adverbs is to follow your instructor's model.

Pratique et conversation

A. Qu'est-ce que vous avez acheté? Répondez selon le modèle.

MODÈLE: Anne/des chaussures blanches
Anne a acheté des chaussures blanches.

1. Solange Bordier/du pain *a acheté*
2. Jean-Philippe et son ami/deux cravates *ont acheté*
3. tu/de la glace *a, acheté*
4. Les Silvestri/des oranges *ont acheté*
5. nous/une chaîne stéréo *avons acheté*
6. je/un nouveau compact disque *j'ai - acheté*
7. vous/des livres *avez acheté*

B. Au centre commercial. Mettez les phrases suivantes au passé composé.

1. Paul et Pierre travaillent dans une pâtisserie.
2. Mme Chevalley fait des achats.
3. Je prends souvent l'autobus.
4. Les voisins sont dans la charcuterie.
5. Tu ne prends pas de café.
6. Vous mangez au restaurant.
7. Nous avons de l'argent pour le cinéma.
8. Elle ne commande pas de vin.

C. Interview. Find out from another person if he/she . . .

1. went shopping yesterday.
2. took the bus.
3. paid in cash or by check.
4. tried on clothes.
5. bought some ties/dresses.
6. ate at a restaurant afterward.

D. J'accuse... pas moi! You are accused of a crime. A detective (played by your partner) questions you about your movements yesterday, the day of the crime: what time you had breakfast, what time you left your house/apartment, what you did yesterday afternoon and evening. Answer the detective's questions.

Structure IV

Talking about everyday events
The verb *voir*

		VOIR *(TO SEE)*		STEM + ENDING	
	Je	**vois**	Mme Chevalley.	voi	s
	Tu	**vois**	les petites chaussures blanches?	voi	s
	Il	**voit**	son professeur.	voi	t
Present	Nous	**voyons**	nos amis.	voy	ons
	Vous	**voyez**	le vendeur?	voy	ez
	Elles	**voient**	une jolie robe.	voi	ent
Passé Composé	J'	**ai vu**	ces petites chaussures blanches dans la vitrine.		

Pratique et conversation

A. Qui est-ce qu'on voit? Complétez les phrases avec la forme correcte de **voir** au présent.

MODÈLE: Mme Chevalley/Mme X sur l'escalier
Mme Chevalley voit Mme X sur l'escalier.

1. Les Bordier/Pataud sur le sofa
2. Sylvie/Anne dans la salle de séjour
3. nous/M. Péreira dans l'ascenseur
4. je/les Silvestri dans leur salle à manger
5. Marie et Christine/leurs parents devant l'immeuble
6. vous/M. Ibn Hassam dans sa cuisine

B. Un agenda perdu. M. Bordier a perdu *(lost)* son agenda. Il demande à tout le monde si on l'a vu. Formulez des phrases en utilisant le passé composé du verbe **voir.**

1. Solange, tu/voir mon agenda? C'est perdu.
   Non, Charles, je ne... pas/voir ton agenda. Demande aux enfants.
2. Les enfants, vous/voir mon agenda?
   Nous/voir un petit agenda noir dans le couloir. Demande à Mme Chevalley.
3. Mme Chevalley, vous/voir mon agenda? C'est perdu. Les enfants/voir un agenda tombé *(dropped)* dans le couloir.
4. Oui, Monsieur Bordier, je/voir un agenda tombé dans le couloir mais votre chien l'a mangé; je suis désolée.

C. Interview. Demandez à votre partenaire...

1. qui il/elle voit régulièrement.
2. qui il/elle voit d'habitude le week-end et qui il/elle a vu le week-end dernier.
3. qui il/elle a vu tout à l'heure *(just now)* dans la cafétéria.
4. qui il/elle aime voir.
5. qui il/elle n'aime pas voir.

Structure V

Talking about everyday events
The verb *recevoir*

		RECEVOIR *(TO RECEIVE)*		STEM + ENDING	
Present	Je	**reçois**	des cadeaux.	reçoi	s
	Tu	**reçois**	une cravate à pois.	reçoi	s
	Elle	**reçoit**	une lettre.	reçoi	t
	Nous	**recevons**	des vidéos.	recev	ons
	Vous	**recevez**	une blouse.	recev	ez
	Ils	**reçoivent**	un disque.	reçoiv	ent
Passé Composé	J'	**ai reçu**	le même livre en cadeau, l'année dernière.		

Pratique et conversation

A. Cadeaux d'anniversaire. Dites quels cadeaux ces personnes reçoivent.

MODÈLE: Charles Bordier/une cravate en soie
   Charles Bordier reçoit une cravate en soie.

1. Sylvie/une robe à pois
2. Marie et Christine/des boucles d'oreille
3. nous/des pantoufles roses 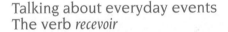 pantoufles → house slippers
4. je/un pantalon en laine
5. vous/un costume
6. Jean-Philippe/des mocassins

B. Entendu (*heard*) dans le couloir. Formulez des phrases en employant le passé composé du verbe **recevoir**.

1. Bonjour, Mme Chevalley. Est-ce que je/recevoir du courrier *(mail)* aujourd'hui?
2. Non, Mme Bordier. Vous ne... pas/recevoir de courrier.
3. Pas de courrier? Hier non plus, nous/ne... pas recevoir même une facture *(bill)!*
4. Par contre *(on the other hand)*, M. Péreira/recevoir un gros paquet.
5. Et les Silvestri/recevoir trois lettres d'Italie.

En contexte

Interview. Demandez à votre partenaire...

1. quels cadeaux il/elle a reçus pour Noël/pour son anniversaire.
2. quels cadeaux ses parents ont reçus pour Noël/pour leur anniversaire.
3. qui il/elle voit souvent.
4. qui il/elle a vu dans la bibliothèque hier/au centre commercial le week-end dernier.
5. s'il/si elle va voir ses amis ce week-end. Pour faire quoi?

Situation 3

Au supermarché

MME BORDIER: Oh, là là! J'ai oublié ma liste! Il faut retourner à la maison!

ANNE: Ce n'est pas nécessaire, Madame. J'ai fait une liste aussi: il faut acheter du pain, du lait, des légumes, du savon, et du papier hygiénique. Et nous avons besoin de pâtée pour Pataud aussi!

MME BORDIER:	Ah, bon! Très bien. Tenez°, Anne! Allez chercher tout ça° et moi, je vais faire la queue° à la caisse pour gagner du temps. Il y a tellement de monde!

Wait a minute; all that, to wait in line

(À la caisse)

MME BORDIER:	Ce n'est pas possible!
ANNE:	Qu'est-ce qu'il y a, Madame?
MME BORDIER:	J'ai oublié mon portefeuille. Vous avez de l'argent pour payer?
ANNE:	Euh... Non... Moi, j'ai oublié mon sac!

Avez-vous suivi?

1. Qu'est-ce que Mme Bordier a oublié?
2. Qu'est-ce qu'il faut acheter?
3. Qui va faire la queue? Pourquoi?
4. Est-ce que Mme Bordier a assez d'argent pour payer?

Autrement dit

Expressions de quantité

Il y a tellement de monde!

beaucoup de	
très peu de	
trop de	*too many*
assez de	*enough*

Les mesures

Donnez-moi 250 grammes de jambon, s'il vous plaît.
    1 kilo

Il faut acheter une **boîte de lait.**   *carton of milk*
    un litre

Ajoutez **une cuillerée à café de sel.**   *teaspoon*
    une cuillerée à soupe   *tablespoon*

Les magasins

Au marché	on achète	des fruits, des légumes frais.
À la charcuterie	on achète	des saucisses, du saucisson, du jambon, du pâté.

À la boulangerie	on achète	du pain.
À la pâtisserie	on achète	des tartes, de la pâtisserie.
À la boucherie	on achète	du bœuf, du veau, du poulet.
Chez le marchand de vin	on achète	du vin.
À la poissonnerie	on achète	du poisson.

À l'épicerie   il y a   un peu de tout: des légumes, des fruits
                                  frais ou en boîtes, des viandes, du sel,
                                  du poivre, de la moutarde, du lait, du
                                  beurre.

Au supermarché   il y a   une grande sélection d'aliments frais
                                  et surgelés *(frozen)*.

À la papeterie   on achète   du papier à lettres, des crayons, des
                                  stylos.

À la librairie   on achète   des livres.

Pratique et conversation

A. Les recettes. Here are the ingredients for some well-known French specialties. Where would you go to buy the ingredients? Fill in the grid.

PLAT	INGRÉDIENT	ÉTABLISSEMENT OU MAGASIN
coq au vin	un poulet	
	du vin	
quiche	du lait	
	du fromage	
	du jambon	
bœuf bourguignon	du bœuf	
	des oignons	
	des carottes	
	du vin rouge	

B. Fabriqué en France. Here are some well-known French products. Tell where you would go to buy these items.

MODÈLE: *L'Étranger*
   On achète *L'Étranger* à la librairie.

1. des croissants, des baguettes
2. du beaujolais
3. une tarte aux pommes
4. du pâté
5. *Les Misérables*
6. un stylo Waterman

C. La classe de français. Répondez aux questions en employant une de ces expressions de quantité: **trop de, peu de, assez de, beaucoup de, tellement de.**

1. Est-ce que les étudiants ont du travail? et le professeur?
2. Combien de devoirs est-ce que le professeur donne aux étudiants?
3. Est-ce que les étudiants étudient la grammaire?
4. Est-ce qu'ils ont des questions?
5. Est-ce que le professeur a de la patience?

D. Êtes-vous égoïste? Répondez aux questions en employant une expression de quantité. Ensuite, calculez les résultats selon les indications qui suivent et lisez le profil de votre personnalité qui correspond à votre score.

  1. Avez-vous confiance en vous?
  2. Avez-vous de l'énergie?
  3. Avez-vous de la patience?
  4. Avez-vous de l'imagination?
  5. Avez-vous du talent?
  6. Avez-vous de l'intelligence?

Résultats

Chaque réponse avec **beaucoup de, trop de** ou **tellement de** vaut° 3 points.   ° Is worth
Chaque réponse avec **assez de** vaut **2** points.
Chaque réponse avec **peu de** vaut **1** point.

Profil

15-18 points:	Vous êtes très égoïste. Personne n'est parfait *(No one is perfect)*. Vous exagérez.
12-14 points:	Tout le monde a ses défauts *(faults)*; vous en avez moins que les autres. Est-ce que vos réponses sont honnêtes?
8–11 points:	Vous êtes normal.
6–7 points:	Un peu plus de confiance! Vos jugements sont trop sévères.

E. Mesures. Match the French metric units in column A with their equivalents in column B.

A	*B*
1. ____ un litre	a. a yard
2. ____ 250 grammes	b. 0.6 mile
3. ____ un mètre	c. 2 pounds
4. ____ un kilomètre	d. 1 quart
5. ____ un kilogramme	e. a half pound

F. Quelle taille? Combien est-ce que vous mesurez et pesez?

MODÈLE: **Je mesure un mètre soixante-quatre et je pèse cinquante-six kilos.**

G. Une recette. De quoi avez-vous besoin pour préparer votre recette favorite? Indiquez l'ingrédient et la quantité.

MODÈLE: **Pour préparer un bœuf bourguignon, j'ai besoin de 250 grammes d'oignons, 1 kilo de bœuf, etc.**

Structure VI

Buying and paying
The verbs *acheter* and *payer*

The **-er** verbs **acheter** and **payer** have spelling changes in their stem.

	ACHETER *(TO BUY)*			STEM + ENDING	
Present	J'	**achète**	des tomates.	achèt	e
	Tu	**achètes**	des pommes.	achèt	es
	Mme Bordier	**achète**	une baguette.	achèt	e
	Nous	**achetons**	des pâtisseries.	achet	ons
	Vous	**achetez**	du vin.	achet	ez
	Ils	**achètent**	des oignons.	achèt	ent
Passé Composé	J'	**ai acheté**	du pâté.		

	PAYER *(TO PAY [FOR])*			STEM + ENDING	
Present	Je	**paie**	en espèces.	pai	e
	Tu	**paies**	en dollars.	pai	es
	Anne	**paie**	avec une carte de crédit.	pai	e
	Nous	**payons**	à la caisse.	pay	ons
	Vous	**payez**	trop!	pay	ez
	Ils ne	**paient**	pas.	pai	ent
Passé Composé	Qui	**a payé**	par chèque?		

Pratique et conversation

A. Qu'est-ce qu'on achète? Dites où on achète les objets indiqués.

MODÈLE: les Bordier/des tartes
Les Bordier achètent des tartes à la pâtisserie.

1. Nicole/du pain *achète* *achetons*
2. nous/du papier à lettres
3. je/des vêtements *j'achète*
4. Monique et Jeanne/des colliers *achètent*
5. vous/des saucisses *achetez*
6. Jean-Paul/du poulet *achète*

B. Comment est-ce qu'on paie? Dites comment ces personnes paient leurs achats.

MODÈLE: Jean-Philippe/chèque
Jean-Philippe paie par chèque.

1. Pierre/espèces
2. nous/carte de crédit
3. je/chèque

4. Les Bordier/carte de crédit
5. vous/espèces
6. Stéphanie et Christiane/chèque

C. Questions personnelles. Demandez à votre partenaire...

1. s'il/si elle a acheté quelque chose récemment.
2. comment il/elle paie ses achats.
3. s'il/si elle achète le journal tous les jours *(every day)*.
4. quand il/elle va au restaurant avec un(e) ami(e), qui paie.
5. qui paie ses frais de scolarité *(tuition)*.

Structure VII

Expressing necessity and obligation
Il faut

IL FAUT	INFINITIVE	
Il faut	retourner	à la maison!
Il faut	acheter	du pain et du lait.

a. **Il faut** means *it is necessary*. It is often followed by an infinitive.

b. In the negative, **il ne faut pas** means *one should not*. [handwritten: *must*]

Il ne faut pas fumer en classe. *One should not smoke in class.* [handwritten: *must*]

Use the negative of **avoir besoin de** or **il est necessaire de** to express *it is not necessary*.

On n'a pas besoin d'aller à l'université aujourd'hui.
Il n'est pas nécessaire d'aller à l'université aujourd'hui.
It is not necessary to go to the university today.

Pratique et conversation

A. Les règles. Take the role of the persons below and state rules they might make using **il faut**.

MODÈLE: Un professeur parle à ses étudiants.
  Il faut étudier!

1. Un patron parle à un employé.
2. M. Bordier parle à Jean-Philippe.
3. Jean-Philippe parle à Sylvie.
4. Sylvie parle à Pataud.
5. Vous parlez à votre petit(e) ami(e).

B. Situations. Dites ce qu'il faut faire et ce qu'il ne faut pas faire dans les endroits *(places)* suivants.

1. au restaurant
2. dans un magasin
3. dans la salle de classe
4. chez un(e) ami(e)

Compréhension auditive

JOUONS!

Avant d'écouter

A. Les jeux de hasard. There are several different types of national lotteries in France. In **le Tapis vert,** the player tries to match the four cards drawn at random **(tirées au sort).** The name refers to the green covering of gaming tables. In the national lottery **(le Loto national)** and **Tac-o-Tac,** the player tries to match the numbers drawn. You will be listening to the results of the drawings **(les tirages).** The winnings **(les rapports)** often run into the millions of francs.

B. Les cartes. Étudiez le nom des cartes ci-dessous:

le roi de cœur

la dame de cœur

le valet de carreau

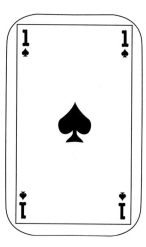
l'as de pique

le dix de trèfle

Quelle carte suit... *(What card follows . . .)*

1. le huit de cœur _____
2. le deux de trèfle _____
3. le valet de carreau _____
4. l'as de cœur _____
5. la dame de trèfle _____

C. Pour gagner... Give a probable winning hand for the following games:

1. le poker _____
2. le bridge _____
3. le vingt-et-un _____
4. la canasta _____

Écoutons

A. La ligne des jeux. Écoutez la cassette et écrivez le numéro de téléphone de la ligne des jeux.

Le journal téléphoné. Bonjour et bienvenue *(welcome)* sur la ligne des jeux, le

_____ _____ _____ _____

B. Tapis vert. Continuez à écouter et écrivez les résultats du Tapis vert.

«Tapis vert, tirage du jeudi vingt-sept juillet. Les cartes tirées au sort sont le

_____, le _____, le _____,

et le _____.»

C. Loto national. Continuez à écouter et écrivez les résultats du loto national.

«Loto national, rappel du tirage du mercredi vingt-six juillet. Pour gagner *(win)*,

il fallait jouer le _____, le _____, le _____,

le _____, le _____, et le _____. Le numéro

complémentaire est le _____.»

D. Les gagnants. *(The winners.)* Continuez à écouter. Combien est-ce qu'on a gagné?

«Voici maintenant les rapports pour six bons numéros:

_____

pour cinq bons numéros plus le numéro complémentaire:

_____

pour cinq bons numéros: neuf mille quatre-vingts (9.080) francs; pour quatre bons numéros:

_____

et pour trois bons numéros vous touchez _____ francs.»

Pratique et conversation

A. Le jeu de l'amour et du hasard. D'un paquet de cinquante-deux cartes, sortez *(take out)* tous les valets, les dames, les rois et les as. Mélangez-les *(shuffle them)* et demandez à votre partenaire d'en choisir quatre *(to pick four of them)*. Interprétez-les selon les indications suivantes.

Les couleurs		*Les valeurs*	
les piques:	la jalousie, la malchance *(misfortune)*	le valet:	un jeune homme
les cœurs:	l'amour	la dame:	une jeune femme
les carreaux:	l'aventure	le roi:	un personnage autoritaire
les trèfles:	la chance *(luck)*	l'as:	un(e) inconnu(e) *(stranger)*

MODÈLE: Votre partenaire choisit le valet de cœur, le roi de pique, la dame de cœur, l'as de trèfles.

Votre interprétation: **Une histoire d'amour entre vous et votre petit(e) ami(e).**

Vous allez avoir des problèmes avec votre père: il n'aime pas votre ami(e).

Finalement, un inconnu va vous porter chance.

B. Bingo. Pratiquez les nombres en apportant un jeu de Bingo en classe.

Document I

Le catalogue *Trois Suisses*

Catalogues and advertisements present many details in a very concise fashion. Since this style often lacks textual cues that allow the reader to predict meaning, you are often more dependent on knowledge of a specialized vocabulary. Fortunately, catalogues and advertisements contain many pictures as well as cognates and borrowings from English, since French popular culture is highly influenced by American trends. As you read, look for words that you recognize from English.

Avant de lire

Les vêtements. Regardez les photos et décrivez *(describe)* les vêtements illustrés à votre partenaire.

Lisons

A DEPUIS
199^F
LA VESTE CHEMISE

C LE COLLIER

B DEPUIS
229^F
LE PANTALON
IMPRIMÉ

A. La veste chemise.
Elle conjugue° séduction et confort. Un effet de drapé forme le col°.
Manches° longues joliment épaulées°. Fentes° côtés. Long. 85 cm.
Très belle fluidité d'un mélange 70% viscose et 30% polyester.

5 tailles : 38-40, 42-44, 46-48	**199 F**
50, 52	**219 F**

B. Le pantalon.
On l'aime autant° pour son imprimé° très graphique que pour sa
coupe° tout en ampleur. Réalisée° dans une belle viscose im-
primée, il tombe à coup sûr° impeccablement. Large ceinture en V
devant et élastiquée au dos. 100% viscose. Entrejambe 75 cm.
Imprimé : 341.1789.

5 tailles : 38-40, 42-44, 46-48	**229 F**
50, 52	**249 F**

combines;
collar; sleeves;
with nice shoulder pads;
vents

as much; print
cut; made
it definitely falls

Les 5 paires de mi-chaussettes Intarsia.
Belles comme des Intarsia, confortables comme de chaussettes de sport. En 70% coton, 15% acrylique, 15% polyamide ; intérieur bouclette. Coloris pastels assortis.
Fond° blanc : 541.5775.   Couleur : 541.5778.
2 pointures :

39/40/41/42	le lot **79 F**	43/44-45	le lot **89 F**

Spécial sport intérieur bouclette

background

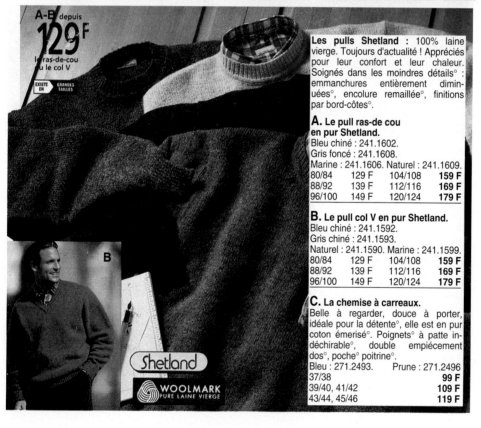

A-B depuis
129^F
le ras-de-cou
ou le col V

EXISTE EN GRANDES TAILLES

Les pulls Shetland : 100% laine vierge. Toujours d'actualité ! Appréciés pour leur confort et leur chaleur. Soignés dans les moindres détails° : emmanchures entièrement diminuées°, encolure remaillée°, finitions par bord-côtes°.

A. Le pull ras-de cou en pur Shetland.
Bleu chiné : 241.1602.
Gris foncé : 241.1608.
Marine : 241.1606. Naturel : 241.1609.

80/84	129 F	104/108	**159 F**
88/92	139 F	112/116	**169 F**
96/100	149 F	120/124	**179 F**

B. Le pull col V en pur Shetland.
Bleu chiné : 241.1592.
Gris chiné : 241.1593.
Naturel : 241.1590. Marine : 241.1599.

80/84	129 F	104/108	**159 F**
88/92	139 F	112/116	**169 F**
96/100	149 F	120/124	**179 F**

C. La chemise à carreaux.
Belle à regarder, douce à porter, idéale pour la détente°, elle est en pur coton émerisé°. Poignets° à patte indéchirable°, double empiécement dos°, poche° poitrine°.
Bleu : 271.2493.   Prune : 271.2496

37/38			**99 F**
39/40, 41/42			**109 F**
43/44, 45/46			**119 F**

Shetland

WOOLMARK
PURE LAINE VIERGE

carefully crafted; fully-fashioned armholes; darned collar; ribbed finishing on the sleeves and bottom

relaxation
brushed cotton; cuffs; sturdy yoke; pockets; chest

Avez-vous suivi?

A. Quels avantages? What qualities of the merchandise are highlighted in the advertising? Check the boxes that apply.

VÊTEMENT	CONFORT	BEAUTÉ	QUALITÉ	MOTIF	FORME	CHALEUR
la veste chemise						
le pantalon						
les chemises à carreaux						
les pulls Shetland						
les mi-chaussettes						

B. Au grand magasin. You are in a department store and are thinking about buying one of the items above. Ask the salesperson for more information about the item: colors, patterns, and price. He/She will answer based on the information contained in the catalogue. Make your decision and if you choose not to buy the item, explain why to the salesperson.

Document II

Karina: 1.68, 85, 60, 85, 47

You are going to read a short interview with a fashion model. In this interview, the interviewer's questions are not given. Try to formulate the questions as you read the model's answers.

Avant de lire

A. Famille du verbe *porter*. Study these words and expressions.

porter	*to wear, to carry*
apporter	*to bring*
prêt-à-porter	*ready-to-wear*

Now, fill in the blank with the correct expression or verb form.

1. M. Bordier _____ une cravate aujourd'hui.
2. Elle _____ son livre et son cahier d'exercices au labo.
3. Préférez-vous la haute couture ou le _____?
4. Elle _____ une jupe hier.
5. Je vais _____ une pomme au professeur.

B. Famille du verbe *prendre*. Study the following words and expressions.

prendre	*to take*
prendre un repas	*to eat a meal*
prendre des cours	*to take lessons* (dance, music, etc.)
prendre des mensurations	*to take measurements*
apprendre	*to learn*
comprendre	*to understand*
prendre une décision	*to make a decision*

Apprendre and **comprendre** are conjugated like **prendre**. Now, fill in the blank with the correct expression or verb form.

1. Je _____ des cours de musique.
2. À quelle heure est-ce que tu _____ le petit déjeuner?
3. Quelle est votre taille? Je vais _____.
4. Les Français _____ des croissants au petit déjeuner.
5. Quelles langues est-ce que vous _____?

C. Famille du verbe *faire*. Study the following words and expressions.

faire	*to make, to do*
faire du français	*to study French*
faire du 36	*to be a size 36*
faire partie de	*to be a part of, to be member of*
faire des études	*to do studies, to go to school*
faire 1.60 mètres	*to be 1 meter 60 centimeters in height* (approximately 5'2")

Now, replace the words below in italics with an expression from the list above.

1. Pierre *est étudiant* à l'université.
2. Est-ce que vous *êtes membre du* club français?
3. Je ne suis pas grand. Je *mesure* 1.75 mètres.
4. Ma taille? Je *prends* un 40.
5. Est-ce que tu *étudies* la chimie?

D. Mots empruntés. Many words were borrowed from French into English, with a slight change of meaning. Try to guess the meaning of the boldfaced words below based on their meaning in English and their context.

1. **Mode**-Service cherche **mannequin débutante** ou professionnelle.
2. Je porte des **modèles** juniors.

Lisons

— Ma famille vient du Maroc, mais je suis française. Je suis née° à Marseille. J'ai vingt ans. J'ai fait mes études secondaires à Marseille jusqu'au bac°, mais je n'ai pas passé° mon bac.

— ...

— Après? Bon, ben. J'ai voulu° travailler, dans une boutique de prêt-à-porter, comme vendeuse.

— ...

— Non! Ça ne m'a rien apporté°! Rien, sauf beaucoup de fatigue, c'est tout. Alors j'ai décidé de monter° à Paris. J'ai cherché du travail un peu partout°... Et puis, un jour, j'ai vu dans un journal: «Mode-Service cherche mannequin débutante ou professionnelle». Je me suis dit°: «Pourquoi pas toi?» Je me suis présentée°. On m'a bien regardée, de la tête aux pieds°. On a pris mes mensurations. On m'a offert de prendre des cours pour apprendre à marcher, à porter un manteau, à me déshabiller°. Ça m'a paru° un peu cher, mais sérieux: j'ai dit oui.

— ...

— Je fais 1.68 m avec 85 de tour de poitrine°, 60 de tour de taille°, 85 de tour de hanches°. Je pèse 47 kilos. Je fais partie plutôt des petites femmes. Je porte des modèles juniors.

— ...

— Après? Bon. J'ai eu de la chance°. J'ai tout de suite été d'accord° pour entrer dans une petite maison qui ne paie pas beaucoup, mais je me suis lancée°. J'ai fait le Salon d'octobre qui prépare la mode d'été° et celui° d'avril où se décide° la mode d'hiver°.

— ...

— Comme toutes les autres, ma maison fabrique sa collection entièrement: dessine ses tissus, aussi bien que° ses modèles, et les présente au Salon...

— ...

— Oh! Vingt fois, trente fois par jour! C'est fatigant. Et j'ai l'impression de me vendre°, moi. Mais quand même°, le métier° de mannequin, j'aime: c'est un métier d'artiste!

was born

Baccalauréat (exam at the end of the **lycée)**; *did not take*; *wanted*

It did not bring me anything!
go up
everywhere

I said to myself
I presented myself
from head to toe

to undress; seemed to me

chest
waist; hips

I was lucky
I immediately agreed

I was on my way.
summer; the one;
is decided;
winter

as well as

sell myself
all the same; profession

Avez-vous suivi?

A. Un curriculum vitæ. *(A résumé.)* Complete Karina's résumé based on the text.

Nom: AQBAR, Karina.
Date de naissance: le 12 mars _____
Lieu de naissance: _____
Nationalité: _____
Expérience: 1991: vendeuse dans _____
                        1992 jusqu'à présent: _____

B. Interview. Vous interviewez Karina, jouée par votre partenaire. Demandez-lui...

1. si elle a aimé son travail dans la boutique.
2. pourquoi elle a décidé d'aller à Paris.
3. quels cours elle a pris.
4. quelle est sa taille.
5. si elle aime le métier de mannequin.

C. Les questions. Number the paragraphs in the reading. Then tell which paragraph answers the following questions.

1. Est-ce que votre maison fabrique ses vêtements?
2. Est-ce que vous avez aimé votre travail dans la boutique?
3. Quelles sont vos mensurations?
4. Qu'est-ce que vous avez fait après vos études?
5. Après votre formation à Mode-Service, qu'est-ce que vous avez fait?
6. Combien de fois par jour est-ce que vous présentez la mode?

Activités

A. Au magasin. Vous cherchez un cadeau pour un(e) ami(e) à un grand magasin. Décrivez votre ami(e) au vendeur/à la vendeuse. Il/Elle va vous suggérer des possibilités. Vous choisissez *(choose)* quelque chose et vous payez.

B. Un appartement à Paris. Vous êtes un(e) étudiant(e) américain(e) qui va passer l'année à Paris. Vous avez besoin de beaucoup de choses. Demandez à votre voisin(e) (joué(e) par votre partenaire) où on achète...

1. des provisions *(food)*.
2. des vêtements.
3. des livres.
4. ???

C. Une nouvelle chemise. Vous êtes vendeur/vendeuse dans le rayon mode hommes. Un(e) camarade désire acheter une chemise, mais il/elle est très indécis(e). Il/Elle demande de voir de différents tissus et motifs et il/elle a beaucoup de questions. Vous répondez à ses questions et finalement il/elle prend une décision.

D. Un défilé de mode. *(A fashion show.)* Décrivez les vêtements de vos camarades de classe.

Vocabulaire actif

	à carreaux	*checkered*	une	basket	*basketball shoe*
un	achat	*purchase*	le	beurre	*butter*
	acheter	*to buy*	une	bijouterie	*jewelry store*
une	adresse	*address*		bon marché	*cheap*
une	affaire	*bargain*	une	botte	*boot*
un	âge	*age*	une	boucherie	*butcher's shop*
	aller bien	*to go well*	une	boucle d'oreille	*earring*
	à pois	*polka-dotted*	une	boulangerie	*bakery*
de l'	argent (m.)	*money*	un	bracelet	*bracelet*
	assez (de)	*enough*		Ça coûte combien?	*How much is it?*
	avoir besoin de	*to need*			
une	bague	*ring*	un	cadeau	*gift*

	Ça fait combien?	*How much is it?*
la	Carte Bleue	*Visa*
une	carte de crédit	*credit card*
	ce, cet, cette, ces	*this, that, these, those*
	cent	*one hundred*
un	centre commercial	*shopping center*
	C'est combien?	*How much is it?*
un	chapeau	*hat*
une	charcuterie	*delicatessen*
une	chaussette	*sock*
une	chaussure	*shoe*
une	chaussure à talons hauts	*high-heel shoe*
une	chaussure de tennis	*tennis shoe*
une	chemise	*shirt*
un	chemisier	*blouse*
un	chèque	*check*
	cher (chère)	*expensive*
un	collier	*necklace*
un	costume	*suit*
le	coton	*cotton*
une	couleur	*color*
une	cravate	*tie*
une	cuillerée à café	*teaspoonful*
une	cuillerée à soupe	*tablespoonful*
une	dame	*woman*
	décider	*to decide*
	dernier(-ère)	*last*
un	compact disque	*compact disc*
un(e)	employé(e)	*employee*
	en plein air	*outdoor*
	en solde	*on sale*
une	épicerie	*grocery store*
les	espèces (f.pl.)	*cash*
l'	EuroCard (m.)	*Mastercard*
	faire des achats	*to go shopping*
	faire la queue	*to wait in line*
une	femme	*woman*
un	formulaire	*form*
	gagner	*to save, to win*
un	gant	*glove*
un	grand magasin	*department store*
	gris(e)	*gray*
	hier	*yesterday*
un	homme	*man*
un	hypermarché	*large discount store*
	il faut	*it is necessary*
une	illustration	*picture*
un	imperméable	*raincoat*
les	impressionnistes (m.pl.)	*impressionists*
	jaune	*yellow*
la	laine	*wool*
une	librairie	*bookstore*
une	liste	*list*
un	magasin	*store*
un	manteau	*overcoat*
un	marchand de vin	*wine merchant*
un	marché	*market*
	mille	*one thousand*
un	mocassin	*loafer*
la	mode	*fashion*
du	monde	*crowd*
	nécessaire	*necessary*
un	nom	*name*
	nouveau(-elle)	*new*
un	numéro de téléphone	*telephone number*
	oublier	*to forget*
un	pantalon	*pants*
une	papeterie	*stationery store*
du	papier hygiénique	*toilet paper*
un	paquet-cadeau	*gift package*
	pardon	*excuse me*
un	passe-temps	*hobby, pastime*
de la	pâtée	*dog food*
une	pâtisserie	*pastry shop*
	payer	*to pay*
une	peinture	*painting*
une	pochette	*gift package*
une	pointure	*shoe size, glove size*
une	poissonnerie	*fish dealer*
le	poivre	*pepper*
le	polyester	*polyester*
un	portefeuille	*wallet*
	porter	*to wear*
un	prix	*price*
une	profession	*profession*
un	pull	*sweater, pullover*
	quel(le)	*which, what*
	Qu'est-ce qu'il y a?	*What's the matter?*
	rayé(e)	*striped*
un	rayon	*department*
	recevoir	*to receive*
	régler	*to pay*
	retourner	*to go back*
une	robe	*dress*
	rose	*pink*
	rouge	*red*

un	**sac**	*purse*		**tellement (de)**	*so much, so many*
une	**sandale**	*sandal*			
du	**savon**	*soap*		**trop (de)**	*too much, too many*
le	**sel**	*salt*			
la	**soie**	*silk*	une	**veste**	*sports jacket*
un	**supermarché**	*supermarket*	une	**vitrine**	*store window*
une	**taille**	*size* (except for shoes or gloves)		**voir**	*to see*
				vraiment	*really*
une	**tasse**	*cup*			

CHAPITRE 7

Les loisirs leisure activities

Situation 1

Quel sportif! *what a jock/athlete!*

JEAN-PHILIPPE:	Qu'est-ce que tu fais ce week-end, Anne?
ANNE:	Demain soir, je vais au ciné-club avec des amis. Et dimanche après-midi, je vais aux puces°. Et toi? Qu'est-ce que tu fais?
JEAN-PHILIPPE:	D'abord, je finis mes devoirs. Et ensuite, s'il fait beau, je *First* vais jouer au foot avec les copains.
ANNE:	Et s'il ne fait pas beau?
JEAN-PHILIPPE:	S'il fait vraiment mauvais, je ne sors pas, parce que jouer au foot sous la pluie, non merci. Je préfère encore° dormir toute° la journée!
ANNE:	Vraiment! Quelle énergie pour un sportif!

flea market

more

all

Avez-vous suivi?

1. Qu'est-ce qu'Anne fait ce week-end?
2. Et Jean-Philippe, qu'est-ce qu'il va faire s'il fait beau? s'il fait mauvais?
3. Qu'est-ce que Jean-Philippe préfère faire s'il pleut?
4. Qu'est-ce que vous faites ce week-end? Aimez-vous jouer au foot? aller au ciné-club? dormir toute la journée?

Autrement dit

Pour demander le temps

Quel temps fait-il?

Le temps, les distractions et les passe-temps

Qu'est-ce que tu fais ce week-end?

S'il fait beau...	*If it's nice . . .*
du soleil	*sunny*
chaud	*hot*

It's stormy.
Il fait de l'orage.
Il y a un orage.

...je vais jouer au foot (football)/faire du foot.
    jouer au tennis/faire du tennis
    jouer au volley (volley-ball)/faire du volley
    jouer au basket (basket-ball)/faire du basket
    jouer au rugby/faire du rugby
    faire du ski
    faire du camping
    faire de la bicyclette/du vélo/du cyclisme
    faire du jogging/de la course à pied
    nager/faire de la natation → *swimming*
    faire une promenade

S'il fait mauvais...	*If it's bad . . .*
gris	*overcast*
frais	*cool*
froid	*cold*
du vent	*windy*

... ou s'il pleut...	*. . . or if it rains . . .*
neige	*snows*

infinitives pleuvoir
    neiger
Il va pleuvoir (It's going to rain.)
Il va neiger (It's going to snow.)

...je préfère encore dormir toute
la journée.

Quand je reste à la maison,...

...j'aime jouer aux cartes.	*to play cards.*
au bridge	
au poker	
jouer aux échecs	*to play chess*
jouer du piano	*to play the piano*
du violon	*to play the violin*
de la guitare	*to play the guitar*
bricoler	*to do handiwork*
jardiner	*to garden*
tricoter	*to knit*

Les saisons

En été, j'aime faire de la natation; **en automne,** j'aime faire des promenades; **en hiver,** j'aime faire du ski et **au printemps,** j'aime jardiner.

en été   en automne   en hiver   au printemps

en hiver   au printemps   en été   en automne

Pratique et conversation

A. Quel temps fait-il? Décrivez le temps qu'il fait dans votre région en...

1. été
2. septembre
3. décembre
4. mars
5. mai
6. automne
7. juillet
8. hiver

B. Quel sport? Regardez les dessins ci-dessous. Quel sport est-ce qu'on fait?

C. Le week-end. Qu'est-ce que vous aimez faire...

1. quand il fait beau?
2. quand il pleut?
3. quand vous n'avez pas d'argent?
4. quand vous n'avez pas de devoirs?
5. quand il neige?

D. Interview. Demandez à votre partenaire...

1. s'il/si elle aime les sports.
2. quel/(s) sport(s) il/elle aime.
3. quel(s) sport(s) il/elle fait en hiver/en été.
4. s'il/si elle aime jouer aux cartes.
5. quel(s) jeu(x) de cartes il/elle préfère.

E. Les événements sportifs. Quel(s) sport(s) est-ce que vous associez aux événements suivants?

1. Wimbledon
2. le Mundial
3. le Tour de France
4. le Marathon de New York
5. les jeux Olympiques

Structure I

Talking about everyday activities
Verbs like *finir*

FINIR *(TO FINISH)*			STEM + ENDING	
Present	Je	**finis** mes devoirs.	fin	is
	Tu	**finis** ton travail à onze heures.	fin	is
	Il	**finit** son travail.	fin	it
	Nous	**finissons** la leçon.	fin	issons
	Vous	**finissez** votre leçon?	fin	issez
	Elles	**finissent** leurs devoirs maintenant.	fin	issent
Passé Composé	Nous	**avons fini** les devoirs hier soir.		

a. Verbs ending in **-ir** conjugated like **finir** have a short stem (**fin-**) in the singular and a long stem (**finiss-**) in the plural.

b. The past participle of verbs like **finir** is formed by dropping the infinitive ending **-ir** and adding **i**.

INFINITIVE		PAST PARTICIPLE
finir	→	fini
choisir	→	choisi

c. Other verbs like **finir** are:

choisir	*to choose*
grossir	*to put on weight*
maigrir	*to grow thin, to lose weight*
obéir à	*to obey*
réussir à	*to succeed in*
	to pass (a course, a test)

Passé composé? obéir à

Pratique et conversation

A. Allons au cinéma. Formulez des phrases en employant les éléments donnés.

1. Allons au cinéma! Monique, choisir (impératif) un film! Tu/choisir toujours de bons films. ~~choisissons~~ *choisis*   *choisis*
2. Madeleine adore aller au cinéma! Elle/grossir parce qu'elle/manger beaucoup de popcorn! *mange*   *grossit*   *mange*
3. Au contraire! Je manger/peu et je/maigrir. *maigris*
4. Le film/finir à 22 heures. Allons à la discothèque et dansons toute *(the entire)* la nuit! *finit*
5. Monique, comment est-ce que tu/réussir à faire toutes ces choses sans te fatiguer *(without getting tired)*? *réussis*

B. Un régime. Mettez les phrases suivantes au passé.

1. Tu/maigrir beaucoup! Comment est-ce que tu/faire?
2. Je/réussir à maigrir parce que je/choisir un bon régime.
3. Moi et mes amis, nous/choisir un régime de bananes, mais nous/grossir!
   Nous ne... pas/maigrir!
4. Vous/choisir mal! Ce n'est pas un régime équilibré!

C. Interview. Demandez à votre partenaire...

1. à quelle heure il/elle <u>finit</u> son travail aujourd'hui.   *j'ai fini*
2. à quelle heure il/elle a <u>fini</u> son travail hier.
3. s'il/si elle <u>obéit</u> toujours à ses parents/au professeur.
4. s'il/si elle <u>réussit</u> au cours de français.   *j'ai réussi dans*
5. s'il/si elle a toujours <u>réussi</u> au lycée.
6. s'il est difficile de <u>maigrir</u>.   *Oui, j'ai maigri   No,*
7. pourquoi il/elle a <u>choisi</u> cette classe.
8. s'il/si elle a <u>grossi</u> ou <u>maigri</u> pendant les vacances.

D. Conseils. Qu'est-ce qu'il faut manger pour maigrir? Qu'est-ce qu'il ne faut pas manger? Suivez le modèle.

MODÈLE: légumes
> **Si tu manges des légumes, tu vas maigrir.**
> glace
> **Attention! Tu vas grossir!**

1. croissants au beurre   4. poulet
2. oranges   5. gâteau
3. steak frites

E. Encore des conseils. Pour réussir au cours de français, qu'est-ce qu'il faut faire? Qu'est-ce qu'il ne faut pas faire?

Structure II

Talking about everyday activities
Verbs like *dormir*

	DORMIR *(TO SLEEP)*			STEM + ENDING	
Present	Je	**dors**	toute la journée.	dor	s
	Tu	**dors**	dans la classe de français.	dor	s
	Le bébé	**dort.**		dor	t
	Nous	**dormons**	très tard le samedi matin.	dorm	ons
	Vous	**dormez**	encore?	dorm	ez
	Elles	**dorment**	maintenant.	dorm	ent
Passé Composé	Ce matin j'	**ai dormi**	jusqu'à onze heures.		

a. Some verbs ending in **-ir** are conjugated like **dormir.** These verbs also have two stems. The singular stem is derived by dropping the infinitive ending **-ir** and the consonant that precedes it: **dormir** → **dor-**. The plural stem is obtained by dropping the infinitive ending **-ir: dormir** → **dorm-**.

b. Other verbs like **dormir** are listed below, with their first-person singular and plural forms.

servir	je sers, nous servons	*to serve*
mentir	je mens, nous mentons	*to lie*
sortir	je sors, nous sortons	*to go out*
partir	je pars, nous partons	*to leave*

c. The past participle of these verbs is formed by dropping the infinitive ending and adding **i.**

INFINITIVE		PAST PARTICIPLE
dorm**ir**	→	dormi
serv**ir**	→	servi

Pratique et conversation

A. Projets de vacances. Qu'est-ce qu'on fait pendant les vacances? Formulez des phrases.

1. Moi, je vais à un restaurant où on/servir des repas copieux.
2. Nous/sortir pour faire du ski.
3. Vous/mentir! Il n'y a pas de neige!
4. Nicole, tu/dormir toujours *(still)*? Il est déjà onze heures!
5. On/partir demain? Ce n'est pas possible!

B. Interview. Demandez à votre partenaire...

1. s'il/si elle sort très souvent.
2. avec qui il/elle sort.
3. à quelle heure il/elle part le matin pour l'université.
4. s'il/si elle dort très tard le matin.
5. s'il/si elle dort pendant ses cours.

C. Le sommelier. *(Wine steward.)* Aimez-vous les vins? Quel vin sert-on avec les plats suivants?

1. le poulet
2. le poisson
3. le rosbif
4. un rôti de porc
5. la mousse au chocolat

En contexte

Mon week-end. Décrivez un week-end typique. Est-ce que vous sortez? Où est-ce que vous allez? À quelle heure est-ce que vous partez? rentrez? Est-ce que vous dormez beaucoup? Décrivez vos autres activités.

Les jours de fête. Qu'est-ce que vous faites à Thanksgiving? Est-ce que vous partez ou restez-vous à la maison? Quel repas est-ce que vous servez? Décrivez votre fête à la classe.

Situation 2

Il sort au cinema

Une invitation

ANNE: Écoute! Tu veux aller au ciné-club avec nous?

JEAN-PHILIPPE: Je ne peux pas... je sors avec Monique demain soir.

ANNE: Mais, vous pouvez nous accompagner!

JEAN-PHILIPPE: Très bonne idée! J'ai envie de voir un bon film d'aventure, plein° d'action, de passion, de violence...   full

ANNE: Pas de chance°, mon vieux°. On va voir un nouveau film espagnol d'Almodóvar.   You're out of luck; my friend

JEAN-PHILIPPE: Bof! Moi, je n'aime pas les films étrangers. Ils sont longs, ennuyeux, sentimentaux... et puis les sous-titres, c'est énervant.

ANNE: Un sportif... et un intellectuel! Pas croyable°! Monique a beaucoup de chance!   Unbelievable!

Avez-vous suivi?

1. Avec qui est-ce que Jean-Philippe sort demain soir? Monique
2. Qu'est-ce qu'Anne propose? Tu veux aller... avec nous, Jean Phillipe
3. Quel genre de film est-ce que Jean-Philippe préfère? d'aventure, de passion et de violence
4. Quel film est-ce qu'on va voir? d'Almodóvar
5. Pourquoi est-ce que Jean-Philippe n'aime pas les films étrangers? longs, ennuyeux, sentimentaux, et les sous-titres.

Autrement dit

Les films

Écoute! Tu veux aller au ciné-club avec nous?
À la séance de 14 heures?

J'ai envie de voir un bon film d'aventures.
                    d'amour
                    de science-fiction
        Je préfère les films policiers.
                    historiques
                    sous-titrés *sub titles?*
                    en version originale (v.o.)
                    en version française (v.f.)
            J'adore les drames.
                    les comédies
                    les dessins animés

Pour inviter

Qu'est-ce que tu fais samedi soir?
Tu es libre° samedi soir?   free
Tu veux aller au cinéma/au restaurant?

Pour accepter

Oui, avec plaisir!
Oui, je veux bien!
D'accord.
C'est une bonne idée.

Pour refuser

C'est gentil, mais je ne suis pas libre.
Je suis désolé(e)°, mais j'ai trop de travail.   sorry
Je regrette, mais ce n'est pas possible.
Merci, mais je ne peux pas.

Pratique et conversation

A. Invitations. Invitez votre partenaire (1) au restaurant; (2) au cinéma; (3) à la
discothèque. Il/Elle va accepter ou refuser.

B. Interview. Demandez à votre partenaire...

1. s'il/si elle aime aller au cinéma.
2. quelle sorte de film il/elle aime.
3. s'il/si elle va souvent au cinéma.
4. quels acteurs ou quelles actrices il/elle aime.
5. s'il/si elle est occupé(e) ce week-end.
6. s'il/si elle va partir en voyage ce week-end.

C. Invitation au cinéma. Vous parlez avec un(e) ami(e) de vos projets de week-end. Vous décidez d'aller au cinéma ensemble *(together)* et vous essayez de choisir un film. Votre ami(e) parle de ses préférences et vous parlez des films que vous avez envie de voir. Vous prenez une décision; ensuite, vous choisissez une séance, et vous parlez d'une activité avant ou après le film.

Structure III

Expressing wants and desires
The verb *vouloir*

		VOULOIR *(TO WANT)*		STEM + ENDING	
	Je	**veux**	faire du ski.	veu	x
	Tu	**veux**	aller au ciné-club?	veu	x
Present	Elle	**veut**	jouer au basket.	veu	t
	Nous	**voulons**	aller avec vous.	voul	ons
	Vous	**voulez**	sortir avec moi?	voul	ez
	Ils	**veulent**	rester à la maison.	veul	ent
Passé Composé	Qui	**a voulu**	prendre ma place?		

a. Remember that the form which follows a conjugated verb in French is always the infinitive: **Je veux aller au ciné-club.**

b. To make polite requests, the form **Je voudrais** is used: **Je voudrais voir cette chemise.**

Structure IV

Expressing capability
The verb *pouvoir*

		POUVOIR *(CAN, TO BE ABLE TO)*		STEM + ENDING	
	Je ne	**peux**	pas aller au cinéma.	peu	x
	Tu	**peux**	faire du ski?	peu	x
Present	Il	**peut**	travailler ce soir.	peu	t
	Nous	**pouvons**	parler français.	pouv	ons
	Vous	**pouvez**	aller au cinéma.	pouv	ez
	Elles	**peuvent**	sortir.	peuv	ent
Passé Composé	Vous	**avez pu**	trouver des places.		

Pratique et conversation

A. **Vouloir, c'est pouvoir.** Conversations entendues *(heard)* chez les Bordier. Complétez les phrases suivantes.

1. —Monique, tu/vouloir aller au cinéma? *(veux)*
   —Oui, je/vouloir bien. Mais je/ne... pas pouvoir sortir avant 20 heures. *(veux peux)*
2. —Jean-Philippe et Sylvie, vous/ne... pas pouvoir arrêter de vous disputer? *(pouvez)*
   Vous/ne... pas vouloir être gentils pour une fois? *(voulez)*
3. Charles, les enfants sont insupportables *(intolerable)*. Ils/vouloir me rendre folle *(drive me crazy)*! *(veulent)*
4. Pataud, tu/vouloir sortir? Tu/ne... pas pouvoir! Il pleut. *(peux)*
5. Mme Chevalley, vous/vouloir nous parler? Quel est le problème? *(voulons)*

B. **Interview.** Demandez à votre partenaire...

1. quelles distractions il/elle préfère.
2. quels sports il/elle aime et quels sports il/elle peut faire souvent.
3. s'il/si elle veut sortir ce soir.
4. où il/elle veut aller.
5. s'il/si elle peut finir ses devoirs et sortir ce soir.

C. **Mais tu mens!** How well do your classmates know you? Compose five statements about your accomplishments. If the others do not believe you, they will challenge you with: **Mais tu mens! Tu ne peux pas.**

MODÈLE: **Je peux faire mille kilomètres en trois heures.**
Je peux passer le week-end en France.

En contexte

Je ne peux pas... et je ne veux pas.   A person whom you don't particularly like continues to ask you out. The first couple of times, you politely tell him/her you can't, giving an excuse. Finally, you confess that you just don't want to!

Situation 3

Lundi matin

PATRICK: Salut, Anne. Il a plu° toute° la journée samedi. Tu es quand
même° sortie? *(Did you go out anyway?)*

ANNE: Oui, samedi après-midi, je suis allée au marché aux puces.

PATRICK: Tu as trouvé quelque chose?

ANNE: Non... mais Pataud a ramené° des puces!

PATRICK: Et Jean-Philippe, est-ce qu'il a joué au foot sous la pluie ou
est-ce qu'il est resté à la maison?

ANNE: Il a finalement décidé de jouer avec les copains. Mais il regrette sa décision maintenant. Il est à la maison avec un
rhume°.

Participe passé du verbe
pleuvoir; all
anyhow

brought back

cold

Avez-vous suivi?

1. Est-ce qu'Anne est sortie samedi?
2. Est-ce qu'elle a trouvé quelque chose? et Pataud?
3. Jean-Philippe, qu'est-ce qu'il a fait samedi?
4. Où est Jean-Philippe maintenant? Pourquoi?

Autrement dit

Le week-end

Ce week-end...

...je suis allé(e) au marché aux puces.	*to the flea market*
à une soirée	*to an evening party*
à une boum ◇	*to a party*
à une surprise-partie	~~party / not necessarily surprise party~~
à un bal	*to a dance*
au théâtre	*to the theatre*
à une discothèque	*to a disco*
au musée	*to the museum*
au restaurant	
à un concert de rock	
de jazz	
de musique classique	
au match de foot	
...j'ai fait la grasse matinée.	*I slept in.*
◇ ...j'ai bouquiné.	*I read.*

au cinéma
à l'église

Pratique et conversation

A. Où sommes-nous? Where might you overhear the following conversations?

1. Ce film est excellent! *au ~~théâtre~~ cinema*
2. Je n'aime pas le poisson. *au marché au puces*
3. J'adore Degas! *au musée*
4. Je n'aime pas la musique nouvelle vague.
5. Ah! J'ai oublié mon cadeau! *à une surprise-partie*
6. Tu veux danser? *à un bal*

B. Activités. Quand est-ce que vous faites les activités suivantes? **aller au musée, jouer au tennis, aller à une discothèque, jouer aux cartes, jardiner, aller au cinéma, aller au restaurant, jouer au foot**

MODÈLE: **Je vais au musée quand il pleut et quand je n'ai pas d'argent.**

C. Vingt questions. Qu'est-ce que votre partenaire a fait ce week-end? Posez-lui des questions! Votre partenaire peut répondre seulement par **oui** ou **non**.

D. Un ami malheureux. You have a friend who is always complaining that he/she has nothing to do. But each time you suggest something, he/she has an objection. Role-play the situation, and try to convince him/her to do something!

MODÈLE: Vous: **Pourquoi est-ce que tu ne vas pas au musée de l'Art Contemporain?**
Votre ami(e): **Je n'aime pas les musées. C'est ennuyeux.**

Structure V

Talking about past events
The *passé composé* with *être*

AUXILIARY	PAST PARTICIPLE	
Je	**suis**	**allé(e)**	au marché aux puces.
Tu	**es**	**allé(e)**	au cinéma.
Il	**est**	**allé**	chez les Bordier.
Elle	**est**	**allée**	à la discothèque.
Nous	**sommes**	**allé(e)s**	au match de foot.
Vous	**êtes**	**allé(e)(s)**	à la boum.
Ils	**sont**	**allés**	au cours de français.
Elles	**sont**	**allées**	au grand magasin.

a. A small group of verbs use **être** as their auxiliary verb in the **passé composé.** As the examples above illustrate, the past participle of these verbs acts like an adjective and agrees in gender and number with the subject.

b. Among the verbs which you have learned, the following use **être** as an auxiliary verb in the **passé composé.** Note that many of these verbs indicate motion or change of state.

aller	partir	retourner
arriver	rentrer	sortir
entrer	rester	tomber

Pratique et conversation

A. Mme Chevalley regarde tout le monde. Voici les observations de Mme Chevalley. Dites ce qu'on a fait hier.

1. M. Péreira/aller/à la charcuterie. *est allé*
2. Anne/partir/pour le marché aux puces. *est partie*
3. Les Silvestri/rentrer/très tard. *sont rentrés*
4. Vous/arriver/avec Pataud. *êtes arrivé*
5. Nous/rester/dans l'appartement. *sommes restés*
6. Mme X/arriver/à une heure du matin. *est arrivée*
7. Je/sortir/pour aller à la boulangerie. *suis sortie*

B. Interview. Demandez à un(e) camarade...

1. s'il/si elle est sorti(e) ce week-end.
2. où il/elle est allé(e).
3. à quelle heure il/elle est arrivé(e) et à quelle heure il/elle est rentré(e).
4. s'il/si elle est resté(e) à la maison hier soir.

C. Des excuses. Essayez d'imaginer pourquoi certains de vos camarades sont fatigués/contents/nerveux/etc. aujourd'hui. Ensuite, vérifiez vos hypothèses en leur demandant *(by asking them)*.

> MODÈLE: Pourquoi est-ce que [Françoise] est fatiguée ce matin?
>
> Vous: **[Françoise] est fatiguée ce matin parce qu'elle est sortie hier soir. C'est ça, [Françoise]?**
>
> [Françoise]: **Non, c'est parce que j'ai travaillé jusqu'à minuit.**

1. Pourquoi est-ce que [Charles] est fatigué?
2. Pourquoi est-ce que [Marie] est heureuse?
3. Pourquoi est-ce que [Nicole] est nerveuse?
4. Pourquoi est-ce que [Jean] est malheureux aujourd'hui?
5. Pourquoi est-ce que [le professeur] ne va pas bien aujourd'hui?

D. Je suis sorti ce week-end. Parlez de votre week-end. Racontez vos activités: à quelle heure votre ami(e) est arrivé(e) chez vous, à quelle heure vous êtes parti(e)s, où vous êtes allé(e)s, etc.

Compréhension auditive

ALLONS AU THÉÂTRE!

A. Renseignez-vous. La Comédie-Française a été fondée en 1680. C'est l'un des théâtres nationaux français. Elle présente surtout des pièces classiques par des dramaturges célèbres tels que *(such as)* Molière, Racine et Corneille.

B. Les spectacles. Lisez la description des spectacles qu'on joue à la Comédie-Française.

les nationaux

02 COMEDIE-FRANÇAISE (892 places), 2, rue de Richelieu (1er). 40.15.00.15. M° Palais-Royal. Location de 11h à 18h, 14 jours à l'avance. Pl: 40 à 137 F.

Amour pour amour
de William Congreve. Texte français de Guy Dumur. Mise en scène André Steiger. Avec Catherine Salviat, Dominique Rozan, Claude Mathieu, Guy Michel, Marcel Bozonnet, Louis Arbessier, Nathalie Nerval, Jean-Philippe Puymartin, François Hancisse, Sonia Vollereaux, Pierre Vial, Anne Kessler. Equivalence, substitution, identité... mais surtout troc,° échange de marchandises... Le troc,° dans cette pièce où l'économie financière joue un rôle de premier plan ; installation, confirmation et sanctification de l'idéologie marchande... c'est l'Angleterre des nouveaux trafics commerciaux... l'échange, celui° des cœurs° et des corps.° (Ven 28, 20h30.)

La Folle journée ou le Mariage de Figaro
comédie en 5 actes de Beaumarchais. Mise en scène Antoine Vitez. Ensemble instrumental. Dir. Michel Frantz. Avec Catherine Samie, Geneviève Casile, Alain Pralon, Dominique Rozan, Catherine Salviat et Dominique Constanza (en alternance), Richard Fontana, Claude Mathieu, Véronique Vella, Jean-François Rémi, Claude Lochy, Bernard Belin, Jean-Luc Bideau, Loïc Brabant. Histoire d'une veille de noces° agitée où Figaro, Suzanne, Marceline Chérubin et Basile s'aiment,° la Comtesse se dérobe, le Comte les aime et les veut toutes°... Tout° l'esprit et la verve de Beaumarchais. ((Mer 26, Dim 30, 20h30.)

Le Misanthrope
de Molière. Mise en scène Simon Eine. Avec Simon Eine, François Beaulieu, Nicolas Silberg, Yves Gasc, Martine Chevallier, Véronique Vella, Catherine Sauva. Alceste hait tous les hommes. Il abomine la société et les conventions hypocrites. Par une singulière contradiction, il aime l'être le plus social, le plus coquet, le plus médisant,° la jeune Célimène. Tout finira° dans la fuite,° cette impuissante médecine du tourment amoureux. ((Sam 29 20h30, Dim 30 14h))

L'Avare°
Comédie en cinq actes et en prose de Molière Mise en scène de Jean-Paul Roussillon. Avec Michel Etcheverry, Michel Aumont, Françoise Seigner, Alain Pralon, Dominique Rozan, Véronique Vella, Jean-Paul Moulinot, Jean-François Rémi, Catherine Sauval, Michel Favory, Jean-Pierre Michaël et Tilly Dorville, Armand Eloi, Christine Lidon.

slanderous; will end
flight
The Miser
the barter

that of; hearts
bodies

the eve of a wedding
like each other
all
all

Maintenant, dites la (les) pièce(s) qui correspond(ent) aux descriptions suivantes:

1. Il s'agit de *(It's about)* l'amour. _____
2. Il s'agit d'un homme qui n'aime pas la société. _____
3. C'est la pièce la plus populaire de la Comédie-Française. _____
4. Il s'agit du commerce sous toutes ses formes. _____
5. Il s'agit d'un homme qui adore l'argent. _____
6. C'est une comédie. _____
7. C'est un commentaire social. _____

Écoutons

A. Remplissez la grille. Écoutez la cassette et remplissez la grille.

PIÈCE	HEURE	JOUR	DATE
Amour pour amour	en soirée 20h30		25 juillet
Amour pour amour		vendredi	
Le Mariage de Figaro		mercredi	
Le Mariage de Figaro		dimanche	
L'Avare	20h30		27 juillet
L'Avare		lundi	
Le Misanthrope	20h30		29 juillet
Le Misanthrope	en matinée	dimanche	

B. Le prix des places. Continuez à écouter. Écrivez le prix des places.

«Le prix des places, cent trente-sept, _____, cinquante-sept ou _____ francs. Attention tarif majoré pour le *Mariage de Figaro*, cent quatre-vingts, _____, _____ et soixante-cinq francs.»

C. Quand? Où? Continuez à écouter. Donnez les heures d'ouverture du guichet de location *(reservation window)*, l'adresse complète et le numéro de téléphone de la Comédie-Française.

«Pour ces représentations, la location est ouverte de _____ heures à _____ heures au guichet de la Comédie-Française, _____, rue de Richelieu, _____ Paris, métro Palais Royal. Nous vous remercions de votre appel et vous rappelons le numéro de notre service de location, le _____ _____ _____ _____.»

Pratique et conversation

A. Je voudrais une place, s'il vous plaît. Vous travaillez au bureau de location de la Comédie-Française. Vos clients (joués par vos camarades de classe) vous posent des questions sur les pièces, les dates, les heures, etc. Répondez à leurs questions et réservez des places pour eux *(them)*.

B. Au théâtre. Trouvez l'horaire d'un théâtre (ou d'un cinéma) dans votre ville. Dictez à votre partenaire les pièces (ou les films) qu'on joue, le prix des places, et l'horaire des spectacles.

Document I

Extrait de *Pariscope*

If you travel or live in French-speaking countries, it is important to be able to read schedules and announcements that give opening and closing times for museums, concerts, movies, and sporting events.

Avant de lire

A. Au cinéma. You are about to read a series of movie schedules. Name five items that you would expect to find in these schedules.

B. Les abbréviations. You will find many abbreviations in the readings. Some of these are given below, along with their translation:

M°: métro	*the métro (subway) stop*
Pl.: places	*seats*
F: francs	*francs*
TR: tarif réduit	*reduced admission*
chôm: chômeurs	*unemployed people*
CF: carte de fidelité	*After a designated number of paid admissions, the holder of the* **carte de fidélité** *is given a free admission.*
CV: carte vermeille	*Senior citizens may obtain the* **carte vermeille** *which entitles them to reduced admission.*
grat.: gratuit(e)	*free*
sf: sauf	*except*

Can you guess what the following abbreviations mean?

Film 5 mn après:
v.o.:
jeu., sam., lun.:
étud:

Lisons

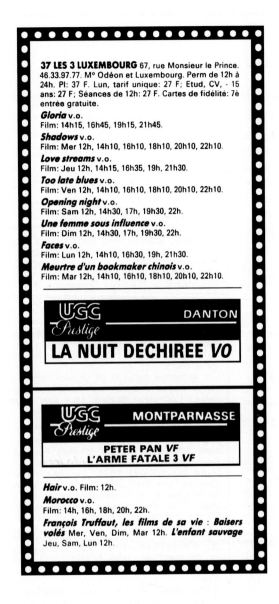

25 LE BRETAGNE 73, bd du Montparnasse. 36.65.70.37. M° Montparnasse-Bienvenue. Pl: 43 F. Lundi: Pl: 33 F; Etud, carte jeunes, FN, -18 ans, + 60 ans (sf Ven soir, Sam, Dim, fêtes et veilles de fêtes): 33 F.

Batman le défi v.o.
Séances: 13h10, 15h25, 17h40, 19h50, 22h10; Sam séance suppl. à 0h15; Film 10 mn après.

Grand Bretagne (Pl: 46 et 36 F)

L'arme fatale 3 v.o. Dolby stéréo.
Séances: 13h35, 15h45, 18h, 20h10, 22h20; Sam séance suppl. à 0h30; Film 15 mn après.

26 CINOCHE 1, rue de Condé, Carrefour de l'Odéon. 46.33.10.82. M° Odéon. Pl: 37 F. Lun, tarif unique: 27 F; Etud, CV, - 18 ans: 27 F (sf Sam, Dim et fêtes). Salles accessibles aux handicapés.

Le Dernier Combat 14h10.

Fisher king v.o. Film à 21h40.

Orange mécanique v.o. Int - 16 ans. Film à 22h.

Le silence des agneaux v.o. Int - 16 ans. Film à 19h50.

Thelma et Louise v.o. Film à 19h20.

Hook v.f. Film à 15h30.

Peter Pan v.f. Film à 14h.

La famille Addams v.o.
Film: 18h; Sam séance suppl. à 24h.

Easy Rider v.o. Int - 12 ans.
Film: Sam 0h15.

J.F.K. v.o. Film à 16h.

37 LES 3 LUXEMBOURG 67, rue Monsieur le Prince. 46.33.97.77. M° Odéon et Luxembourg. Perm de 12h à 24h. Pl: 37 F. Lun, tarif unique: 27 F; Etud, CV, - 15 ans: 27 F; Séances de 12h: 27 F. Cartes de fidélité: 7è entrée gratuite.

Gloria v.o.
Film: 14h15, 16h45, 19h15, 21h45.

Shadows v.o.
Film: Mer 12h, 14h10, 16h10, 18h10, 20h10, 22h10.

Love streams v.o.
Film: Jeu 12h, 14h15, 16h35, 19h, 21h30.

Too late blues v.o.
Film: Ven 12h, 14h10, 16h10, 18h10, 20h10, 22h10.

Opening night v.o.
Film: Sam 12h, 14h30, 17h, 19h30, 22h.

Une femme sous influence v.o.
Film: Dim 12h, 14h30, 17h, 19h30, 22h.

Faces v.o.
Film: Lun 12h, 14h10, 16h30, 19h, 21h30.

Meurtre d'un bookmaker chinois v.o.
Film: Mar 12h, 14h10, 16h10, 18h10, 20h10, 22h10.

UGC Prestige — DANTON
LA NUIT DECHIREE VO

UGC Prestige — MONTPARNASSE
PETER PAN VF
L'ARME FATALE 3 VF

Hair v.o. Film: 12h.

Morocco v.o.
Film: 14h, 16h, 18h, 20h, 22h.

François Truffaut, les films de sa vie : ***Baisers volés*** Mer, Ven, Dim, Mar 12h. ***L'enfant sauvage*** Jeu, Sam, Lun 12h.

Avez-vous suivi?

1. Quelle est l'adresse du cinéma Luxembourg?
2. Quel est le numéro de téléphone du cinéma Le Bretagne?
3. Au cinéma Cinoche, quel est le tarif normal des places? Quel est le tarif réduit? Quel soir est-ce qu'il y a un tarif réduit? Pour qui est-ce qu'il y a un tarif réduit?
4. Combien de séances du film *Batman le Défi* y a-t-il?
5. À quelle heure est la première séance du film *Une femme sous influence*? et la dernière?
6. Quel(s) film(s) dans la liste avez-vous vu(s)? Quel(s) film(s) avez-vous aimé(s)? détesté(s)?

Document II

Les films à l'actualité

Avant de lire

Quel est le titre? Have you seen any of these films? Briefly describe them to your partner.

1. *Easy Rider*
2. *Le Faucon maltais*
3. *Le Festin de Babette*
4. *Hairspray*
5. *Harold et Maude*

Lisons

REPRISES

DP EASY RIDER. 1968. 1h30. Drame psychologique américain en couleurs de Dennis Hopper avec Peter Fonda, Dennis Hopper, Jack Nicholson.
L'excursion à moto de deux hommes libres, de Los Angeles à la Nouvelle Orléans, à la recherche de l'Amérique des années 60. Un film culte, véritable reflet d'une époque. int - 12 ans. ◆Cinoche 26 v.o. ◆Le Berry 72 v.o.

PO LE FAUCON MALTAIS. The Maltese falcon. 1941. 2h. Policier américain en noir et blanc de John Huston avec Humphrey Bogart, Mary Astor, Peter Lorre.
Un détective cynique et violent contre d'étranges personnages dévorés par l'ambition, l'hystérie, la haine. Humphrey Bogart dans son premier grand rôle. ◆Passage du Nord-Ouest 62 v.o.

CD LE FESTIN DE BABETTE. 1987. 1h40. Comédie dramatique danoise en couleurs de Gabriel Axel avec Stéphane Audran, Birgitte Federspiel, Bodil Kjer, Poul Kern, Jean-Philippe Lafont.
Dans les années 1870, sur une sauvage côte danoise, une Française rescapée de l'insurrection de la commune, trouve asile° chez les deux puritaines filles d'un pasteur. Un récit humoristique et tendre, d'après une nouvelle de Karen Blixen, sacré° meilleur film étranger par les oscars 88. ◆Utopia 23

CO HAIRSPRAY. 1988. 1h35. Comédie américaine en couleurs de John Waters avec Sonny Bono, Ruth Brown, Divine, Colleen Fitzpatrick, Debbie Harry.
A Baltimore, en 1962. Une adolescente mauvais genre, trop maquillée°, cheveux crêpés°, utilise ses talents de danseuse à la mode pour lutter contre la ségrégation raciale. Par le réalisateur de Polyester , une satire sociale délirante et le dernier rôle du célèbre travesti Divine. ◆La Bastille 71 v.o.

CD HAROLD ET MAUDE. Harold and Maude. 1970. 1h30. Comédie dramatique américaine en couleurs et en scope de Hal Ashby avec Ruth Gordon, Bud Cort, Vivian Rickles, Cyril Cusak.
Mythomane°et opposé aux préceptes de sa riche et traditionnelle famille, un jeune adolescent trouve dans la fréquentation d'une vieille femme associable et excentrique, sa raison d'être. Une fable insolente et une leçon de savoir vivre. ◆Reflet Medicis Logos 19 v.o.

asylum

awarded

made-up; teased
to fight

mythomaniac
(dreamer)

Avez-vous suivi?

A. Quel film? Quel film correspond à la description suivante?

1. un film danois
2. une comédie américaine
3. l'exploration des États-Unis
4. l'histoire d'un couple non-traditionnel
5. une satire sociale contre la ségrégation
6. une histoire violente
7. un film nommé *(nominated)* pour l'Oscar

B. Quel genre de film? Remplissez la grille suivante.

FILM	NATIONALITÉ	GENRE	VERSION
Easy Rider			
Le Festin de Babette			
Hairspray			
Le Faucon maltais			
Harold et Maude			

C. Aimez-vous le cinéma? Quels films avez-vous vus récemment? Décrivez-les à votre partenaire. Donnez le titre, la nationalité, le genre, et le public auquel *(to which)* les films sont destinés.

Document III

La météo

In order to plan your activities, you will need to be able to read and understand weather maps.

Avant de lire

A. Les symboles. Look at the symbols below the map and try to guess what the French that follows them might mean.

B. Un temps capricieux. Based on the shading and symbols on the map, what types of weather changes are anticipated?

Lisons

Météo : nouvelle aggravation

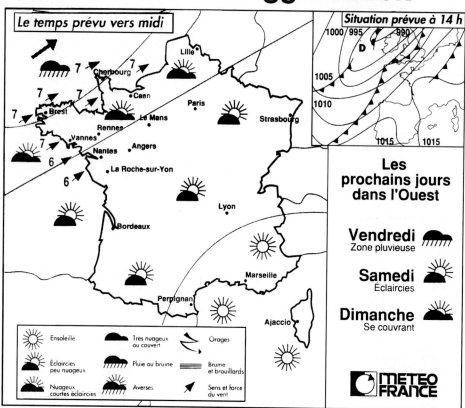

Températures minimales et maximales prévues aujourd'hui

Alençon	14	23°	Les Sables-d'Olonne	16	22°	Saint-Cast	15	21°	Perpignan	20	31°
Angers	17	24°	Laval	15	23°	St-Jean-de-Monts	16	22°	Strasbourg	16	31°
Bénodet	15	21°	Le Mans	16	24°	Saint-Malo	15	21°	Alger		36°
Bréhat	15	21°	Lorient	15	22°	Vannes	15	22°	Amsterdam		19°
Brest	15	20°	Nantes	16	24°	Biarritz	18	29°	Athènes		34°
Cabourg	14	22°	La Roche-s.-Yon	16	25°	Bordeaux	17	30°	Berlin		23°
Caen	14	21°	Quimper	15	23°	Lille	14	25°	Londres		19°
Cherbourg	15	20°	Quiberon	15	21°	Lyon	18	32°	Madrid		37°
Deauville	15	21°	Rennes	15	23°	Marseille	18	31°	Moscou		17°
Dinard	15	22°	Rostrenen	15	21°	Nice	21	28°	Prague		29°
La Baule	16	22°	Saint-Brieuc	15	22°	Paris	17	27°	Rome		31°

Avez-vous suivi?

A. Vrai ou faux? Indiquez si les phrases suivantes sont vraies ou fausses.

1. _____ Il va pleuvoir à Marseille.
2. _____ Il va faire beau dans le nord-ouest.
3. _____ Le sud-ouest de la France va être ensoleillé.
4. _____ Il va faire beau à Perpignan.
5. _____ Le ciel va être couvert au Mans.

B. Prévisions. *(Forecasts.)* Give a forecast for the following regions.

MODÈLE: Lyon

> **À Lyon, il va faire du soleil souvent, avec des nuages de temps en temps. Maximum de 32, minimum de 18.**

1. Lille
2. Nice
3. Le Mans
4. Quimper
5. Paris

Activités

A. Quel film? Vous invitez votre ami(e) au cinéma et il/elle accepte. Vous lui suggérez un des films de l'extrait de *Pariscope* mais il/elle l'a déjà vu. Il/Elle vous propose un autre. Vous acceptez. Ensuite, votre ami(e) vous invite au restaurant après. Faites vos projets°.　　　　plans

B. Vacances de printemps. Parlez de vos vacances de printemps à la classe. Qu'est-ce que vous aimez faire quand vous êtes en vacances? Où est-ce que vous aimez aller? Quel climat est-ce que vous préférez? Quelles activités préférez-vous? Est-ce que vous partez en vacances seul(e) *(alone)* ou avec vos amis/parents?

C. Des vacances désastreuses. Est-ce que vous avez jamais eu des vacances désastreuses? Où êtes-vous allé(e)? Qu'est-ce qui est arrivé *(happened)*? Qu'est-ce que vous avez fait? Racontez vos expériences à la classe.

D. Un couple bizarre. Vous êtes sportif/sportive, mais votre ami(e) est intellectuel(le). Vous faites des projets de week-end. Essayez de trouver une activité que vous pouvez faire ensemble.

Vocabulaire actif

	accepter	*to accept*		choisir	*to choose*
	accompagner	*to accompany*	un	ciné-club	*film series*
une	action	*action*	une	comédie	*comedy*
l'	automne (m.)	*autumn*	un	concert	*concert*
	avoir envie de	*to want, to desire*	un(e)	copain (copine)	*pal, friend*
			la	course à pied	*track*
un	bal	*dance*	le	cyclisme	*cycling*
le	basket-ball (basket)	*basketball*		d'abord	*first of all*
				d'accord	*OK*
une	bicyclette	*bicycle*	une	décision	*decision*
une	boum	*party*		désolé(e)	*sorry*
	bouquiner	*to read*	un	dessin animé	*cartoon*
	bricoler	*to do handiwork*	une	discothèque	*discotheque*
le	bridge	*bridge*		dormir	*to sleep*
le	camping	*camping*	un	drame	*drama*
les	cartes (f.pl.)	*cards*	les	échecs (m.pl.)	*chess*

l'	énergie (f.)	*energy*
	énervant(e)	*annoying, aggravating*
	ennuyeux(-euse)	*boring*
	ensuite	*next*
l'	été (m.)	*summer*
	étranger(-ère)	*foreign*
	faire beau	*to be nice (weather)*
	faire chaud	*to be hot*
	faire du soleil	*to be sunny*
	faire du vent	*to be windy*
	faire frais	*to be cool*
	faire froid	*to be cold*
	faire gris	*to be overcast, to be cloudy*
	faire la grasse matinée	*to sleep in*
	faire mauvais	*to be bad (weather)*
un	film	*film*
un	film d'amour	*love story*
un	film d'aventure	*adventure film*
un	film de science-fiction	*science fiction film*
un	film historique	*historical film*
un	film policier	*detective film*
	finalement	*finally*
	finir	*to finish*
le	football (foot)	*soccer*
	grossir	*to put on weight*
une	guitare	*guitar*
l'	hiver (m.)	*winter*
une	idée	*idea*
une	invitation	*invitation*
	jardiner	*to garden*
le	jogging	*jogging*
	jouer à	*to play (a sport)*
	jouer de	*to play (an instrument)*
une	journée	*day(time)*
	libre	*free*
	maigrir	*to grow thin, to lose weight*
un	marché aux puces	*flea market*
un	match	*match (sports)*
	mentir	*to lie*
la	météo	*weather report*

un	musée	*museum*
	nager	*to swim*
la	natation	*swimming*
	neiger	*to snow*
	obéir à	*to obey*
	partir	*to leave*
la	passion	*passion*
un	piano	*piano*
le	plaisir	*pleasure*
	pleuvoir	*to rain*
la	pluie	*rain*
le	poker	*poker*
	possible	*possible*
	pouvoir	*can, to be able*
le	printemps	*spring*
une	promenade	*walk*
	refuser	*to refuse*
	regretter	*to be sorry*
	résister	*to resist*
	rester	*to stay*
	réussir à	*to succeed, to pass (a course, a test)*
le	rugby	*rugby*
une	séance	*showing*
	sentimental(e) (m.pl. sentimentaux)	*sentimental*
le	ski	*skiing, ski*
une	soirée	*evening party*
	sortir	*to go out*
des	sous-titres (m.pl)	*subtitles*
un	sport	*sport*
un	sportif	*sportsman*
une	surprise-partie	*party*
	sportif(ive)	*athletic*
un	théâtre	*theater*
	tricoter	*to knit*
	tomber	*to fall*
un	vélo	*bicycle*
la	version française	*French version (dubbed)*
la	version originale	*original version (not dubbed)*
la	violence	*violence*
un	violon	*violin*
le	volley-ball (volley)	*volley ball*

CHAPITRE 8

Bon anniversaire

Situation 1

Avant la boum

JEAN-PHILIPPE:	Dis°, maman, je peux inviter tous° mes amis à mon anniversaire?
MME BORDIER:	Oui. Enfin°, pas des centaines, tout de même°.
JEAN-PHILIPPE:	Non, bien sûr. Une dizaine. Juste une dizaine.
MME BORDIER:	C'est déjà pas mal.
JEAN-PHILIPPE:	Mais... ils ne viennent° pas seuls, ils viennent avec leurs amis, c'est normal. Je ne peux pas dire non! «Les amis de mes amis...
MME BORDIER:	... sont mes amis» je sais. Hmm... Tu veux dire° qu'il faut compter au moins le double, c'est ça? J'espère que tu sais passer l'aspirateur!
JEAN-PHILIPPE:	Moi?

Say, Tell me; all

Well; all the same

come

mean

Avez-vous suivi?

1. Qui a un anniversaire?
2. Avec qui est-ce que les amis de Jean-Philippe viennent?
3. Combien de personnes est-ce que Jean-Philippe peut inviter?
4. Est-ce que Jean-Philippe sait passer l'aspirateur?

Autrement dit

Les quantités indéfinies

Juste une dizaine.   *around ten*
      une douzaine
      une quinzaine
      une vingtaine
      une centaine

Les proverbes

Les amis de mes amis sont mes amis.	*Love me, love my dog.*
Vouloir, c'est pouvoir.	*Where there's a will, there's a way.*
L'habit ne fait pas le moine.	*You can't judge a book by its cover.*
Loin des yeux, loin du cœur.	*Out of sight, out of mind.*
Pas de nouvelles, bonnes nouvelles.	*No news is good news.*
Tout est bien qui finit bien.	*All's well that ends well.*
Qui ne risque rien, n'a rien.	*Nothing ventured, nothing gained.*
Aussitôt dit aussitôt fait.	*No sooner said than done.*

C'est la vie

À chacun son goût — To each his own.

plus ça change, plus c'est la même chose — the more things change, the more it stays the same.

Les travaux ménagers

J'espère que tu sais passer l'aspirateur.	*run the vacuum*
débarrasser la table	*clear the table*
arroser les plantes	*water the plants*
ranger ta chambre	*clean up your room*
balayer	*sweep*
nettoyer les vitres	*clean the windows*
faire les lits	*make the beds*
faire la cuisine	*cook*
faire la vaisselle	*do the dishes*
laver la voiture	*wash the car*
faire la lessive	*do the laundry*
repasser tes chemises	*iron your shirts*
faire les ménage	*housework*
tondre la pelouse	*mow the lawn (je tends...)*

Les appareils ménagers

la cuisinière	*the stove*
le frigo	*the refrigerator*
le lave-vaisselle	*the dishwasher*
la machine à laver	*the washing machine*
le séchoir	*the dryer*
le balai	*the broom*
le fer à repasser	*the iron*

aussi – also, too
encore – again, still, yet
autre – other, another
déjà – already
au moins – at least
assez – rather, enough, quite

Pratique et conversation

A. Quel proverbe? Quel proverbe peut-on utiliser dans ces situations?

1. Mme Bordier wants Jean-Philippe to help her with some household tasks if he is going to have many guests at his party. He is eager to please her when she asks him to run the vacuum.
2. Mme Bordier is not sure how twenty-five guests will fit in the apartment, but she will try just the same.
3. Anne hasn't received a letter from her family in over two weeks but decides not to worry.
4. Monique invites Anne to go skiing with her next weekend. Anne doesn't know how to ski but is willing to try.

B. Les appareils ménagers. Quel appareil dans la colonne B correspond à quel travail ménager dans la colonne A?

	A		B
1.	_____ faire la vaisselle	a.	la cuisinière
2.	_____ faire la lessive	b.	le fer à repasser
3.	_____ faire la cuisine	c.	le balai
4.	_____ nettoyer	d.	le lave-vaisselle
5.	_____ repasser	e.	la machine à laver

C. Les travaux domestiques. Qui fait les travaux domestiques chez vous? Posez des questions à votre partenaire.

MODÈLE: Vous: **Qui fait les lits chez toi?**
Votre partenaire: **Moi, je fais les lits. (ou: C'est ma mère qui fait les lits.)**

D. Trop de travail! You've decided that you need to find a housekeeper. Interview your partner to see what skills he/she can bring to this position.

Structure I

Reporting and identifying
The verb *dire*

DIRE *(TO SAY, TO TELL)*				STEM + ENDING	
Present	Je	**dis**	non.	di	s
	Tu	**dis**	la vérité?	di	s
	On	**dit**	au revoir.	di	t
	Nous	**disons**	qu'il est beau.	dis	ons
	Vous	**dites**	que c'est faux.	dites	
	Ils	**disent**	leurs opinions.	dis	ent
Passé Composé	Ils	**ont dit**	bonjour.		

a. The verb **dire** may be followed by a noun or by a clause introduced by **que.** In French, **que** must always be used to introduce a clause after the verb **dire.** This is not always the case in English.

Jean-Philippe dit que Mme X est mystérieuse.
Jean-Philippe says [that] Mrs. X is mysterious.

b. The expression **vouloir dire** is the equivalent of *to mean.*

Tu veux dire qu'il faut compter au moins le double, c'est ça?
You mean that we'll have to count on at least twice as many, right?
Qu'est-ce que le mot *aspirateur* veut dire?
*What does the word **aspirateur** mean?*

Pratique et conversation

A. Dans le couloir. Entendu *(heard)* dans le couloir. Complétez les phrases suivantes.

1. Mme Chevalley/dire bonjour à M. Ibn Hassam.
2. Sylvie et Jean-Philippe/dire des bêtises *(stupid things)*.
3. —Charles, tu/dire toujours tes opinions, mais tu n'écoutes pas les autres.
4. —Qu'est-ce que vous/dire? Vous avez tort!
   —Qu'est-ce que je/dire? C'est la vérité!
5. Nous/dire que Mme X n'est pas honnête!

B. Hier. Qu'est-ce que ces personnes ont dit hier? Composez des phrases.

1. Mme Chevalley/dire bonjour à M. Ibn Hassam.
2. Sylvie et Jean-Philippe/dire des bêtises.
3. Nous/dire notre opinion.
4. Vous/dire une chose importante.
5. Qu'est-ce que tu/dire?

C. Que veut dire... Your teacher will give you a card with five vocabulary words on it. Quiz your partner about their meanings.

MODÈLE: balai
   Vous: **Que veut dire le mot *balai*?**
   Votre partenaire: **Le mot *balai* veut dire *broom*.**

D. Les proverbes. Parfois, les proverbes remplacent toute une pensée. Qu'est-ce que les proverbes suivants veulent dire? Expliquez en français.

1. Vouloir c'est pouvoir.
2. L'habit ne fait pas le moine.
3. Loin des yeux, loin du cœur.
4. Pas de nouvelles, bonnes nouvelles.

Structure II

Expressing knowledge and ability
The verb *savoir*

			SAVOIR *(TO KNOW)*		STEM +	ENDING
Present	Je	**sais**	la réponse.		sai	s
	Tu	**sais**	passer l'aspirateur.		sai	s
	Il	**sait**	la leçon.		sai	t
	Nous	**savons**	le français.		sav	ons
	Vous	**savez**	que je suis américain.		sav	ez
	Elles	**savent**	nager.		sav	ent
Passé Composé	Nous	**avons su**	la vérité.			

a. The verb **savoir** means *to know* (a fact). It may be followed by a noun or by a clause introduced by **que.**

Je sais la réponse.
I know the answer.
Je sais que c'est l'anniversaire de Jean-Philippe.
I know that it is Jean-Philippe's birthday.

b. When followed by an infinitive, **savoir** means *to know how to.*

J'espère que tu sais passer l'aspirateur.
I hope that you know how to run the vacuum.

c. In the **passé composé, savoir** may mean *to find out.*

Elle a su la réponse.
She found out the answer.

Pratique et conversation

A. Dans l'immeuble. Composez des phrases.

1. Mme Chevalley/savoir/beaucoup de choses sur les autres locataires.
2. Nous/savoir/que Mme X n'est pas une espionne *(spy).*
3. Les Silvestri/savoir/faire la cuisine italienne.
4. Tu/savoir/que les Ibn Hassam sont algériens?
5. Je/ne... pas/savoir/qui est M. Péreira.
6. Vous/savoir/parler arabe?

B. Qu'est-ce que vous savez faire? Demandez à votre partenaire s'il/si elle sait...

1. parler russe.
2. préparer une omelette.
3. faire la cuisine mexicaine.
4. beaucoup de choses sur la France.
5. jouer du piano.

C. Qualifications. Qu'est-ce qu'il faut savoir pour exercer les professions ou les métiers suivants?

1. interprète   4. serveur
2. caissier   5. athlète
3. musicien

En contexte

Une interview.   After spending the summer studying in France, you have decided to stay on for the year. You decide to look for a job as a waiter/waitress and are being interviewed by a restaurant's manager. He/She wants to know about your qualifications, experience, and whether you would be able to work in the kitchen from time to time. Role-play the situation.

Situation 2

Pendant la boum

HENRI: Bon anniversaire! Ce cadeau, Jean-Philippe, c'est de ma
part°. ~~Another present?~~   from me

JEAN-PHILIPPE: Encore un cadeau? Vraiment, tu me gâtes! Une ~~Really, you're spoiling me~~
cassette de jazz! C'est chic de ta part, Henri. Merci ~~That's very nice~~
beaucoup! Allez, on la met tout de suite! Et pendant ce ~~we'll put it on right way~~
temps, Madeleine, tu peux couper le gâteau? ~~Can you cut the cake.~~

MADELEINE: Mmm! Très volontiers°! Je vais le couper et me servir,   Very gladly!
euh... je veux dire le servir! ~~serve myself.~~

JEAN-PHILIPPE: Mais ne le renverse pas comme Sylvie a fait l'année
dernière.

SYLVIE: Tu l'as quand même° mangé, Jean-Philippe!   all the same

~~object pronouns~~

Avez-vous suivi?

1. Qu'est-ce qu'Henri donne à Jean-Philippe?
2. Qu'est-ce qu'on va faire tout de suite?
3. Qui va couper le gâteau?
4. Qui a renversé le gâteau l'année dernière?
5. Est-ce que Jean-Philippe a mangé du gâteau?

Autrement dit

Pour remercier

Merci beaucoup (Monsieur, Madame, Mademoiselle, Henri).
　　　　mille fois
　　□　infiniment
□　Je ne sais pas comment vous remercier.
　　C'est (vraiment) très gentil de ta/votre part.　*That really nice of you*
　　　　　　　　très aimable
　　　　　◇　chic

Pour répondre au remerciement

[Il n'y a] pas de quoi.
De rien.
◇　Je t'en prie.
□　Je vous en prie.

Pour fêter un anniversaire

　　Bon anniversaire!
Joyeux

Pour exprimer la chance

=	≠
J'ai de la chance. 　de la veine	Je n'ai pas de chance. 　de veine
Quelle chance! 　veine	Quelle déveine!
Veinard!	

Pour célébrer une fête

Joyeux Noël!
Bonne année!
Bonne fête!

Pour féliciter

Félicitations!
Toutes mes félicitations!
Je te/vous félicite!
Bravo!
◇　Chapeau!
Je suis content(e) pour toi/vous.

Des amuse-gueule snacks

des chips *(m.pl.)*	*potato chips*
du punch *(m.)*	*punch*
des cacahuètes *(f.pl.)*	*peanuts*
des olives *(f.pl.)*	*olives*
des petits biscuits secs	*cookies*
des boissons alcoolisées	
non alcoolisées	
gazeuses	
des jus de fruit *(m.)*	*fruit juices*
du gâteau *(m.)*	*cake*

de la glace → ice cream

Quand vous êtes invités, apportez un petit cadeau.

des chocolats *(m.pl.)*
des fleurs *(f.pl.)*
une plante

Pratique et conversation

A. Célébrations. Que dites-vous dans les situations suivantes?

1. C'est l'anniversaire de votre ami(e).
2. C'est le 25 décembre.
3. Votre ami(e) a réussi à un examen difficile.
4. Vos parents vous achètent une nouvelle chemise.
5. C'est le premier janvier.
6. Un(e) ami(e) a bien joué au tennis.

B. Un anniversaire de plus. C'est votre anniversaire et un(e) de vos ami(e)s vous offre un cadeau spécial. Jouez les rôles.

C. Votre anniversaire. Qu'est-ce que vous allez servir à votre anniversaire? Faites le menu.

D. Des amuse-gueule. Classez les amuse-gueule suivants.

	SUCRÉS *(SWEET)*	SALÉS *(SALTY)*
des olives		
des petits biscuits secs		
des chocolats		
des cacahuètes		
des chips		
du gâteau		

Structure III

Talking about everyday activities
The verb *mettre*

METTRE *(TO PUT, TO PLACE)*				STEM + ENDING	
Present	Je	**mets**	la table.	met	s
	Tu	**mets**	une cravate.	met	s
	On	**met**	la cassette.	met	
	Nous	**mettons**	le disque.	mett	ons
	Vous	**mettez**	un manteau.	mett	ez
	Elles	**mettent**	le livre sur la table.	mett	ent
Passé Composé	Hier, j'	**ai mis**	ma cravate bleue.		

a. The verb **mettre** means *to put* or *to place.*

Sylvie met le gâteau sur la table.
Sylvie is putting the cake on the table.

b. It can mean *to put on* when used with clothing, records, cassettes, or music.

M. Bordier met une cravate pour aller au bureau.
Mr. Bordier puts on a tie when he goes to the office.
Mettons un disque tout de suite.
Let's put on a record right away.

Pratique et conversation

A. Qu'est-ce qu'on met? What does each of these people put on in the following circumstances?

MODÈLE: M. Bordier... pour aller au bureau.
   M. Bordier met une cravate pour aller au bureau.

1. Nous... pour faire du ski.
2. Nicole et Jeanne... pour aller au bal.
3. Mon père... pour aller au théâtre.
4. Nous... pour aller à un concert de jazz.
5. Je... pour aller en classe.
6. Tu... pour dîner au restaurant.

B. L'espion. Someone is spying on the people in the apartment building. Play the role of the spy and say what they are doing.

C. Interview. Demandez à votre partenaire...

1. s'il/si elle a mis une cravate/une jupe hier.
2. quand il/elle met une cravate/une jupe d'habitude.
3. quand il/elle met un chapeau/des gants d'habitude.
4. s'il/si elle met une cassette quand il/elle étudie.
5. qui met la table chez lui/elle.

Structure IV

Referring to someone already mentioned
Object pronouns *me, te, nous, vous*

a. In French, a verb may be followed by a direct object or by an indirect object.

SUBJECT	VERB	DIRECT OBJECT
Je	regarde	la télévision.
Nous	écoutons	le professeur.

SUBJECT	VERB	INDIRECT OBJECT
Il	téléphone	à Madeleine.
Vous	parlez	aux étudiants.

Generally, French verbs are followed by the same type of object as English verbs with several important exceptions.

Verbs that take a direct object in French but not in English:
regarder (quelque chose)
écouter (quelque chose)
chercher (quelque chose)
payer (quelque chose)

Verbs that take an indirect object in French but not in English:
obéir à (quelqu'un)
téléphoner à (quelqu'un)

b. Object pronouns are used to refer to or replace the direct or indirect object. The first-person and second-person forms of the direct and indirect object pronouns are identical.

DIRECT OBJECT PRONOUNS		
Subject	*Direct object*	*Verb*
Tu	**me**	gâtes.
Je	**te**	félicite.
Il	**nous**	regarde.
Je	**vous**	remercie.

INDIRECT OBJECT PRONOUNS		
Subject	*Indirect object*	*Verb*
Tu	**me**	parles.
Je	**te**	téléphone.
Il	**nous**	parle.
Je	**vous**	dis la vérité.

c. In most cases, direct and indirect object pronouns are positioned before the verb of which they are objects.

Il me parle.
Il va me parler.

d. In the **passé composé,** the object pronouns precede the auxiliary verb.

SUBJECT	OBJECT	AUX.	PAST PARTICIPLE	
Jean-Philippe	**m'**	a	invité	à sa boum.
Je	**vous**	ai	dit	la vérité.

e. When negating a verb preceded by an object pronoun, the object pronoun is placed between **ne** and the verb.

SUBJECT	*NE*	OBJECT PRONOUN	VERB	*PAS*
Il	ne	**me**	parle	pas.
Vous	ne	**nous**	regardez	pas.

f. In the **passé composé,** the negation surrounds the object pronoun and auxiliary.

SUBJECT	*NE*	OBJECT PRONOUN	AUX.	*PAS*	PAST PARTICIPLE	
Il	ne	**nous**	a	pas	parlé	de son voyage.
Tu	ne	**m'**	as	jamais	dit	au revoir.

Pratique et conversation

A. Projets de vacances. Your roommate is going on vacation. Ask him/her what he/she will leave for your use following the model below.

MODÈLE: chaîne stéréo/oui

Vous: **Tu me laisses** *(leave)* **ta chaîne stéréo?**

Votre camarade: **Oui, je te laisse ma chaîne stéréo.**

1. télévision/oui *Tu me laisses ta chaîne stéréo? Oui, je te laisse ma télévision.*
2. vêtements/non *Je ne te laisse pas mes vêtements.*
3. disques compacts/non *Je ne te laisse pas mes disques compacts.*
4. magnétoscope/oui *Je te laisse me magnétoscope*
5. radio/oui

B. Projets de vacances. This time, your parents are going on vacation. Ask them what they will leave for you and your siblings' use following the model below. (One student can speak for the parents).

MODÈLE: maison/oui

Vous: **Vous nous laissez la maison?**

Vos parents: **Oui, nous vous laissons la maison.**

1. la voiture (oui)
2. le bateau *(boat)* (oui)
3. les cartes de crédit (non) *nous ne vous laissons pas ...*
4. l'ordinateur *(computer)* (oui)
5. l'appareil-photo (oui)

C. Interview. Demandez à votre partenaire s'il/si elle...

1. va vous inviter à sa boum.
2. va vous parler après le cours.
3. va vous téléphoner ce soir.
4. vous a acheté un cadeau.
5. vous a dit la vérité.

Structure V   REVIEW

Referring to someone or something already mentioned
The direct object pronouns *le, la, les*

a. In the third person, there are different forms for direct and indirect object pronouns. In this chapter, you will learn the forms of third-person *direct* object pronouns. The placement rules for third-person pronouns are the same as those you learned for **me, te, nous,** and **vous.**

b. The third-person direct object pronouns look like the definite noun markers. In the singular, **le** replaces a masculine noun and **la** replaces a feminine noun. Both **le** and **la** become **l'** before verbs beginning with vowel sounds. All plural nouns are replaced by **les.**

> Madeleine, tu peux couper **le gâteau?**
> Je vais **le** couper.
> **Une cassette de jazz!**
> On **la** met tout de suite!
> Tu aimes **tes cadeaux,** Jean-Philippe?
> Oui, je **les** aime beaucoup!

c. In the **passé composé,** the past participle agrees in gender and number with any direct object that precedes the verb. This direct object may be an object pronoun or a phrase with **quel.**

> Les cassettes? Je les ai mises sur la table.
>   f.pl.   f.pl.

> Quelle cassette est-ce que tu as mise?
>   f.s.   f.s.

Pratique et conversation

A. Préférences. Qu'est-ce que vous aimez? Qu'est-ce que vous n'aimez pas?

> MODÈLE: les carottes
>   Votre camarade: **Est-ce que tu aimes les carottes?**
>   Vous: **Oui, je les aime.**
>   **Non, je ne les aime pas.**

1. le jambon *le*
2. les gâteaux *les*
3. les chips *les*
4. les olives *les*
5. le bœuf *le*
6. la glace *la*
7. le poulet *le*
8. la pizza *la*
9. les saucisses *les*
10. le pâté *le*

B. Qu'est-ce que vous aimez? Vous faites des achats avec votre mère. Elle veut vous acheter quelque chose, mais parfois vous n'aimez pas ses choix. Répondez honnêtement à ses suggestions.

MODÈLE: ces cravates à pois
Votre camarade: **Est-ce que tu aimes ces cravates à pois?**
Vous: **Non, je ne les aime pas.**

1. ce costume orange et vert
2. ces boucles d'oreille
3. ces chaussures à talons hauts
4. cette jupe rayée
5. cette chemise à motif
6. ce bracelet
7. ces pantoufles
8. ce chapeau rouge

C. Interview. Posez ces questions à votre partenaire. Il/Elle va employer des pronoms dans sa réponse. Demandez à votre partenaire s'il/si elle...

1. va repasser ses chemises ce soir.
2. fait ses devoirs régulièrement.
3. regarde souvent la télé.
4. écoute toujours son professeur.
5. aime les films français.
6. va voir ses amis ce soir.

D. Partir en vacances. Vous partez en vacances et vous avez beaucoup de choses à faire. Vos parents vous posent des questions. Répondez selon le modèle.

MODÈLE: Tu as repassé tes chemises? (oui)
Oui, je les ai repassées.

1. Tu as vu tes amis? (oui) *Oui je les ~~vu~~ ai vus.*
2. Tu as fait la lessive? (non) *Non je ne l'ai faite ~~la lessive~~.*
3. Tu as fait tes réservations? (oui) *je les ai faites. pas*
4. Tu as acheté ton maillot de bain? (non) *je ne l'ai acheté.*
5. Tu as acheté tes guides? (non) *Je ne les ai pas achetés.*
6. Tu as réservé ton hôtel? (oui)
7. Tu as fait ta valise *(suitcase)*? (non)

En contexte

Encore une interview. This time, you are being interviewed for the position of housekeeper/babysitter. Your prospective employer wants to know about your qualifications and experience. Role-play the situation.

Situation 3

Après la boum

JEAN-PHILIPPE:	Mais regarde! Quel désordre!
ANNE-MARIE:	Ta mère ne va pas être contente. Quand elle va voir ça, elle va faire une de ces têtes.
SYLVIE:	Tu vois, Jean-Philippe, les grands sont plus cochon que les petits.
JEAN-PHILIPPE:	Tu as peut-être raison, mais les grands sont moins ennuyeux que les petits. *[Aux invités]* Vous pouvez m'aider à nettoyer?
ANNE-MARIE:	Bien sûr! Tiens, on va commencer par mettre toutes les ordures° ici, et les bouteilles vides là-bas°.
SYLVIE:	Tu as vu ça, Jean-Philippe?
JEAN-PHILIPPE:	Quoi?
SYLVIE:	Là, sur le tapis°.
JEAN-PHILIPPE:	Eh bien, qu'est-ce qu'il y a sur le... Oh! Non! J'ai bien dit à Patrick de *ne pas* amener son chien!

waste, garbage; over
    there

rug

Avez-vous suivi?

1. Pourquoi est-ce que la mère de Jean-Philippe ne va pas être contente?
2. Qui est plus cochon, les grands ou les petits?
3. Qui est plus ennuyeux, les grands ou les petits?
4. Qui va nettoyer?
5. Qui a amené son chien?

Autrement dit

Pour exprimer sa colère

Quand elle va voir ça, elle va faire une de ces têtes.

être furieuse   *fâchée*
être en colère

Tout ce désordre!	Ça m'agace!	*It annoys/aggravates me.*
	◇ m'embête!	
	C'est agaçant.	*It is annoying/ aggravating.*
	◇ embêtant	
	énervant	
Sylvie est pénible!		*Sylvie is annoying/ difficult.*

Elle m'agace.
    m'embête
    m'énerve

Pour dire qu'on est content

Je suis content(e).
    heureux/heureuse
    ravi(e)   *delighted*
C'est très bien!
    parfait   *perfect*
    ◇ chouette   *neat*
Formidable!   *Great!*

Pratique et conversation

A. Réactions. Complétez les phrases.

1. Je suis content(e) quand...
2. Je suis furieux/furieuse quand...
3. Quand je réussis à un examen, je suis...
4. Quand on me ment, je suis...
5. ... m'agace.
6. ... est embêtant.

B. Que dites-vous? Qu'est-ce que vous dites dans ces situations?

1. Vous arrivez en retard au cours de français et vous avez oublié vos livres à la maison.
2. Vous avez gagné un million de francs à la loterie.
3. Vos petits frères et sœurs ont cassé *(broke)* votre chaîne stéréo.
4. Votre camarade vous fait une boum.
5. Quelqu'un a volé *(stole)* votre voiture.
6. Vous avez reçu une bonne note *(grade)* dans la classe de français.

Structure VI

Expressing quantities
The adjective *tout*

Madeleine a fini **tout** le gâteau!
Et elle a mangé **toute** la glace!
Maman, je peux inviter **tous** mes amis à mon anniversaire?
On va commencer par mettre **toutes** les ordures ici.

a. The adjective **tout** means *all*. Notice its forms in the examples above. The masculine plural **tous** is irregular.

b. **Tout le monde** means *everyone*. When **tout le monde** is the subject of a sentence, the verb is always in the third-person singular.

Tout le monde a dit «bon anniversaire» à Jean-Philippe.
Everyone said "happy birthday" to Jean-Philippe.

Pratique et conversation

A. Complétez la phrase. Mettez la forme correcte de l'adjectif **tout.**

Tous 1. _____ les amis de Jean-Philippe sont à sa boum.
Tous 2. Jean-Philippe regarde _____ les cadeaux.
toutes 3. Jean-Philippe aime _____ les cassettes qu'il a reçues.
toutes 4. Anne-Marie met _____ les assiettes sur la table. Elle va servir le gâteau. Mais...
tout 5. ... est-il possible? Madeleine a mangé _____ le gâteau!

B. Quel cochon! You are starving, but your roommate got home before you and emptied the refrigerator. Express your anger and disbelief.

MODÈLE: finir la bouteille de limonade
Votre camarade: **J'ai fini la bouteille de limonade.**
Vous: **Tu as fini toute la bouteille de limonade?**

tout
1. manger le fromage *Tu as mangé tout le fromage?*
2. finir les gâteaux *Tu as fini tous les gâteaux?*
3. manger la salade *Tu as mangé toute la salade?*
4. finir le bifteck *Tu as fini tout le bifteck?*
5. manger la tarte aux pommes *Tu as mangé toute la tarte aux pommes?*
6. finir le pain *Tu as fini tout le pain?*
7. manger une douzaine d'œufs *Tu as mangé toute une douzaine d'œufs?*

C. Qu'est-ce que je vais acheter? You are trying to decide what to buy your friend for his/her birthday. Using expressions of quantity such as **beaucoup de, trop de,** and **assez de,** try to figure out his/her needs.

MODÈLE: Vous: **As-tu assez de cravates?**
Votre ami(e): **Oui, j'ai beaucoup (trop) de cravates.**
(ou: **Non, je n'ai pas assez de cravates.**)

D. Quel est le problème? Décrivez le problème des personnes ci-dessous en utilisant une expression de quantité.

Structure VII

Describing
The comparative

THE COMPARATIVE					
Les grands	sont	**plus**	sévères	**que**	les petits.
Les grands	sont	**moins**	ennuyeux	**que**	les petits.
Les grands	sont	**aussi**	intéressants	**que**	les petits.

a. For comparisons of superiority, use **plus** *(more)* before the adjective and **que** *(than)* before the person or object to which the comparison is being made. For comparisons of inferiority, use **moins... que** *(less . . . than)*. **Aussi... que** *(as . . . as)* is used for comparisons of equality.

b. The adjective **bon** has an irregular comparative of superiority, **meilleur.**

   La cassette de jazz est **meilleure que** la cassette de rock.

c. After **que,** the following transformations take place in comparisons.

   je → moi   te → toi   il → lui   ils → eux

   Je suis plus intelligent que **toi.**
   Nous sommes plus heureux qu'**eux.**

d. To indicate the superlative, add the definite noun marker to the comparative. Note that the group or context which you are using as your framework for comparison is introduced by the preposition **de.**

THE SUPERLATIVE					
Les grands	sont	**les**	**plus**	ennuyeux	**de** tous les invités.
Ces exercices	sont	**les**	**moins**	difficiles	**du** livre.
Cette cassette	est	**la**	**meilleure**		**de** la collection.

e. In the superlative, the adjective maintains its normal position before or after the noun.

C'est l'étudiant le plus intelligent de la classe.
C'est la meilleure étudiante de la classe.

Pratique et conversation

A. Sondage. Donnez votre opinion de ces catégories, puis comparez vos réponses avec celles des autres.

MODÈLE: le cours de français/le cours de russe/facile
Le cours de français est plus facile que le cours de russe.

1. je/mon partenaire/intelligent(e)
2. les devoirs de mon partenaire/mes devoirs/bons
3. le livre de français/le livre d'histoire/intéressant
4. la classe de philosophie/la classe d'histoire/ennuyeuse
5. le joueur de hockey/le joueur de basket/grand
6. le président des États-Unis/le président du club français/important
7. le Fantôme de l'Opéra/le Prince Charmant/beau
8. Cendrillon/ses sœurs/belle(s)

B. Interview. Demandez à un(e) camarade s'il/si elle est...

1. plus grand(e) que son père.
2. plus âgé(e) que son frère ou sa sœur.
3. plus beau/belle que son frère ou sa sœur.
4. plus intelligent(e) que son frère ou sa sœur.
5. plus cochon que son frère ou sa sœur.

C. Listes. What can you say about the following people/places, using the comparative and the superlative? You may wish to use the adjectives in parentheses, but be sure to add some of your own!

1. les États-Unis, la France, le Japon, le Luxembourg (grand, petit, riche, important, ???)
2. le français, l'espagnol, la chimie, la sociologie (facile, difficile, utile, ???)
3. le lait, la bière, le vin, le coca (nutritif, élégant, sucré, délicieux, ???)
4. les chats, les chiens, les oiseaux *(birds)*, les rats (gentil, intelligent, rapide, ???)
5. la tour Eiffel, Notre-Dame, la tour Maine-Montparnasse, le Louvre (impressionnant, moderne, ancien, grand, ???)

D. Statistiques et opinions. Répondez aux questions suivantes.

1. Quelle est la plus grande ville de la France?
2. Quelle est la cathédrale la plus célèbre de Paris?
3. Quel est le plus grand état des États-Unis?
4. Quelle est la plus belle langue?
5. Qui est le moins grand étudiant de la classe?

E. Mes amis. Tell the class about your group of friends: who they are, what they look like, and what they are like personally. Then, compare yourself to one or all of them, using at least five different characteristics, including honesty, sincerity, seriousness, generosity, personal happiness, etc.

Compréhension auditive

À LA TÉLÉ

Avant d'écouter

A. Renseignez-vous. Il y a six chaînes de télévision françaises. TF 1, Antenne 2 et FR 3 (France Régions) sont contrôlées par l'État; M6, Canal + et ARTE sont privées.

B. Le téléguide. Regardez le téléguide de la page 209 et répondez aux questions.

1. À quelle heure est-ce que les émissions commencent sur chaque chaîne?
   À quelle heure est-ce qu'elles finissent? _____
2. À quelle heure passe la météo sur Antenne 2? _____
3. À quelle heure passent les infos sur FR 3? _____
4. Trouvez trois émissions américaines. À quelle heure passent-elles?
   Sur quelle chaîne? _____

C. Une grille. Classez les émissions suivantes selon les catégories données.

	JEU	INFOS	FEUILLETON	DESSIN ANIMÉ	SÉRIE
Roseanne					
Santa Barbara					
Tom and Jerry Kids					
Magnum					
Pyramide					
CBS Evening News					

D. Encore des émissions américaines. Regardez le téléguide et trouvez l'équivalent français des émissions américaines suivantes. Dites à quelle heure et sur quelle chaîne elles passent.

1. General Hospital _____
2. Little House on the Prairie _____
3. Wheel of Fortune _____
4. The Price is Right _____
5. Home Shopping Club _____
6. Who's the Boss? _____
7. Big Valley _____

 Écoutons

A. Qu'est-ce que nous allons regarder? Écoutez la cassette tout en regardant *(while looking at)* le téléguide de la page 209. Mettez un cercle autour *(around)* des émissions mentionnées par le speaker.

B. Il s'agit de... *(It's about . . .)* Écoutez la cassette encore une fois. Mettez le nom de l'émission devant sa description.

Émission	*Description*
_____	Il s'agit d'un voyage en Égypte.
_____	Il s'agit d'un concert de rock.
_____	Il s'agit d'une lycéenne pendant les années soixante.
_____	C'est un film de science-fiction.
_____	Il s'agit d'un monstre.
_____	Il s'agit d'une femme et de sa vie sentimentale.
_____	Des histoires qui font peur.

Pratique et conversation

A. À vous de choisir! Vous allez passer la soirée chez vous à regarder la télé. Quelles émissions allez-vous choisir?

B. Différences. Quelles différences est-ce que vous remarquez entre la programmation française et la programmation américaine?

TF1

- 8.20 **Télé-shopping.**
- 8.50 **Club Dorothée vacances.**
- 11.25 **Feuilleton : Le Destin du docteur Calvet.**
- 11.55 **Jeu : Tournez... manège.**
- 12.30 **Jeu : Le Juste Prix.**
- 12.55 **Magazine : A vrai dire.**
- 13.00 **Journal, Météo et Bourse.**
- 13.35 **Feuilleton : Les Feux de l'amour.**
- 14.30 **Feuilleton : Hôpital central.**
- 15.25 **Série : Cinéma**
- 16.55 **Club Dorothée vacances.**
- 17.30 **Série : Loin de ce monde.**
- 17.50 **Série : Premiers baisers.**
- 18.25 **Jeu : Une famille en or.**
- 18.50 **Feuilleton : Santa Barbara.**
- 19.20 **Jeu : La Roue de la fortune.**
- 19.50 **Divertissement : Pas folles les bêtes.**
- 19.55 **Tirage du Tac-O-Tac, Journal, Tiercé, Météo, Loto sportif et Tapis vert.**
- 20.45 **Téléfilm : La Mort au bout des doigts.**
  De Piernico Solinas, avec Martin Sheen, Véronique Jannot.
- 23.40 **Magazine : Passionnément vôtre.**
  Présenté par Jean Bertolino.

A2

- 11.20 **Flash d'informations.**
- 11.25 **Jeu : Motus.**
  Animé par Thierry Beccaro.
- 11.55 **Jeu : Pyramide.**
  Animé par Patrice Laffont.
- 12.25 **Jeu : Que le meilleur gagne** (et á 19.15. 3.05)
- 12.59 **Journal et Météo.**
- 13.45 **Série : Les Cinq Dernières Minutes.**
- 15.05 **Série : Coup de foudre.**
- 15.30 **Tiercé, en direct de Vincennes.**
- 15.50 **Jeu : Des Chiffres et des lettres.**
- 16.10 **Série : La Cloche tibétaine.**
- 17.10 **Magazine : Giga.**
  Quoi de neuf docteur?; Les Années collège; Reportages.
- 18.30 **Série : Magnum.**
- 19.50 **Météo, Journal, Journal des courses et Météo.**
- 20.45 **Documentaire : Des trains pas comme les autres.**
  De François Gall et Bernard d'Abrigcon. L'Egypte.
- 21.45 **Série : Histoires fantastiques.**
  Papa momie. de William Dear. avec Tom Harrison. Billy Beck; A 22.10. La Formule magique. de Tom Holland. avec Jon Cryer. Joann Willette.
- 22.40 **Drive in : Frankenstein s'est échappé.** ■ ■
  Film britannique de Terence Fisher (1957). Avec Peter Cushing. Christopher Lee. Hazel Court.

FR 3

- 11.05 **Série : Les Incorruptibles (et á 0.45).**
  Mister Moon.
- 11.58 **Flash d'informations.**
- 12.03 **Magazine : Estivales.**
  Mémoires. Tourisme : découvrir la région Nord-Pas-de-Calais.
- 12.45 **Journal.**
- 13.00 **Magazine : Sports 3 images.**
  Automobile. Hippisme : le Prix Jean Gabin.
- 13.25 **Les Vacances de Monsieur Lulo.**
- 14.50 **Série : Les Chevaliers de la nuit.**
  Chevaliers de la ville. de Bradford May. avec Benjamin Bratt. Joshua Cadman.
- 15.40 **Série : La Grande Vallée.**
- 16.30 **Variétés : 40 à l'ombre.**
  Emission présentée par Pascal Sanchez. en direct de Cannes. Avec Nicole Croisille.
- 18.30 **Jeu : Questions pour un champion.**
  Animé par Juliens Lepers.
- 19.00 **Le 19-20 de l'information.**
  De 19.12 á 19.35. le journal de la région.
- 20.05 **Dessin animé : Tom and Jerry Kids.**
- 20.15 **Divertissement : La Classe.**
- 20.45 **Cinéma : Alien.** ■ ■ ■
  Film américain de Ridley Scott (1979). Avec Sigourney Weaver. Tom Skeritt. Veronika Cartwright.
- 22.45 **Journal et Météo.**
- 23.05 **Cinéma : Peggy Sue s'est mariée.** ■ ■
  Film américain de Francis Ford Coppola (1986). Avec Kathleen Turner. Nicolas Cage. Barry Miller.

CANAL +

——En clair jusqu'à13.30——

- 12.30 **Flash d'informations.**
- 12.35 **Documentaire : Laurel et Hardy.**
- 13.30 **Cinéma : Merci la vie.** ■ ■ ■
  Film français. Avec Gérard Depardieu.
- 15.35 **Cinéma : Hairspray.** ■
  Film américain de John Waters (1987).
- 17.05 **Documentaire : Les Allumés.**
  Viva Elvis. une vie pour Elvis. d'Andy Harnes.
- 17.35 **Série : Du côté de chez Alf.**
- 18.00 **Canaille peluche.**
  Don Coyotte et Sancho Panda.

——En clair jusqu'à 20.35——

- 18.30 **Dessin animé Beetle Juice.**
- 18.55 **Le Top.**
- 19.30 **Flash d'informations.**
- 19.35 **Dessin animé : Ren et Stimpy Show.**
- 20.00 **Les Nuls... l'émission.**
- 20.05 **Rap in Stick.**
- 20.35 **Cinéma : Jalousie.** ■
  Film français de Kathleen Fonmarty (1990).
- 22.05 **Cinéma : Retour vers le futur 3.** ■
  Film américain de Robert Zemeckis (1990). Avec Michael J. Fox. Christopher Lloyd. Mary Steenburgen (v.o.).

M6

- 11.00 **Série : Cagney et Lacey.**
- 12.00 **Série : Lassie.**
- 12.25 **Série : Ma sorcière bien-aimée.**
- 13.00 **Série : Roseanne.**
- 13.25 **Série : Madame est servie.** (rediff.).
- 13.55 **Série : Les Années FM.**
- 17.15 **Magazine : Culture Rock.**
  La saga des idoles.
- 17.35 **Série : Brigade de nuit.**
- 18.30 **Série : L'Etalon noir.**
- 19.00 **Série : La Petite Maison dans la prairie.**
- 19.54 **Six minutes d'informations, Météo.**
- 20.00 **Série : Madame est servie.**
- 20.35 **Surprise-partie.**
- 20.38 **Météo des plages.**
- 20.40 **Cinéma : Les Bidasses en folie.** ■
  Film français de Claude Zidi (1971). Avec les Charlots. Marion Game. Jacques Dufilho.
- 22.10 **Série : La Malédiction du loup-garou.**
- 23.10 **Magazine : Le Glaive et la Balance.**
  Meurtriers d'enfants.

ARTE

- 17.00 **Cinéma : Schmutz.**
  Film autrichien de Paulus Manker (1986). Avec Fritz Schediwy. Hans Michael Rehberg. Siggi Schwientek.
- 19.00 **Documentaire : Le Monde des années 30.**
  De Dieter Franck. 9. La vie de seigneur dans les colonies.
- 19.25 **Documentaire : Le Monde des années 30.**
  De Dieter Franck. 10. Puissances et matières premières. le Proche-Orient et l'Amérique latine.
- 19.55 **Documentaire : Le Monde des années 30.**
  De Dieter Franck. 11. L'entrée dans le tiers-monde du futur.
- 20.30 **8 1/2 Journal.**
- 20.40 **Soirée thématique.**
  Out One-Noli me tangere.
- 20.41 **Cinéma : Out One-Noli me tangere.** ■ ■
  Film français de Jacques Rivette (1971). avec Jean-Pierre Léaud. Michael Lonsdale. 3e épisode : De Fréderique à Sarah.
- 22.25 **Out One-Noli me tangere.** ■ ■
  4e épisode : De Sarah à Colin.

Document I

Le carnet du jour

One section found in many French-language newspapers is known as the **Carnet du jour.** Printed here are notices of births, marriages, and deaths, as well as thank-you notes.

Avant de lire

A. Vocabulaire. Indiquez quelle(s) expression(s) dans la colonne A correspond(ent) à quelle situation dans la colonne B.

	A	*B*
1. _____	Nous sommes très touchés de...	a. une naissance
2. _____	Nous avons la joie d'annoncer...	b. des fiançailles
3. _____	Nous prenons part à votre peine...	c. un remerciement
4. _____	Nous vous félicitons pour...	d. un décès
5. _____	M. et Mme Faure ont le bonheur de vous faire part de...	e. un mariage
6. _____	La famille Ancel a le grand regret de vous annoncer...	

B. Événements. Classez les mots suivants sous la rubrique correcte. (N.B. Une expression peut correspondre à plusieurs rubriques.)

	LES NAISSANCES	LES MARIAGES	LES DÉCÈS
la bénédiction nuptiale			
le faire-part			
les funérailles			
les fleurs			
la joie			
la messe			
le cimetière			
l'église			

Lisons

NAISSANCES

—Alain et Françoise VOLPER née PITIOT laissent à Charlotte et Justine la grande joie d'annoncer la naissance de leur petit frère
SIMON
le 5 juillet 1994. Paris Lyon.

M5329299

MARIAGES

—M. Jean GRAVIERO;
Mme Georges LOUVET;
M. et Mme Paul MERCIER;
M. et Mme Luc HARTEMANN,
ont la joie d'annoncer le mariage de leurs petits-enfants° et enfants — grandchildren
Colette et Yves
qui aura lieu° en l'église de — will take place
Grézieu-la-Varenne le vendredi 12 juillet 1994 à seize heures.

M5327305

DÉCÈS

Lyon Morancé.—
Mme Jean Ferrat;
M. et Mme Daniel Girerd;
Agathe, Amélie, Adeline, Alyette;
M. et Mme Laurent Ferrat;
Marie, Loraine, Perrine, Victoire;
M. et Mme Denis Florin;
Sybille, Laure;
M. et Mme Henri Girerd;
et la famille Recorbet,
ont le chagrin de vous faire part° — announce
du décès de

Madame Robert
FOUASSIER
née Marie-Antoinette ODIN

le 9 juillet 1994. La cérémonie religieuse sera° célébrée le jeudi 11 — will be
juillet, à quatorze heures trente, en l'église de Morancé.

M5329292

Lyon.—Le commandant Cornu son Frère, Madame et ses enfants; les familles Labat, Fillion, Schmitt, Horny, et leurs enfants; les parents et alliés, ont la douleur de vous faire part du décès de

Mademoiselle Georgette
CORNU
institutrice honoraire

Les obsèques auront lieu° le — will take place
samedi 13 juillet à neuf heures en

l'église du Sacré-Cœur, rue Charrial où le deuil se réunira°. — will gather
L'inhumation aura lieu au nouveau cimetière de la Croix-Rousse vers dix heures trente. Cet avis° tient — notice
lieu° de faire-part°. — takes the place; formal announcement
Nous remercions par avance toutes les personnes qui par leur présence, leurs envois de fleurs, leurs messages, leurs prières ont pris par° à notre peine et nous ont — shared
témoigné° leur sympathie et leur — bore witness
amitié.

S5023326

Décines, Domont, Lyon.—
Mme Emile Dubier; M. et Mme Michel Dubier et leurs enfants; M. et Mme Gérard Dubier et leurs enfants; M. Robert Malatier, ses enfants et petits-enfants; parents et amis, ont la douleur de vous faire part du décès de

Monsieur Emile Jean
DUBIER

survenu dans sa 79e année. L'inhumation aura lieu au cimetière de Décines le vendredi 12 juillet 1994 à quinze heures. Ni fleurs, ni° — neither . . . nor
couronnes°. — wreaths
Cet avis tient lieu de faire-part.
Les familles remercient par avance toutes les personnes qui prendront part° à leur peine. — will share

S5349118

REMERCIEMENTS
♦ **CARMAUX-PONT-DE-L'ARN-PE-GOMAS-SAINT-BENOIT-DE-CARMAUX.**

—Madame André FOREST; Monsieur Gérard FOREST et son fils Christophe; Monsieur et Madame Claude FOREST et leur fille Mélanie; Madame veuve° Hermine FOREST; — widow
*les familles FOREST, LACROUX, ABADIE, MORALES, MATTIO, FRESNEAU, GILI, COMBES, parents et alliés remercient bien sincèrement toutes les personnes qui ont assisté° — attended
aux obsèques de*

Monsieur André
FOREST

ainsi qui celles° qui leur ont fait — as well as those
parvenir° des marques de sympathie en — who sent them
cette douloureuse circonstance.

Avez-vous suivi?

A. Faits divers. Répondez aux questions suivantes.

1. Quelle est la profession de Mlle Cornu?
2. Quelle est la date de l'anniversaire de Simon Volper?
3. M. Dubier est mort à quel âge?
4. Qui est la sœur de Justine?
5. Qui est le père de Christophe Forest?
6. Qui est amoureux de Colette?

B. Avez-vous entendu dire que...? Choose one notice given above. Pretend the others have not seen today's paper and tell them what you read about this person, mentioning everything you can about the event and the person: age, names of relatives, occupation, etc.

C. Dates importantes. Racontez aux autres quelques dates et événements importants dans votre famille.

> MODÈLE: **Je suis né(e) le 14 août 1976.**
> **Mon grand-père/Ma grand-mère est mort(e) l'année dernière.**
> **La date de l'anniversaire du mariage de mes parents est le 19 octobre.**

Document II

L'horoscope oriental

En quelle année êtes-vous né(e)? Connaissez-vous votre signe dans l'horoscope oriental? Ce document vous explique tout!

Avant de lire

A. Quel adjectif? Quel adjectif dans la colonne de droite correspond à la définition dans la colonne de gauche?

_____	1. grossier	a. sybarite
_____	2. obstiné	b. charmant
_____	3. irrésolu	c. capricieux
_____	4. bon vivant	d. instable
_____	5. imprévisible	e. vulgaire
_____	6. charismatique	f. indécis
_____	7. rebelle	g. conformiste
_____	8. querelleur	h. têtu
_____	9. rationnel	i. objectif
_____	10. conventionnel	j. désobéissant

B. Comment êtes-vous? Donnez cinq adjectifs positifs et cinq adjectifs négatifs qui vous caractérisent.

ADJECTIFS POSITIFS	ADJECTIFS NÉGATIFS

Lisons

Consultez la liste pour trouver l'animal qui correspond à l'année de votre naissance. Ensuite, lisez votre portrait.

1945 COQ (13 février 1945 au 1er février 1946)
1946 CHIEN (2 février 1946 au 21 janvier 1947)
1947 COCHON (22 janvier 1947 au 9 février 1948)
1948 RAT (10 février 1948 au 29 janvier 1949)
1949 BUFFLE (30 janvier 1949 au 17 février 1950)
1950 TIGRE (18 février 1950 au 6 février 1951)
1951 LIEVRE (7 février 1951 au 26 janvier 1952)
1952 DRAGON (27 janvier 1952 au 14 février 1953)
1953 SERPENT (15 février 1953 au 3 février 1954)
1954 CHEVAL (4 février 1954 au 23 janvier 1955)
1955 CHEVRE (24 janvier 1955 au 11 février 1956)
1956 SINGE (12 février 1956 au 30 janvier 1957)
1957 COQ (31 janvier 1957 au 18 février 1958)
1958 CHIEN (19 février 1958 au 7 février 1959)
1959 COCHON (8 février 1959 au 27 janvier 1960)
1960 RAT (28 janvier 1960 au 15 février 1961)
1961 BUFFLE (16 février 1961 au 4 février 1962)
1962 TIGRE (5 février 1962 au 25 janvier 1963)
1963 LIEVRE (26 janvier 1963 au 13 février 1964)
1964 DRAGON (14 février 1964 au 2 février 1965)
1965 SERPENT (3 février 1965 au 21 janvier 1966)
1966 CHEVAL (22 janvier 1966 au 8 février 1967)
1967 CHEVRE (9 février 1967 au 29 janvier 1968)
1968 SINGE (30 janvier 1968 au 16 février 1969)
1969 COQ (17 février 1969 au 5 février 1970)
1970 CHIEN (6 février 1970 au 26 janvier 1971)

1971 COCHON (27 janvier 1971 au 18 février 1972)
1972 RAT (19 février 1972 au 2 février 1973)
1973 BUFFLE (3 février 1973 au 23 janvier 1974)
1974 TIGRE (24 janvier 1974 au 10 février 1975)
1975 LIEVRE (11 février 1975 au 30 janvier 1976)
1976 DRAGON (31 janvier 1976 au 17 février 1977)
1977 SERPENT (18 février 1977 au 7 février 1978)
1978 CHEVAL (8 février 1978 au 27 janvier 1979)
1979 CHEVRE (28 janvier 1979 au 15 février 1980)
1980 SINGE (16 février 1980 au 4 février 1981)
1981 COQ (5 février 1981 au 24 janvier 1982)
1982 CHIEN (25 janvier 1982 au 12 février 1983)
1983 COCHON (13 février 1983 au 1er février 1984)
1984 RAT (2 février 1984 au 19 février 1985)
1985 BUFFLE (20 février 1985 au 8 février 1986)
1986 TIGRE (9 février 1986 au 28 janvier 1987)
1987 LIEVRE (29 janvier 1987 au 16 février 1988)
1988 DRAGON (17 février 1988 au 5 février 1989)
1989 SERPENT (6 février 1989 au 26 janvier 1990)
1990 CHEVAL (27 janvier 1990 au 14 février 1991)
1991 CHEVRE (15 février 1991 au 3 février 1992)
1992 SINGE (4 février 1992 au 22 janvier 1993)
1993 COQ (23 janvier 1993 au 9 février 1994)
1994 CHIEN (10 février 1994 au 30 janvier 1995)
1995 COCHON (31 janvier 1995 au 18 février 1996)

Si vous êtes un Rat ...
vous avez du charme et de l'imagination, vous êtes prudent et très impressionnable, honnête et économe, malin° et intellectuel, indépendant et très individualiste, très romantique et passionné, généreux avec vos amis et toujours prêt à faire plaisir à vos proches ...
Mais vous êtes aussi ...
agressif et obstiné, avaricieux et thésauriseur°, inquisiteur et suspicieux, calculateur et opportuniste cherchant toujours à profiter, capable d'exploiter les autres sans vergogne°, car vous vivez sans cesse d'-expédients et devez° cacher° votre nature anxieuse et introvertie derrière un façade qui arbore° la confiance en soi ... vous êtes aussi incapable de laisser passer une occasion aux soldes°!

Si vous êtes un Buffle ...
vous êtes loyal et fiable °, honnête et économe, patient et persévérant; vous travaillez beaucoup, avec le sens des responsabilités et confiance en vous; vous êtes logique, efficace et indépendant, méthodique et bien équilibré, réaliste et difficile à provoquer, un penseur intelligent et original et un meneur° d'hommes qui met de l'ordre dans le chaos et inspire la confiance ...
Mais vous êtes aussi ...
obstiné et lent, fier° et colérique, terriblement conventionnel et conformiste, autoritaire et d'une franchise° qui frise° l'insolence; vos éclats de colère sont légendaires et impossibles à freiner°; peu attrayant°, pas du tout romantique et souvent incompris!

trustworthy
clever

leader
acquisitive

shame; proud
must hide
displays; frankness;
　borders on
rein in; attractive
bargains

Si vous êtes un Tigre ...
vous êtes impulsif et enthousiaste, plein d'humour et généreux, vif et magnétique, honorable et sincère, véhément et passionné, optimiste et pas matérialiste, puissant et audacieux, romantique et affectueux; vous dégagez une autorité naturelle et vous vous engagez sans restriction ...
Mais vous êtes aussi ...
téméraire et impétueux, désobéissant et querelleur, agité et imprudent, instable et égoïste, rebelle et exigeant°, obstiné et suspicieux, indécis et colérique voulant° toujours être le centre du monde, vous êtes difficile à vivre!

Si vous êtes un Lièvre ...
vous êtes attentionné et hospitalier, flexible et diplomate, discret et prudent, élégant et sophistiqué, sérieux et intellectuel, heureux et sociable, intuitif et circonspect, tolérant et bienveillant, honnête et franc, affable et jovial, quelqu'un qui écoute volontiers et qui aime la compagnie ...
Mais vous êtes aussi ...
hésitant et craintif°, superficiel et sentimental, imprévisible° et vite vexé, pédant et snob, subjectif et d'humeur changeante, égoïste et hédoniste, rusé° en affaires et un négociateur très adroit.

Si vous êtes un Dragon ...
vous avez beaucoup d'énergie et une stature athlétique; vous êtes fascinant et plein de vitalité, enthousiaste et impétueux, chanceux; vous réussissez vos projets. Vous êtes scrupuleux et franc, intelligent et généreux, passionné et extraverti, sûr de vous et indépendant, très dynamique, toujours dans le feu de l'action ...
Mais vous êtes aussi ...
exigeant et trop imposant, intolérant et intimidant, effronté° et présomptueux, têtu et fier, irritable et emporté, grossier° et excentrique, pas du tout romantique et très détaché et un moulin à paroles qui tombe° facilement dans l'ennui!

Si vous êtes un Serpent...
vous êtes sage° et intuitif, charismatique et attirant°, calme et réfléchi, doux et romantique, élégant et cultivé, serviable° et charmant, bien élevé° et distingué, silencieux et réservé, décidé et critique envers° vous-même et avez un goût prononcé pour le raffinement ...
Mais vous êtes aussi ...
étouffant° et collant, jaloux et possessif, froid et hostile, paresseux et malhonnête, paranoïaque et mesquin°, et un flirteur qui aime les liaisons extra-conjugales!

Si vous êtes un Cheval ...
vous êtes gai et populaire, terre à terre° et sexy, vous avez l'esprit vif et aimez la compagnie, enjoué° et plein d'énergie, entreprenant° et sociable, vous êtes agile et sportif, loyal et persuasif, vous avez l'esprit pratique et le sens des réalités, vous êtes indépendant et capable de construire votre propre sécurité et occupez toujours le devant de la scène ...
Mais vous avez aussi ...
le sang fougueux° vous êtes étourdi° et distrait, inconséquent et égocentrique, impatient et égoïste, intolérant et enclin à avoir des accès de rages infantiles, têtu et présomptueux, exigeant et imprévisible; vous manquez° d'endurance et avez peur de l'échec° et vous tirez° sans cesse des conclusions hâtives!

down to earth
playful
enterprising

demanding
wanting

fiery; scatter-brained
stubborn

lack; failure
draw

Si vous êtes une Chèvre ...
vous êtes d'une disposition douce et gentille, vous êtes compatissant° et compréhensif°, vous êtes bon et sincère, calme et flexible, heureux et généreux, gracieux et romantique, créatif et élégant, un survivant°doté° d'une grande endurance passive et un partisan qui trouvera toujours une cause à défendre ...
Mais vous êtes aussi ...
indiscipliné et irresponsable, timide et irrésolu, renfermé° et pessimiste, enjôleur° et indécis, hypersensible et attendri° sur vous-même, sybarite et dépensier, boudeur° et toujours en retard, irréfléchi et généreux avec les avoirs d'autrui, capricieux et angoissé et toujours à la recherche d'une personne autoritaire pour vous maintenir dans le droit chemin!

compassionate;
  understanding

fearful; unpredictable
survivor; endowed with
clever

withdrawn
persuasive; tender
pouter

Si vous êtes un Singe ...
vous êtes intelligent et clairvoyant, chevaleresque et sociable, responsable et décidé, enjoué, confiant et bourré de° talents, perspicace, observateur et ironique, chaleureux et plein de joie de vivre, original et inventif, objectif et rationnel, efficace et indépendant, bavard et amusant, avec un insatiable désir d'apprendre ...
Mais vous êtes aussi ...
rusé et perfide, jaloux et exigeant, hypocrite et manipulateur, vous vous sentez supérieur et êtes vindicatif, vaniteux et méchant, impatient et ambitieux, sans scrupule et violent, peu honnête et vicieux, un charlatan et un artiste de salon, imbu° de votre personne et suspicieux aux yeux de votre entourage.

filled with
bold; vulgar

falls

wise
attractive; full of
obliging
brought up

Si vous êtes un Coq ...
vous êtes courageux et indépendant, amusant et stimulant pour votre entourage, beau et populaire, efficace et doué en affaires, précis et organisé, loyal et sincère, travailleur et bourré d'énergie, vif et créatif, logique et bien informé, brave et courageux, optimiste et serviable, vous avez de l'énergie et une bonne mémoire ...
Mais vous êtes aussi ...
brusque et sans diplomatie, vantard° et opiniâtre, conservateur et puritain, raseur° et plein de bravade, un mythomane qui fait des promesses et un perfectionniste qui n'arrête pas de donner de bons conseils, facilement impressionnable par des récompenses° et des titres, incapable d'admettre que vous avez tort et vous insistez pour être toujours le premier!

suffocating; clinging
mean, stingy

boaster
bore

awards

Si vous êtes un Chien ...
vous êtes dévoué et digne de confiance, fidèle et fiable, solide et ingénieux, persévérant et responsable, généreux et attentif, vous avez de la dignité et vous êtes discret, serviable et travailleur, tolérant et terre-à-terre, noble et sans prétentions, vous inspirez confiance et vous savez écouter, vous êtes généreux et franc, le champion de la liberté aux goûts simples et un défenseur passionné de l'intégrité !
Mais vous êtes aussi ...
pessimiste et introverti, têtu et cynique, méfiant et caustique, asocial et acariâtre°, impatient et de mauvaise humeur, querelleur et mécontent, un persécuteur affligé qui fait de l'humour noir et se méfie des° étrangers.

Si vous êtes un Cochon ...
vous êtes courtois et sincère, galant et gentil, impartial et fiable, gai et impulsif, calme et pacifique, prévenant° et chevaleresque, confiant et courageux, vous avez du ressort° et savez vous appliquer, vous êtes populaire et sociable, généreux et incapable d'en vouloir à quelqu'un° ...
Mais vous êtes aussi ...
crédule et naïf, insensible et superficiel, têtu et triste, sans défense et facilement dupé, facilement séduit et incapable de dire non, enclin à traiter les avoirs° des autres comme s'il s'agissait° des vôtres°, matérialiste, simpliste et superficiel, un bon Samaritain désintéressé qui ne se soucie° pas du lendemain°!

thoughtful

spirit

blame

bitter
be distrustful of; possessions; as if it were a question of; your own is concerned about; the next day

Avez-vous suivi?

A. Juste ou faux? Consultez la liste que vous avez préparée dans la partie B ci-dessus. Quels adjectifs dans le document correspondent à votre liste? Quels adjectifs ne s'appliquent pas? Est-ce que votre portrait est plutôt juste ou faux?

B. Quel animal? Lisez la description des personnes suivantes. Ensuite, dites quel est leur animal probable.

1. D'habitude, mon patron est très rationnel, très responsable; il a une manière très ironique. Mais, il est très jaloux de sa femme et parfois il devient violent!
2. Parfois, je ne peux pas supporter le matérialisme de mon amie Judy. Mais, elle a de bonnes qualités aussi: elle est très sincère, très généreuse et elle m'écoute quand j'ai des problèmes.
3. Paul est le parfait mari! Il a beaucoup de charme, il m'apporte des fleurs et des bonbons, il est prudent et économe avec notre argent. Mais, mes amis n'apprécient pas ces qualités parce qu'il est aussi introverti...
4. Françoise? Le patron l'a congédiée *(fired her)* à cause de son manque *(lack)* de discipline, son irresponsabilité, sa timidité et son pessimisme.
5. «Solange, il est rare de trouver une femme avec ta discrétion, ta prudence, ton élégance et ta sophistication. Je t'adore!»

Activités

A. Une boum. Décrivez une de vos boums à votre partenaire. Qui avez-vous invité? Qu'est-ce que vous avez servi? Est-ce que vos invités ont apporté des cadeaux?

B. Invitations. Invitez les membres de votre groupe à faire quelque chose avec vous. Ils vont accepter ou refuser.

C. Photos. Apportez en classe des photos de votre famille, de vos amis ou des personnages célèbres. Faites une comparaison des personnes sur les photos.

D. Rencontres. Est-ce que vous sortez avec quelqu'un maintenant? Racontez la première rencontre: Qui a dragué *(flirted with)* qui? Qui a prononcé les premiers mots? Qu'est-ce que vous avez fait ensuite? Décrivez la première fois que vous êtes sorti(e) avec cette personne. Où êtes-vous allés? Qu'est-ce que vous avez fait?

Le monde francophone

Anne Williams vous parle

Je viens de Los Angeles, c'est vrai, et c'est là où j'ai commencé à étudier le français. Mais j'ai perfectionné mon français à l'Université Laval, au Québec. J'ai passé l'été là-bas, et c'était une expérience super! J'ai parlé français tout le temps; parfois, c'était difficile, parce que les Québecois emploient des mots qui n'existent pas dans le français de Paris. Et il y avait des accents qui étaient presqu'incompréhensibles pour moi! Mais, je m'y suis très vite adaptée. J'ai trouvé les Québecois charmants et très fiers° de leur culture. J'ai beaucoup voyagé: j'ai adoré le paysage° mais aussi Montréal, ville cosmopolite et pleine de vie.

proud

countryside

Les faits et la vie

Que savez-vous de la province de Québec?
Remplissez la grille suivante:

Capitale:
Les plus grandes villes:
Langues parlées:
Religion principale:
Exploré par les Français en quel siècle *(century)*?

Activités

1. Les Québecois emploient certains mots qui sont différents du français parlé en France. Que veulent dire les mots suivants? «Traduisez» en français «standard»:

   la fin de semaine:
   un chien chaud:
   un breuvage:
   un chum:

2. Quelles autres régions du Canada sont francophones?
3. Quelles sont les spécialités culinaires du Québec?
4. Que savez-vous de la situation linguistique au Québec?

Vocabulaire actif

	agaçant	*annoying, aggravating*
	agacer	*to annoy, to aggravate*
	aider	*to help*
	amener	*to bring*
un	amuse-gueule (pl. **amuse-gueule**)	*snack*
un	anniversaire	*birthday*
un	appareil ménager	*household appliance*
	arroser	*to water*
un	aspirateur	*vacuum cleaner*
	aussi... que	*as . . . as*
	avoir raison	*to be right*
un	balai	*broom*
	balayer	*to sweep*
un	biscuit sec	*cookie*
une	boum	*party*
une	bouteille	*bottle*
une	cacahuète	*peanut*
une	centaine	*around one hundred*
la	chance	*luck*
◇	Chapeau!	*Congratulations!*
	chic	*nice*
des	chip	*potato chips*
un	chocolat	*chocolate*
◇	chouette	*nice, great*
◇	cochon	*sloppy*
la	colère	*anger*
	couper	*to cut*
une	cuisinière	*stove*
	débarrasser	*to clear*
	De rien!	*You're welcome!*
le	désordre	*disorder*
la	déveine	*bad luck*
	dire	*to say*
une	dizaine	*around ten*
une	douzaine	*dozen*
◇	embêtant	*annoying, aggravating*
◇	embêter	*to annoy, to aggravate*
	énervant	*annoying, aggravating*
	énerver	*to annoy, to aggravate*
	ennuyeux	*boring*
	espérer	*to hope*

	être en colère	*to be angry*
	faire la cuisine	*to cook*
	faire la lessive	*to do laundry*
	faire la vaisselle	*to do the dishes*
	faire une tête	*to be angry, to be unhappy*
	Félicitations!	*Congratulations!*
	féliciter	*to congratulate*
un	fer à repasser	*iron*
une	fleur	*flower*
	formidable	*terrific*
un	frigo	*refrigerator*
	furieux(-euse)	*angry, furious*
un	gâteau	*cake*
	gâter	*to spoil*
	Il n'y a pas de quoi!	*You're welcome!*
un(e)	invité(e)	*guest*
	inviter	*to invite*
	Je t'en prie!/Je vous en prie!	*You're welcome!*
un	jus	*juice*
	laver	*to wash*
un	lave-vaisselle	*dishwasher*
une	machine à laver	*washing machine*
	meilleur	*better, best*
	mettre	*to put, to place, to put on*
	moins... que	*less . . . than*
	nettoyer	*to clean*
une	olive	*olive*
	parfait(e)	*perfect*
la	part	*behalf*
	passer l'aspirateur	*to vacuum*
	pénible	*annoying, difficult*
une	plante	*plant*
	plus... que	*more . . . than*
du	punch	*punch*
	quelqu'un	*someone*
une	quinzaine	*around fifteen*
	ranger	*to straighten up, to clean up*
	ravi(e)	*delighted*
	remercier	*to thank*
	rencontrer	*to meet*
	renverser	*to spill, to tip over*

	repasser	*to iron*	un(e)	veinard(e)	*someone who is lucky*
	savoir	*to know*			
un	séchoir	*dryer*	la	veine	*luck*
	seul(e)	*alone*		vide	*empty*
	tout(e) (m.pl.	*all*	une	vingtaine	*around twety*
	tous)		une	vitre	*windowpane*
	tout de suite	*immediately*		vouloir dire	*to mean*

CHAPITRE 9

Le mystère continue

Situation 1

La réapparition° de Mme X

reappearance

ANNE: Je l'ai vue, ce matin, quand je sortais. Un taxi l'attendait° devant l'immeuble.

was waiting for her

MME BORDIER: Qui ça?

ANNE: Mme X!

MME BORDIER: Alors, tu l'as saluée, au moins°.

at least

ANNE: Oh, je n'ose pas! Elle a l'air tellement inaccessible! Ce matin, elle était habillée tout en noir.

MME BORDIER: Elle est peut-être en deuil.

ANNE: Je ne pense pas. Elle était très maquillée, et littéralement couverte de bijoux! À sept heures du matin! Mais où est-ce qu'elle allait? Est-ce qu'elle partait en vacances? Mais elle n'avait pas de valises. Est-ce qu'elle...

MME BORDIER: Vraiment, Anne! Tu commences à ressembler à Mme Chevalley!

Avez-vous suivi?

1. Qui est-ce qu'Anne a vu?
2. Qu'est-ce qui l'attendait devant l'immeuble?
3. Est-ce qu'Anne l'a saluée? Pourquoi ou pourquoi pas?
4. Comment est-ce qu'elle était habillée?
5. À quelle heure est-ce qu'elle est partie?
6. À qui est-ce qu'Anne commence à ressembler? Pourquoi?

Autrement dit

La personnalité

(−)	≠ (+)
Elle a l'air tellement inaccessible!	accessible
distante	chaleureuse *(warm- hearted)*
froide	gentille
arrogante	sympathique
prétentieuse	◇ sympa
introvertie	extravertie *—outgoing*
timide	détendue ⎫ *relaxed,*
complexée	décontractée ⎭ *easygoing*
insecure	◇ relaxe *relaxed, easygoing*
	drôle ⎱ *funny*
	◇ marrante
Elle a un mauvais sens de l'humour.	un bon sens de l'humour
Elle est de mauvaise humeur.	de bonne humeur

Les grands événements de la vie

Madame Chevalley parle de ses locataires...

Les fiançailles
Mademoiselle Oudin au troisième? Oui, j'ai vu qu'elle porte une **bague de fiançailles** maintenant. Elle m'a dit qu'elle **est fiancée.** Son **fiancé?** Je n'ose pas demander.

Le mariage
Monsieur Charpentier? Votre voisin? Oh, bien sûr qu'il **est marié.** Vous n'avez pas vu son **alliance?** Sa **femme** s'appelle Françoise.

M. Péreira n'est pas marié; il est **célibataire.**

Le divorce
Madame Colbert au deuxième? Elle est **divorcée.** Son **ex-mari** est Michel Lefèbre, le célèbre commentateur à la télé.

Les funérailles
Mme X? Habillée tout en noir? Elle est peut-être° **en deuil.** Et moi, je suis une pauvre **veuve.** Mon cher° mari est mort dans un accident de route.   perhaps
veuf (m)   dear

Au mariage

Tous mes vœux de bonheur.
        compliments

Aux funérailles

Toute ma sympathie.
Je te/vous présente mes condoléances.
J'ai beaucoup de peine pour toi/vous.

Pratique et conversation

A. **Qu'est-ce que vous dites?** Décrivez les photos. Qu'est-ce qu'on dit dans ces situations?

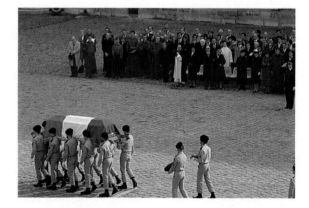

B. **Les personnalités.** Donnez une description des personnes suivantes.

1. Vous parlez à quelqu'un et l'autre personne ne vous regarde pas.
2. Vous avez réussi à un examen et votre camarade vous félicite.
3. Vous êtes très triste et votre ami vous console.
4. Vous êtes avec un(e) ami(e) à une boum et votre ami(e) hésite à parler avec les autres.
5. Vous avez sali *(dirtied)* la veste de votre camarade et il dit que ce n'est rien.
6. Votre petit frère amuse tout le monde à votre surprise-partie.

C. Décrivez-vous. Comment êtes-vous quand vous êtes de bonne humeur? de mauvaise humeur? Qu'est-ce que vous faites et dites?

Structure I

Describing in the past
The imperfect I

a. French has several past tenses. You have already studied the **passé composé.** In this chapter, you will learn the imperfect **(l'imparfait).**

b. The **passé composé** is used to recount past events and actions. It is used to tell what happened.

Hier, **j'ai vu** Madame X. Elle **est partie** très tôt et elle **est rentrée** très tard.

c. The imperfect is used to describe people and places in the past.

Ce matin, elle **était** habillée en noir.
Elle **était** très maquillée.

d. Not only is the imperfect used for physical descriptions, but it is used also to describe states of mind in the past.

J'avais envie de manger.
Elle **voulait** partir.

e. To form the imperfect of any verb except **être,** drop the **-ons** of the **nous** form in the present tense, and add the endings indicated below.

THE IMPERFECT			STEM + ENDING	
J'	**avais**	l'air timide.	av	ais
Tu	**avais**	peur.	av	ais
Il	**avait**	besoin de conseils.	av	ait
Nous	**avions**	soif.	av	ions
Vous	**aviez**	l'air relax.	av	iez
Elles	**avaient**	chaud.	av	aient

f. Note the forms of stem-changing verbs in the imperfect.

Je préférais...
Je payais...
J'achetais...

In the conjugation of **manger** and **commencer,** the final consonant of the stem is modified before endings that begin with **a:**

Je mang**e**ais...   Tu commen**ç**ais...
Ils mang**e**aient...   Elle commen**ç**ait...

but: but:

Nous mangions...   Nous commencions...
Vous mangiez...   Vous commenciez...

g. **Être** has an irregular stem in the imperfect, **ét-**, to which the regular imperfect endings are added: **j'étais, tu étais,** etc.

Pratique et conversation

A. Quand j'étais jeune... Mettez les phrases suivantes à l'imparfait.

1. Il /faire/ souvent beau au printemps.
2. Notre appartement /être/ très petit.
3. Je /avoir/ les cheveux blonds.
4. Mon petit frère /être/ méchant.
5. Je ne... pas /vouloir/ parler aux adultes.
6. Je /avoir/ beaucoup de copains.
7. Ils /être/ très sympathiques.
8. Mon père /aimer/ faire du jardinage.

B. Interview. Comment était votre partenaire quand il/elle était jeune? Composez des phrases pour lui demander s'il/ elle...

1. avoir/un chat/un chien.
2. être/méchant(e).
3. être/introverti(e) ou extraverti(e).
4. avoir/une belle chambre. Comment était-elle?
5. vouloir/être médecin.

C. Personnalités. Décrivez ces personnes.

1. un professeur qui vous a beaucoup influencé(e)
2. votre premier/première petit(e) ami(e) *(boyfriend/girlfriend)*
3. une personne avec qui vous êtes sorti(e) et que vous n'avez pas du tout aimé(e)

Structure II

Talking about ongoing past actions
The imperfect II

a. The imperfect is also used to talk about actions in progress in past time, that is to say, what was happening.

Un taxi l'**attendait** devant l'immeuble.
A taxi was waiting for her in front of the apartment building.
Où est-ce qu'elle **allait?**
Where was she going?

b. When used in conjunction with the **passé composé,** the imperfect describes the scene whereas the **passé composé** advances the action of the narration.

> Je l'**ai vue** (event: what happened) quand je **sortais** (an ongoing action: what was happening).
> Quand je **suis arrivée** (event: what happened), elle **parlait** au téléphone (an ongoing action: what was happening).

Pratique et conversation

A. Actions interrompues. Complétez ces phrases de Mme Chevalley.

MODÈLE: Mme X /sortir/ quand il /commencer à/ pleuvoir
Mme X sortait quand il a commencé à pleuvoir.

1. Pataud / dormir/ dans un fauteuil quand M. Bordier / entrer.
2. Je / parler / avec M. Péreira quand les Silvestri / partir.
3. Nous / discuter / du mauvais temps quand vous / appeler.
4. Jean-Philippe et Sylvie / préparer un repas / quand Mme Bordier /arriver.
5. Vous / jouer aux cartes / quand vous / voir / Mme X.
6. Mme Bordier / bavarder/ quand Mme X / partir / dans le taxi.

B. Quelle boum! Hier soir Jean-Philippe a raconté l'histoire de sa boum à Anne. Mettez ces phrases au passé composé ou à l'imparfait, comme il faut.

1. Tous mes copains apportent des cadeaux.
2. Tout le monde est très gai.
3. Patrick arrive avec son chien.
4. Vous n'êtes pas dans la salle.
5. Mais son chien a un accident sur le tapis.
6. Maman fait une de ces têtes.
7. Heureusement tous mes copains m'aident à nettoyer l'appartement.

En contexte

Une boum inoubliable. Racontez une de vos boums inoubliables. Quelle était l'occasion de la fête? Qui était là? Comment étaient vos invités? Qu'est-ce que vous avez préparé? reçu?

Une situation gênante. Décrivez une situation où vous avez été très embarrassé(e). Racontez tout!

Situation 2

Conversation au téléphone

ANNE:	Allô, allô,... Ah, je n'entends pas°. Qui est à l'appareil?
LE CORRESPONDANT:	Allô, pourrais-je parler à M. Charles Bordier, s'il vous plaît?
ANNE:	C'est de la part de qui?
LE CORRESPONDANT:	D'un ami d'enfance.
ANNE:	Bon, je vais voir s'il est là. Ne quittez pas... Non, il vient de partir et je ne sais pas à quelle heure il va rentrer.
LE CORRESPONDANT:	Dommage, ah, c'est dommage. Est-ce que vous pouvez lui dire que Gérard Depuy a téléphoné?
ANNE:	Bien, Monsieur.
LE CORRESPONDANT:	Mais, je viens de retrouver son numéro de téléphone au bureau. Je vais essayer de lui téléphoner là-bas. Au revoir, Mademoiselle, merci.
ANNE:	Je vous en prie, au revoir, Monsieur.

I can't hear.

Avez-vous suivi?

1. Qui a téléphoné?
2. À qui est-ce qu'il voulait parler?
3. Est-ce que M. Bordier était là?
4. Où est-ce que le correspondant allait téléphoner?
5. Quand on répond au téléphone, qu'est-ce qu'on dit?

Autrement dit

Pour répondre au téléphone

Allô.
Agence Inter-Voyages, allô.
Cabinet du docteur Bassan, allô.

Pour demander votre correspondant

Est-ce que je pourrais parler à M. Péreira?

Pour demander l'identité du correspondant

C'est de la part de qui?
Qui est à l'appareil?
C'est toi, Jean-Philippe?

Pour s'identifier

C'est Mme Bordier à l'appareil.
Ici Charles Bordier.

Pour aller chercher la personne demandée

Ne quittez pas.
Je vous le/la passe.

Quand le demandé n'est pas là

Est-ce que je pourrais laisser un message?

Un faux numéro

Vous avez un faux numéro.

Pratique et conversation

A. Au téléphone. Indiquez quelle formule correspond à quelle action. Plusieurs formules peuvent correspondre à une seule action.

A	*B*
1. ___ C'est de la part de qui?	a. Vous demandez l'identité du correspondant.
2. ___ Allô. Qui est à l'appareil?	
3. ___ Ne quittez pas.	b. Vous allez chercher la personne demandée.
4. ___ Cabinet du docteur Quelotte, allô.	c. Vous vous excusez.
5. ___ Je vous le/la passe.	
6. ___ Vous avez un faux numéro.	d. Vous répondez au téléphone.

B. Conversations. Complétez les dialogues suivants.

1. Allô.

   _____?

   C'est de la part de qui?

   _____

   Ne quittez pas, je vous le passe.
2. Est-ce que je pourrais parler à Nicole?

   _____

   Pardon!
3. Agence Inter-Voyages, allô.

   _____?

   Qui est à l'appareil?

   _____

   Ne quittez pas. _____

C. Est-ce que je pourrais parler à... ? Inventez les conversations suivantes avec un(e) partenaire.

1. Téléphonez à un(e) ami(e) et invitez-le/la au cinéma.
2. Téléphonez à l'Agence Inter-Voyages et demandez Mme Bordier. (Si elle n'est pas là, laissez un message!)
3. Téléphonez à votre professeur et expliquez pourquoi vous n'étiez pas en classe.
4. Téléphonez à la boutique *Chaussurama* et demandez s'ils ont des soldes en ce moment.
5. Téléphonez à votre secrétaire et demandez vos messages.

Structure III

Referring to someone already mentioned
Indirect object pronouns *lui, leur*

a. The third-person singular indirect object pronoun is **lui**. **Lui** is used to replace both masculine and feminine nouns.

   Est-ce que vous pouvez dire **à M. Bordier** que Gérard Depuy a téléphoné?
   Est-ce que vous pouvez **lui** dire que Gérard Depuy a téléphoné?
   Je vais essayer de téléphoner **à M. Bordier** là-bas.
   Je vais essayer de **lui** téléphoner là-bas.

b. The third-person plural indirect object pronoun is **leur.** It is also used to replace both masculine and feminine nouns.

   J'ai donné des cadeaux **aux enfants.**
   Je **leur** ai donné des cadeaux.
   Sylvie téléphone **à toutes ses amies.**
   Sylvie **leur** téléphone.

c. Remember that object pronouns are always positioned in front of the verb of which they are the object.

d. As these examples illustrate, a noun used as an indirect object is always preceded
   by the preposition **à.** The following verbs may be followed by indirect objects in
   French.

conseiller quelque chose à quelqu'un   to advise
dire quelque chose à quelqu'un
donner quelque chose à quelqu'un
obéir à quelqu'un
parler à quelqu'un
raconter quelque chose à quelqu'un   to tell
ressembler à quelqu'un   to resemble
téléphoner à quelqu'un

OBJECT PRONOUNS: SUMMARY		
	Direct Object Pronouns	*Indirect Object Pronouns*
	Singular	*Singular*
1st person	**me (m')**	**me (m')**
2nd person	**te (t')**	**te (t')**
3rd person	**le (l'), la (l')**	**lui**
	Plural	*Plural*
1st person	**nous**	**nous**
2nd person	**vous**	**vous**
3rd person	**les**	**leur**

Pratique et conversation

A. Les Bordier. Remplacez les compléments indirects en italique par des pronoms.

MODÈLE: Un ami d'enfance téléphone *à M. Bordier.*
         Un ami d'enfance lui téléphone.

1. Les Silvestri ont téléphoné *à M. et Mme Bordier.*
2. Mme Chevalley conseille *à Sylvie* de ne pas jouer dans la rue.
3. Ses copains ont apporté beaucoup de cadeaux *à Jean-Philippe.*
4. Mme Chevalley a raconté des histoires *à Mme Bordier.*
5. Est-ce que vous avez l'intention de téléphoner *à votre ami* maintenant, M.
   Bordier?
6. Et toi, Jean-Philippe, est-ce que tu vas téléphoner *à Monique?*
7. Sylvie dit *à Pataud* de ne pas sortir.

B. Conseils souvent répétés. Quels conseils donnez-vous aux personnes suivantes?

MODÈLE: Sylvie ne réussit pas dans le cours de maths.
   Je lui conseille d'étudier.

1. Jean-Philippe et Pierre ont besoin d'argent.
2. Anne veut acheter un cadeau pour les Bordier.
3. Mme Bordier et Mme Chevalley veulent savoir qui est Mme X.
4. Madeleine mange trop.
5. Mme Chevalley est indiscrète.

C. Interview. Demandez à votre partenaire...

1. à qui il/elle a téléphoné hier, et pourquoi il/elle a téléphoné à cette personne.
2. à qui il/elle a donné des conseils, et quels conseils il/elle a donnés à cette personne.
3. s'il/si elle ressemble beaucoup à son père/sa mère.
4. s'il/si elle obéit toujours à ses parents/à ses professeurs.
5. à qui il/elle a menti, et pourquoi il/elle a menti à cette personne.
6. à qui il/elle a parlé hier, et pourquoi il/elle a parlé à cette personne.

Structure IV

Expressing everyday activities
The verb *venir*

	VENIR *(TO COME)*			STEM + ENDING	
	Je	**viens**	dans un instant.	vien	s
	Tu	**viens,**	Sylvie?	vien	s
Present	Elle	**vient**	tout de suite.	vien	t
	Nous	**venons**	à l'université.	ven	ons
	Vous	**venez**	maintenant?	ven	ez
	Ils	**viennent**	avec leurs amis.	vienn	ent
Passé	Je	**suis venu(e)**	à l'heure.		
Composé	Elles	**sont venues**	en retard.		

A. Les invités. Qui vient célébrer l'anniversaire de Jean-Philippe? Faites des phrases avec le verbe **venir.**

1. Monique/avec Paul
2. ses copains/avec leurs amis
3. nous/avec nos cadeaux
4. vous/avec Susanne
5. je/avec le professeur
6. Anne et Sylvie/avec Pataud

B. Le lendemain. *(The next day.)* Jean-Philippe parle de son anniversaire à son oncle. Mettez les phrases de l'activité A au passé composé.

C. Interview. Demandez à votre partenaire...

1. à quelle heure il/elle est venu(e) à l'université.
2. qui est venu en retard au cours de français.
3. qui est venu à sa fête d'anniversaire l'année dernière.
4. qui est venu chez lui/elle le week-end dernier.
5. s'il/si elle va venir au cours demain.

Structure V

Talking about recent past events

Venir de + infinitive → to have just done something

To talk about what just happened, use the present tense of **venir** + **de** + infinitive.

M. Bordier **vient de partir.**	*Mr. Bordier has just left.*
Nous **venons d'arriver.**	*We have just arrived.*

Pratique et conversation

A. Mme Chevalley sait tout. Complétez les observations de Mme Chevalley. Utilisez ces suggestions ou employez votre imagination.

> MODÈLE: Pataud   venir de   traverser...
> **Pataud vient de traverser la rue.**

Mme X		voir...
Les Silvestri		faire...
Marie et Christine		parler avec...
Mme Ibn Hassam et moi	venir de	téléphoner à...
M. Péreira		recevoir...
Sylvie et toi		acheter...
M. Bordier		réussir à...

B. Non, elle vient de partir. Répondez **non** aux questions suivantes. Utilisez **venir de** dans votre réponse.

> MODÈLE: Est-ce que Mme Bordier est toujours *(still)* là?
> **Non, elle vient de partir.**

1. Est-ce que vous travaillez toujours?
2. Est-ce que Mme Chevalley est chez elle?
3. Est-ce que Mme X est toujours absente?
4. Est-ce que Jean-Philippe est toujours au lycée?
5. Est-ce que Pataud est toujours dehors *(outside)*?

En contexte

Un(e) ami(e) ennuyeux(-euse). Your roommate has instructed you that he/she doesn't wish to speak to a certain "friend," and that if this person should call, you are to make up an excuse as to why your roommate cannot come to the phone. The "friend" calls four times! Each time, you tell a different story. Role-play the situation.

Situation 3

Autrefois... → *expression that refers to the past*
"Formerly"

{Dans l'entrée de l'immeuble}

MME BORDIER:	Bonjour, Madame Chevalley, il n'y a rien pour moi?
MME CHEVALLEY:	Non, Madame Bordier, mais le facteur° n'est pas encore passé ce matin. Par contre°, j'ai eu la visite d'un agent de police.
MME BORDIER:	Toujours à cause de ce cambriolage?
MME CHEVALLEY:	Eh oui! Ah! Le monde a bien changé, Mme Bordier. Dans le temps, il y avait moins de vols qu'aujourd'hui. Il y avait moins de violence, moins de crime... Les gens étaient plus civilisés, plus polis. De nos jours, c'est bien triste. Personne n'est honnête. Tenez, par exemple, autrefois, je laissais souvent la porte d'entrée ouverte, comme ça, pour voir un peu mes locataires. Mais aujourd'hui, on ne peut plus... alors je regarde par la fenêtre.

° a mailman

On the other hand

Avez-vous suivi?

1. Où est Mme Chevalley?
2. Est-ce qu'il y a quelque chose pour Mme Bordier?
3. Qui n'est pas encore passé?
4. Pourquoi est-ce que Mme Chevalley a eu la visite d'un agent de police?
5. Comment est-ce que le monde a changé?
6. Autrefois, comment étaient les gens?

7. Est-ce que Mme Chevalley laisse souvent la porte d'entrée ouverte? Pourquoi ou pourquoi pas?
8. Qu'est-ce qu'elle fait pour voir un peu ses locataires?

Autrement dit

Les services publics

J'ai eu la visite d'un agent de police.

un détective	
un pompier	*fireman*
un(e) assistant(e) social(e)	*social worker*

Les crimes...   ... et les criminels

un vol	*theft*	un voleur
un cambriolage	*break-in*	un cambrioleur
un meurtre	*murder*	un meurtrier
une agression	*mugging*	un agresseur
la délinquance juvénile	*juvenile delinquency*	un délinquant juvénile

Les problèmes de la société

l'inflation	
le chômage	*unemployment*
la pollution	
les impôts	*taxes*

Les mœurs... (pronounce "s") morals) manners / customs

	mas. plu.	≠
Autrefois, les gens étaient plus **polis.**		**impolis**
	honnêtes	malhonnêtes
	responsables	irresponsables
	respectueux	irrespectueux
	travailleurs	paresseux

Pratique et conversation

A. Problèmes. Nommez le problème ou la personne qui correspond aux descriptions suivantes.

1. Les jeunes qui font des crimes sont des _____.
2. Les gens qui n'ont pas de travail sont au _____.
3. L'eau et l'air ne sont pas purs; c'est _____.
4. Les gens qui prennent les objets des autres sont des _____.
5. Les prix augmentent; c'est l'_____.

B. Plus ou moins? Dites si les problèmes suivants sont plus ou moins sérieux ou fréquents qu'autrefois, et essayez d'expliquer pourquoi.

> MODÈLE: agressions
> **Il y a plus d'agressions maintenant parce qu'il y a plus de chômage.**

1. délinquance
2. maladies
3. impôts
4. pollution
5. chômage
6. meurtres

C. Je vais appeler... Qui faut-il appeler dans les situations suivantes? Utilisez les expressions ci-dessus et d'autres mots de vocabulaire que vous avez étudiés.

1. vous venez d'être agressé(e)
2. vous venez d'être cambriolé(e)
3. votre chat est dans un arbre *(tree)*
4. le professeur de votre fils vous dit qu'il est mal discipliné
5. votre enfant est malade
6. vous êtes accusé(e) d'un crime
7. vous voulez partir en vacances
8. vous voulez construire une nouvelle maison

D. Mme Chevalley et Mme Bordier. Mrs. Chevalley is complaining about life today and reminisces about the good old days. Mrs. Bordier offers explanations, advice, or sympathy. Role-play the situation.

Structure VI

Talking about the way things used to be
The imperfect III

a. Another use of the imperfect is to tell how things used to be, or what you used to do in the past.

> Dans le temps, il y **avait** moins de vols qu'aujourd'hui.
> *In the past, there used to be fewer thefts than today.*
> Autrefois, je **laissais** souvent la porte d'entrée ouverte.
> *In the past, I used to leave the front door open.*

b. Adverbs frequently suggest which tense you will use. Those suggesting habitual past action are: **autrefois, toujours, souvent, tout le temps, fréquemment.** The imperfect is usually used with these adverbs.

> Mme Chevalley **laissait toujours** sa porte ouverte.
> En été, il **allait souvent** à la plage.

Those which suggest completed past actions are: **hier, la semaine dernière, hier soir, ce matin.** The **passé composé** is usually used with these adverbs.

Hier, j'ai fait la lessive.
Ce matin, Mme Bordier **est partie** à huit heures.

c. The chart below summarizes the uses of the **passé composé** and the imperfect.

PASSÉ COMPOSÉ	IMPERFECT
What happened? (Completed past actions)	**What was the state of affairs?** (Descriptions of people, places, and states of mind in the past) **What was happening?** (Ongoing past action) **What used to happen?** (Habitual past action)

Pratique et conversation

A. La journée de Mme Chevalley. Complétez ce paragraphe avec l'imparfait ou le passé composé des verbes entre parenthèses.

Je _ai passé_ (passer) une journée infernale. D'abord, un agent de police _est venu_ (venir) à cause de ce cambriolage. Moi, je _étais_ (être) très nerveuse, mais je ne _avais_ (avoir) rien à cacher! Et puis, il y _a_ (avoir) encore des histoires avec cette Mme X. Mais franchement! Hier, par exemple, elle _est partie_ (partir) à sept heures du matin et elle ne _est rentrée_ pas (rentrer) le soir. Puis, elle _est revenue_ (revenir) ce matin à neuf heures. Quand elle me _m'a vue_ (voir), elle me _a dit_ (dire) bonjour, sans explications, comme ça! Ah, je vous assure! Et puis ce M. Péreira! Je _parlais_ (parler) avec Mme Silvestri quand il _est entré_ (entrer). Il _portait_ (porter) des pots de peinture avec lui. Je lui _a demandé_ (demander): «Mais qu'est-ce que vous allez faire avec cette peinture?» Il m' _a dit_ (dire): «Je vais peindre mon appartement en violet.» Mais quelle idée! La vie est bien différente de nos jours. Quand je _étais_ (être) jeune, il y _avait_ (avoir) beaucoup moins de problèmes, je vous le jure. Autrefois, je _laissais_ (laisser) ma porte ouverte, je _parlais_ (parler) à tout le monde. Impossible aujourd'hui. Il y a des criminels et des délinquants partout!

B. Et votre vie? Demandez à votre partenaire...

1. s'il/si elle voulait sortir hier soir.
2. où il/elle voulait aller et pourquoi.
3. à quelle heure il/elle est parti(e) ce matin.

Structure VII

Talking about everyday activities
Regular *-re* verbs

	RÉPONDRE *(TO ANSWER)*			STEM + ENDING	
Present	Je	**réponds**	à la question.	répond	s
	Tu	**réponds**	à sa lettre.	répond	s
	Personne ne	**répond.**		répond	
	Nous	**répondons**	immédiatement.	répond	ons
	Vous	**répondez**	à la porte.	répond	ez
	Elles	**répondent**	en français.	répond	ent
Passé Composé	J'	**ai répondu**	à sa question.		
Imperfect	Elle	**répondait**	toujours à mes questions.		

You have seen some irregular verbs which end in **-re.** A small group of regular verbs also end in **-re.** Among them are:

répondre à	*to answer*
attendre	*to wait (for)*
entendre	*to hear*
vendre	*to sell*
perdre	*to lose*
rendre quelque chose	*to return something*
rendre visite à quelqu'un	*to visit someone*

Pratique et conversation

A. Activités. Mettez les phrases suivantes au présent.

1. Mme Chevalley et Anne/attendre/l'arrivée de Mme X.   *attendent*
2. Je/répondre/tout de suite aux lettres.   *réponds*
3. Nous/entendre/des nouvelles intéressantes.   *entendons*
4. Tu/attendre/toujours des colis *(packages)*!   *attends*
5. On/vendre/des journaux.   *vend*

B. Un coup de téléphone inattendu. Mettez les phrases suivantes au passé. Utilisez le passé composé ou l'imparfait.

Hier soir, je _____ *(dormir) tranquillement, quand soudain, ma femme*

me _____ *(réveiller).*

—Je _____ (entendre) quelque chose.

—Moi, je _____ (ne... rien entendre), alors, laisse-moi dormir.

—Ce _____ (être) le téléphone, je pense.

—Tu _____ (répondre)?

—Non, je _____ (avoir) trop peur.

—Peur du téléphone? Mais voyons...

—Ce n'est pas amusant... écoute!

Driiiing!

—*Ce _____ (être) effectivement le téléphone. Je _____ (répondre).*

—Allô.

—Allô, bonsoir, Monsieur. J'appelle au sujet de votre petite annonce. Vous

_____ (vendre déjà) votre appartement?

—Non, mais vous appelez bien tard.

—Je _____ (essayer) plus tôt, mais la ligne _____ (être)

occupée. Je _____ (attendre) peut-être un peu trop pour rappeler...

C. Interview. Demandez à votre partenaire s'il/si elle...

1. répond toujours aux lettres de ses amis.
2. attend le prochain *(next)* examen avec impatience.
3. attend les vacances.
4. a entendu des nouvelles intéressantes récemment.

Compréhension auditive

À LA RADIO

Avant d'écouter I

A. Renseignez-vous. Le réseau de radio national s'appelle «Radio France». Il consiste en cinq stations: **France-Inter** diffuse de la musique, des jeux et des informations; **France-Culture** diffuse des conférences et des discussions littéraires et culturelles, ainsi que *(as well as)* des concerts de musique classique et moderne; les émissions de **France-Musique** sont consacrées à la musique tandis que *(while)* **France-Info** diffuse des informations; **Radio 7** est une station pour les jeunes. Il existe aussi des stations indépendantes (les bandes F. M.). Très souvent, ces stations ont un intérêt politique, religieux ou social.

B. Les faits divers. Plus tard dans ce chapitre, vous allez lire des faits divers concernant un accident de la route et un meurtre. Dans cette émission on relate le même genre d'incidents. Avant d'écouter le premier reportage, lisez rapidement l'article à la page 241. Trouvez les mots dans l'article qui signifient:

1. quelqu'un qui n'est plus en vie_____
2. voyager en voiture _____
3. une mesure de vitesse *(speed)* _____

C. Encore du vocabulaire. Trouvez la définition dans la colonne de droite qui correspond au mot dans la colonne de gauche.

1. _____ être au volant d'une voiture	a. frapper
2. _____ percuter	b. être dans une voiture
3. _____ être à bord d'une voiture	c. ne pas être blessé
4. _____ être indemne	d. conduire une voiture

Écoutons I

A. Le sens général. Écoutez le reportage suivant une fois. De quoi s'agit-il, en général?

_____

_____

B. Les détails. Avant d'écouter une deuxième fois, lisez les questions ci-dessous. Maintenant, écoutez de nouveau et essayez de trouver les réponses à ces questions.

1. Où est-ce que l'accident a eu lieu *(took place)*?

_____

2. Quand est-ce que l'accident a eu lieu?

_____

3. Combien de morts est-ce qu'il y a eu?

_____

4. Est-ce que c'était la voiture du chauffeur?

_____

5. À quelle vitesse est-ce que le chauffeur roulait?

_____

6. Quelle était la nationalité des victimes?

_____

7. Est-ce que le chauffeur a été blessé?

_____

Avant d'écouter II

A. Un autre reportage. Vous allez écouter un autre incident. Avant de l'écouter, relisez l'article à la page 242. Trouvez les mots qui signifient:

1. tuer _____

2. tirer un coup de revolver_____

3. une dispute_____

B. Encore du vocabulaire. Trouvez la définition dans la colonne de droite qui correspond au mot dans la colonne de gauche.

1. _____ un tenancier
2. _____ paisible
3. _____ consommer
4. _____ un établissement
5. _____ une carabine
6. _____ prévenir

a. contacter
b. un fusil
c. une entreprise
d. harmonieux
e. un propriétaire
f. prendre une boisson

Écoutons II

A. Le sens général. Écoutez ce deuxième reportage une fois. De quoi s'agit-il, en général?

_____

_____

B. Les détails. Avant d'écouter une deuxième fois, lisez les questions ci-dessous. Maintenant, écoutez de nouveau et essayez de trouver une réponse à ces questions.

1. Où est-ce que la bagarre a eu lieu?

_____

2. Combien de morts est-ce qu'il y a eu?

_____

3. Qui a tiré sur qui?

_____

4. Pourquoi?

_____

5. Quel âge avaient les hommes qui ont été tués?

_____

6. Qui a prévenu la police?

_____

Pratique et conversation

A. Des faits divers. Faites le reportage d'un crime sensationnel qui a eu lieu dans votre région. Racontez tous les détails!

B. L'enquête. Vous avez été chargé(e) de l'enquête *(investigation)* du deuxième crime. Interviewez le propriétaire et la femme qui accompagnait les deux hommes tués. Essayez de trouver les motifs de la dispute et pourquoi le propriétaire a tué ses clients.

Document I

Imprudence: un mort

A section of the newspaper that is of particular interest to local residents is known as the **Faits divers** or *News in Brief.* In this section you are likely to encounter news on any subject of local interest, as illustrated by the following two articles.

Avant de lire

A. Les accidents. Nommez quelques causes d'accidents de voiture. Regardez le titre de cet article. Pouvez-vous deviner la cause de cet accident?

B. Un accident sur la route. Choisissez la définition correcte pour les mots suivants.

1. _____ une imprudence
2. _____ le conducteur
3. _____ rouler
4. _____ une route communale
5. _____ les données
6. _____ la concubine
7. _____ domicile
8. _____ être blessé

a. les circonstances, les faits
b. un mot pour indiquer l'adresse d'une personne
c. la femme avec qui on habite
d. la rue principale municipale
e. la personne qui conduit *(drives)* la voiture
f. être frappé d'un coup qui fait une fracture ou contusion
g. voyager en voiture
h. une action faite sans précaution

Lisons

> ### Saint-Paul-de-Jarrat
>
> ---
>
> ### Imprudence
>
> Ils étaient sept dans la voiture. Le conducteur, selon° les témoins°, roulait à plus de 100 km/h sur une simple route communale. Les données de l'accident survenu° samedi, à 21 h 30, à Saint-Paul-de-Jarrat (Ariège), sur la R.N. 20, que nous relations dans notre édition d'hier, expliquent aisément° son bilan°. Le conducteur, Thierry Mathieu, 20 ans, de Garges-les-Gonesses (92), a été tué° sur le coup°. Sa concubine, Brigitte Gauthier, ainsi que deux passagères, domiciliées à Colomiers (31), Elisabeth Iamundo et Muriel Vezin, âgées de 25 ans, ont été grièvement blessées. Quant aux° trois enfants qui étaient dans la Renault 5, ils n'ont été que légèrement atteints°.

according to
witnesses

which happened

easily; toll

killed; immediately

As for

they were only slightly injured

Avez-vous suivi?

A. Les circonstances. Répondez aux questions.

1. Combien de personnes étaient dans la voiture?
2. Sur quelle route est-ce que l'accident a eu lieu *(took place)*?
3. Qui était le conducteur? Quel âge avait-il?
4. Combien de passagers ont été blessés? tués?
5. Quelle marque *(brand)* de voiture est-ce qu'on conduisait?
6. Est-ce que les enfants ont été grièvement blessés?
7. À quelle vitesse *(speed)* est-ce qu'on roulait?

B. Un témoin. You were one of the witnesses to this accident. Tell the police what you saw.

C. Un passager. You are one of those hurt in the accident. Explain events as you experienced them.

Document II

Crime passionnel

Avant de lire

A. Pourquoi? Qu'est-ce que c'est qu'un crime passionnel? Pourquoi est-ce qu'on commet ce genre de crime?

B. Synonymes. Choisissez un synonyme pour les mots en italique de la liste qui suit.

1. Un homme de 44 ans *a abattu* l'amant de sa femme avant de *se livrer aux gendarmes.*
2. Après *une bagarre* entre les deux hommes, il *a fait feu* sur son rival avec un revolver armé de quatre *balles.*

    a. une dispute
    b. un petit projectile métallique
    c. aller à la gendarmerie
    d. tuer
    e. tirer un coup de revolver

Lisons

Perpignan

Crime passionnel

Un homme de 44 ans a abattu, samedi en fin d'après-midi, l'amant de sa femme, à Torreilles (Pyrénées-Orientales), près de Perpignan, avant de se livrer aux gendarmes.

Gérard Esquirol, père de deux enfants, avait surpris° **had surprised** Bernard Gandou en compagnie de son épouse, samedi, vers 18 heures. Après une bagarre entre les deux hommes, il a fait feu sur son rival avec un fusil° **rifle** armé de quatre balles de chevrotine°, avant de télé- **buckshot** phoner à la gendarmerie.

Avez-vous suivi?

A. Les faits. Répondez aux questions.

1. Quel âge a Gérard Esquirol?
2. Combien d'enfants est-ce qu'il a?

3. Sur qui est-ce qu'il a tiré? Pourquoi?
4. Qui a téléphoné à la gendarmerie?
5. À quelle heure est-ce que ce crime a eu lieu?

B. Un témoin. You witnessed M. Esquirol's crime. Give your report to the police.

Lecture

Jacques Prévert, *Familiale*

Le célèbre poète français, Jacques Prévert (1900-1977), exprime des sentiments profonds dans un langage simple et accessible.

Avant de lire

A. Réflexions. Dans ce poème, l'auteur décrit des rôles familiaux stéréotypiques.
Quel est le portrait typique d'un père? d'une mère? d'un fils?

Jacques Prévert

FAMILIALE

1 La mère fait du tricot° — knitting
  Le fils fait la guerre
  Elle trouve ça tout naturel la mère° — Elle... = La mère trouve ça tout naturel
  Et le père qu'est-ce qu'il fait le père?
5 Il fait des affaires
  Sa femme fait du tricot
  Son fils la guerre
  Lui des affaires
  Il trouve ça tout naturel le père
10 Et le fils et le fils
  Qu'est-ce qu'il trouve le fils?
  Il ne trouve rien absolument rien le fils
  Le fils sa mère fait du tricot son père des affaires lui la guerre
  Quand il aura fini° la guerre — will have ended
15 Il fera° des affaires avec son père — future of the verb **faire**
  La guerre continue la mère continue elle tricote
  Le père continue il fait des affaires
  Le fils est tué il ne continue plus
  Le père et la mère vont au cimetière
20 Ils trouvent ça naturel le père et la mère
  La vie continue la vie avec le tricot la guerre les affaires
  Les affaires la guerre le tricot la guerre
  Les affaires les affaires et les affaires
  La vie avec le cimetière.

Jacques Prévert, Familiale, *Paroles*, © Editions Gallimard

Avez-vous suivi?

1. Que fait la mère? le père? le fils?
2. Quelle est la réaction du père et de la mère envers les rôles qu'ils ont assumés?
3. Qu'est-ce qui arrive au fils à la fin du poème? Quelle est la réaction de ses parents?

Pour aller plus loin

1. Est-ce que vous trouvez les occupations de cette famille «toutes naturelles»? Et le poète, pensez-vous qu'il les trouve naturelles?
2. Lisez les vers 10-12. Que signifie le vers «Il ne trouve rien absolument rien le fils» dans le contexte du poème?
3. Dans ce poème, il y a beaucoup de répétitions. Quelle est la fonction de ces répétitions? S'agit-il de la monotonie? de l'ennui? de la vie mécanique?
4. Le poète n'a pas mis beaucoup de ponctuation dans le poème. Quelle en est la conséquence pour le rythme? Sans ponctuation, est-ce que la lecture va plus ou moins vite? Est-ce qu'elle est plus ou moins intense?
5. Quels mots sont associés par le même son dans les quatre derniers vers? Quel est le message du poète?
6. Quels sont les deux mots qui sont liés *(linked)* dans le dernier vers? Pourquoi cette association?

Activités

A. **Les gros titres.** Racontez un événement (un crime passionnel, un accident, etc.) qui a fait sensation récemment.

B. **Une réunion.** Un(e) ami(e) que vous n'avez pas vu(e) depuis *(for)* dix ans vous téléphone. Il/Elle vous parle de tous les événements qui lui sont survenus *(that happened to him/her)* dans les dix dernières années: mariages, divorces, ennuis, etc. Vous lui parlez de tout ce qui *(everything that)* vous est arrivé depuis la dernière fois que vous lui avez parlé.

C. **Une autre perspective.** Prenez le rôle d'un de vos grands-parents. Racontez comment la vie a changé et donnez votre opinion de la vie de nos jours.

D. **Un cambriolage.** Votre appartement a été cambriolé et un agent de police vous interroge sur vos mouvements le jour du crime, ce que le cambrioleur a pris, etc. Répondez à ses questions.

Vocabulaire actif

	à cause de	*because of*
	accessible	*accessible*
un	agent de police	*policeman*
un	agresseur	*mugger*
une	agression	*mugging*
une	alliance	*wedding ring*
	allô	*hello*
	arrogant(e)	*arrogant*
un(e)	assistant(e) social(e)	*social worker*
	attendre	*to wait for*
	autrefois	*formerly*
	avoir l'air + *adjective*	*to look + adjective, to appear + adjective*
une	bague	*ring*
un	bijou	*jewel*
un	cambriolage	*break-in*
un	cambrioleur	*burglar*
un(e)	célibataire	*unmarried man/woman*
	C'est de la part de qui?	*Who's calling*
	C'est dommage.	*That's too bad., That's a shame.*
	chaleureux (-euse)	*warm, open*
le	chômage	*unemploymewnt*
	civilisé(e)	*civilized*
	complexé(e)	*timid, unsure of oneself*
	conseiller	*to advise*
un	crime	*crime*
	dans le temps	*in the past*
	décontracté(e)	*relaxed, at ease, laid back*
la	délinquance juvénile	*juvenile delinquency*
un(e)	délinquant(e) juvénile	*juvenile delinquent*
	de nos jours	*nowadays*
un	détective	*detective*
	détendu(e)	*relaxed*
	distant(e)	*distant*
	drôle	*funny*
	entendre	*to hear*
	être de bonne/ mauvaise humeur	*to be in a good/bad mood*
	être divorce(e)	*to be divorced*

	être en deuil	*to be in mourning*
	être fiancé(e)	*to be engaged*
	être marié(e)	*to be married*
un	ex-mari	*ex-husband*
	extraverti(e)	*extroverted*
un	facteur	*mailman*
les	fiançailles (f.pl)	*engagement*
un(e)	fiancé(e)	*fiancé(e)*
	habillé(e)	*dressed*
	honnête	*honest*
les	impôts (m.pl)	*taxes*
	inaccessible	*distant, inaccessible*
l'	inflation (f.)	*inflation*
	introverti(e)	*introverted*
	irrespectueux (-euse)	*disrespectful*
	irresponsable	*irresponsible*
	jamais	*ever*
	Je vous le/la passe.	*Hang on, here he/she is.(on the phone)*
	là-bas	*there*
	laisser	*to leave*
	malhonnête	*dishonest*
	maquillé(e)	*made-up*
	marrant(e)	*funny*
un	meurtre	*murder*
un	meurtrier	*murderer*
	Ne quittez pas.	*Hang on. Just a moment. (on the phone)*
	ne... rien	*nothing, anything*
	oser	*to dare*
	ouvert(e)	*open*
	paresseux(-euse)	*lazy*
	perdre	*to lose*
la	pollution	*pollution*
un	pompier	*fireman*
	Pourrais-je parler à... ?	*May I speak to. . .?*
	prétentieux (-euse)	*pretentious*
	Qui est à l'appareil?	*Who's there? (On the phone)*
	relax(e)	*relaxed*
	rendre	*to return (something)*

	rendre visite à	*to visit* (a person)		**toujours**	*still, always*
	répondre à	*to answer*		**travailleur (-euse)**	*hardworking*
	respectueux (-euse)	*respectful*		**triste**	*sad*
	responsable	*responsible*		**venir**	*to come*
	ressembler à	*to resemble, to look like*		**venir de** + infinitive	*to have just* + past participle
	retrouver	*to find again, to meet*	un(e)	**veuf (veuve)**	*widower/widow*
un	**sens de l'humour**	*sense of humor*	la	**violence**	*violence*
			un	**vol**	*theft*
un	**taxi**	*taxi*	un	**voleur**	*thief*

CHAPITRE 10

Visites

Situation 1

Frère et sœur

SYLVIE: Tu as mauvaise mine, Jean-Philippe. Tu es malade? Qu'est-ce que tu as?

JEAN-PHILIPPE: Mais pas du tout°! Je me sens très bien.   *Not at all!*

SYLVIE: Je suis ta sœur. Tu peux tout me raconter. Tu as peut-être pris froid, et tu as un rhume, c'est ça?

JEAN-PHILIPPE: Mais jamais de la vie. Qu'est-ce que tu racontes?

SYLVIE: Alors, tu as trop mangé pour ton anniversaire, et tu as mal au cœur.

JEAN-PHILIPPE: Je te dis que je n'ai rien.

SYLVIE: Ah, je sais. Tu es fatgué! Je t'ai bien dit de te reposer après ta boum et de te coucher tôt.

JEAN-PHILIPPE: Sylvie! Ça suffit! Tu as raison. Il y a quelque chose qui ne va pas. Tu as tellement parlé que maintenant j'ai mal à la tête.

Avez-vous suivi?

1. Qui a mauvaise mine?
2. Comment va Jean-Philippe?
3. Est-ce que Jean-Philippe a pris froid? Est-ce qu'il a un rhume?
4. Quand est-ce que Jean-Philippe a trop mangé, selon Sylvie?
5. Qu'est-ce que Sylvie a conseillé à Jean-Philippe de faire après sa boum?
6. Finalement, quel est le problème de Jean-Philippe?

Autrement dit

La santé

Qu'est-ce que tu as?   *What's the matter with you?*
Qu'est-ce qui ne va pas?
Qu'est-ce qu'il y a?

	≠
Tu as bonne mine.	Tu as mauvaise mine.
Je me sens très bien.	Je me sens mal.
Je vais très bien.	Ça ne va pas bien.
Je me porte très bien.	Je suis souffrant(e).
Je suis en (pleine) forme.	Je ne suis pas en forme.

Les maladies

Tu as peut-être pris froid, et tu as un rhume, c'est ça?

un gros rhume	*bad cold*
la grippe	*flu*
une angine	*sore throat*
une laryngite	*sore throat*
une sinusite	*sinusitis*
une bronchite	*bronchitis*
une pneumonie	*pneumonia*
une migraine	*headache*

Les symptômes

Je tousse.   *I'm coughing.*
J'ai la toux.   *I have a cough.*
  de la fièvre   *a fever*
  le nez qui coule   *a runny nose*
  le nez bouché   *a stuffy nose*
  les oreilles bouchées   *stopped-up ears*
J'ai mal au cœur.   *I am nauseated.*
    au foie   *My liver is acting up.*
J'ai mal aussi...

à la gorge

aux dents

au dos

au bras

au pied

au doigt

à la jambe

◇ Je craque.   *I'm going nuts!*
  J'ai une crise de nerfs.   ~~Im having an anxiety attack~~
  Je fais une dépression.   *I'm depressed.*
  Je suis déprimé(e).   "
  J'ai le cafard.   "

Les accidents

Attention, Jean-Philippe! Tu vas te faire mal!   *You're going to hurt yourself!*

                        te casser la jambe   *break your leg*

Les remèdes

Je t'ai bien dit de te reposer.   *I told you to rest.*
                te soigner   *take care of yourself*
                prendre tes médicaments
                prendre de l'aspirine
                prendre du sirop contre la toux
                prendre des antihistaminiques
                prendre des antibiotiques

Pratique et conversation

A. Les parties du corps. Quelle partie du corps est-ce que ces verbes suggèrent?

> MODÈLE: voir
> **les yeux**

les doigts 1. toucher   4. marcher *les jambes*
les oreilles 2. écouter   5. sentir *(to smell)* *le nez*
la bouche 3. manger   6. embrasser *les bras*

B. Des maladies. Indiquez les symptômes, le diagnostic et le remède.

SYMPTÔME	DIAGNOSTIC	REMÈDE
Je tousse.	C'est une sinusite.	Prenez du sirop contre la toux.
J'ai de la fièvre.	C'est une pneumonie	Reposez-vous
Je tousse.	C'est une bronchite.	Prenez du sirop contre la toux.
Je ne peux pas parler.	C'est laryngite	Prenez de l'aspirine.
J'ai la nez qui coule	C'est la grippe.	Prenez des antihistaminiques
J'ai mal à l'estomac	Vous avez mal au cœur.	Reposez-vous
J'ai mal à la tête.	C'est une migraine	Prenez de l'aspirine.

C. Je ne suis pas en forme. Vous êtes en classe mais vous n'êtes pas en forme. Racontez vos symptômes aux autres. Ils vont identifier la maladie et suggérer des remèdes.

Structure I

Talking about health and daily routines
Pronominal verbs I

SE SENTIR *(TO FEEL)*			
	Reflexive pronoun	*Verb*	
Je	**me**	**sens**	très bien.
Tu	**te**	**sens**	malade.
Elle	**se**	**sent**	en forme.
Nous	**nous**	**sentons**	en pleine forme.
Vous	**vous**	**sentez**	bien.
Ils	**se**	**sentent**	malades.

a. Pronominal verbs are conjugated with an additional pronoun known as a reflexive pronoun. In many cases this pronoun reflects back to the subject of the verb, indicating that the action is performed on the subject.

b. The English equivalent of a pronominal verb is not usually translated with a pronoun.

Je me lave.
I wash, I wash up. (not: *I wash myself.*)
Je m'habille.
I get dressed. (not: *I dress myself.*)

c. Learn the following pronominal verbs.

s'amuser	*to have a good time, to have fun*
s'appeler	*to be named*
se brosser (les dents)	*to brush (one's teeth)*
se casser (la jambe)	*to break (one's leg)*
se coucher	*to go to bed*
se dépêcher	*to hurry*
s'endormir	*to fall asleep*
s'ennuyer	*to be bored*
s'habiller	*to get dressed*
se laver	*to wash up*
se lever (conjugated like **acheter**)	*to get up*
se maquiller	*to put on makup*
se passer	*to happen*
se raser	*to shave*
se reposer	*to rest*
se réveiller	*to wake up*
se sentir bien/mal (conjugated like **partir**)	*to feel well/ill*
se soigner	*to take care of oneself*
se peigner	to combs yourself

d. In the conjugation of **s'appeler,** the final consonant of the stem is doubled before a final silent ending.

S'APPELER *(TO BE NAMED)*			STEM +	ENDING
Je	**m'appelle**	Anne.	appell	e
Comment	**t'appelles-**	tu?	appell	es
Elle	**s'appelle**	Mme X.	appell	e
Nous	**nous appelons**	Jean-Philippe et Sylvie.	appel	ons
Comment	**vous appelez-**	vous?	appel	ez
Ils	**s'appellent**	les Bordier.	appell	ent

e. In the affirmative imperative, the reflexive pronoun will follow the verb. Note that **te** becomes **toi.**

Dépêche-toi!
Dépêchons-nous!
Dépêchez-vous!

f. In the negative imperative, the reflexive pronoun is in its normal position before the verb.

Ne te dépêche pas.
Ne nous dépêchons pas.
Ne vous dépêchez pas.

g. Note that in the near future (**aller** + infinitive), the reflexive pronoun refers to the subject of the sentence, while the verb following the conjugated form of **aller** is in the infinitive form.

Je vais m'habiller.
Nous allons nous reposer.

Pratique et conversation

A. À la résidence universitaire. Décrivez les activités des résidents.

> MODÈLE: Susanne/se lever à sept heures. *Passé composé*
> **Susanne se lève à sept heures.**

1. Michel et Paul/se raser tout de suite. *se rasent, vont se raser*
2. Jeannette/ne … pas se brosser les dents après le petit déjeuner. *ne s'est pas brossé* *ne se brosse pas, ne va pas se brosser*
3. Je/s'habiller avant le petit déjeuner. *m'habille, vais m'habiller*
4. Nous/se réveiller à six heures. *nous réveillons, allons nous réveiller*
5. Tu/se reposer après les cours. *te reposes, vas te reposer*
6. Vous/ne … pas se sentir très bien. *ne vous sentez pas, n'allez pas vous sentir.*
7. Nous/se coucher à dix heures. *nous couchons, allons nous coucher*
8. Les étudiants/s'amuser toute la nuit. *s'amusent, vont s'amuser.*

B. Conseils. Mme Bordier donne des conseils à sa famille. Jouez son rôle et utilisez l'impératif.

> MODÈLE: Jean-Philippe a des caries *(cavities).* (se brosser)
> **Jean-Philippe, brosse-toi les dents.**

1. Anne et Sylvie sont fatiguées. (se reposer) *Anne et Sylvie, reposez-vous!*
2. Jean-Philippe arrive en retard au lycée. (se dépêcher) *J-P, dépêche-toi.*
3. Jean-Philippe et Sylvie dorment toujours. (se lever) *J-P et Sylvie, levez-vous.*
4. Jean-Philippe va sortir ce soir. (s'amuser) *J-P, amuse-toi!*
5. M. Bordier a un rendez-vous à 7:30 du matin. (se lever tôt) *M Bordier, lève-toi tôt.*
6. Sylvie est fatiguée. (se coucher) *Sylvie, couche-toi.*

C. Interview. Posez ces questions à un(e) camarade. Demandez-lui…

1. comment il/elle se sent aujourd'hui.
2. à quelle heure il/elle se réveille le matin.
3. à quelle heure il/elle se lève le matin.
4. comment il/elle s'habille pour aller en classe.
5. comment s'appellent ses frères et ses sœurs.
6. s'il/si elle se repose chaque après-midi.
7. à quelle heure il/elle se couche le week-end.

D. Ma journée. Décrivez vos activités du matin, d'abord pendant la semaine et ensuite pendant le week-end. Employez des verbes pronominaux.

Structure II

Talking about how things are done
Adverbs of manner

> Je me sens **très bien.**
> Tu as **tellement** parlé que maintenant j'ai mal à la tête.

a. Adverbs of manner modify a verb, an adjective, or another adverb, and tell how an action is performed.

b. Most adverbs of manner are derived from adjectives by adding the ending **-ment** to the feminine singular form of the adjective.

sérieux → sérieuse → sérieusement
lent → lente → lentement
difficile → difficile → difficilement

c. If an adjective ends in a vowel in the masculine singular, the adverb is derived from this form.

poli → poliment
vrai → vraiment
absolu → absolument

d. If an adjective ends in **-ant** or **-ent,** these endings are dropped, and **-amment** or **-emment** is added to form the adverb.

constant → constamment
patient → patiemment

e. The following adverbs are not derived from adjectives: **bien, mal, très, vite.**

f. Adverbs of manner follow the verb in the simple tenses. In the **passé composé,** they usually follow the past participle, except for **bien, mal, trop, déjà, tellement,** and **beaucoup,** which follow the auxiliary.
und peut-être.

> Le professeur nous corrige **constamment.**
> Le professeur nous a corrigé **constamment.**
> Je danse **mal.**
> J'ai **mal** dansé.
> Jean-Philippe a **trop** mangé.
> Ils sont **déjà** partis.

g. Adverbs are compared like adjectives (see page 205):

> Jean-Philippe travaille $\begin{cases} \text{plus} \\ \text{aussi} \\ \text{moins} \end{cases}$ rapidement que Sylvie.

The irregular comparative of **bien** is **mieux.**

> Anne parle anglais **mieux** que Jean-Philippe.

h. The definite noun marker **le** is always used in the superlative.

> Jean-Philippe travaille **le** moins rapidement de la classe.
> Sylvie travaille **le** plus rapidement.
> Les étudiants travaillent **le** plus rapidement.

Pratique et conversation

A. Les locataires. Comment font-ils? Complétez ces phrases en changeant les adjectifs en adverbes.

> MODÈLE: Mme Chevalley regarde les locataires. (constant)
> **Mme Chevalley regarde constamment les locataires.**

1. Mme Bordier écoute ses enfants. (patient) *Mme B. écoute patiemment ses enfants.*
2. Jean-Philippe a faim et mange son dîner. (rapide)
3. M. Bordier entre tard et s'excuse. (poli)
4. Les Silvestri montent l'escalier. (lent)
5. Mme X est une dame mystérieuse. (évident)
6. Mme Ibn Hassam parle à tout le monde. (sérieux)

B. Chaque matin. Décrivez vos activités quotidiennes *(daily)*.

> MODÈLE: se réveiller à six heures/généralement
> **Je me réveille généralement à six heures.**

1. se lever/rapidement
2. se laver/immédiatement
3. se brosser les dents/soigneusement
4. s'habiller/bien
5. se coucher à minuit/finalement

C. Jamais assez. Jean-Philippe ne fait pas de progrès. Conseillez-lui. Utilisez l'adverbe qui correspond à l'adjectif donné.

> MODÈLE: travailler/énergique
> **Travaille plus énergiquement!**

1. étudier/régulier
2. préparer/bon
3. parler/lent
4. manger/bon
5. écouter/attentif

D. Des conseils. Donnez des conseils pour les situations suivantes. Utilisez un adverbe dans votre suggestion.

> MODÈLE: Un professeur parle à un étudiant paresseux.
> **Il faut faire régulièrement vos devoirs.**

1. Un conseiller conjugal parle à un(e) client(e).
2. Un professeur de français parle à un(e) étudiant(e).
3. Un dentiste parle à un(e) patient(e).
4. Un médecin parle à un(e) patient(e) malade.
5. Un frère parle à sa sœur qui sort pour la première fois avec un camarade de classe.

En contexte

Des ennuis. You are having problems with your boy/girlfriend: he/she constantly annoys and embarrasses you. You call a friend to seek advice. Explain the problems you have been having recently and ask for advice.

Situation 2

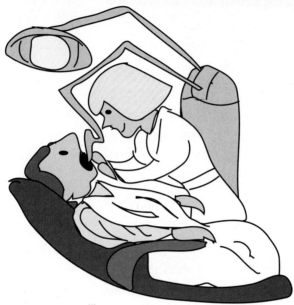

Ça me fait mal!   ~faire mal → to inflict pain~

LA RÉCEPTIONNISTE: M. Bordier, c'est à vous maintenant.

M. BORDIER: Merci.

LA DENTISTE: Ah, Monsieur Bordier, bonjour.
Asseyez-vous°. Alors, cette dent…   Sit down.

M. BORDIER: Elle me fait mal depuis deux semaines.

LA DENTISTE: Et c'est seulement maintenant que vous venez?

M. BORDIER: *[Il ment.]* J'étais en voyage d'affaires.

LA DENTISTE: Je comprends. Bon. Voyons un peu.
Ouvrez bien la bouche, Monsieur Bordier.

M. BORDIER: Ahhhh.

LA DENTISTE: Je vois. C'est certainement celle-ci, n'est-ce pas?

M. BORDIER: Oui! Vous pouvez faire quelque chose?

LA DENTISTE: Rien de plus facile. Vous allez voir. *[La dentiste
prend une énorme pince°.]*   pair of pliers

M. BORDIER: Aïe! Aïe!

Avez-vous suivi?

1. M. Bordier, qu'est-ce qu'il a?
2. Depuis quand est-ce que la dent lui fait mal?
3. Est-ce qu'il était en voyage d'affaires?
4. Est-ce que la dentiste peut faire quelque chose?
5. Expliquez la réaction de M. Bordier.

Autrement dit

Les médecins et leurs spécialités

le/la généraliste	le diagnostic	*General Practitioner*
le/la chirurgien(ne)	la chirurgie	
le/la pédiatre	les enfants	
le/la dentiste	les dents	
l'oculiste (*m./f.*)	les yeux	
l'oto-rhino (-laryngologiste)(*m./f.*)	les oreilles, le nez, la gorge	
le/la podologue	les pieds	
le/la pharmacien(ne)	les ordonnances	

Vous pouvez faire quelque chose? Rien de plus facile.

Mais d'abord, on va prendre le pouls.

faire une prise de sang	*draw blood*
faire des radios	*take x-rays*
faire des tests	*perform tests*
faire une opération/ opérer	*perform an operation/ operate*
mettre un plâtre	*put on a cast*
ordonner des médicaments	*prescribe medicine*

take your pulse

Reposez-vous et soignez-vous!

Chez la dentiste

M. Bordier a des **caries**°. La dentiste va les **plomber**°. Il a aussi **un mauvais plombage** que la dentiste va remplacer. Elle **conseille à** M. Bordier de se brosser les dents après tous les repas, d'utiliser **une bonne brosse à dents, un dentifrice**° au fluor et **du fil dentaire**°.

cavities; fill

toothpaste; dental floss

Pratique et conversation

A. Les médecins et leurs spécialités. À quel médecin faut-il s'adresser pour les problèmes suivants?

1. Vous avez trois caries. *le dentiste*
2. Vous avez du mal à lire les phrases au tableau. *l'oculiste*
3. Vous avez mal au pied après un match de foot. *le podologue*
4. Votre enfant est malade. *le pédiatre*
5. Vous avez besoin d'une opération. *chirurgien*
6. Vous avez besoin d'une ordonnance. *pharmacien*
7. Vous avez constamment des laryngites. *l'oto-rhino*

B. Qu'est-ce qu'on fait? Décrivez la scène.

C. Une belle excuse. Vous êtes constamment absent(e) de la classe parce que vous êtes malade, bien sûr! Expliquez à votre professeur vos symptômes. Dites-lui aussi quel médecin vous êtes allé(e) voir, son diagnostic et ses conseils.

Structure III

Talking about actions that began in the past and continue into the present

The present tense + *depuis* + time expression

a. To express an action or state that began in the past and continues into the present, French uses the present tense followed by **depuis** and a time expression. Note that English uses the present perfect.

Elle me fait mal **depuis** deux semaines.
It has been hurting (me) for two weeks.

b. To form a question, use the question words **depuis quand** or **depuis combien de temps** with the question patterns you have learned.

Depuis quand est-ce que ça te fait mal?
Depuis combien de temps est-ce que vous avez ces symptômes?
or
Depuis quand prends-tu ces médicaments?
Depuis combien de temps avez-vous mal au cœur?

c. **Depuis quand** emphasizes the starting point of an action, whereas **depuis combien de temps** emphasizes the duration.

Depuis quand est-ce que ça te fait mal?
Since when has it been hurting?
Depuis combien de temps est-ce que ça vous fait mal?
How long has it been hurting?

In practice, both questions can be used interchangeably.

Pratique et conversation

A. Au cabinet du médecin. As a doctor, you need to know how long your patients have had the conditions about which they are complaining. Ask your patient the following questions.

MODÈLE: mal à la gorge/trois semaines
Vous: **Depuis quand est-ce que vous avez mal à la gorge?**
Votre camarade: **J'ai mal à la gorge depuis trois semaines.**

1. de la fièvre/deux jours
2. une angine/huit jours
3. mal aux dents/une semaine
4. le nez qui coule/un mois
5. mal au dos/tout l'hiver
6. une toux/deux semaines
7. mal au foie/trois semaines

B. Interview. Posez ces questions à un(e) camarade. Demandez-lui depuis quand il/elle…

1. va à cette université.
2. étudie le français.
3. habite [en Californie].
4. pratique son sport préféré.
5. travaille.

Structure IV

Referring to someone or something
already mentioned

The demonstrative pronouns *celui, celle,
ceux, celles*

Qui est ton dentiste? **Celui** de ma mère.
Alors, cette dent … Je vois. C'est certainement **celle-ci,** n'est-ce pas?
Voici les tests de M. Martin et **ceux** de Mme Delcourt.
M. Bordier! Vous avez beaucoup de caries. **Celles-ci** sont petites mais **celles-là** sont vraiment graves.

a. A demonstrative pronoun replaces and refers to a noun that has previously been mentioned. The form of the demonstrative pronoun depends on the gender and number of the noun it is replacing. Notice the forms in the examples above.

b. The demonstrative pronoun cannot be used alone. It may be followed by **-ci** or **-là.**

Voici deux chemises. Voulez-vous **celle-ci** ou **celle-là?**
Here are two shirts. Do you want this one or that one?

c. The demonstrative pronoun may also be followed by a phrase introduced by **de,** which indicates possession.

Est-ce que vous préférez la cravate de Jean-Philippe ou **celle de** son père?
Do you prefer Jean-Philippe's tie or his father's?

Pratique et conversation

A. Cendrillon et sa belle-mère°. Faites des comparaisons selon le modèle.

Cinderella and her stepmother.

MODÈLE: Les yeux/grands
Les yeux de Cendrillon sont plus grands que ceux de sa belle-mère.

1. les dents/blanches
2. les oreilles/petites ~~sont plus~~ ceux
3. le nez/long celui
4. les cheveux/blonds ceux
5. les pieds/grands ceux

B. Préférences. Répondez à la question.

MODÈLE: Est-ce que vous préférez votre pantalon ou le pantalon de [Jean]?
Je préfère celui de [Jean].
(ou: **Je préfère mon pantalon.**)

1. Est-ce que vous aimez mieux votre voiture ou la voiture de [Françoise]?
2. Est-ce que vous préférez votre chemise ou la chemise de [Philippe]?
3. Est-ce que vous préférez votre appartement ou l'appartement de votre petit(e) ami(e)?
4. Est-ce que vous aimez mieux vos chaussures ou les chaussures de [Christiane]?
5. Est-ce que vous préférez vos disques ou les disques de [Marc]?

C. Comparaisons. Comparez les objets qu'on vous montre. Utilisez les adjectifs **grand, petit, cher, beau** et **pratique.**

MODÈLE: **Cette fenêtre-ci est plus petite que celle-là.**

En contexte

Un(e) ami(e) matérialiste. You meet up with a childhood friend whom you haven't seen for years. You catch up with each other, talking about your families, your work, studies, acquaintances, and so on. As you talk, it becomes clear that your friend is quite materialistic and competitive: he/she tries to outdo you in whatever you mention: his/her apartment is larger and more luxurious, his/her car is more expensive, etc. Role-play the situation.

Situation 3

L'ami inattendu°   unexpected

ANNE:	Un monsieur a téléphoné ce matin. Il voulait vous parler. Il s'appelait Gérard Depuy.
M. BORDIER:	Oui, merci Anne, je sais. Il m'a passé un coup de fil au bureau.
MME BORDIER:	Gérard Depuy, le nom me dit quelque chose. Non, je ne me souviens pas.
M. BORDIER:	Mais si! Nous nous sommes rencontrés au lycée, à Lyon.
MME BORDIER:	C'est ça! Qu'est-ce qu'il est devenu?
M. BORDIER:	Il est maintenant chirurgien. Il s'est marié avec une de ses infirmières. Gérard et sa femme se trouvent à Paris pour une semaine, et ils vont passer nous dire bonsoir tout à l'heure° avec un de leurs amis.
MME BORDIER:	Ce soir? Et tu me le dis maintenant, Charles?

in a little while

Avez-vous suivi?

1. Qui a passé un coup de fil au bureau de M. Bordier?
2. Où est-ce que M. Bordier et Gérard Depuy se sont rencontrés?
3. Gérard Depuy, qu'est-ce qu'il est devenu?
4. Avec qui est-ce qu'il s'est marié?
5. Où est-ce qu'ils se trouvent maintenant?

Autrement dit

Pour dire *oui* à une question affirmative

Tu te souviens de Gérard Depuy? Oui.

        Mais oui!

        Oui, bien sûr!

        Bien sûr que oui!

Pour dire *oui* à une question négative

Tu ne te souviens pas de Gérard Depuy? Si.

        Mais si!

        Si, bien sûr!

        Bien sûr que si!

Pour dire *non*

Gérard Depuy est divorcé? Non.

        Mais non!

        Bien sûr que non!

        Pas du tout … Il s'est marié avec une de ses infirmières.

Pour dire que l'autre personne a raison ou tort

Les médecins gagnent trop d'argent.

	≠
C'est vrai.	Ce n'est pas vrai.
C'est juste.	C'est faux.
Tu as raison.	Tu as tort.
C'est ça!	Tu te trompes!
C'est exact.	
Je suis d'accord.	Je ne suis pas d'accord.

Pour insister

Mais je t'assure que c'est vrai.

    je te jure

      je te dis

Pratique et conversation

A. Oui ou non? Êtes-vous d'accord ou non avec ces idées? Donnez une réaction convenable°.   appropriate

MODÈLE: Si tu veux maigrir, je te conseille de manger beaucoup de glace.
Mais, non, tu as tort! Il faut manger de la salade.

1. Le français est plus difficile que la chimie.
2. *Les Tortues Ninja* est un meilleur film que *Batman*. Tu te trompe.
3. *Taxi Driver* est plus amusant que *Thelma et Louise*. Bien
4. La cuisine italienne est meilleure que la cuisine chinoise. Ce n'est pas vrai.
5. Les femmes sont plus intelligentes que les hommes. Tu as raison.
6. Lyon est la capitale de la France. Non

B. Êtes-vous d'accord? Exprimez vos idées sur les sujets suivants. Les autres dans votre groupe vont donner leur réaction. Dites au moins trois choses sur chaque sujet.

MODÈLE: votre université
Vous: **C'est la meilleure université du pays.**
Un(e) camarade: **Je ne suis pas d'accord.**
(ou: **Tu as raison!**)

1. la situation politique
2. la vie universitaire
3. les films en ville en ce moment
4. le cours de français

Structure V

Talking about past events
The *passé composé* of pronominal verbs

SUBJECT	REFLEXIVE PRONOUN	AUXILIARY	PAST PARTICIPLE	
Nous Il	nous s'	sommes est	rencontrés marié	au lycée, à Lyon. avec une de ses infirmières.

a. In the **passé composé** pronominal verbs are conjugated with **être.** The reflexive pronoun precedes the auxiliary verb.

b. As with object pronouns, **ne** precedes the reflexive pronoun and **pas** follows the auxiliary verb in the negative.

Jean-Philippe et Sylvie **ne** se sont **pas** encore réveillés ce matin.

c. The past participle will show agreement only if the reflexive pronoun functions as a direct object. In order to determine this, check first to see if the verb is followed by a direct object. If so, the reflexive pronoun is functioning as an *indirect object* and the past participle does not agree.

	REFLEXIVE PRONOUN		DIRECT OBJECT
Elle	s'	est lavée.	
Elle	s'	est lavé	les mains.

d. If there is no direct object following the verb, determine what type of object the verb takes when it is not used reflexively. This will be the function of the reflexive pronoun when the verb is used reflexively.

Sylvie lave Pataud. (direct object)
Sylvie s'est lavée. (**se** = direct object → agreement)
Gérard Depuy a téléphoné à Charles Bordier. (indirect object)
Gérard et Charles se sont téléphoné. (**se** = indirect object →no agreement)

Pratique et conversation

A. Chez les Bordier. Qu'est-ce qu'on a fait hier? Composez des phrases.

1. Jean-Philippe/se casser la jambe.
2. Les Bordier/se coucher de bonne heure.
3. Anne et moi/s'amuser.
4. Tu/se dépêcher.
5. Vous/se réveiller à huit heures.
6. Nous/se laver.
7. Je/se faire mal.

B. Samedi soir. Posez les questions suivantes à votre partenaire. Demandez-lui...

1. s'il/si elle est sorti(e) ce week-end.
2. où il/elle est allé(e).
3. s'il/si elle s'est bien amusé(e).
4. à quelle heure il/elle s'est couché(e).
5. à quelle heure il/elle s'est levé(e) dimanche matin.

C. Histoires. Choisissez un des sujets ci-dessous et racontez l'histoire à la classe.

1. Une histoire d'amour: Racontez l'histoire de vous et de votre petit(e) ami(e). Comment est-ce que vous vous êtes rencontrés? Qu'est-ce que vous avez fait la première fois que vous êtes sortis ensemble? Est-ce que vous allez vous marier? Variation: Racontez le mariage de vos parents.
2. L'histoire d'un accident: Racontez un accident. Qu'est-ce que vous faisiez? Qu'est-ce qui s'est passé? Est-ce que vous vous êtes fait mal?
3. L'histoire d'une soirée d'excès: Racontez l'histoire d'une soirée où vous vous êtes trop amusé(e). Qu'est-ce que vous avez fait? A quelle heure est-ce que vous vous êtes couché(e) et levé(e)? Comment est-ce que vous vous sentiez le lendemain *(the next day)*?

Structure VI

Talking about everyday activities
Compound verbs

> Non, je ne **me souviens** pas.
> C'est ça! Qu'est-ce qu'il **est devenu?**

a. Compound verbs are composed of a prefix added to the simple verb:

se souVENIR de	*to remember*
deVENIR	*to become*
reVENIR	*to return*

b. Compound verbs are conjugated like the simple verbs they are built on, with the addition of a prefix: **je deviens, tu deviens,** etc. Compound verbs are conjugated with the same auxiliary as the simple verb.

c. Other compound verbs are:

comPRENDRE	*to understand*
apPRENDRE	*to learn*

perMETTRE à quelqu'un de faire quelque chose	*to permit someone to do something*
proMETTRE à quelqu'un de faire quelque chose	*to promise someone to do something*

d. The conjugation of the verb **tenir** is similar to that of the verb **venir.**

	TENIR *(TO HOLD)*			STEM + ENDING	
Present	Je	**tiens**	un stylo.	tien	s
	Tu	**tiens**	mes livres?	tien	s
	Qui	**tient**	les disques?	tien	t
	Nous	**tenons**	nos sacs.	ten	ons
	Vous	**tenez**	mes cartes?	ten	ez
	Ils	**tiennent**	leurs radios.	tienn	ent
Passé Composé	J'	**ai tenu**	le chien.		
Imperfect	Il	**tenait**	quelque chose.		

Like **tenir** are **obtenir** *(to obtain)*, **retenir** *(to retain)*, and **maintenir** *(to maintain)*.

e. Learn the conjugation of **ouvrir** and its compounds **couvrir** *(to cover)* and **découvrir** *(to discover)*.

also uncover

	OUVRIR *(TO OPEN)*			STEM + ENDING	
Present	J'	**ouvre**	la porte.	ouvr	e
	Tu	**ouvres**	la bouche.	ouvr	es
	Il	**ouvre**	le livre.	ouvr	e
	Nous	**ouvrons**	la fenêtre.	ouvr	ons
	Vous	**ouvrez**	le tiroir.	ouvr	ez
	Elles	**ouvrent**	la lettre.	ouvr	ent
Passé Composé	J'	**ai ouvert**	la boîte.		
Imperfect	Elle	**ouvrait**	sa porte le matin.		

f. **Offrir** *(to offer, to give* [a gift]*)* and **souffrir** *(to suffer),* are conjugated like **ouvrir.**

Pourquoi est-ce que tu m'offres un cadeau?
Patrick a offert un cadeau à Jean-Philippe.
Mme Chevalley souffre beaucoup.
Hier, nous avons souffert en classe.

Pratique et conversation

A. Dans l'immeuble. Décrivez les activités des personnes suivantes.

1. Mme Chevalley/découvrir/beaucoup de choses. *découvre / a découvert*
2. Les Ibn Hassam/apprendre/le français. *apprennent / ont appris*
3. Nous/ouvrir/la porte d'entrée. *ouvrons / avons ouvert*
4. Tu/comprendre/l'histoire de Mme X. *comprends / as compris*
5. Vous/permettre/à Pataud de sortir. *permettez / avez permis*
6. Je/se souvenir/de mes devoirs. *je me souviens / je me suis souvenu*
7. Nous/apprendre/des nouvelles. *apprenons / avons appris*
8. Tu/devenir/curieux. *deviens / es devenu*
9. Jean-Philippe/promettre/de faire la vaisselle. *promet / a promis*
10. Les Bordier/offrir/un cadeau à Anne. *offrent / ont offert.*

B. Au passé. Mettez les phrases ci-dessus au **passé composé.**

C. La famille du verbe *tenir*. Composez des phrases.

1. Elle/obtenir/les résultats de son examen. *obtient* *a* *ai tenu*
2. Nous/ne ... pas retenir beaucoup de cet exercice. *retenons, avons*
3. Ils/maintenir/leur corps en bonne forme physique. *maintiennent ont*
4. Vous/tenir/un grand sac. *tenez / avez*
5. Tu/obtenir/de très bonnes notes en français. *obtiens, as*
6. Nous/maintenir/le calme. *maintenons*

D. Mme Chevalley ouvre, couvre et découvre tout! Que fait Mme Chevalley?

la boîte = box
coli = package

chest of drawers: la commode
drawer: le tiroir

E. Comprendre, c'est apprendre. Répondez aux questions.

1. Qu'est-ce que vous avez appris dans la classe de français?
2. Qu'est-ce que vous comprenez bien?
3. Qu'est ce que vous ne comprenez pas?
4. Qu'est-ce que vous voulez apprendre?
5. Est-ce que vous souffrez dans la classe de français?

F. Qu'est-ce qu'il est devenu? *(What's become of him?)* Imagine that you are at a class reunion of your French class ten years from now. Some of the class could not make it, but you have kept up with almost everybody. The guests ask you questions about former classmates and you answer.

MODÈLE: [Robert]
    Votre camarade: **Tu te souviens de Robert? Qu'est-ce qu'il est devenu?**
    Vous: **Ils est devenu professeur de français.**
    [Marie et Françoise]
    Votre camarade: **Tu te souviens de Marie et Françoise? Qu'est-ce qu'elles sont devenues?**
    Vous: **Elles sont devenues chirurgiennes.**

Compréhension auditive

PROBLÈMES DE L'ADOLESCENCE

Avant d'écouter I

A. Renseignez-vous. Élever *(raising)* un enfant n'est pas toujours très facile. Souvent, les parents ont besoin de conseils pratiques et immédiats. Pendant l'émission que vous allez entendre, un parent peut appeler et demander des conseils à une psychologue pour enfants. Nous présentons ici un extrait du programme.

B. Les adolescents. Beaucoup de changements arrivent quand un enfant passe à l'adolescence. Lesquels *(which ones)* des changements suivants arrivent aux filles, aux garçons ou à tous les deux?

	FILLES	GARÇONS	TOUS LES DEUX
changement de voix			
changement de physique			
duvet *(fuzz)* sur le visage			
importance de l'apparence, des vêtements			
des béguins *(crushes)*			
esprit de contradiction			

C. Synonymes. Trouvez le synonyme dans la colonne de droite qui correspond au mot dans la colonne de gauche.

1. _____ intime   a. gosse
2. _____ se disputer   b. taquiner
3. _____ provoquer   c. se chamailler
4. _____ enfant   d. proche
5. _____ flirter   e. se développer
6. _____ grandir   f. être coquette

D. Transitions. Mettez les âges de la vie suivants en ordre chronologique.

_____ adulte
_____ enfant
_____ vieillard
_____ adolescent
_____ bébé

Écoutons I

A. De quoi s'agit-il? Écoutez une fois d'abord et essayez de déterminer quel est le problème.

_____

_____

_____

B. Les détails. Maintenant écoutez une deuxième fois en faisant attention aux détails. Puis répondez aux questions suivantes.

1. Comment s'appelle la fille de cette femme?

_____

2. Quel âge a-t-elle?

_____

3. Comment s'appelle son fils?

_____

4. Depuis combien de temps se disputent-ils?

_____

5. Qu'est-ce qu'il fait, le fils?

_____

Avant d'écouter II

La solution. Avant d'écouter la solution, essayez de formuler votre propre solution au problème.

_____

Écoutons II

A. **Des conseils.** Écoutez une fois d'abord. En général, quels sont les deux conseils que la psychologue donne?

1. _____

_____

2. _____

_____

B. **Précisions.** Écoutez une deuxième fois. Ensuite, répondez aux questions suivantes.

1. Quelle sorte de nostalgie est-ce que Marc ressent *(feels)*?

_____

2. Quelles sortes de sports est-ce que Marc aime?

_____

3. Pourquoi est-ce que la psychologue conseille au mari de cette femme de faire du sport avec Marc? Qu'est-ce que ça va lui montrer?

_____

_____

_____

Pratique et conversation

A. Chez le/la psychologue. Vous êtes psychologue pour enfants. Un(e) de vos client(e)s est très inquiet/inquiète pour sa fille: elle est très timide et ne parle à personne. Vous lui donnez des conseils. Jouez la scène.

B. Une conversation entre mère et fille. Prenez le rôle de la mère de Catherine. Vous décidez de suivre *(follow)* les conseils de la psychologue et vous parlez à votre fille. Imaginez la conversation.

C. Arrête, Marc! Marc continue à taquiner sa sœur. Parlez-lui et essayez de découvrir les raisons qui expliquent son comportement *(behavior)*.

Document I

Vous sentez-vous partagé?

Self-tests are a popular feature of French publications. While they are primarily for entertainment, they may also give some insight into your personality. Are you left or right brained? How well does the following test characterize you?

Avant de lire

Caractérisez-vous. Quelle est votre approche à la vie et aux problèmes? Utilisez les expressions et adjectifs suivants pour vous caractériser. Faites-en un petit autoportrait en donnant des exemples/anecdotes si possible.

Adjectifs	*Expressions*
ponctuel	suivre mes intuitions
analytique	verbaliser facilement
rêveur	s'accrocher aux détails
logique	être doué pour
sentimental	contrôler mes sentiments
organisé	prendre plaisir à

Lisons

Pour déterminer si c'est l'hémisphère gauche ou le droit de votre cerveau° qui prédomine, lisez les paires d'affirmations ci-dessous. Choisissez l'affirmation qui se rapproche° le plus de votre façon d'être ou d'agir°. Si vous avez beaucoup plus de points dans la colonne de gauche, votre mode de pensée est dominé par l'hémisphère gauche de votre cerveau et inverse-ment, si vous avez beaucoup plus de points dans la colonne de droite, votre mode de pensée est dominé par l'hémisphère droit de votre cerveau. Si les totaux sont pratiquement iden-tiques, aucun° des deux hémisphères n'est prédominant.

brain
is closest
to act

neither

Prédominance gauche ou droite

Si votre mode de pensée est nettement° influencé par l'hémis-phère gauche de votre cerveau, vous avez tendance à être in-tuitif et à penser de façon imagée. Vous avez probablement des talents artistiques ou musicaux. Vous voyez les choses dans leur ensemble et vos éclairs d'esprit° vous permettent de créer de nouvelles associations d'idées.

clearly

revelations, brainstorms

Si votre mode de pensée est nettement influencé par le cerveau droit, vous avez tendance à être logique et à verbali-ser vos idées. Vous êtes probablement doué° pour les chiffres° ou les mots. Vous approchez les événements et générez de nouvelles idées en analysant une information dans le détail jusqu'à en arriver à une conclusion rationnelle.

talented; numbers

MODES DE PENSEE

Cerveau gauche

☐ J'aime travailler les details d'un projet.
☐ Je suis logique et il est rare que je tire° des conclusions hâtives.
☐ Il m'arrive rarement de rêvasser° ou de me souvenir° de mes rêves.
☐ J'essaie de comprendre le pourquoi du comportement d'autrui°.
☐ Je préfère les mathématiques et les sci-ences à l'art.
☐ Je suis ponctuel et j'ai une bonne notion du temps.
☐ Il m'est facile de traduire mes sentiments en mots.
☐ Je me fie aux preuves° pour prendre déci-sion.
☐ Mes classeurs° et mon matériel de référ-ence son parfaitement bien rangés°.
☐ Mes mains restent tranquilles quand je parle.

draw

to daydream
remember

others' behavior

proofs, evidence

folders, files
in order

☐ J'ai rarement des pressentiments° et je préfère ne pas suivre° mon intuition. — premonitions / follow

☐ Je pense rarement de façon imagée.

☐ Je suis doué pour expliquer les choses.

☐ Je résous les problèmes en m'y accrochant° et en essayant différentes approches jusqu'à ce que° je trouve une solution. — by persisting / until

☐ Je suis doué pour les casse-têtes° et les jeux de mots. — puzzles

☐ Je contrôle bien mes sentiments.

☐ Je préfère le documentaire au roman°. — novel

☐ J'analyse les problèmes.

☐ Je ne suis pas particulièrement doué pour la musique.

Cerveau droit

☐ J'ai du plaisir à faire de nouvelles choses sous l'impulsion du moment.

☐ Je peux tirer des conclusions sans examiner tous les détails d'un argument.

☐ Mes rêves sont très animés et il m'arrive° souvent de rêvasser. — it happens, occurs

☐ Je vois rarement le pourquoi du comportement d'autrui.

☐ Aux mathématiques et aux sciences, je préfère l'art.

☐ Je suis rarement à l'heure et je n'ai aucune notion du temps.

☐ Il m'est difficile de traduire° mes sentiments en mots. — translate

☐ Je me base sur mes sentiments pour prendre une décision.

☐ Je prends rarement le soin° de ranger mes affaires. — care

☐ Je fais confiance à mon instinct et je suis° mes intuitions. — follow

☐ Mes impressions et pensées se présentent souvent sous forme imagée.

☐ J'arrive à comprendre ce qu'une personne veut dire sans pouvoir l'expliquer verbalement.

☐ Je résous les problèmes en les refoulant au fond de ma tête° et j'attends que la solution émerge. — keep them in the back of my mind

☐ Je n'aime pas les casse-têtes et les jeux de mots.

☐ Je révèle mes sentiments au grand jour.

☐ Je préfère les romans à la non-fiction.

☐ Je considère les problèmes dans leur ensemble.

☐ J'aime beaucoup la musique.

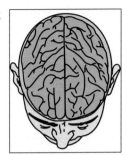

Cerveau droit   Cerveau gauche

MODES DE PENSÉE

Cerveau gauche	Cerveau droit	
Il traite les idées verbales et utilise des mots pour décrire le monde.	Il est conscient des choses mais ne les nomme pas nécessairement - il a souvent recours° aux gestes et aux images.	recourse
Il analyse, c'est-à-dire décompose les choses en parties constitutives.	Il a l'esprit de synthèse, c'est-à-dire qu'il réunit les parties pour former un tout.	
Il utilise des symboles pour représenter les choses.	Il voit les choses telles qu'elles sont.	
Il isole les informations importantes de l'ensemble.	Il procède par analogies et perçoit° les similitudes.	perceives
Il a une bonne notion du temps.	Il n'a pas la notion du temps.	
Il se fie aux faits et au raisonnement.	Il se fie à l'intuition et à l'instinct.	
Il a une bonne notion des chiffres.	Il n'a pas la notion des chiffres.	
Il a du mal à appréhender les relations dans l'espace.	Il a une bonne notion des relations dans l'espace.	
Il est logique.	Il est intuitif.	
Son mode de pensée est linéaire - les idées se suivent°.	Son mode de pensée est intégral - il voit des modèles qui relient° les idées entre elles pour former un tout.	follow each other relate

Avez-vous suivi?

A. Quel hémisphère? Classez les caractéristiques suivantes selon l'hémisphère dont elles proviennent.

CARACTÉRISTIQUE	HÉMISPHÈRE GAUCHE	HÉMISPHÈRE DROIT
intuitif		
logique		
doué pour les chiffres		
penser d'une façon imagée		
talents artistiques		
analytique		
rationnel		

B. Les résultats. Êtes-vous d'accord ou pas d'accord avec les résultats? Qu'est-ce qui est juste? Qu'est-ce qui ne l'est pas?

C. Vos connaissances. Connaissez-vous (*do you know*) quelqu'un qui est dominé par l'hémisphère droit? gauche? Comment est cette personne? Donnez un exemple ou racontez une anecdote pour justifier votre analyse.

Document II

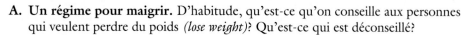

Une publicité

What is your reaction to advertisements for seemingly "miracle cures"? Are you curious? skeptical? How do you react to the following ad?

A. Un régime pour maigrir. D'habitude, qu'est-ce qu'on conseille aux personnes qui veulent perdre du poids (*lose weight*)? Qu'est-ce qui est déconseillé?

B. Pourquoi? Qu'est-ce qui pousse (*induces*) les gens à trop manger? Est-ce qu'il y a des facteurs physiques? affectifs?

C. Le contexte. En analysant le contexte, essayez de deviner la signification des mots en italique.

1. J'avais toujours tendance aux rondeurs (*plumpness*), mais avec un peu de discipline—pas toujours facile—elles ne *dépassaient pas trop les limites.*
2. Je me jetais sur la nourriture, surtout les *sucreries:* gâteaux, chocolats, bonbons …
3. J'étais donc prête à jeter cette lettre, mais au dernier moment, quelque chose *m'a retenue.*
4. J'ai commandé le produit, et quand quelques jours plus tard, le paquet m'est arrivé, j'ai commencé le traitement selon *le mode d'emploi,* ultra simple du reste.

Lisons

LA DÉCOUVERTE LA PLUS RÉVOLUTIONNAIRE POUR MAIGRIR SANS EFFORT

Mme Françoise Durant nous dévoile° le secret de sa stupéfiante transformation!   reveals

NOUVEL-LIGNE:	Mme Durant, vous avez fait un test gratuit avec la nouvelle spécialité amincissante° NOUVEL-LIGNE. D'après votre lettre, vous en êtes entièrement satisfaite?
MME FRANÇOISE DURANT:	Satisfaite n'est pas le mot. Je suis absolument enthousiasmée de ce qui m'est arrivé° avec NOUVEL-LIGNE et j'ai encore de la peine à le croire°!
NOUVEL-LIGNE:	Le résultat était-il donc aussi spectaculaire?
MME FRANÇOISE DURANT:	Jugez-en vous-même! J'ai perdu 30 kilos en 5 semaines et cela sans faire aucun régime, aucune gymnastique.

slimming

what happened to me

I can hardly believe it

NOUVEL-LIGNE: En effet, c'est un résultat appréciable, encore que°, avec NOUVEL-LIGNE, cela
n'est pas vraiment exceptionnel. Mais
racontez-nous un peu comment vous êtes
arrivée à un tel surpoids. À vous voir si
mince, si fine, on a de la peine à vous imaginer avec 30 kilos de trop!

MME FRANÇOISE DURANT: Moi aussi! Mais il faut dire que même toute
jeune, je n'étais jamais vraiment mince.
J'avais toujours tendance aux rondeurs,
mais avec un peu de discipline—pas toujours facile—elles ne dépassaient° pas trop
les limites.

Et puis, il y a 8 ans, j'ai vécu une rup-
ture affective° très douloureuse: et comme
pour compenser cette perte, je me jetais°
sur la nourriture, surtout les sucreries:
gâteaux, chocolats, bonbons, tout … Je me
rendais bien compte que je grossissais mais
je n'arrivais pas à me maîtriser, au contraire,
plus je me trouvais laide et plus je me con-
solais avec des friandises. Le vrai cercle vicieux, vous voyez ce que je veux dire?

NOUVEL-LIGNE: Oui, tout à fait. Mais comment êtes-vous
parvenue° à rompre ce cercle vicieux? Une
nouvelle rencontre amoureuse?

MME FRANÇOISE DURANT: Grosse et malheureuse comme j'étais? Sûrement pas. Mais un miracle s'est produit …

NOUVEL-LIGNE: Et quel était donc ce miracle?

MME FRANÇOISE DURANT: D'abord, une lettre publicitaire qui me pro-
posait de tester gratuitement un nouveau
produit minceur NOUVEL-LIGNE. J'étais
prête à la jeter, mais au dernier moment
quelque chose m'a retenue. Je ne sais pas si
c'était le fait que ce nouveau produit était
100% naturel et absolument inoffensif, si
c'était le fait qu'il ne fallait pas faire de
régime et que l'on pouvait manger de tout,
ou si c'était simplement parce que le test
était gratuit. Et c'est là que le miracle s'est
produit: à la fin de la première semaine,
j'avais perdu 8 kilos.

Glosses (right margin):
even though
go beyond
break-up
I threw myself
how did you
succeed

Avez-vous suivi?

A. Qu'en pensez-vous? Répondez aux questions suivantes.

1. Est-ce que cette femme est satisfaite du produit? Trouvez des phrases pour
justifier votre réponse.
2. Pourquoi est-ce que cette femme a pris du poids?
3. Pourquoi est-ce qu'elle a décidé d'essayer le produit?

B. Votre réaction. Quelle est votre réaction à cette publicité? Est-ce que vous êtes convaincu(e) de l'efficacité du produit? Quelles affirmations sont difficiles à accepter? Est-ce qu'on exagère les résultats? Quelles expressions semblent exagérées?

C. Une publicité. Faites une publicité pour un produit vraiment extraordinaire!

Activités

A. Une camarade de chambre. Vous cherchez un(e) camarade de chambre et vous interviewez un(e) candidat(e). Posez-lui des questions sur sa routine quotidienne. À quelle heure se lève-t-il/elle? se couche-t-il/elle? etc.

B. Une autre visite chez le médecin. Vous ne vous sentez pas bien et vous allez chez le médecin. Il/Elle vous pose des questions sur vos symptômes, fait un diagnostic, et vous donne des conseils.

C. Vous faites des courses. Vous voulez acheter une chemise et une cravate ou une jupe et un chemisier. Le vendeur/La vendeuse vous suggère plusieurs possibilités. Vous choisissez et payez.

D. Une recommandation. Un(e) de vos ami(e)s cherche un emploi et a donné votre nom comme référence. Un employeur vous téléphone et vous pose des questions sur les qualifications de votre ami(e). Votre recommandation est très positive!

Vocabulaire actif

s'	amuser	*to have a good time, to have fun*
une	angine	*sore throat*
des	antibiotiques (m.pl.)	*antibiotics*
des	antihistaminiques (m.pl.)	*antihistamines*
s'	appeler	*to be named*
	apprendre	*to learn*
une	aspirine	*aspirin*
	assurer	*to assure*
	avoir bonne/ mauvaise mine	*to look good/bad*
	avoir le cafard	*to be depressed*
	avoir mal à	*to have an ache, to have pain*
	avoir mal au cœur	*to be nauseous*
	avoir quelque chose	*to have something wrong*
	avoir raison	*to be right*
	avoir tort	*to be wrong*
une	bouche	*mouth*
	bouché(e)	*stuffed up, blocked*
un	bras	*arm*
une	bronchite	*bronchitis*
une	brosse à dents	*toothbrush*
se	brosser (les dents)	*to brush* (one's teeth)
une	carie	*cavity*
se	casser (la jambe)	*to break (one's leg)*
	Ça suffit!	*That's enough!*
	celui, celle, ceux, celles	*this one, that one, these, those*
	C'est, ça!	*That's it!, That's right!*
la	chirurgie	*surgery*
un(e)	chirurgien(ne)	*surgeon*
un	cœur	*heart*
	comprendre	*to understand*
se	coucher	*to go to bed*
	couler	*to drip, to run*
	couvrir	*to cover*
	craquer	*to go nuts*
une	crise de nerfs	*anxiety attack*
	découvrir	*to discover*
une	dent	*tooth*
du	dentifrice	*toothpaste*
un(e)	dentiste	*dentist*

se	dépêcher	*to hurry*
	déprimé(e)	*depressed*
	depuis	*for, since*
	devenir	*to become*
un	diagnostic	*diagnosis*
un	doigt	*finger*
un	dos	*back*
s'	endormir	*to fall asleep*
s'	ennuyer	*to be bored*
un	estomac	*stomach*
	être d'accord	*to be in agreement, to agree*
	être en (bonne/ pleine) forme	*to feel great, be in good shape*
	être en mauvaise forme	*to be in bad shape*
	être souffrant(e)	*to be ill*
	exact(e)	*exact, right*
	faire des radios	*to take x-rays*
	faire des tests	*to run tests*
	faire mal	*to hurt*
se	faire mal	*to hurt oneself*
	faire une dépression	*to become depressed*
	faire une opération	*to perform an operation*
	faire une prise de sang	*to draw blood*
	faux (fausse)	*false*
une	fièvre	*fever*
du	fil dentaire	*dental floss*
un	foie	*liver*
un	généraliste	*general practitioner*
une	gorge	*throat*
la	grippe	*flu*
s'	habiller	*to get dressed*
un(e)	infirmier(-ère)	*nurse*
une	jambe	*leg*
	jurer	*to swear*
	juste	*right*
une	laryngite	*sore throat, laryngitis*
se	laver	*to wash up*
se	lever	*to get up*
une	main	*hand*
	maintenir	*to maintain*
	malade	*sick*
une	maladie	*illness, disease*
se	maquiller	*to put on makeup*
se	marier avec	*to marry*

des	médicaments (m.pl.)	*medicine*			promettre	*to promise*
	mettre un plâtre	*to put on a cast*		se	raser	*to shave*
				un	remède	*remedy*
	mieux	*better* (adv.)		se	rencontrer	*to meet each other*
une	migraine	*headache*		se	reposer	*to rest*
un	nez	*nose*		se	réveiller	*to wake up*
	obtenir	*to get, obtain*			revenir	*to return*
un(e)	oculiste	*optometrist*		un	rhume	*cold*
un	œil (pl. des yeux)	*eye*		se	sentir	*to feel*
	offrir	*to offer, to give (a gift)*			seulement	*only*
					si	*yes* (to reply to a negative question)
	opérer	*to operate*				
une	ordonnance	*prescription*				
une	oreille	*ear*		la	sinusite	*sinusitis*
un(e)	oto-rhino (-laryn-gologiste)	*ear-nose-throat doctor*		du	sirop	*syrup*
				se	soigner	*to take care of oneself*
	ouvrir	*to open*			souffrir	*to suffer*
se	passer	*to happen*		se	souvenir de	*to remember*
	passer un coup de fil	*to phone*		un	symptôme	*symptom*
					tenir	*to hold*
un(e)	pédiatre	*pediatrician*		une	tête	*head*
	permettre	*to permit*			tôt	*early*
	peut-être	*perhaps*			tousser	*to cough*
un(e)	pharmacien(ne)	*pharmacist*		une	toux	*cough*
un	pied	*foot*		se	tromper	*to be wrong, make an error*
un	plombage	*filling*				
	plomber	*to fill a cavity*				
une	pneumonie	*pneumonia*		se	trouver	*to be located*
se	porter bien/ mal	*to feel good/bad*		un	voyage d'affaires	*business trip*
un(e)	podologue	*podiatrist*			vrai(e)	*true*
	prendre le pouls	*to take one's pulse*				

CHAPITRE 11

Révélations

Situation 1

Le colis postal

M. BORDIER:	Mais, qu'est-ce qui arrive? Mme Chevalley est en train de frapper à la porte de tous les locataires!
MME BORDIER:	Le facteur a apporté un colis urgent. C'est pour une certaine Agathe Cauchon.
ANNE:	Drôle de nom! Mais qui est-ce?
MME BORDIER:	Il n'y a pas de locataire de ce nom-là dans notre immeuble. Alors, Mme Chevalley essaie de se renseigner. Mais jusqu'à présent, personne ne sait qui est cette Agathe Cauchon.
M. BORDIER:	Ils se sont trompés d'adresse, c'est tout!
MME BORDIER:	Non, justement°! C'est la bonne adresse: le nom de la rue... le numéro de l'immeuble... c'est bien ici. Il n'y a pas de doute.
SYLVIE:	Pour se renseigner, la concierge demande à tout le monde. Elle a déjà demandé à M. et Mme Silvestri...
ANNE:	Et à M. et Mme Ibn Hassam?
SYLVIE:	Aussi! Et il y a dix minutes, elle a demandé à M. Péreira. Rien!
ANNE:	Elle a demandé à Mme X?
SYLVIE:	Personne ne répond. Mais elle la verra quand elle rentrera et elle le lui demandera. Si je la vois, je le lui demanderai moi-même.
MME BORDIER:	Sylvie! Ne te mêle pas de° ces affaires.
ANNE:	Attendez! Mme X... Je suis sûre qu'elle y sera° pour quelque chose.

(right margin glosses:)
as a matter of fact

Don't get mixed up in
will be involved

Avez-vous suivi?

1. Pourquoi est-ce que Mme Chevalley frappe à la porte de tous les locataires?
2. Comment est-ce que Mme Bordier sait que le colis n'est pas arrivé par erreur?
3. À qui est-ce que Mme Chevalley n'a pas encore parlé?

Autrement dit

Le courrier

Le facteur a apporté...

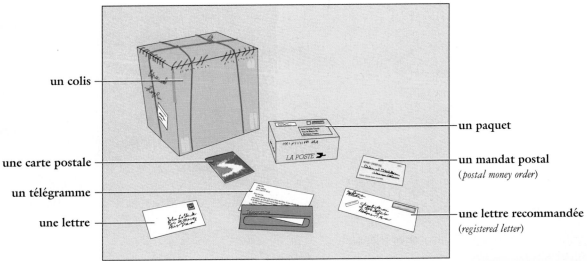

un colis

une carte postale

un télégramme

une lettre

un paquet

un mandat postal
(*postal money order*)

une lettre recommandée
(*registered letter*)

Au bureau de poste

Où est le guichet de la poste aérienne?	*air mail window*
le guichet de la poste restante	*general delivery window*

Je voudrais envoyer cette lettre par avion s'il vous plaît.
      par bateau
      en recommandé
      par exprès

Je voudrais renvoyer cette lettre à l'expéditeur.	*sender*
au destinataire	*addressee*

Il faut remplir la fiche.	*You have to fill out the slip (of paper).*
l'étiquette de douane	*customs label*
le formulaire	*form*

Je voudrais trois aérogrammes.	*aerograms*
timbres-poste	*stamps*

C'est combien?
Ça fera cinquante francs.

Pour téléphoner

Je voudrais téléphoner aux États-Unis.

Voulez-vous me donner
l'annuaire téléphonique de Paris?   *the Paris telephone book*

Je voudrais de la monnaie. *coin*   *change*

Je voudrais une télécarte de 50/120 unités.   *a telephone calling card with
50/120 (calling) units*

Où est la cabine téléphonique la plus proche?

C'est combien pour téléphoner en Italie?

Pour expédier un télégramme

Je voudrais expédier un télégramme.

C'est combien pour envoyer ce télégramme?

Le minitel

L'annuaire éléctronique?
Tapez le 11.

Les réservations SNCF?
Tapez le 36.15, code SNCF.

Pratique et conversation

A. Pour envoyer... Comment est-ce qu'on envoie le contenu de la liste à gauche? Il
y a parfois plus d'une réponse correcte.

1. _____ de l'argent   a. dans un colis
2. _____ une chemise   b. par mandat postal
3. _____ une demande urgente   c. dans un paquet
4. _____ des nouvelles d'un(e)   d. par lettre
   ami(e) en vacances   e. par télégramme
5. _____ des félicitations   f. par carte postale
6. _____ des verres à vin   g. par lettre
7. _____ un document légal   recommandée

B. Quelle question? Quelles questions poseriez-vous à l'employé(e) de la P.T.T. (Postes Téléphones Télégraphes) dans les situations suivantes? *(What questions might you ask a postal employee in the following circumstances?)*

MODÈLE: Vous voulez envoyer un télégramme.
        Vous: **Qu'est-ce qu'il faut faire pour envoyer un télégramme?**
                  C'est combien pour envoyer un télégramme?

1. Vous voulez téléphoner d'une cabine téléphonique.
2. Vous cherchez un numéro de téléphone.
3. Vous voulez envoyer une lettre aux États-Unis par avion.
4. Vous voulez téléphoner en Suisse.
5. Vous voulez utiliser le minitel.

C. Dialogues. Complétez les dialogues suivants.

Au bureau de poste
    VOUS: Bonjour, Monsieur. C'est combien pour envoyer ces lettres aux États-Unis?

L'EMPLOYÉ: _____?
    VOUS: Par avion.
L'EMPLOYÉ: Ça fait 25 francs.

    VOUS: _____
L'EMPLOYÉ: Je vous en prie, Monsieur. Au revoir.

Le facteur passe
    LE FACTEUR: Bonjour, Madame Chevalley.
MME CHEVALLEY: Bonjour, Monsieur Bodin. Où est-ce que vous allez avec ce grand paquet?

    LE FACTEUR: _____
MME CHEVALLEY: Vous vous trompez d'adresse. Je n'ai personne de ce nom.

    LE FACTEUR: _____
MME CHEVALLEY: Qui est l'expéditeur?

    LE FACTEUR: _____
MME CHEVALLEY: C'est curieux! Vous n'avez rien d'autre? Quelque chose pour moi, peut-être?

    LE FACTEUR: Voyons... _____
MME CHEVALLEY: Ah, très bien. Tout le monde aime recevoir du courrier, n'est-ce pas? Merci, Monsieur Bodin. À demain.

    LE FACTEUR: _____

Un coup de téléphone
    ANNE: Excusez-moi, Madame, comment est-ce que je fais pour téléphoner à Lyon?
L'EMPLOYÉE: Vous composez le 16 et puis le numéro.

ANNE: _____

L'EMPLOYÉE: Les annuaires sont à droite des cabines téléphoniques.

ANNE: _____

L'EMPLOYÉE: Si vous ne parlez pas trop longtemps, ce n'est pas cher.

ANNE: _____

L'EMPLOYÉE: Non, pour la monnaie, allez au guichet 3.

ANNE: _____

L'EMPLOYÉE: Je vous en prie, Mademoiselle.

D. Au bureau de poste. Vous allez à la poste pour envoyer un cadeau à un(e) ami(e) aux États-Unis. Jouez la scène.

Structure I

Talking about what isn't so
More negative expressions

a. In addition to **ne... pas** and **ne... jamais,** there are several other negative expressions in French.

ne... personne	*no one*
ne... rien	*nothing*
ne... ni... ni	*neither . . . nor*
ne... plus	*no longer*
ne... pas encore	*not yet*

b. Like **ne... pas** and **ne... jamais,** in the simple tenses, **ne** precedes the verb and any object pronouns; the second part of the negative expression follows the verb.

NEGATION: SIMPLE TENSES				
	ne	*(Pronouns)*	*Verb*	*Second term of negation*
Mais aujourd'hui, on	**ne**		peut	**plus.**
Jean-Philippe, tu	**ne**	m'	écoutes	**jamais.**
Mme Chevalley	**ne**		voit	**rien.**

c. In the compound tenses, **ne** precedes the auxiliary, and the second part of the negative expression usually follows it, preceding the past participle.

NEGATION: COMPOUND TENSES				
	ne	*Auxiliary*	*Second term of negation*	*Past participle*	
Le facteur	**n'**	est	**pas encore**	passé	ce matin.
Je	**n'**	ai	**rien**	vu.	

However, the second part of **ne... personne** follows the past participle, taking the place of a noun object.

Je **n'**ai vu **personne.**
Mme X **n'**a parlé à **personne.**

d. In the negation **ne... ni... ni, ni** follows the past participle, and precedes the noun objects it qualifies. Indefinite and partitive articles are omitted.

Vous **n'**avez fait **ni** la lessive **ni** la vaisselle.
M. Bordier **n'**a téléphoné **ni** à Gérard **ni** à sa secrétaire.

e. **Rien** and **personne** may serve as the subject of a verb; **ni... ni** may qualify a subject. Note that **ne** still precedes the verb.

Personne n'est honnête.
Rien n'est simple.
Ni Jean-Philippe **ni** Sylvie **n'**a salué Mme X.

f. When used without **ne, jamais** means *ever:*

Avez-vous jamais voyagé en France?
Have you ever traveled in France?

Pratique et conversation

A. Au contraire! Comment est Mme X? Vous n'êtes jamais d'accord. Répondez toujours au négatif.

MODÈLE: Mme X est toujours chaleureuse. (jamais)
Mme X n'est jamais chaleureuse.

1. Mme X sort toujours habillée tout en noir. (jamais)
2. Elle regarde tout le monde quand elle entre dans l'immeuble. (personne)
3. Elle porte des bijoux et des valises quand elle sort. (ni... ni)
4. Elle a tout fait pour aider les autres. (rien)
5. Elle a salué tout le monde. (personne)
6. Elle est déjà rentrée. (pas encore)
7. Elle est souvent très maquillée. (jamais)

B. Le cambriolage. Un agent de police vous interroge sur le cambriolage dans l'immeuble. Vous ne voulez pas y être impliqué(e) et vous répondez toujours au négatif!

MODÈLE: Est-ce que vous avez vu le cambrioleur? (personne)
Non, je n'ai vu personne.

1. Est-ce que vous avez remarqué quelque chose de différent? (rien)
2. Est-ce que vous avez parlé à quelqu'un? (personne)
3. Est-ce que quelqu'un est entré par la fenêtre? (personne)
4. Est-ce que vous avez vu Mme Chevalley ou Mme Silvestri au moment du cambriolage? (ni... ni)
5. Est-ce que vous mentez d'habitude? (jamais)
6. Est-ce que vous avez d'autres choses à nous raconter? (rien)

C. La grande ville. Vous venez de déménager *(move)* à la grande ville et vos parents sont inquiets *(worried)* pour votre sécurité. Répondez à leurs questions au négatif.

1. Tu laisses la porte et les fenêtres ouvertes?
2. Tu rentres tard?
3. Tu sors seul(e)?
4. Tu as toujours *(still)* des voisins bizarres?
5. Tu fais quelque chose de dangereux?
6. Est-ce que tu invites tout le monde chez toi?

D. Les clients de Mme Bordier. Madame Bordier pose des questions à un(e) client(e), il/elle répond au négatif. Jouez les rôles. Elle lui demande...

1. s'il/si elle voyage souvent aux Antilles.
2. s'il/si elle a jamais visité le Sénégal ou le Zaïre.
3. s'il/si elle a déjà voyagé en Suisse.
4. s'il/si elle a rencontré quelqu'un à Tahiti.
5. s'il/si elle a encore des amis en Afrique.
6. si quelque chose d'intéressant lui est arrivé à Bora-Bora.
7. s'il/si elle a toujours son appartement à la Martinique.

Structure II

Talking about what you will do
The future tense

THE FUTURE TENSE								
-er *verbs*			-ir *verbs*			-re *verbs*		
Stem	+	*Ending*	*Stem*	+	*Ending*	*Stem*	+	*Ending*
je parler		ai	je finir		ai	je répondr		ai
tu parler		as	tu finir		as	tu répondr		as
il parler		a	il finir		a	il répondr		a
nous parler		ons	nous finir		ons	nous répondr		ons
vous parler		ez	vous finir		ez	vous répondr		ez
elles parler		ont	elles finir		ont	elles répondr		ont

a. The future tense is formed by adding the future endings to a stem, which is the infinitive in most cases. For **-re** verbs, the final **e** of the infinitive is dropped before adding the future endings.

b. Below is a list of verbs that have irregular future stems. They take the same endings as regular verbs. Note that many verbs that are irregular in the present are regular in the future. If a verb you have learned is not in the list below, you may assume that its future is regular.

aller	j'**ir**ai
avoir	j'**aur**ai
envoyer	j'**enverr**ai
être	je **ser**ai
faire	je **fer**ai
pouvoir	je **pourr**ai
recevoir	je **recevr**ai
savoir	je **saur**ai
tenir	je **tiendr**ai
venir	je **viendr**ai
voir	je **verr**ai
vouloir	je **voudr**ai
devoir	*je devrai*

c. While **acheter, payer,** and **préférer** have two stems in the present, they have only one in the future.

PRESENT	FUTURE
j'achète/nous achetons	j'achèterai/nous achèterons
je paie/nous payons	je paierai/nous paierons
je préfère/nous préférons	je préférerai/nous préférerons

d. The essential difference between the future tense and the immediate future (**aller** + infinitive) is like that between *to be going to* and *will* in English. Thus, while **aller** + infinitive indicates intention or immediacy in relation to the moment of speaking, the future tense merely indicates the occurrence of an action sometime in the future.

Je **vais faire** mes devoirs maintenant.
I am going to do my homework now.
(intention, immediacy)

Je **ferai** mes devoirs ce week-end.
(no immediacy)

The immediate future is gradually replacing the future, especially in spoken French.

e. The future is used after **quand,** when future time is implied. Learn the following pattern.

FUTURE	*QUAND*	FUTURE
Mais elle la verra	quand	elle rentrera.
Je finirai mes devoirs	quand	j'aurai le temps.

A. L'avenir. Mettez les phrases suivantes au futur.

1. —Anne, je ne sais pas à quelle heure je _____ (rentrer) ce soir. Je vous

   _____ (téléphoner).

2. —Bien, Mme Bordier. Nous _____ (dîner) sans vous si nécessaire.

3. —Anne, quand est-ce que tu _____ (retourner) aux États-Unis?

   —Je _____ (partir) en août. Ma famille _____ (être) très

   contente de me revoir enfin. Ils me _____ (retrouver) sûrement à
   l'aéroport.

4. —Et vous, Sylvie et Jean-Phillipe, vous me _____ (rendre visite) à Los
   Angeles, j'espère.

5. —Nous _____ (être) ravis.

B. Interview. Demandez à votre partenaire...

1. quand il/elle partira en vacances.
2. à qui il/elle téléphonera la semaine prochaine.
3. où il/elle ira pendant le week-end.
4. où il/elle sera à trois heures du matin.
5. à quelle heure il/elle arrivera à l'université demain.

C. Un voyant. Prenez le rôle d'un(e) voyant(e) et essayez de prévoir *(predict)*
l'avenir des personnes suivantes.

1. votre professeur
2. votre frère, sœur, ou cousin(e)
3. un(e) ami(e), votre camarade de chambre, votre petit(e) ami(e), votre mari,
   ou votre femme

En contexte

Des personnages historiques. Imagine that you've traveled back in time and
you meet the following historical figures in their youth. Tell them what their
future will be.

1. George Washington
2. Christophe Colomb
3. Jeanne d'Arc
4. Abraham Lincoln
5. Napoléon 1er

Situation 2

À la fois° concierge et détective

At the same time

Madame Chevalley examine soigneusement le colis.

MME CHEVALLEY: Hmm... Il vient des Studios de Boulogne. Ça doit être un film... Si je l'ouvrais un peu, juste pour savoir...
[*Madame X passe devant la porte de Mme Chevalley.*]

MME X: Bonjour, Mme Chevalley.

MME CHEVALLEY: [*Embarrassée.*] Ah! Bonjour, Madame. Je vous attendais! Est-ce que vous connaissez une certaine Agathe Cauchon? Elle a reçu un colis d'un studio de cinéma, mais ils ont dû se tromper d'adresse, parce que je n'ai pas de locataire de ce nom-là.

MME X: Mais bien sûr que je connais Agathe Cauchon... C'est moi!

MME CHEVALLEY: C'est vous, Agathe Cauchon? Mais vous vous appelez Mme Lalout!

MME X: Oui, c'est juste.

MME CHEVALLEY: Mais vraiment, Madame, je ne comprends pas.

MME X: Est si je vous disais que je m'appelle aussi Valérie Du-Louche?

MME CHEVALLEY: Valérie DuLouche, la grande actrice? Oh là là! Je n'en reviens pas!

MME X: Vous ne le saviez pas alors?

MME CHEVALLEY: Mais non! Je ne savais rien. La concierge ne sait jamais rien!

Avez-vous suivi?

1. Qu'est-ce que Mme Chevalley faisait quand Mme X est rentrée?
2. D'où vient le colis?
3. Qui est Agathe Cauchon? Pourquoi est-ce que Mme Chevalley est surprise quand elle apprend son identité?
4. Qui est Valérie DuLouche?

Autrement dit

Pour exprimer son incrédulité

Mme X? Valérie DuLouche? La grande actrice?

Oh là là! Je n'en reviens pas!	*I can't get over it!*
Ça m'étonne!	*That astonishes me!*
Ça me surprend!	*That surprises me!*
Tiens! C'est étonnant!	
C'est surprenant!	
Ce n'est pas possible!	
Ce n'est pas croyable!	*That's unbelievable!*
Ce n'est pas vrai!	
Incroyable!	*Unbelievable!*
Vous plaisantez!	*You're joking!*
Tu plaisantes!	
Sans blague!	*No kidding!*

Comment? Madame X est Valérie DuLouche? Quoi?

Pratique et conversation

A. Comment? Quoi? Exprimez votre incrédulité.

1. Vous avez perdu la clé *(key)* de votre voiture.
2. Vous avez réussi à un examen qui était très difficile.
3. Votre tante Claire vous dit que le beurre de cacahuètes est un bon remède contre la grippe.
4. Un bon ami est malade et à l'hôpital.
5. Votre meilleur(e) ami(e) vous dit qu'il/elle vient d'avoir un accident de voiture.
6. Vos parents vous ont offert une Porsche pour votre anniversaire.
7. Au cinéma, vous voyez un(e) ami(e) qui vous a dit qu'il/elle était trop malade pour sortir.
8. On vous accuse d'un crime et on vous arrête.
9. À la banque, on vous dit que vous n'avez plus d'argent.
10. Vous recevez un chèque de mille francs par la poste.

Structure III

Talking about obligation
The verb *devoir*

DEVOIR *(TO OWE, TO HAVE TO, MUST)*				STEM + ENDING	
Present	Je	**dois**	étudier.	doi	s
	Tu	**dois**	travailler ce week-end?	doi	s
	Ça	**doit**	être un film.	doi	t
	Nous	**devons**	rentrer tout de suite.	dev	ons
	Vous me	**devez**	cinq dollars.	dev	ez
	Ils	**doivent**	rester après la classe.	doiv	ent
Passé Composé	Nous	**avons dû**	rester à la maison.		
Imperfect	Elles	**devaient**	venir à huit heures.		
Future	Tu	**devras**	téléphoner demain.		

a. The verb **devoir** has several meanings. It may mean *to owe* or it may be used to express obligation or probability: *must, ought to,* or *to have to.*
b. Note the meanings of **devoir** in different tenses when it is used to express obligation or probability. Context will indicate the precise meaning.

PRESENT
Anne doit aller au bureau de poste.
Obligation: *Anne must go to the post office.*
Anne doit être au bureau de poste.
Probability: *Anne must be at the post office.*

PASSÉ COMPOSÉ
Mme Bordier a dû travailler hier.
Obligation: *Mrs. Bordier had to work yesterday.*
On a dû se tromper d'adresse.
Probability: *They must have mixed up the addresses.*

IMPERFECT
Vous deviez renvoyer le colis à l'expéditeur.
Obligation: *You were supposed to return the package to sender.*

FUTURE
Anne devra faire des courses demain.
Obligation: *Anne will have to do errands tomorrow.*

A. Problèmes familiaux. Remplissez le blanc en mettant le verbe **devoir** au présent, au futur, à l'imparfait ou au passé composé, selon le contexte.

1. —Jean-Philippe, il est déjà sept heures. Pourquoi est-ce que tu rentres si tard?

   Tu _____ rentrer à six heures.

   —Je _____ passer par la maison de Pierre.

2. —Charles, qu'est-ce qu'on va faire avec Jean-Philippe? Il n'a pas de sens de la responsabilité. Et lui et Sylvie, ils se sont disputés pendant tout l'après-midi. J'en ai marre *(I'm fed up)!*

   —Il _____ apprendre à organiser son temps, c'est sûr. Et lui et Sylvie, ils _____ s'arrêter de se disputer.

   —Nous _____ lui parler; autrement *(otherwise)*, il ne changera pas.

3. —Jean-Philippe, tu _____ apprendre à être plus responsable.

   —Je sais, papa. Toi et maman, vous _____ beaucoup vous inquiéter *(to worry)* quand je ne suis pas rentré à l'heure.

4. —Et une autre chose, Jean-Philippe. Est-ce que tu _____ te disputer constamment avec Sylvie?

5. —Tu as raison, papa, Sylvie et moi, nous _____ apprendre à mieux nous entendre *(get along better)* l'un avec l'autre.

B. Interview. Demandez à votre partenaire s'il/si elle...

1. doit étudier beaucoup.
2. devait téléphoner à ses parents hier soir.
3. a dû aller à la poste la semaine dernière.
4. devait travailler hier.
5. doit préparer la leçon.

C. Situations. Trouvez une explication pour les situations suivantes. Employez le verbe **devoir.**

1. Vous avez invité un ami chez vous pour 18h00. Il est 18h45 et il n'est pas encore arrivé.
2. Vous avez reçu un colis pour quelqu'un d'autre.
3. Vous essayez d'appeler votre ami depuis trois heures, mais personne ne répond.
4. Vous arrivez chez vous et vous découvrez que vous n'avez pas vos clés.
5. Après un grand repas, votre hôtesse ne se sent pas bien.

Structure IV

Talking about people and places you know
The verb *connaître*

				STEM + ENDING	
		CONNAÎTRE *(TO KNOW, TO BE ACQUAINTED WITH)*			
Present	Je	**connais**	Agathe Cauchon.	connai	s
	Tu	**connais**	un bon restaurant?	connai	s
	Mme Chevalley	**connaît**	tous ses locataires.	connaî	t
	Nous ne	**connaissons**	pas Paris.	connaiss	ons
	Vous	**connaissez**	Agathe Cauchon?	connaiss	ez
	Les Bordier	**connaissent**	tous leurs voisins.	connaiss	ent
Passé Composé	J'	**ai connu**	Gérard Depuy à Lyon.		
Imperfect	Elle	**connaissait**	bien Paris à cette epoque.		
Future	Je la	**connaîtrai**	bien après ma visite.		

a. The verb **connaître** means *to know* in the sense of *to be acquainted with*. It is frequently used with people and places.

b. Note that the **passé composé** of **connaître** is translated *met:*

J'**ai connu** ma femme à l'université.
I met my wife at the university.

c. By contrast, **savoir** means *to know* something in an intellectual sense, *to know a fact.*

Vous ne le **saviez** pas alors?
Mais non! Je ne **savais** rien. La concierge ne **sait** jamais rien!

Pratique et conversation

A. Connaissances. Mettez les phrases suivantes au présent.

1. Nous/se connaître/depuis longtemps.
2. Les étudiants français/ne... pas connaître/bien leurs professeurs.
3. —Est-ce que je vous/connaître? —Mais bien sûr! Vous me/connaître!
4. J'ai envie de sortir. Est-ce que tu/connaître/un bon restaurant?
5. Elle/ne... pas connaître/mon père.

B. Histoire d'amour. Mettez les phrases suivantes au passé. Utilisez le passé composé ou l'imparfait.

Je _____ (connaître) mon mari à Paris, après la guerre. Moi, je

_____ (être) étudiante et lui, soldat. On _____ (sortir) ensemble tous les soirs. Il _____ (connaître) tous les coins de Paris. Mais, il _____ (ne... pas savoir) parler français! On _____ (se marier) et on _____ (revenir) aux États-Unis. Pour notre vingtième anniversaire de mariage, on _____ (décider) de retourner à Paris. Nous _____ (découvrir) que nous _____ (ne... plus connaître) la ville.

C. Savoir ou connaître? Mettez la forme correcte de **savoir** ou de **connaître**.

1. Je ne _____ pas très bien mon voisin. Je _____ qu'il est étranger et je _____ son nom, mais c'est tout.
2. Il _____ un bon endroit *(place)* pour un pique-nique, mais il ne _____ pas exactement où c'est.
3. Personne ne _____ Agathe Cauchon mais Anne _____ que Mme X a la clé du mystère.
4. Nous _____ très bien la ville de Paris.

En contexte

Interview. Demandez à votre partenaire...

1. s'il/si elle connaît quelqu'un de célèbre.
2. s'il/si elle sait qui est Agathe Cauchon.
3. si Mme Lalout connaît Agathe Cauchon.
4. s'il/si elle sait téléphoner à l'étranger.

Situation 3

La clé du mystère

MME CHEVALLEY: Vous, vous êtes vraiment Valérie DuLouche, la plus grande star de l'écran°, la meilleure interprète de Phè-dre?

      VALÉRIE: Eh bien, voilà! C'est moi! Mon secret est dévoilé°.

(marges: screen / revealed)

MME CHEVALLEY:	Mais vous ne m'avez rien dit! Pourquoi habitez-vous ici? Racontez-moi tout!
VALÉRIE:	J'ai horreur de la publicité. Moi, je préfère rester anonyme. Je n'ai rien contre les journalistes, mais les photographes! Eux, ce sont les pires. On n'est jamais tranquille. Jamais! C'est pour cela que j'ai décidé de me cacher dans cet appartement.
MME CHEVALLEY:	Maintenant, tout s'explique! Vos vêtements, votre maquillage, votre attitude...
VALÉRIE:	Oui, je me déguise souvent. C'est pour passer in-aperçu°. Bon, je vous laisse. J'ai un rôle à répéter. Merci encore pour le colis.
MME CHEVALLEY:	Il n'y a pas de quoi. *[Valérie part.]* L'actrice Valérie DuLouche! Vous vous rendez compte? Oh là là. *[Elle frappe à la porte de Mme Bordier.]* Mme Bordier! Ex-cusez-moi de vous déranger mais... Figurez-vous que Mme Lalout est Valérie DuLouche qui est Agathe Cauchon. Mais je peux tout expliquer!!! *[Elle entre dans l'appartement.]*

unnoticed

Avez-vous suivi?

1. Pourquoi est-ce que l'actrice Valérie DuLouche préfère habiter l'immeuble de Mme Chevalley?
2. Comment est-ce qu'elle passait inaperçue?
3. Pourquoi est-ce que Mme Chevalley frappe à la porte de Mme Bordier?

Autrement dit

Pour annoncer une nouvelle

Vous connaissez la nouvelle?
J'ai quelque chose à te dire.
J'ai une bonne/mauvaise nouvelle pour vous.

Figurez-vous que Mme X est Valérie DuLouche!
    Figure-toi
        Tu sais

Pour s'excuser

Quand on dérange quelqu'un
Excusez-moi de vous déranger.
Excuse-moi de te déranger.

Quand on veut passer
Pardon.
Excusez-moi.
Excuse-moi.

Quand on regrette quelque chose
Je suis désolé(e).
Je regrette beaucoup.

Pour répondre à une excuse

Ne vous en faites pas.   *Don't worry about it.*
Ne t'en fais pas.

Pratique et conversation

A. Une rumeur. Spread a rumor to your classroom neighbor. Begin by using an expression that announces that you have some news. Your neighbor will in turn spread the rumor to his/her neighbor with some slight modification. Compare the beginning version of the rumor to its final form. Choose from the following subjects:

1. votre professeur
2. Mme X
3. Anne
4. M. et Mme Bordier

B. Des excuses. Vous vous trouvez dans les situations suivantes. Essayez de vous excuser.

1. Vous arrivez en retard.
2. Vous téléphonez très tard et vous réveillez votre correspondant.
3. Vous avez perdu le bracelet de votre amie.
4. Vous avez composé un faux numéro.
5. Vous voulez passer devant quelqu'un.

Structure V

Referring to someone
The stressed pronouns I

Eh bien, voilà! C'est **moi!**
Qu'est-ce que tu vas faire, **toi?**
Lui et **moi,** nous allons au cinéma.
La concierge, c'est **elle.**
Nous, nous ne connaissons pas ce locataire.
Vous, vous êtes vraiment Valérie DuLouche?
Eux, ce sont les pires *(worst).*
Qui vous a acheté ce cadeau? **Elles.**

a. Study the sentences above. The pronouns in boldface are called stressed pronouns (**pronoms toniques**). They are used . . .

1. after **c'est.**
2. to highlight the subject of the sentence. (In English, we may use stress [loudness] to accomplish this: *Eux,* **ils sont les pires.** *They are the worst.*)
3. in compound subjects.
4. in one-word answers to questions.

b. The forms **moi-même, toi-même, lui-même, elle-même, nous-mêmes, vous-même(s), eux-mêmes,** and **elles-mêmes** mean *myself, yourself,* etc.

Je peux le faire moi-même.   *I can do it myself.*
Il le fait lui-même.   *He is doing it himself.*

Pratique et conversation

A. Complétez. Mettez le pronom tonique correct dans les phrases suivantes.

1. _____, ils ne comprennent rien!
2. C'est mon amie Anne! C'est _____.
3. —Qui est le destinataire? —C'est _____.
4. Vous avez réparé votre voiture _____-même?
5. _____, j'aime toujours recevoir des colis.
6. Vous m'avez téléphoné hier? C'était _____?
7. _____, elles n'aiment pas la cuisine chinoise.
8. Nous pouvons faire cet exercice _____-mêmes.

B. Situations. Répondez aux situations suivantes en employant un pronom tonique.

MODÈLE: Vous écoutez la radio et on annonce votre nom. Vous avez gagné *(won)* une voiture. Exprimez votre surprise. **Moi? Ce n'est pas possible!**

1. Quelqu'un vous téléphone et vous essayez de deviner son identité. Vous pensez que c'est votre amie Françoise.
2. Vous identifiez les deux hommes qui vous ont agressé(e).
3. On vous accuse d'un crime. Vous protestez et vous dites...
4. Votre père vous montre une photo de lui quand il était jeune. Exprimez votre surprise.
5. On vous demande qui est le professeur de français. Vous l'identifiez en disant *(by saying)*...

Structure VI

Referring to someone or something already mentioned
Object pronouns in the imperative

Figurez-**vous** que Madame X est Agathe Cauchon.

a. In the affirmative imperative, object pronouns follow the verb:

Prenez le paquet. → Prenez-**le.**
Demandez à Mme Ibn Hassam si c'est elle. → Demandez-**lui** si c'est elle.

b. In the affirmative imperative, **me** becomes **moi.**

Racontez-**moi** tout!
Excusez-**moi** de vous déranger mais...

c. In the negative imperative, the pronouns precede the verb, as you have learned.

Ne **me** racontez pas cette histoire.
Ne **lui** demandez pas si c'est Valérie.

d. As you have already learned, reflexive pronouns follow the same pattern.

Lève-**toi!**
Ne **vous** inquiétez pas.

Pratique et conversation

A. Chez les Bordier. Mettez les phrases à l'impératif. Dites...

1. à Sylvie de se lever.
2. aux Bordier de ne pas se fâcher.
3. à Jean-Philippe de se réveiller.
4. aux enfants de ne pas s'inquiéter.
5. à Pataud de se calmer.

B. Impératifs. Remplacez les noms soulignés par des pronoms. Dites...

1. à votre ami(e) de vendre <u>sa voiture</u>.
2. à vos amis de <u>vous</u> envoyer une lettre.
3. à votre petit frère de finir <u>ses devoirs</u>.
4. à Mme Chevalley de renvoyer <u>le colis</u>.
5. à votre ami(e) de <u>vous</u> téléphoner.

C. Que dites-vous? Utilisez l'impératif convenable pour chaque situation. Employez des verbes pronominaux.

1. Sylvie est en retard.
2. Jean-Philippe n'est pas encore levé. Il est 8h00, et ses cours commencent à 8h15.
3. Vous restez à la maison, parce que vous avez des devoirs à faire. Vos amis vont au cinéma. Vous leur dites...
4. Vous allez annoncer de mauvaises nouvelles à vos parents.

Compréhension auditive

LE TÉLÉPHONE

Avant d'écouter

A. Renseignez-vous. The French phone service is run by **France Télécom,** which is part of the state-controlled P.T.T. (**Postes Téléphones Télégraphes**). Formerly one of the worst in Europe, France's telephone service has improved dramatically. France's innovative communications network includes the **minitel,** a compact computer terminal which is distributed free of charge to telephone subscribers. The **minitel** allows the user to access large data bases, including telephone directories and reservation and shopping services.

B. Les messages enregistrés. Souvent, au lieu d'atteindre *(reach)* notre correspondant, nous entendons un message enregistré à l'autre bout du fil. Quels sont les messages les plus souvent entendus?

 **Écoutons**

A. Les sons du téléphone. Écoutez les sons et identifiez-les.

Son	*Signification*
1. _____	a. la ligne est occupée
2. _____	b. on décroche *(unhooks)* le récepteur
3. _____	c. on attend la sonnerie
4. _____	d. on raccroche *(hangs up)* le récepteur

B. Identifiez le message. Écoutez les messages et indiquez ce qu'ils veulent dire. Deux des messages veulent dire la même chose.

Message	*Signification*
1. _____	a. le numéro n'existe pas
2. _____	b. votre correspondant n'est pas là
3. _____	c. le numéro n'est pas en service
4. _____	

Pratique et conversation

A. Un répondeur automatique. Composez un message pour votre répondeur automatique et dictez-le à votre partenaire. Votre partenaire composera une réponse qu'il/elle vous dictera.

B. Le jeu du répondeur. Votre professeur enregistrera un message en français sur un répondeur automatique. Appelez le numéro que votre professeur vous donnera et suivez *(follow)* les instructions que vous entendrez.

C. Le jeu des pages jaunes. Regardez les annonces pour des restaurants reproduites ci-dessous. Votre professeur vous posera une question. Le premier/La première à répondre gagnera un point.

MODÈLE: Trouvez le nom d'un restaurant italien et donnez son numéro de téléphone.

Document I

Comment obtenir votre correspondant

Dialing international calls from France is fast and convenient. This document tells you how.

Avant de lire

Vocabulaire. Choisissez l'équivalent anglais pour les mots suivants.

1. _____ l'indicatif téléphonique
2. _____ un agent des Télécommunications
3. _____ composer un numéro
4. _____ décrocher le récepteur
5. _____ téléphoner à l'étranger
6. _____ le numéro demandé
7. _____ raccrocher le récepteur
8. _____ la tonalité

a. to hang up the receiver
b. an operator
c. to pick up the receiver
d. the dial tone
e. the area code
f. to dial a number
g. the number you're dialing
h. to make an international call

Lisons

COMMENT OBTENIR VOTRE CORRESPONDANT

Automatique

		19		indicatif du pays (p. 29)	indicatif de zone (p. 31)	numéro demandé
décrochez	tonalité		tonalité			

● **Cas particuliers**

		Andorre / Monaco	62 8 ●●●●● / 93 ●●●●●●
décrochez	tonalité		numéro demandé

Renseignements Andorre et Monaco : s'adresser au 12.

ATTENTION

● Si votre correspondant à l'étranger vous a indiqué son numéro d'appel précédé d'un 0, ne composez pas ce 0, exclusivement valable pour les communications entre les abonnés° du pays concerné.
Exemple :
pour obtenir l'abonné (0) 6121 20954 à Wiesbaden (RFA).
composez 19 puis 49 6121 20954

users

● Après avoir composé le numéro d'appel de votre correspondant, vous ne percevez° plus aucune tonalité. Ne raccrochez surtout pas. Ce n'est qu'°après un délai de quelques secondes que vous percevez un signal de sonnerie ou d'occupation.

hear

It is only

Par l'intermédiaire d'un agent des Télécommunications

● Communications à destination des pays autres que ceux obtenus par l'automatique.
● Communications à destination des réseaux° non encore automatisés des pays atteints° par voie automatique.
● Communications spéciales (cartes télécom, etc.).

network; reached

		19		33	indicatif du pays (p. 29)	vous obtenez un agent des Télécommunications à qui vous formulez votre demande
décrochez	tonalité		tonalité			

Avez-vous suivi?

A. Au téléphone. Répondez aux questions suivantes d'après le texte.

1. Pourquoi est-ce qu'il ne faut pas raccrocher si vous n'entendez plus de tonalité après avoir composé votre numéro?
2. Pour quelles communications est-ce qu'il faut passer par un agent des Télécommunications?
3. Quel numéro est-ce qu'on compose pour obtenir un agent des Télécommunications?
4. Votre ami(e) en France veut faire un appel international. Expliquez-lui comment le faire.

B. En quel ordre? Mettez les actions suivantes dans l'ordre logique pour faire un appel international.

1. _____ Vous parlez à votre correspondant.
2. _____ Vous composez le numéro de votre correspondant.
3. _____ Vous raccrochez.
4. _____ Vous obtenez un signal de sonnerie.
5. _____ Vous composez l'indicatif de zone.
6. _____ Vous décrochez.
7. _____ Vous composez le 19.
8. _____ Vous obtenez la première tonalité.
9. _____ Vous composez l'indicatif du pays.
10. _____ Vous obtenez la deuxième tonalité.

Document II

Les lettres à Marcelle Ségal

You are about to read letters written to Marcelle Ségal, the French "Dear Abby" or Ann Landers. Marcelle Ségal's columns, which appear regularly in *Elle*, for the most part contain questions sent in by adolescent girls or young women concerning problems that affect their social life.

Avant de lire

A. Problèmes. Nommez trois problèmes qui sont fréquents chez les adolescent(e)s.

B. Le langage parlé. Pour chacun des mots du langage parlé dans la colonne de gauche, trouvez un synonyme dans la colonne de droite.

1. _____ sympa   a. une fille
2. _____ un bec   b. une chose
3. _____ une nana   c. une fête
4. _____ marrant   d. gentil
5. _____ une boum   e. une bouche
6. _____ super   f. travailler
7. _____ un truc   g. amusant
8. _____ bosser   h. très

C. Donnez des conseils. Trouvez une solution pour les problèmes suivants. Utilisez les expressions qui vous sont proposées, ou vos propres idées.

1. PROBLÈME: Je n'ai pas d'amis.
   SOLUTION: Essayez de...
   Il faut...
2. PROBLÈME: Mes parents sont trop sévères.
   SOLUTION: Je vous suggère de...
3. PROBLÈME: Je me suis disputé(e) avec mon petit ami/ma petite amie.
   SOLUTION: Je vous conseille de...
   Essayez de...
4. PROBLÈME: Tout le monde se moque de moi, parce que je suis très grand.
   SOLUTION: Il ne faut pas...

Lisons

Valérie, 15 ans

Je suis timide, vraiment timide. Je reste dans un coin°, je ne parle presque pas. Je me dis «Allez, Valérie! Vas-y, parle». Impossible! J'ai peur de dire des trucs idiots. J'aimerais tant° dire quelque chose d'intéressant, passer pour une fille sympa devant une bande que je ne connais pas. Connaissez-vous un truc?

corner

so much

Avant de lire la réponse, essayez de trouver une solution au problème.

Réponse

J'en connais un très simple, sans danger. Au lieu de° te dire «Allez Valérie! Vas-y! Parle!», te dire «Allez Valérie! Vas-y! Écoute!» Écoute l'orateur de la petite bande. Avec toute ton attention, toute ta personne. En rigolant° aux bons endroits°; en questionnant au besoin. Il te découvrira, te trouvera pas bête du tout, intelligente, même remarquable. Parce que tu l'auras remarqué! Les filles t'accepteront parce que tu leur auras laissé la parole, la vedette°. La petite bande t'intégrera parce que tu ne gêneras° personne. Une nana super-belle, marrante, la langue bien pendue° gênerait° tout le monde: les filles qu'elle supplanterait°, le beau parleur à qui elle clouerait° le bec. Tu veux être sympa, Valérie? Ne parle pas, écoute. Tu parleras plus tard, quand tu auras mieux à dire que des trucs idiots.

Instead of

By laughing
places

starring role

will annoy, will bother
that talks a lot; would
   annoy
whose place she would
   take; would close,

Avez-vous suivi?

Des conseils. Complétez les phrases suivantes.

1. Selon Marcelle Ségal, il ne faut pas parler, mais il faut...
2. Si Valérie écoute l'orateur de la petite bande, il...
3. Les filles accepteront Valérie parce que...
4. Valérie parlera quand...

Lisons

Sophie, 15 ans

J'ai tout pour être heureuse et je ne le suis pas. Ce qui° me rend° la vie insupportable, c'est que j'ai un long nez, ce qui° élimine en moi toute envie de distraction et de communication. Je me lie° facilement avec les filles mais j'ai peur

The thing that; makes
which
make friends

d'être rejetée par les garçons. J'essaie par tous les moyens qu'ils ne me voient pas de profil. Je n'ose plus sortir, je reste toute seule. Ce qui me rend encore plus triste, c'est qu'il y a des garçons qui m'aiment. Si un jour ils découvraient cette maudite° partie de mon visage°, ils pourraient me haïr° de les avoir attirés°.

cursed; face; they could hate me attracted

Avant de lire la réponse, essayez de trouver une solution au problème.

Réponse

... Ou aimer ton grand nez! Pourquoi pas? Un grand nez peut avoir du charme, être racé, spirituel. Je pense à celui d'une de nos célèbres chanteuses. À vrai dire, on ne le remarque pas. Ce qui frappe, c'est son talent. La longueur de son nez ne lui a jamais nui°. En° a-t-elle souffert? Peut-être, mais la célébrité opère des miracles. Elle vient à bout° des complexes les plus tenaces. Il est vrai que tout le monde ne peut pas être célèbre, mais chacun de nous peut manifester une supériorité, avoir le don° des langues, être celle qui danse le mieux, court° le plus vite, sait faire des gâteaux, s'habiller, organiser une boum, être la plus marrante ou mieux, la plus sympa. Du jour où tu te sentiras la meilleure, quelle que soit° ta spécialité, ton nez ne te tracassera° plus. Tu n'auras plus le temps d'y° penser car° le succès ne nous tombe pas tout rôti dans le bec. Il faut progresser, encore et encore, en un mot: bosser. Pour ton nez, Sophie, c'est un excellent remède.

hurt, harm; because of it; overcomes

talent

runs

whatever . . . may be; will bother; about it; parce que

P.S.: Veux-tu m'envoyer deux photos, face et profil? Merci.

Avez-vous suivi?

Chère Sophie... Répondez aux questions suivantes.

1. Quels sont les avantages d'un grand nez?
2. Pour oublier la longueur de son nez, qu'est-ce que Marcelle Ségal conseille à Sophie de faire? Donnez des exemples.
3. Que veut dire l'expression: **Le succès ne nous tombe pas tout rôti dans le bec?**

Lecture

Tropismes, Nathalie Sarraute

Dans ce court passage, Nathalie Sarraute (1900–), un des initiateurs du genre appelé « le nouveau roman» raconte les détails ordinaires de la vie quotidienne pour entrer dans l'univers de ses personnages.

Avant de lire

A. Portrait de la domesticité. Quand vous pensez à la vie domestique, quelles images vous viennent à l'esprit? Est-ce une vie tranquille? violente? routinière? ennuyeuse? charmante?

B. Réfléchissez. Lisez la première ligne du texte. Quels éléments vous paraissent stéréoptypés? Essayez d'imaginer la suite de la description.

Lisons

EXTRAIT DE *TROPISMES:* C'EST AUX ENVIRONS DE LONDRES...

C'est aux environs de Londres, dans un cottage aux rideaux° de percale, avec `curtains`
la petite pelouse° par derrière, ensoleillée et toute mouillée° de pluie. `lawn; wet`

    La grande porte-fenêtre du studio, entourée de glycines°, s'ouvre sur `surrounded with`
cette pelouse. `wisteria`

    Un chat est assis tout droit, les yeux fermés, sur la pierre° chaude. `stone`

    Une demoiselle aux cheveux blancs, aux joues roses un peu violacées°, lit `purplish`
devant la porte un magazine anglais.

    Elle est assise là, toute raide°, toute digne°, toute sûre d'elle et des `upright; dignified`
autres, solidement installée dans son petit univers. Elle sait que dans quelques
minutes on va sonner la cloche° pour le thé. `bell`

    La cuisinière Ada, en bas°, devant la table couverte de toile cirée `below`
blanche°, épluche° les légumes. Son visage est immobile, elle a l'air de ne `white oilcloth; peels`
penser à rien. Elle sait que bientôt il sera temps de faire griller les «buns» et de
sonner la cloche pour le thé.

Après avoir lu

1. Que fait le chat? la demoiselle? la cuisinière?
2. Selon vous, quel âge est-ce que la demoiselle a?
3. Il est à peu près quelle heure?

Pour aller plus loin

1. Est-ce que les personnages sont plutôt *(more)* actifs ou passifs? Justifiez votre
   réponse.
2. La demoiselle est «toute sûre d'elle et des autres». De quoi est-elle certaine dans
   l'avant dernier paragraphe?
3. De quoi la cuisinière est-elle certaine dans le dernier paragraphe?
4. Quelle(s) critique(s) est-ce que l'auteur fait de la vie de ces deux personnes?
5. Quels éléments stéréotypés y a-t-il dans ce texte?
6. Donnez un titre au texte.

Activités

A. Un colis. Le facteur vous a apporté un colis sans nom et sans adresse. Il vient de
la bijouterie Landreau. Vous allez chez votre concierge et vous lui expliquez la
situation. Qu'est-ce que vous allez faire?

B. Valérie DuLouche? Votre voisin(e) ressemble à une star de cinéma. Vous le/la
rencontrez et vous commencez une conversation. Essayez de découvrir s'il/si
elle est vraiment cette star.

C. Des nouvelles. Un(e) ami(e) vous téléphone et vous annonce des nouvelles troublantes concernant un autre ami. Vous exprimez votre surprise. Vous êtes sûr(e) que c'est seulement une rumeur et vous le dites à votre ami(e).

D. Un coup de téléphone. Un(e) ami(e) vient d'arriver chez vous à Paris. Il/Elle veut parler à ses parents, et vous lui expliquez comment téléphoner aux États-Unis.

Vocabulaire actif

un	aérogramme	aerogram, air letter		expédier	to send
une	affaire	business, matter	un	expéditeur	sender
un	annuaire	telephone book		expliquer	explain
	apporter	to bring	un	facteur	mailman
	arriver	to happen	une	fiche	slip (of paper)
	avoir horreur de	to hate	se	figurer	to imagine
une	blague	joke	un	formulaire	form
un	bureau de poste	post office		frapper	to knock
une	cabine télépho-nique	telephone booth	un	guichet	window
	cacher	to hide		il y a (+ time expression)	ago
	Ça me surprend!	That surprises me!		incroyable	unbelievable
	Ça m'étonne!	That astonishes me!	un(e)	journaliste	journalist
			une	lettre	letter
une	carte postale	postcard	un	mandat	money order
	C'est étonnant!	That's astonishing!	le	minitel	an electronic information service in France
	C'est pour cela...	That's why . . .	de la	monnaie	change
	C'est surprenant!	That's surprising!		ne... ni... ni	neither/nor
un	colis	package		ne... pas encore	not yet
	connaître	to be acquainted with		ne... personne	no one
				ne... plus	no longer
le	courrier	mail		ne... rien	nothing
	croyable	believable		Ne t'en fais pas!	Don't worry about it!
se	deguiser	to disguise oneself			
	déranger	to bother		Ne vous en faites pas!	Don't worry about it!
un	destinataire	receiver, addressee	une	nouvelle	piece of news
	devoir	to owe, to have to, must	un	paquet	package
				par avion	airmail
la	douane	customs		par bateau	surface mail
	en recommandé	registered		pardon	excuse me
	envoyer	to send		par exprès	express mail
une	étiquette	label	un(e)	photographe	photographer
	être désolé(e)	to be sorry		pire (le/la/les pire[s])	worse (the worst)
	être en train de (faire)	to be in the midst of doing, to be doing		plaisanter	to joke
			la	poste aérienne	air mail
	examiner	to examine	la	poste restante	poste restante, general delivery
s'	excuser	to excuse oneself			

la	**publicité**	*publicity*		**revenir de**	*to get over*
	regretter	*to be sorry*	un	**rôle**	*role*
	remplir	*to fill out*	un	**secret**	*secret*
se	**renseigner**	*to get informa-tion*	un	**studio**	*studio*
	renvoyer	*to return, to send back*	un	**télégramme**	*telegram*
			un	**timbre (-poste)**	*stamp*
	répéter	*to rehearse*		**urgent(e)**	*urgent*

CHAPITRE 12

La vie est dure

Situation 1

Un ami cherche du travail

PIERRE: Tu comprends, Jean-Philippe, mes parents ne me don-
nent pas assez d'argent de poche. Je voudrais trouver un
emploi à mi-temps.

JEAN-PHILIPPE: Un emploi? Quel genre d'emploi?

PIERRE: Je pourrais travailler dans un bureau. Mais je ne sais pas
par où commencer.

JEAN-PHILIPPE: Tu devrais acheter le journal et lire les petites annonces.
Ensuite, il te faudrait quelques lettres de recommanda-
tion. Mais, attends un peu! Je viens de penser à quelque
chose! Est-ce que tu aimerais travailler dans une agence
de voyages? Ça te plairait?

PIERRE: Oh, oui, bien sûr! Je parle espagnol, anglais et allemand.

JEAN-PHILIPPE: Tu sais taper à la machine?

PIERRE: Oui, à peu près trente mots par minute. Et j'ai suivi un
cours d'informatique. (Tiens, il faudrait l'ajouter à mon
curriculum vitæ!)

JEAN-PHILIPPE: Écoute, Pierre, je vais parler à ma mère. Elle travaille dans
une agence de voyages, et elle m'a dit qu'elle a besoin
d'un assistant.

PIERRE: Tu ferais ça pour moi? Ce serait vraiment chic de ta part,
Jean-Philippe!

[Le lendemain°, Pierre se présente à l'agence où travaille la mère de Jean-Philippe. À la   The next day
fin de l'interview, Mme Bordier lui dit avec un sourire°:]   smile

MME BORDIER: Eh bien, c'est d'accord. Vous pouvez commencer tout de
suite. Bienvenue à bord!°   Welcome aboard!

Avez-vous suivi?

1. Pourquoi est-ce que Pierre veut un emploi à mi-temps?
2. Qu'est-ce que Jean-Philippe suggère à Pierre pour trouver un emploi?
3. Quelles sont les qualifications de Pierre?
4. Pourquoi est-ce que Jean-Philippe va parler à sa mère?

Autrement dit

L'interview

Pierre cherche **un emploi à plein temps°** à l'agence de voyages de Mme Bordier. Il a beaucoup d'**expérience:** il a travaillé **à mi-temps°** dans une agence de voyages pendant toutes ses vacances. À cette agence, il a appris à établir des **billets°** d'avion et de train, à réserver des **chambres d'hôtel** et des **voitures de location°** et à **se servir de** l'ordinateur. Mme Bordier, pour sa part, a besoin d'un nouvel assistant, parce qu'elle vient de **renvoyer°** un employé. Pendant l'interview, Mme Bordier regarde son curriculum vitæ et lui pose des questions sur sa **formation** et ses **qualifications.** Elle parle de la Sécurité sociale, qui **comprend°** l'**assurance°** vie, médicale et **dentaire.** Ils **négocient** un **salaire.** Elle est très impressionnée par son enthousiasme et elle l'**embauche°** immédiatement. Ils se mettent d'accord sur son **emploi du temps:** il travaillera cinq jours par semaine: il travaillera le samedi, mais le lundi sera son **jour de congé.** Pierre aime déjà sa **patronne°.**

full-time job

part-time

tickets

rental cars

fire

includes; insurance

hires

boss (f.)

Les cours de commerce

Et j'ai suivi un cours d'informatique.
                de gestion
                de marketing
                de commerce international
                d'administration des affaires

computer science
management

Les ordinateurs

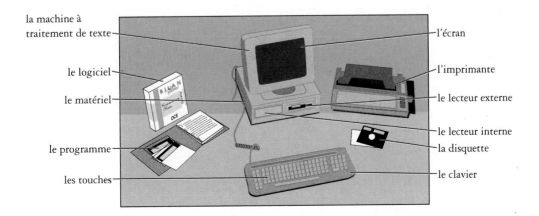

Pratique et conversation

A. Une interview. En utilisant le vocabulaire ci-dessus, composez quatre questions pour chaque catégorie. Votre partenaire répondra à ces questions.

Questions que le patron pose au candidat

1.
2.
3.
4.

Réponses du candidat

1.
2.
3.
4.

Questions que le candidat pose au patron

1.
2.
3.
4.

Réponses du patron

1.
2.
3.
4.

B. Demande d'emploi. Complétez les dialogues suivants.

À l'interview

L'EMPLOYEUR:	Bonjour, Monsieur/Madame/Mademoiselle
VOUS:	_____
L'EMPLOYEUR:	Quelle sorte d'emploi est-ce que vous cherchez?
VOUS:	_____
L'EMPLOYEUR:	Quelles études avez-vous faites?
VOUS:	_____
L'EMPLOYEUR:	Pour le moment, nous avons seulement un poste à mi-temps. Est-ce que cela vous intéresse?
VOUS:	_____

À l'agence de Mme Bordier

VOUS:	_____
NICOLE:	Bonjour, Monsieur/Madame/Mademoiselle. Ah oui, vous avez rendez-vous. Attendez un instant. J'appelle Mme Bordier.
VOUS:	_____
MME BORDIER:	Bonjour, Monsieur/Madame/Mademoiselle. Vous cherchez un emploi à mi-temps?
VOUS:	_____

MME BORDIER:	Vous avez déjà travaillé dans une agence de voyages?
VOUS:	_____
MME BORDIER:	Très bien. Je vais vous montrer un peu notre agence. Voilà notre ordinateur.
	_____ ?
VOUS:	Oui, j'ai étudié l'informatique à l'université.
MME BORDIER:	_____
VOUS:	Oui, je tape **30** mots par minute.
MME BORDIER:	Très bien. Vous avez des questions?
VOUS:	_____

C. L'interview. Vous interviewez un(e) candidat(e) pour un emploi à plein temps dans votre agence de voyages.

1. Posez-lui des questions sur ses qualifications.
2. Parlez-lui des responsabilités qu'il/elle aura éventuellement.
3. Dites-lui le salaire.
4. Demandez-lui quand il/elle sera disponible *(available)*.
5. Demandez-lui s'il/si elle a d'autres questions.

D. L'ordinateur. Complétez les phrases suivantes.

1. Je mets _____ dans le lecteur externe.
2. Le clavier se compose de beaucoup de _____.
3. Oui, je sais me servir de l'ordinateur. J'ai suivi un cours d' _____.
4. Mais vous tapez des bêtises *(stupid errors)!* Regardez _____!
5. Non, Monsieur, le problème, ce n'est pas le matériel... C'est le _____ qui est défectueux.

E. Au clavier. Vous vous servez de l'ordinateur. Mettez la liste suivante dans l'ordre logique.

1. _____ Vous ouvrez le programme.
2. _____ Vous fermez l'ordinateur.
3. _____ Vous mettez la disquette.
4. _____ Vous mettez l'ordinateur en marche.
5. _____ Vous vous servez du clavier.
6. _____ Vous enregistrez votre dossier *(file)*.
7. _____ Vous quittez le programme.

Structure I

Telling what you would or should do
The present conditional

Je **voudrais** trouver un emploi à mi-temps.
Je **pourrais** travailler dans un bureau.
Ensuite, il te **faudrait** quelques lettres de recommandation.
Est-ce que tu **aimerais** travailler dans une agence de voyages?

a. To form the present conditional, add the endings you learned for the imperfect tense to the future stem of the verb.

THE CONDITIONAL TENSE					
-er *verbs*		-ir *verbs*		-re *verbs*	
Stem + *Ending*		*Stem* + *Ending*		*Stem* + *Ending*	
je parler	ais	je choisir	ais	je répondr	ais
tu parler	ais	tu choisir	ais	tu répondr	ais
elle parler	ait	elle choisir	ait	elle répondr	ait
nous parler	ions	nous choisir	ions	nous répondr	ions
vous parler	iez	vous choisir	iez	vous répondr	iez
ils parler	aient	ils choisir	aient	ils répondr	aient

b. If the future stem is irregular, the same irregular stem will be used in the conditional.

j'irai/j'irais, je serai/je serais, je verrai/je verrais

c. The conditional of **vouloir, pouvoir,** and other verbs is used for making polite requests. You have already seen examples of this usage. In a store, for example, you might say:

Est-ce que vous **pourriez** m'aider?
Je **voudrais** essayer ce costume.
Est-ce que vous **auriez** la même chose en bleu?

d. The conditional is also used for expressing actions and states that are hypothetical, that is, that may or may not come true. It is often translated by *would* followed by the infinitive without *to*.

Tu **ferais** ça pour moi? Ce **serait** vraiment chic de ta part, Jean-Philippe!
You would do that for me? That would be really good of you, Jean-Philippe!

e. The conditional of **devoir** is translated *should.*

Tu **devrais** acheter le journal et lire les petites annonces.
You should buy the newspaper and read the classified ads.

Pratique et conversation

A. Au travail. Mettez les phrases suivantes au conditionnel.

1. Tu/pouvoir/travailler au bureau de ma mère.
2. Nous/devoir/faire les réservations avant la semaine prochaine.
3. Il vous/falloir/savoir taper à la machine.
4. Ils/vouloir/travailler dans une agence de voyages.
5. Est-ce qu'il/aimer/un travail à mi-temps?
6. À votre place, je/parler/à Mme Bordier.
7. Est-ce que vous/avoir/le temps de travailler à plein temps?

B. Conseils. Quels conseils pourriez-vous recevoir ou donner dans les situations suivantes? Choisissez un conseil logique de la liste qui suit. Parfois, il y a plus d'une réponse correcte.

1. _____ Vous voulez une augmentation *(raise)*.

2. _____ Dans le journal, on annonce un poste intéressant, mais vous n'avez pas les qualifications en informatique nécessaires.

3. _____ Vous demandez des suggestions à un agent de voyages pour vos prochaines vacances.

4. _____ Vous hésitez entre deux cours de commerce; les deux ont l'air intéressant.

5. _____ On vous invite à une interview pour un poste qui ne vous intéresse plus.

6. _____ Votre programme de traitement de texte n'est pas très utile.

7. _____ On annonce un poste intéressant dans le journal, mais vous ne savez pas si vous êtes qualifié(e) et vous hésitez à répondre à l'annonce.

8. _____ Vous interviewez un candidat qui a du talent mais il a seulement un an d'expérience.

9. _____ Un ami aimerait travailler à l'agence de voyages où vous avez un emploi à mi-temps. Vous offrez votre aide.

a. Vous devriez aller à l'interview.
b. À votre place, je choisirais la Martinique.
c. Je pourrais lui parler de toi.
d. À votre place, je changerais de programme.
e. Dans ce cas, vous devriez parler au patron.
f. À votre place, je ferais une demande.
g. Il vous faudrait plus d'expérience.
h. À votre place, je suivrais le cours de commerce international.
i. Pour ce poste, il faudrait suivre *(take)* quelques cours d'informatique.

C. Situations. Qu'est-ce que vous feriez si (s')...

1. il y avait une explosion dans votre appartement.
2. vous habitiez en France.
3. vous perdiez vos clés et vous ne pouviez pas entrer dans votre appartement.
4. vous étiez riche.
5. vous aviez cinq examens aujourd'hui.
6. vous étiez perdu(e).
7. vous n'aviez pas d'amis.
8. vous étiez en vacances.

D. Est-ce que vous pourriez m'aider? Faites une question polie pour les situations suivantes.

1. Vous appelez Mme Bordier, mais Pierre Beaulieu répond.
2. Vous entrez dans une boutique, mais on ne s'occupe pas de vous.

3. Vous voulez une chambre dans un hôtel; vous dites au réceptionniste...
4. Vous demandez à un collègue s'il pourrait vous remplacer lundi.
5. Vous demandez à un serveur de vous apporter une carafe d'eau (*drinking water*).

E. Encore des conseils. Dites aux personnes suivantes ce qu'elles devraient faire.

1. votre camarade de chambre qui a des difficultés en français
2. votre collègue qui arrive toujours en retard
3. un couple qui va partir en vacances en Inde
4. un(e) ami(e) qui va passer une interview importante demain
5. un(e) ami(e) qui veut trouver un emploi à mi-temps

Structure II

Talking about everyday activities
The verb *plaire*

PLAIRE *(TO LIKE)*	
Present	Ce cours me **plaît** beaucoup.
	✳ Ces histoires leur **plaisent** énormément.
Passé Composé	Ce film ne nous **a** pas **plu.**
Imperfect	Jouer au ballon, ça **plaisait** beaucoup à mes enfants.
Future	Cette idée lui **plaira** beaucoup.
Conditional	Ça te **plairait?**

a. The verb **plaire** means *to be pleasing to, to like.* Although **plaire** has a full conjugation, for the moment, you will only need to learn the third-person singular and plural forms.

b. An indirect object noun or pronoun is used with **plaire** in the third person. Study the following examples.

Cette vidéo plairait aux enfants.
This video would be pleasing to the children. = The children would like this video.
Ce concert me plaît.
This concert is pleasing to me. = I like this concert.

c. You may use the conditional of **plaire** to initiate an invitation. The expressions **dire** or **faire plaisir** may also be used in the same context. Study the questions and answers below.

Ça te plairait/dirait/ferait plaisir d'aller au cinéma?
Oui, ça me plairait beaucoup.
Oui, ça me ferait [très] plaisir.
Non, ça ne me dit rien.

Structure III

Talking about everyday activities
The verb *suivre*

	SUIVRE *(TO FOLLOW, TO TAKE [A COURSE])*			STEM + ENDING	
Present	Je ne	**suis**	jamais leurs discussions.	sui	s
	Tu	**suis**	cette affaire?	sui	s
	Elle me	**suit!**		sui	t
	Nous	**suivons**	cette histoire.	suiv	ons
	Vous	**suivez**	un cours de français.	suiv	ez
	Ils	**suivent**	les développements de cette affaire.	suiv	ent
Passé Composé	J'	**ai suivi**	un cours d'informatique.		
Imperfect	Elle	**suivait**	un cours d'anglais à cette époque.		
Future	Quels cours	**suivras-**	tu l'année prochaine?		
Conditional	Moi, je	**suivrais**	un cours de gestion; ce serait utile.		

Pratique et conversation

A. Situations. Conjuguez les verbes au temps convenable selon le contexte.

1. —Ton cadeau m(e) _____ (plaire) énormément. C'était très chic de ta part!

2. —Au secours! *(Help!)* _____ (suivre) cet homme! C'est un voleur!

3. —Ce trimestre, j(e) _____ (suivre) seulement deux cours faciles. Le trimestre dernier, j(e) _____ (suivre) quatre cours de biologie et c'était trop.

4. —Est-ce que tu _____ (suivre) la conférence d'hier?

   —Oui, je l' _____ (suivre), mais elle ne me _____ (plaire) pas du tout.

5. Quand il ouvrira son cadeau, je suis sûr qu'il lui _____ (plaire).

B. Dialogues. Complétez les dialogues suivants. Utilisez les verbes **plaire** et **suivre** si possible.

À l'interview

MME BORDIER: Qu'est-ce que vous faites comme études?

PIERRE: _____

MME BORDIER: Vous savez déjà vous servir d'un ordinateur?

PIERRE: _____

MME BORDIER: Est-ce que vous aimeriez travailler dans une agence de voyages?

PIERRE: _____

MME BORDIER: Ça vous plairait aussi de travailler pendant le week-end?

PIERRE: _____

À l'agence de voyages

PIERRE: Quelle sorte de vacances vous intéresserait?

LE CLIENT: _____

PIERRE: Un week-end de ski vous dirait quelque chose?

LE CLIENT: _____

PIERRE: Il y a toujours les vacances à la plage.

LE CLIENT: _____

PIERRE: Si vous préférez les vacances organisées, il y a le Club Med.

LE CLIENT: _____

PIERRE: Il y a beaucoup de classes de danse, de natation...

LE CLIENT: _____

PIERRE: Non? La campagne, ça vous dirait quelque chose?

LE CLIENT: _____

C. Interview. Demandez à votre partenaire...

1. quels cours il/elle suit maintenant.
2. ci ces cours lui plaisent.
3. quels cours il/elle a suivis le semestre dernier.
4. si ces cours lui ont plu.
5. quels cours lui plaisent en général.

En contexte

Invitation. Vous invitez un(e) ami(e) à faire des activités avec vous. Il/Elle acceptera ou refusera.

1. Vous invitez votre ami(e) au cinéma.
2. Vous proposez un voyage en France à un(e) ami(e).
3. Vous invitez votre ami(e) chez vous.
4. Vous invitez des amis au restaurant.
5. Vous proposez un pique-nique à vos amis.

Situation 2

Premier jour dans le nouvel emploi

MME BORDIER: Pierre! J'ai besoin de vous. Est-ce que vous pourriez faire des photocopies et ensuite, rappeler cette cliente? Et si vous avez le temps, est-ce que vous pourriez passer par la papeterie? Nous n'avons plus de bloc-notes et j'en ai absolument besoin.

PIERRE: Bien sûr, Madame.
[Plus tard]

MME BORDIER: Ouf! Vous voyez, Pierre, on ne se repose pas ici. Mais il y a aussi des avantages. Si vous étiez serveur dans un restaurant par exemple, vous mangeriez sans payer, n'est-ce pas? Et moi, si j'étais ouvreuse dans un cinéma, je verrais des films gratuitement°. Eh bien, ici, on offre aux employés des billets de train ou d'avion à prix réduits.   free

PIERRE: C'est chouette! Malheureusement, entre mon travail et mes cours, je n'ai pas beaucoup de temps libre. Mais si j'en avais, je profiterais volontiers° de ces tarifs réduits. Et je saurais exactement où aller en vacances, moi!   gladly

MME BORDIER: Ah! Et où iriez-vous?

PIERRE: Si j'avais seulement quelques jours, j'irais sur la Côte d'Azur. Et si j'avais beaucoup plus de temps j'irais aux États-Unis: le Grand Canyon, les chutes du Niagara, Manhattan, Hollywood... mais je suis sûr que je n'aurai jamais l'occasion.

MME BORDIER: Vous y arriverez°, Pierre. Vouloir, c'est pouvoir!   You'll manage

Avez-vous suivi?

1. Qu'est-ce que Mme Bordier a demandé à Pierre de faire?
2. Quels sont les avantages d'un emploi dans une agence de voyages?
3. Est-ce que Pierre peut profiter de cet avantage?
4. Où est-ce que Pierre irait en vacances?

Autrement dit

Les modes de transport

Préférez-vous voyager en avion?
<blockquote>
en voiture
en autocar   *inter-city bus*
en train
en bateau   *boat*
</blockquote>

Allez-vous à l'université en voiture?
<blockquote>
à vélo
en métro
à pied
</blockquote>

Quand vous prenez le train

Vous pouvez acheter votre **billet** à l'avance, chez un agent de voyages, ou à **la gare°**, où vous vous adresserez au **guichet.** N'oubliez pas de préciser s'il vous faut un **aller simple,** ou un **aller et retour,** et si vous préférez voyager en **première** ou en **deuxième classe.** Si vous ne **fumez°** pas, demandez **une place** dans **le compartiment non-fumeurs.** Avant d'aller aux **quais°**, il faut **composter°** votre billet. Pour vérifier l'heure de départ ou d'arrivée d'un train, consultez **un horaire°** ou un **panneau indicateur°.** Le panneau indique aussi **la voie°** de votre train, et s'il y a des **retards.** Si vous faites un long voyage, réservez **une couchette** ou **un wagon-lit.** En route, vous pouvez dîner **au wagon-restaurant** ou prendre quelque chose **au wagon-bar.** Si vous n'avez pas beaucoup de temps, choisissez **le TGV (train à grande vitesse),** le train le plus rapide de France.

train station

smoke
platform
validate
timetable; sign indicating arrival and departure times
track

Quand vous prenez l'avion

Il est conseillé d'arriver une heure à l'avance, pour acheter votre billet, **enregistrer°** vos bagages et passer les **contrôles douaniers°**. À la **douane**, on vous demandera votre passeport, votre visa et d'autres **pièces d'identité**. Quand vous arriverez à votre destination, on vous demandera de faire **une déclaration** où vous déclarerez les objets que vous aurez achetés à l'etranger. Après les **formalités douanières**, vous pourrez aller directement à la **porte°** d'où part l'avion.

check in; customs check

gate

À l'hôtel

M. Bordier est **en voyage d'affaires**. Il **a raté°** son vol de retour, et il cherche une chambre d'hôtel. Le premier hôtel qu'il a essayé affichait **complet°**. Il en essaie un autre. Il va à la **réception** et demande **une chambre** pour une personne, avec **douche et W.-C.°**, pour une nuit seulement. Quelle chance! Il y a une chambre disponible! Le réceptionniste lui donne **la clé.** Il lui dit aussi que le petit déjeuner est **compris°** dans le prix de la chambre.

missed

full

shower and toilet

included

Pratique et conversation

A. Décisions. Quelle sorte de billet ou de réservation est-ce que vous demanderiez pour les situations suivantes?

1. Un voyage en train de six heures (de 9h à 15h).
2. Un billet d'avion pour un week-end chez des amis.
3. Un voyage en train de douze heures (de 20h à 8h).
4. Vous et votre copain/copine allez passer une semaine à l'hôtel pendant vos vacances.
5. Vous êtes le président d'une banque et vous allez faire un voyage d'affaires.
6. Vous allez de Paris à Lyon et vous n'avez pas trop de temps.

B. Modes de transports. Comment est-ce que vous feriez les «voyages» suivants?

1. Vous allez voir votre voisin(e).
2. Vous rendez visite à un(e) ami(e) en Australie.
3. Vous allez en ville pour visiter le musée.
4. Vous allez au supermarché.
5. Vous allez au cours de français.
6. Vous allez au travail.
7. Vous allez voir votre grand-mère.

C. Un voyage en train. Mettez les phrases suivantes dans l'ordre logique.

1. _____ Vous montez dans le train.
2. _____ Vous achetez votre billet.
3. _____ Vous vous adressez au guichet.
4. _____ Vous consultez le panneau indicateur.
5. _____ Vous arrivez à votre destination.
6. _____ Vous allez à la gare.
7. _____ Vous compostez votre billet.
8. _____ Vous trouvez la voie du train.
9. _____ Vous allez au quai.

D. Dialogues. Complétez les dialogues suivants.

À la gare

VOUS: Bonjour, Madame/Monsieur. Je voudrais un billet pour Rome, s'il vous plaît.

L'EMPLOYÉ(E): _____

VOUS: Aller et retour... et le moins cher possible.

L'EMPLOYÉ(E): _____

VOUS: J'ai vingt et un ans.

L'EMPLOYÉ(E): _____

VOUS: Oui, je suis étudiant.

L'EMPLOYÉ(E): _____

VOUS: Non-fumeur, près de la fenêtre. C'est combien?

L'EMPLOYÉ(E): _____

VOUS: Merci, Madame/Monsieur.

À la douane

L'EMPLOYÉ(E): _____

VOUS: Je viens d'Istanbul.

L'EMPLOYÉ(E): _____

VOUS: Deux semaines.

L'EMPLOYÉ(E): _____

VOUS: Oui, deux bouteilles de parfum.

L'EMPLOYÉ(E): _____

VOUS: Non, c'est tout.

L'EMPLOYÉ(E): _____

VOUS: Merci, Madame/Monsieur.

À l'hôtel

VOUS: Bonjour, Monsieur/Madame. Est-ce que vous auriez une chambre pour ce soir?

L'EMPLOYÉ(E): _____

VOUS: Nous sommes deux.

L'EMPLOYÉ(E): _____

VOUS: Avec salle de bains s'il vous plaît.

L'EMPLOYÉ(E): _____

VOUS: Quelle chance! Nous la prendrons.

L'EMPLOYÉ(E): _____

VOUS: Nous resterons ce soir et demain soir. Le petit déjeuner est compris?

L'EMPLOYÉ(E): _____

VOUS: Très bien. Merci, Monsieur/Madame.

L'EMPLOYÉ(E): _____

E. À la gare. Vous partez en vacances bientôt. Vous allez à la gare pour acheter votre billet. Jouez la scène.

Structure IV

Telling what you will or would do
Si clauses

a. To tell what you will do if certain conditions or states are met, use the present in the *if* clause and the future in the *result* clause:

SI		PRESENT		FUTURE	
Si	j'	**ai**	assez d'argent, j'	**irai**	sur la Côte d'Azur.
Si	nous	**arrivons**	avant midi, nous	**pourrons**	déjeuner ensemble.

b. To tell what you would do if certain conditions or states were met, use the imperfect in the *if* clause, and the present conditional in the *result* clause:

SI		IMPERFECT		CONDITIONAL	
Si	j'	**avais**	seulement quelques jours, j'	**irais**	sur la Côte d'Azur.
Si	j'	**avais**	beaucoup plus de temps, je	**visiterais**	tous les pays d'Europe!

c. Note that the order of the clauses may change, whereas the tenses used within them do not.

Si Pierre ne travaillait pas aujourd'hui, il irait au cinéma.
Pierre irait au cinéma s'il ne travaillait pas aujourd'hui.

Pratique et conversation

A. Projets. Mettez la forme correcte du verbe entre parenthèses.

1. Si vous allez en France, vous _____ (pouvoir) voir les Bordier.
2. Si Anne est libre aujourd'hui, elle _____ (faire) des courses.
3. Si tu n' _____ (étudier) pas, tu ne réussiras pas à l'examen.
4. Si nous avons assez d'argent, nous _____ (acheter) une nouvelle maison.
5. Si elle le _____ (pouvoir), elle le fera.

B. Voyageons! Mettez la forme correcte du verbe entre parenthèses.

1. Nous irions en Europe si nous _____ (avoir) le temps.
2. Si nos bagages étaient perdus, nous le _____ (savoir).
3. Si le train était en retard, le panneau l' _____ (indiquer).
4. Si j'arrivais en retard, je _____ (téléphoner) de la gare.
5. Si tu ne _____ (répondre) pas, j'essaierais encore une fois.

C. Souhaits. Complétez les phrases suivantes.

1. Si je ne travaille pas...
2. Si vous preniez des vacances au Club Med...
3. Si je savais me servir d'un ordinateur...
4. Si vous voyagez à l'étranger...
5. Si on avait des achats à déclarer...
6. S'il voyageait en TGV...
7. Si nous avions un wagon-lit...
8. Si j'ai le temps...

D. Interview. Demandez à votre partenaire quelles choses il/elle verrait s'il/si elle...

1. voyageait en Italie.
2. visitait Paris.
3. visitait New York.
4. allait en Grèce.
5. visitait Londres.

E. En voyage. Demandez à votre partenaire les vêtements et les objets qu'il/elle apporterait s'il/si elle...

1. passait des vacances à la plage.
2. passait des vacances à la montagne.
3. voyageait au Mexique.
4. allait au Japon.
5. faisait un voyage en avion.

F. Hypothèses. Qu'est-ce que vous feriez si...

1. vous travailliez dans un bureau?
2. vous perdiez votre billet d'avion?
3. vous n'étiez pas étudiant(e)?
4. vous parliez quatre langues?
5. la ligne aérienne perdait vos bagages?

Structure V

Referring to someone or something
Pronouns after prepositions
and with expressions of quantity

a. Use the stressed pronouns, learned in Chapter 11, to refer to or replace the object of any preposition other than **à** when that object is a person.

Pierre a besoin de **moi.**
Vous voyageriez avec **eux?**
Vous ne seriez pas amoureux de **Valérie DuLouche?** → Vous ne seriez pas amoureux d'**elle?**
Anne parle beaucoup de **Pierre.** → Anne parle beaucoup de **lui.**

b. You have seen several verbal expressions which are followed by the preposition **de**. The pronoun **en** is used to replace the preposition **de** and its object, when that object is a thing.

J'ai besoin **de la clé.** → J'**en** ai besoin.
Elle parle beaucoup **de son travail.** → Elle **en** parle beaucoup.

c. Verbal expressions that are followed by the preposition **de** include:

avoir besoin de
avoir envie de
avoir l'intention de
être amoureux/amoureuse de
parler de
penser de
s'occuper de
se souvenir de

d. The pronoun **en** is also used to replace objects preceded by expressions of quantity, including the indefinite and partitive noun markers, a number, or a quantifier containing the preposition **de**. The complement may be a person or a thing. Note that in the last three examples the quantifier remains.

J'ai **des amis.** → J'**en** ai.
Mme Bordier fait **deux billets.** → Mme Bordier **en** fait **deux**.
Pierre a **beaucoup d'expérience.** → Pierre **en** a **beaucoup**.
J'ai **très peu de clients.** → J'**en** ai **très peu**.

e. Like other object pronouns, the pronoun **en** precedes the verb of which it is an object, except in the affirmative imperative.

J'ai besoin **d'argent** pour voyager. → J'**en** ai besoin pour voyager.
Il aimerait recevoir beaucoup **d'argent.** → Il aimerait **en** recevoir beaucoup.
Parle **de tes vacances.** → Parles-**en**.[1]

SUMMARY OF PRONOUNS AFTER PREPOSITIONS AND WITH EXPRESSIONS OF QUANTITY	
To replace . . .	*Use . . .*
Preposition + person	preposition + stressed pronoun
de + thing	**en**
un, une, des, du, de la, de l' number quantifier } + noun	**en** + { **un, une,** —, —, —, — number quantifier

[1]Note that the -s of the verb form is restored before **en** in the affirmative imperative of **-er** verbs.

Pratique et conversation

A. Pronoms. Remplacez les mots en italique par **en**.

1. Votre idée a beaucoup *d'originalité*.
2. Pierre cherche un *poste*.
3. J'ai bu trop *de champagne* hier soir.
4. Qu'est-ce que vous pensez *des vacances à la plage?*
5. Mme Bordier n'a pas *de temps*.
6. Elle m'a apporté un *cadeau*.
7. Achète *du pain*.
8. Apportez deux *disquettes*.
9. Nous avons tous besoin *d'amis*.

B. Une lettre de Mme Silvestri. Voici une lettre de Mme Silvestri. Elle se répète beaucoup! Remplacez les mots en italique par un pronom.

Ma chère Solange,

Bonjour de Suisse! Tu sais comment j'adore les voyages et je fais beaucoup *de voyages*. Alors, comme ça, j'ai décidé de passer quelques jours chez des amis à Genève, les Duteuil. Lui, il est homme d'affaires; il parle trois langues et sa femme parle cinq *langues*. Les Duteuil connaissent beaucoup de monde et j'adore parler avec *les Duteuil*. Ils savent tout!

Savais-tu, par exemple, que la Duchesse de Saxe va divorcer d'avec son mari? *Son mari* trompe *la Duchesse* et en plus, elle n'est plus amoureuse *de son mari*.

Hier, j'ai fait du shopping; la semaine prochaine, c'est l'anniversaire de Marie, alors j'ai acheté un pull adorable pour *Marie*. Je n'ai presque plus d'argent, mais je n'ai pas besoin *d'argent*, parce que les Duteuil m'invitent tout le temps. *Les Duteuil* sont si généreux! J'adore *les Duteuil*. Alors, c'est tout pour maintenant. À bientôt.

C. Questions. Répondez aux questions en employant le pronom correct.

1. Est-ce que Pierre a assez de temps pour voyager?
2. Est-ce que Mme Bordier a besoin de bloc-notes?
3. Est-ce que les locataires ont besoin de leur concierge?
4. Combien de noms est-ce que Valérie DuLouche a?
5. Est-ce que Mme Bordier a beaucoup de clients?

En contexte

Interview. Posez les questions suivantes à votre partenaire. Il/Elle répondra avec un pronom. Demandez-lui s'il/si elle...

1. se souvient de sa jeunesse.
2. a beaucoup de cours aujourd'hui.
3. a besoin d'argent.
4. parle souvent de ses parents.
5. aime voyager avec ses amis.
6. a envie d'aller en France.

Situation 3

À l'agence de voyages

[Mme Bordier s'occupe d'un client américain qui habite à Paris avec sa famille.]

MME BORDIER:	Vous dites que vous désirez aller en vacances à la Martinique?
LE CLIENT:	Oui, parce que je veux continuer à parler français. Et puis, on dit qu'il y fait toujours beau, et qu'il y a toujours du soleil.
MME BORDIER:	Nous avons des voyages organisés très intéressants en ce moment... Vous voulez y passer combien de temps?
LE CLIENT:	Mais attendez! Ma femme veut aller à la Guadeloupe. Que faire?
MME BORDIER:	Vous pouvez très bien visiter les deux. Tenez°! Regardez cette brochure.
LE CLIENT:	Et mon fils veut aller à Tahiti!
MME BORDIER:	Ah! Ça, c'est un peu plus loin... Mais, si vous décidez d'y aller...
LE CLIENT:	Le problème, c'est que ma fille veut aller au Canada. Elle a des amies francophones à Québec.
MME BORDIER:	Je ne sais pas que vous conseiller...
LE CLIENT:	Il y a aussi ma belle-mère! Elle insiste pour venir avec nous. Mais elle ne veut pas trop s'éloigner° d'ici. Elle préférerait aller en Belgique ou en Suisse.
MME BORDIER:	Bruxelles et Genève sont des villes charmantes en effet°. C'est à vous de décider. Au fait°, vous avez oublié tous les pays d'Afrique où on parle français... et quelques autres parties du monde!
LE CLIENT:	Et si on restait à Paris?

Here!

to go far away

as a matter of fact
By the way

Avez-vous suivi?

1. Où est-ce que le client de Mme Bordier veut aller? et sa femme?
2. Où est-ce que ses enfants veulent aller?
3. Est-ce que la belle-mère du client aime voyager? Où est-ce qu'elle veut aller?
4. Quelle est la difficulté de Mme Bordier?

Autrement dit

Les vacances

Et si on restait à Paris?
allait à la plage	*beach*
allait à la montagne	
partait avec le Club Med	
faisait du camping	
faisait de la voile	*sailing*
faisait une randonnée	*hike*
faisait un safari	

Des pays francophones et leurs capitales

En Europe

la France	Paris
la Suisse	Berne
la Belgique	Bruxelles

En Afrique

le Maroc	Rabat
la Tunisie	Tunis
l'Algérie	Alger
la Côte d'Ivoire	Abidjan
le Sénégal	Dakar
le Zaïre	Kinshasa
la République Centrafricaine	Bangui
le Mali	Bamako

En Asie

le Viêt-Nam	Hanoi

En Amérique du Nord

le Canada	Ottawa

Les îles

Haïti	Port-au-Prince
Tahiti	Papeete
la Martinique	chef-lieu: Fort-de-France
la Guadeloupe	chef-lieu: Basse-Terre

Pour conseiller

Mme Bordier **donne des conseils à** ses clients:

Vous devriez réserver à l'avance.
Il vaut/vaudrait mieux° passer deux semaines.
Si j'étais vous, je choisirais un voyage organisé.
Si j'étais à votre place, j'irais au printemps.
Je conseille toujours **à mes clients** d'emporter des chèques de voyage.
Un conseil utile: faites attention à vos sacs et à vos portefeuilles.

It would be better/preferable

Pratique et conversation

A. Les capitales. Mettez la capitale avec le pays.

1. _____ Ottawa   a. le Mali
2. _____ Dakar   b. la Tunisie
3. _____ Bruxelles   c. le Canada
4. _____ Papeete   d. le Sénégal
5. _____ Tunis   e. la Suisse
6. _____ Berne   f. Tahiti
7. _____ Bamako   g. la Belgique

B. Le pays d'origine. De quel pays viennent ces voitures?

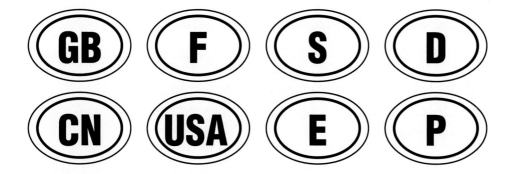

1. l'Allemagne
2. les États-Unis
3. le Canada
4. le Portugal
5. la France
6. la Suède
7. l'Angleterre
8. l'Espagne

C. **Quel pays?** Devinez le pays décrit.

1. On y fait du chocolat et de la fondue.
2. C'est une ancienne colonie française de l'Orient.
3. C'est une île que le peintre Gauguin a appréciée.
4. C'est le pays où se trouve la Statue de la Liberté.
5. C'est une ancienne colonie française en Afrique.
6. On y fait de la dentelle *(lace)* et des gauffres *(waffles)*.
7. C'était une colonie française qui se trouvait en Amérique du Nord.
8. C'est un ancien département français en Afrique du Nord qui s'est séparé de la France après une guerre.

D. **Dialogue.** Complétez le dialogue suivant.

À l'agence de voyages

LE CLIENT: Bonjour, Madame. J'aurai bientôt six semaines de vacances et j'ai envie de voyager un peu à l'aventure.

MME BORDIER: _____.

LE CLIENT: Non, je n'aime pas la neige.

MME BORDIER: _____.

LE CLIENT: Cela a l'air intéressant. Quelles sont les activités organisées par le Club?

MME BORDIER: _____.

LE CLIENT: Non, ce n'est pas très original. Vous n'avez pas quelque chose de vraiment différent?

MME BORDIER: _____.

LE CLIENT: Un safari! Ah, ce serait différent... une vraie aventure!

MME BORDIER: _____.

LE CLIENT: Une réservation, pour faire un safari? Très bien, si c'est nécessaire. Combien de temps à l'avance?

MME BORDIER: _____.

LE CLIENT: Est-ce que vous avez d'autres conseils à me donner?

MME BORDIER: _____.

LE CLIENT: C'est tout?

MME BORDIER: _____.

E. **Clients.** Voici une liste de clients d'une agence de voyages. Suggérez un voyage approprié pour chaque client(e).

1. un homme de cinquante-cinq ans qui aime le calme et le soleil
2. une famille avec quatre enfants et sans beaucoup d'argent
3. un jeune couple qui aime la mer et la solitude
4. un(e) célibataire qui aime la plage, le soleil et la compagnie
5. une femme de trente-huit ans qui aime l'aventure
6. une famille qui aime le ski
7. un(e) étudiant(e) qui veut améliorer *(to improve)* son français

Structure VI

Talking about your travels
Preposition + geographic noun

IN OR *TO* A COUNTRY	
Masculine Singular	**au** Canada
Feminine Singular	**en** France
Plural	**aux** États-Unis
IN OR *TO* A CITY	
	à Paris
FROM A COUNTRY	
Masculine Singular	**du** Canada
Feminine Singular	**de** France
Plural	**des** États-Unis
FROM A CITY	
	de Paris, **d'**Honolulu

a. Countries whose names end in **e** are feminine with a few exceptions: **le Mexique, le Cambodge, le Zaïre.** All other countries are masculine.

b. The preposition to use before the name of an island is determined by usage. Learn the following:

à/de Tahiti
à/d'Hawaï
à la/de la Guadeloupe
à la/de la Martinique
en/d'Haïti

c. The pronoun **en** may replace **de** + country name, meaning *from there.*

Est-ce qu'il vient **de France?** → Oui, il **en** vient.

Pratique et conversation

A. Quel pays? Dans quel pays est-ce que vous êtes si vous vous trouvez...

1. à Munich?
2. à Montréal?
3. à Florence?
4. à Port-au-Prince?
5. à Mexico?
6. à Boise?
7. à Genève?
8. à Lisbonne?
9. à Londres?
10. à Dijon?

B. Les clients de Mme Bordier. Remplacez le tiret par la préposition correcte.

1. Mme Hébert? Elle va _____ États-Unis, _____ Chicago.
2. M. Fourny? Il va _____ Espagne, _____ Barcelone.
3. Mlle Rey? Elle va _____ Canada, _____ Ottawa.
4. Mme Tournier? Elle va _____ Allemagne, _____ Berlin.
5. M. Bassan? Il va _____ Mexique, _____ Mexico.

C. L'immeuble. Identifiez le pays d'origine des locataires.

1. M. Péreira? Il vient _____ Portugal, _____ Lisbonne.
2. Les Silvestri? Ils viennent _____ Italie, _____ Palerme.
3. Les Ibn Hassam? Ils viennent _____ Algérie, _____ Alger.
4. Mme Nguyen? Elle vient _____ Viêt-Nam, _____ Hanoi.
5. Mme Chevalley? Elle vient _____ France, _____ Paris.

D. À la gare. Vous êtes à la gare. Vous écoutez les annonces du haut-parleur. Complétez les phrases par la préposition correcte.

Attention, Mesdames-Messieurs. Le train 801 qui arrive _____ Portugal est en retard. Il va arriver à 7h30 et puis il repartira à destination de Bruxelles.

Le train 422 est arrivé _____ Espagne. Il part _____ Paris à 20h30 à destination de Londres. L'Orient Express part dans quinze minutes pour Venise. Le train 506 est arrivé _____ Italie à la voie douze.

Structure VII

Referring to something already mentioned
The pronoun *y*

Vous dites que vous désirez aller en vacances **à la Martinique?**
On dit qu'il **y** fait toujours beau, et qu'il **y** a toujours du soleil.
Vous voulez **y** passer combien de temps?

a. The pronoun **y** replaces the phrase **à/en/sur/dans** + place. It means *there*.

J'aimerais aller **à la montagne.** → J'aimerais **y** aller.
Les billets sont **sur le bureau.** → Ils **y** sont.

b. The pronoun **y** may also replace **à** + thing. Verbs requiring **à** before an object include **penser à, répondre à** and **réussir à.**

Je réponds **à la question.** → J'**y** réponds.

c. Note that if a location is not explicitly expressed with the verb **aller,** the pronoun **y** must be used.

Vous **y allez** en métro? Non, j'**y vais** en voiture.

d. As with other object pronouns, **y** precedes the verb it is the object of, except in the affirmative imperative.

Je vais **au Canada.** → J'**y** vais.
Je voudrais aller **à Montréal.** → Je voudrais **y** aller.
Va **à la plage.** → Vas-**y.**[1]

SUMMARY OF PRONOUN USAGE	
To Replace . . .	*Use . . .*
the subject	subject pronouns
the direct object	direct object pronouns
de + person	**de** + stressed pronoun
de + thing	**en**
de + location	**en**
quantified nouns	**en**
the indirect object	indirect object pronouns
à + thing	**y**
à/en/sur/dans + location	**y**

SUBJECT PRONOUNS		
	Singular	*Plural*
1st person	**je, j'**	**nous**
2nd person	**tu**	**vous**
3rd person	**il, elle, on**	**ils, elles**

[1]Note that the **-s** of the verb form is restored before **y** in the affirmative imperative of **-er** verbs.

DIRECT OBJECT PRONOUNS		
	Singular	*Plural*
1st person	**me, m'**	**nous**
2nd person	**te, t'**	**vous**
3rd person	**le, la, l'**	**les**

INDIRECT OBJECT PRONOUNS		
	Singular	*Plural*
1st person	**me, m'**	**nous**
2nd person	**te, t'**	**vous**
3rd person	**lui**	**leur**

STRESSED PRONOUNS		
	Singular	*Plural*
1st person	**moi**	**nous**
2nd person	**toi**	**vous**
3rd person	**lui, elle**	**eux, elles**

Pratique et conversation

A. Pronoms. Remplacez les mots en italique par **y.**

1. Elle a mis mes billets *dans le tiroir.*
2. Mme Bordier répond *aux questions.*
3. Répondez *à ces lettres* tout de suite!
4. Anne étudie *en France* cette année.
5. Je veux faire un voyage *à Tahiti.*
6. Allons *à la Martinique!*
7. Mme Bordier est *dans son agence* maintenant.
8. J'ai laissé l'horaire *sur la table.*
9. Pierre va *au bureau* pour la première fois.

B. Mini-dialogues. Remplacez les mots en italique par des pronoms.

1. —À quelle heure est-ce que tu arrives à Paris?
   —J'arrive *à Paris* à 17h00.
2. —J'ai besoin d'argent. Tu as *de l'argent?*
   —Pas de problème. Tu veux combien *d'argent?*

3. —Tu as déjà fait tes réservations?

—Oui, j'ai fait *des réservations,* mais nous devons changer d'itinéraire.

4. —Allô? Est-ce que je pourrais parler à Mme Bordier? Dites *à Mme Bordier* que c'est de la part d'un ancien ami.

—Je regrette, Monsieur. Il est impossible de parler avec *Mme Bordier* maintenant. Elle est très occupée.

5. —Ah, chéri, tu te souviens des premiers jours de notre mariage?

—Oui, je me souviens *des premiers jours de notre mariage,* mais franchement, je préférerais oublier *les premiers jours de notre mariage.*

C. Quel pays? Votre partenaire pense à un pays ou à une ville qu'il/elle décrit. Devinez le pays ou la ville.

MODÈLE: Votre partenaire: **Il y fait chaud. On y va pour le Mardi gras.**
Vous: **C'est la Nouvelle Orléans.**

D. Interview. Posez les questions suivantes à votre partenaire. Il/Elle répondra en employant le pronom **y.** Demandez...

1. s'il/si elle prend souvent ses repas au restaurant universitaire.
2. s'il/si elle va étudier à la bibliothèque.
3. s'il/si elle voudrait voyager en France.
4. s'il/si elle voudrait travailler à l'agence de Mme Bordier.
5. s'il/si elle aime dormir dans le train.
6. s'il/si elle a jamais perdu ses bagages à l'aéroport.
7. s'il/si elle aime passer ses vacances à la montagne.
8. s'il/si elle parle français à la maison.

Compréhension auditive

LES MINORITÉS

Avant d'écouter

A. Les minorités en France. Comme vous le savez déjà, il y a beaucoup de communautés minoritaires en France. Certains groupes tels que *(such as)* les Espagnols, les Portugais et les Nord Africains sont venus en France pour chercher du travail. D'autres sont venus des anciennes colonies françaises en Afrique ou en Asie, souvent à la suite d'une guerre (les Algériens, les Vietnamiens, les Ivoiriens). La France a aussi la plus importante communauté juive *(Jewish)* en Europe occidentale (seule la Russie en a plus).

B. Les bandes F. M. Étudiez les stations de radio et répondez aux questions suivantes.

radios f.m.

Classement par ordre de fréquences communiquées par les stations parisiennes.

* **87,8 MHz : FRANCE INTER.** (Tél. 42.30.21.34).

88,2 MHz : ADO FM. (Tél. 43.20.80.53). **RADIO PAYS.** (Tél. 47.61.00.75).

88,6 MHz : RADIO ORIENT. (Tél. 45.00.96.06).

89 MHz : KISS FM. (Tél. 45.38.52.20).

89,4 MHz : RADIO LIBERTAIRE. (Tél. 42.62.90.51).

89,9 MHz : TSF. (Tél. : 48.31.77.77).

* **90,4 MHz : FIP PARIS.** (Tél. 42.25.50.50).

90,9 MHz : CANAL 9. (Tél. 42.23.39.39).

* **91,3 MHz et 91,7 MHz : FRANCE MUSIQUE.** (Tél. 42.30.18.18).

* **92,1 MHz : RADIO C.V.S.** (Tél. 30.21.44.44).

92,6 MHz : TROPIC FM. (Tél. 43.63.63.69).

93,1 MHz : RADIO ALIGRE. (Tél. 46.28.06.60). **ICI ET MAINTENANT.** (Tél. 48.04.75.75).

* **93,5 FRANCE CULTURE.** (Tél. 42.30.19.19).

94 MHz : RADIO FRANCE-MAGHREB. (Tél. 40.70.93.32).

94,4 MHz : FUTUR GENERATION. (Tél. 43.57.69.70).

94,8 MHz : RADIO J. (42.41.99.00). **RADIO COMMUNAUTES JUIVES.** (Tél. 47.63.00.07).

95,2 MHz : RADIO TOUR EIFFEL. (Tél. 42.36.24.00 ou 42.33.93.33).

95,6 MHz : RADIO COURTOISIE. (Tél. 46.51.00.85). **RADIO ASIE.**

96 MHz : SKYROCK. (Tél. 42.36.82.00).

96,4 MHz : RADIO AYP. (Tél. 45.21.05.05).

96,7 MHz : R.S.R.M. (Tél. 47.49.19.99).

97,4 MHz : PACIFIC F.M. (Tél. 43.59.25.14).

97,8 MHz : VOLTAGE F.M. (Tél. 48.94.80.00).

98,2 MHz : RADIO BEUR. (A. Smet) (Tél. 40.12.76.76).

98,6 MHz : RADIO PORTUGAL. (Tél. : 46.78.76.32 et 45.94.61.30).

99 MHz : RADIO LATINA. (Tél. 47.07.89.99). **SOLIDARNOSC.**

99.3 MHz : RADIO SOLIDARITE. (Tél. 45.75.73.98).

99,6 MHz : REUSSIR FM. (Tél. 43.43.99.60).

100,3 MHz : N.R.J. (Tél. 42.48.42.48).

100,7 MHz : RADIO NOTRE-DAME. (Tél. 42.66.01.62). **FREQUENCE PROTESTANTE.** (Tél. 45.72.60.00).

101,1 MHz : RADIO CLASSIQUE. (Tél. 47.76.42.20).

101,5 MHz : RADIO NOVA (Tél. 43.46.88.80).

101,9 MHz : FUN RADIO. (Tél. 47.47.11.72).

102,3 MHz : OUI F.M. (Tél. 48.04.70.25).

102,7 MHz : RADIO MONTMARTRE. (Tél. 42.54.22.15).

103,1 MHz : R.M.C. RADIO MONTE-CARLO. (Tél. 47.23.00.01).

103,5 MHz : HIT FM : EUROPE 2, (Tél. 47.22.58.50 ou 47.23.10.63).

103,9 MHz : RFM. (Tél. 47.76.67.89).

104,3 MHz : R.T.L. (Tél. 40.70.40.70).

104,7 MHz : EUROPE 1. (Tél. 42.32.90.00).

105,1 MHz : RADIO NOSTALGIE. (Tél. 45.30.22.00).

* **105,5 MHz : FRANCE INFOS.** (Tél. 42.30.10.00).

105,9 MHz : AVENTURE F.M. (Tél. 47.27.09.09).

106,3 MHz : SUPERLOUSTIC. (Tél. 48.97.34.56).

* **(Stations du réseau d'Etat)**

1. Quelles stations s'adressent aux jeunes? Aux immigrés? Aux groupes religieux? Aux intérêts politiques?
2. Quelle station vous intéresserait le plus? Pourquoi? Selon vous, quelles sortes d'emissions est-ce qu'elle diffuserait? Imaginez les sujets.

C. Cherchons un emploi. Suggérez un emploi pour les personnes suivantes.

1. une jeune mère qui doit rester à la maison avec ses enfants
2. un(e) immigré(e) qui vient d'arriver en France
3. un(e) étudiant(e) qui cherche un emploi à mi-temps
4. quelqu'un qui aime les chiffres (*figures*)
5. un(e) retraité(e) (*retiree*)

 **Écoutons**

A. **Petites annonces.** Vous allez écouter des petites annonces diffusées sur une station pour la communauté juive. Après chaque annonce, arrêtez la cassette et cochez la/les case(s) *(check the box[es])* qui correspondent à l'emploi ou l'employé(e) désiré(e).

Annonce 1

Le jeune couple israélien cherche pour Madame un poste...

☐ de babysitter

☐ de vétérinaire

☐ d'enseignant d'hébreu

☐ dans un hôtel

☐ dans un restaurant

et pour Monsieur, un poste...

☐ de babysitter

☐ de vétérinaire

☐ d'enseignant d'hébreu

☐ dans un hôtel

☐ dans un restaurant

Annonce 2

Une apprentie maman aimerait trouver un poste d(e)...

☐ coiffeuse

☐ institutrice

☐ babysitter

Annonce 3

Le Bureau du Shabbat cherche des jeunes femmes pour...

☐ garder des animaux

☐ garder des enfants

☐ garder des maisons

Annonce 4

Un nouveau restaurant kascher *(kosher)* cherche...

☐ un serveur

☐ un cuisinier

☐ un caissier

Annonce 5

On cherche une étudiante pour quel travail?

☐ la vente de robes

☐ la vente de maquillage

☐ la vente de bijoux

Annonce 6

Une importante institution juive recherche...

☐ une réceptionniste

☐ une secrétaire

☐ une directrice

B. Détails. Écoutez chaque annonce encore une fois en essayant de trouver les réponses aux questions ci-dessous.

Annonce 1

1. Est-ce que l'homme a de l'expérience? Où?

   _____

2. Quel est son numéro de téléphone? Remplissez les blancs:

   _____ _____ _____ _____

Annonce 2

1. Quel adjectif est utilisé pour décrire Lydia?

   _____

2. Vous pouvez appeler Lydia à partir de _____ heures du _____ au _____ .

Annonce 3

1. Quel est le numéro de téléphone du Bureau de Shabbat?

   Remplissez les blancs: _____ _____ _____

   _____

Annonce 4

1. Comment est la cuisine de ce restaurant?

   _____

2. Quelle est l'adresse de ce restaurant? Remplissez les blancs:
   _____, rue de Faubourg St. Denis. _____ arrondissement à
   Paris.

Annonce 5

1. Où est-ce que cette étudiante va travailler?

   _____

Annonce 6

1. Qu'est-ce qu'il faut envoyer?

   _____

2. Complétez l'adresse.

   Boîte Postale _____

   _____ Paris CEDEX 13

Pratique et conversation

A. **Une interview.** Vous avez répondu à une des annonces ci-dessus et on vous a
   accordé une interview. Jouez la scène.

B. **Une petite annonce.** Appelez une station de radio et dictez une petite annonce
   à l'employé(e).

C. **Le jeu des emplois.** Choisissez un emploi. Les autres dans votre groupe
   essaieront de le deviner en posant des questions auxquelles *(to which)* vous
   répondrez par «oui» ou par «non».

Document I

Un horaire de train

Avant de lire

Pour vous informer
French train schedules are comprehensive documents with a great deal of information presented in a compressed format. In order to understand all the information
presented, you must be familiar with their structure.

- Different trains are presented horizontally while the stops between the point of
  origin and the final destination are presented vertically.

- At the top of each column appears the number of the train and below it any notes to consult with regard to the train's weekly or monthly schedule. Thus, train 3131 refers you to note number 1, which tells you that this train does not run on Saturdays, Sundays, and holidays.
- Within the notes are symbols representing services available on this train. These symbols are explained on the top left-hand side of the schedule.
- Beneath the train number and numerical notes the times of arrival [A] and/or departure [D] are listed. The times use a twenty-four-hour clock, so there is no ambiguity between A.M. and P.M. Thus, train 3131 arrives at Rouen at 8:00 A.M. and leaves at 8:06 A.M.

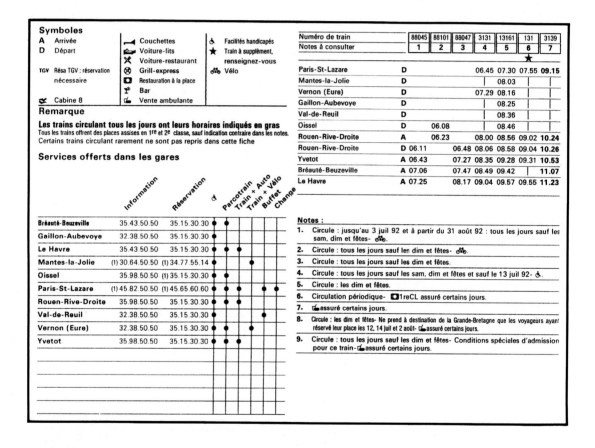

Symboles

A	Arrivée
D	Départ
TGV	Résa TGV : réservation nécessaire
	Cabine 8

	Couchettes
	Voiture-lits
	Voiture-restaurant
	Grill-express
	Restauration à la place
	Bar
	Vente ambulante

	Facilités handicapés
	Train à supplément, renseignez-vous
	Vélo

Remarque

Les trains circulant tous les jours ont leurs horaires indiqués en gras
Tous les trains offrent des places assises en 1re et 2e classe, sauf indication contraire dans les notes.
Certains trains circulant rarement ne sont pas repris dans cette fiche

Services offerts dans les gares

	Information	Réservation
Bréauté-Beuzeville	35.43.50.50	35.15.30.30
Gaillon-Aubevoye	32.38.50.50	35.15.30.30
Le Havre	35.43.50.50	35.15.30.30
Mantes-la-Jolie	(1) 30.64.50.50	(1) 34.77.55.14
Oissel	35.98.50.50	(1) 35.15.30.30
Paris-St-Lazare	(1) 45.82.50.50	(1) 45.65.60.60
Rouen-Rive-Droite	35.98.50.50	35.15.30.30
Val-de-Reuil	32.38.50.50	35.15.30.30
Vernon (Eure)	32.38.50.50	35.15.30.30
Yvetot	35.98.50.50	35.15.30.30

Numéro de train		88045	88101	88047	3131	13161	131	3139
Notes à consulter		1	2	3	4	5	6	7
Paris-St-Lazare	D				06.45	07.30	07.55	**09.15**
Mantes-la-Jolie	D					08.03		
Vernon (Eure)	D				07.29	08.16		
Gaillon-Aubevoye	D					08.25		
Val-de-Reuil	D					08.36		
Oissel	D		06.08			08.46		
Rouen-Rive-Droite	A		06.23		08.00	08.56	09.02	**10.24**
Rouen-Rive-Droite	D	06.11		06.48	08.06	08.58	09.04	**10.26**
Yvetot	A			07.27	08.35	09.28	09.31	**10.53**
Bréauté-Beuzeville	A	07.06		07.47	08.49	09.42		**11.07**
Le Havre	A	07.25		08.17	09.04	09.57	09.55	**11.23**

Notes :

1. Circule : jusqu'au 3 juil 92 et à partir du 31 août 92 : tous les jours sauf les sam, dim et fêtes-
2. Circule : tous les jours sauf les dim et fêtes-
3. Circule : tous les jours sauf les dim et fêtes.
4. Circule : tous les jours sauf les sam, dim et fêtes et sauf le 13 juil 92-
5. Circule : les dim et fêtes.
6. Circulation périodique- 1reCL assuré certains jours.
7. assuré certains jours.
8. Circule : les dim et fêtes- Ne prend à destination de la Grande-Bretagne que les voyageurs ayant réservé leur place les 12, 14 juil et 2 août- assuré certains jours.
9. Circule : tous les jours sauf les dim et fêtes- Conditions spéciales d'admission pour ce train- assuré certains jours.

Avez-vous suivi?

1. Vous projetez *(plan)* un voyage de Paris au Havre. Consultez l'horaire pour trouver quels trains partent l'après-midi.
2. À quelle heure arriveriez-vous au Havre si vous partiez de Paris à 6h45?
3. Quels services trouvez-vous dans le train 3139?
4. Quel train ne circule pas le dimanche?
5. Vous faites un voyage d'affaires entre Paris et Rouen. Vous voulez voyager le plus rapidement possible. Quel train allez-vous choisir pour votre départ?
6. Quels trains ne s'arrêtent pas à Mantes-la-Jolie?

Document II

Je suis agent de comptoir

Avant de lire

A. De quoi s'agit-il? Vous allez lire une interview avec un agent de voyages. Avant de lire, essayez d'anticiper certains éléments du texte. Répondez aux questions suivantes.

  1. Quelles sont les responsabilités d'un agent de voyages?
  2. Quels sont les avantages de cet emploi? les inconvénients?
  3. Quelle formation est nécessaire pour devenir agent de voyages?

B. Familles de mots. Quel mot n'appartient *(belong)* pas à la série?

  1. voyage, vacances, client, loisirs
  2. prix, programme, tarif, coût
  3. conseils, informations, suggestions, comptoir
  4. circuit, étranger, itinéraire, tournée

C. Devinez! Utilisez le contexte pour deviner la signification de l'expression en italique. Les questions entre parenthèses vous aideront.

  1. Mon rêve, ce serait d'accompagner, au moins de temps en temps, des gens à l'étranger. Ici, quelque fois, j'ai envie de *prendre l'air*.
     (Question: Quel rapport logique est-ce qu'il y a entre les deux phrases?)
  2. Oui, Monsieur, oui, *vous êtes bien tombé:* nous sommes «tour operators» sur la Tunisie *justement*.
     (Question: Est-ce que le client a fait un bon choix quand il a appelé cette agence?)
  3. Non, Monsieur, vous n'aurez rien à dépenser en plus, *tout est compris*.
     (Question: Est-ce que l'expression en italique signifie **tout est gratuit, tout est payé** ou **tout est cher?**)
  4. Il faut de la pratique aussi, *la billetterie* par exemple; il ne faut pas se tromper quand on rédige un billet ou quand on organise un itinéraire.
     (Question: Quel autre mot dans la phrase est apparenté au mot **billetterie?**)

Lisons

JE SUIS AGENT DE COMPTOIR

... Vous ne comprenez peut-être pas bien ce que ça veut dire ? Bon, ben°, je   well
suis une de ces personnes qui, derrière le comptoir d'une agence de voyages,
comme vous le voyez, reçoivent les clients. Ils ont déjà, le plus souvent, une
idée de voyage dans la tête. C'est à moi de leur donner des conseils, des informations, des prix, et pour finir, de leur vendre, si possible, un voyage qui
plaise°...   that they might like

... Je vois beaucoup de gens et ce sont, le plus souvent, des gens heureux
parce qu'ils préparent leurs vacances. Je les aide à organiser leurs loisirs et il me sem-
ble° que j'en prends une petite part...   it seems to me

... Mon rêve, ce serait d'accompagner, au moins de temps en temps, des gens à l'étranger. Ici, quelquefois, j'ai envie de prendre l'air...

... Mais, pour le moment, je ne regrette rien...

... Excusez-moi une minute, on m'appelle. «Allô? 43.22.58, «Le Point», j'écoute... Oui, Monsieur, oui, vous êtes bien tombé: nous sommes «tour operators» sur la Tunisie justement... Si j'ai bien compris, vous pensez à un séjour à Tunis de quelques jours, suivi d'un circuit d'une semaine dans le Sud ?... Ah, pour les tarifs, il faudrait passer me voir à l'agence... Oui, quand vous voudrez, nous avons trois ou quatre programmes à vous offrir... Oui, le tarif dépend beaucoup du prix des hôtels... Non, Monsieur, vous n'aurez rien à dépenser° en plus, tout est compris. À bientôt, Monsieur, quand vous voudrez...» ... Qu'est-ce que je disais ? Oui, j'aime bien mon travail quotidien°. Je suis encore presque débutante, c'est vrai...

... Les deux années que j'ai passées à l'École m'ont appris, de toutes façons, beaucoup de choses, et pas seulement sur le tourisme; en histoire de l'art et en langues surtout. Il faut savoir deux langues étrangères, l'anglais avant toute autre. Et puis de la pratique aussi, la billetterie par exemple; il ne faut pas se tromper quand on rédige° un billet ou quand on organise un itinéraire. Jusqu'ici tout va bien avec mon patron, comme avec mes clients. Surtout quand ils sont sympathiques..., comme vous.

spend

daily

makes out

Avez-vous suivi?

A. **Une petite annonce.** Vous recherchez un agent de voyages. Complétez la petite annonce en vous basant sur le texte.

```
AGENCE DE VOYAGES RECHERCHE
        Agent de comptoir

      Responsabilités:
   _____
   _____
   _____
   _____

           Formation:
   _____
   _____
   _____

  Envoyer lettre manuscrite et C.V. à
   _____
```

B. **Formulez la question.** Dans *Je suis agent de comptoir*, seules les réponses de l'agent sont données. Quelles questions est-ce que l'intervieweur a posées?

C. **Portrait de l'agent.** Trouvez une/des phrase(s) dans le texte qui indique(nt)...

1. que c'est une femme.
2. qu'elle aime son travail.
3. qu'elle s'entend bien avec son patron.
4. qu'elle aimerait faire quelque chose d'autre un jour.

Lecture

La poésie francophone

La littérature du monde francophone est très riche. En évoquant des terres et des cultures mal connues de la plupart des Européens et Américains, elle nous paraît *(seems)* exotique et «lointaine» *(faraway)*. C'est aussi une littérature «engagée», où l'auteur traite des thèmes politiques inspirés par les événements marquant la période colonialiste et la libération. Dans les poèmes suivants, le poète haïtien Laleau et le martiniquais Césaire expriment *(express)* des sentiments qui sont à la fois personnels et universels.

Avant de lire

Réfléchissez. Quels conflits est-ce que la confrontation entre deux cultures pourrait provoquer? Dans le contexte du colonisateur et du colonisé, qu'est-ce que le titre du poème *Trahison* (*Treason*) pourrait signifier?

Lisons

Léon Laleau

TRAHISON (1931)

Ce cœur obsédant° qui ne correspond	haunting
Pas à mon langage, ou à mes costumes.	
Et sur lequel° mordent°, comme un crampon°,	which; bite; staple
Des sentiments d'emprunt° et des coutumes	borrowing
D'Europe, sentez-vous cette souffrance	
Et ce désespoir à nul autre égal	
D'apprivoiser° avec des mots de France	tame
Ce cœur qui m'est venu de Sénégal.	

Avez-vous suivi?

1. Pourquoi est-ce que le cœur du poète ne correspond pas à son langage ni à ses costumes?

2. Qu'est-ce qui cause la souffrance du poète?

Pour aller plus loin

1. Quels vers expriment le conflit central du poème?
2. Quels mots expriment la douleur du poète? À quoi est-ce qu'il la compare?
3. Regardez le dernier mot de chaque vers. Quelle juxtaposition de mots identifie la source du conflit culturel?

Avant de lire

A. **Le titre.** En vous basant sur le titre, essayez d'anticiper le contenu du poème. Que veut dire le verbe «saluer»? Qui est-ce qu'on salue? À quel moment?

B. **Associations.** Quels autres mots est-ce que vous associez avec les mots suivants?

1. vert
2. rouge
3. soleil

Lisons

Aimé Césaire *(à Léopold Sédar Senghor)*

POUR SALUER LE TIERS-MONDE (1960)

Ah!
mon demi-sommeil d'île si trouble
sur la mer !

Et voici de tous les points du péril
l'histoire qui me fait le signe que j'attendais.
Je vois pousser° des nations.   grow
Vertes et rouges, je vous salue.
bannières°, gorges° du vent ancien,   banner; filled with
Mali, Guinée, Ghana

et je vous vois, hommes,
point maladroits sous ce soleil nouveau !...

Avez-vous suivi?

1. Quelle est la situation du poète au début du poème?
2. À quel événement est-ce qu'il fait allusion quand il dit «Je vois pousser des nations»?

Pour aller plus loin

1. Quelle image est-ce que le poète utilise pour parler de la naissance d'une nation?
2. Dans le contexte du poème, que signifient les couleurs vert et rouge?
3. Regardez le dernier mot de chaque vers. Quels deux adjectifs est-ce que le poète juxtapose?
4. Quels mots créent *(create)* un ton optimiste?

Activités

A. Les ordinateurs. Expliquez à un(e) de vos ami(e)s comment utiliser un ordinateur: Où est-ce qu'on met la disquette? Comment est-ce qu'on ouvre un programme? etc.

B. Dans une agence de voyages. Vous travaillez dans une agence de voyages. Un jeune couple vous demande des conseils pour leur lune de miel *(honeymoon)*. Ils ont seulement deux semaines pour leur voyage, et ils n'ont pas beaucoup d'argent. Qu'est-ce que vous leur proposez?

C. Dans le train. Vous faites un long voyage en train. Vous commencez à parler avec votre voisin(e). Vous lui demandez d'où il/elle vient, où il/elle va et ce qu'il/elle va faire à sa destination. Puisque vous êtes américain(e), il/elle a beaucoup de questions pour vous aussi!

D. Problèmes. Votre meilleur(e) ami(e) vient de se disputer avec son/sa petit(e) ami(e). Il/Elle vous explique le problème et vous essayez de lui donner des conseils.

Le monde francophone

Mme Bordier vous parle

        Les destinations les plus demandées de mes clients? Sans aucun doute, c'est les Antilles. Pourquoi? La réponse est évidente: le climat ensoleillé, les plages magnifiques, la cuisine excellente, et … le fait que c'est une région francophone. Quand on est en vacances, on n'aime pas trop s'exercer à communiquer dans une langue étrangère. Les Français sont bien accueillis° pour la plupart, mais il existe un mouvement indépendiste qui se fait entendre° de temps en temps. Alors, je conseille toujours la prudence à mes clients. Finalement, il n'y a jamais eu d'incident et ils veulent toujours y retourner dans le prochain avion.

°welcomed

°makes itself heard

Les faits et la vie

Connaissez-vous la Guadeloupe? Remplissez la grille suivante:

Capitale:

La plus grande ville:

Langues parlées:

Religion principale:

Explorée par les Français en quel siècle *(century)*?

Activités

1. Quelles sont les principales activités touristiques dans cette région?
2. Quels sont les ingrédients principaux des plats de cette région?
3. Quels autres pays du monde sont toujours gouvernés par les Français?
4. Dans quelles régions francophones est-ce que vous avez voyagé? Racontez vos expériences.

Vocabulaire actif

une **administration**	*administration*	
les **affaires** (f.pl.)	*business*	
un **aller et retour**	*round-trip (ticket)*	
un **aller simple**	*one-way (ticket)*	
à mi-temps	*part-time*	
à pied	*on foot*	
à plein temps	*full-time*	
l' **argent de poche** (m.)	*pocket money*	
une **arrivée**	*arrival*	
l' **assurance (vie)** (f.)	*(life) insurance*	
un **autocar**	*inter-city bus*	
un **avantage**	*advantage*	
un **avion**	*airplane*	
une **belle-mère**	*mother-in-law*	
un **billet**	*ticket*	
une **brochure**	*brochure*	
une **chambre (d'hôtel)**	*(hotel) room*	
un **clavier**	*keyboard*	
une **clé**	*key*	
une **coïncidence**	*coincidence*	
le **commerce**	*business*	
un **compartiment**	*compartment*	
complet(-ète)	*full*	
composter	*to validate*	
compris(e)	*included*	
un **conseil**	*piece of advice*	
conseiller	*to advise*	
un **contrôle (douanier)**	*(customs) check*	
un(e) **copain (copine)**	*pal, friend*	
une **couchette**	*sleeping berth*	
un **curriculum vitæ**	*résumé*	
une **déclaration**	*declaration*	
dentaire	*dental*	
un **départ**	*departure*	
disponible	*available*	
une **disquette**	*diskette*	
la **douane**	*customs*	
une **douche**	*shower*	

un **écran**	*screen*	
embaucher	*to hire*	
un **emploi**	*job*	
un(e) **employé(e)**	*employee*	
enregistrer	*to save (computer)*	
être amoureux (-euse) de	*to be in love with*	
une **expérience**	*experience*	
faire de la voile	*to go sailing*	
faire du camping	*to go camping*	
faire une randonnée	*to go hiking*	
faire un safari	*to go on a safari*	
des **formalités (douanières)** (f.pl.)	*(customs) formalities*	
une **formation**	*training*	
fumer	*to smoke*	
(non-)fumeur	*(non-)smoking*	
une **gare**	*train station*	
un **genre**	*kind, type*	
la **gestion**	*management*	
un **guichet**	*ticket window*	
un **horaire**	*timetable*	
il vaut mieux	*it is better, it is preferable*	
une **imprimante**	*printer*	
l' **informatique** (f.)	*computer science*	
une **interview**	*interview*	
un **jour de congé**	*day off*	
juif (juive)	*Jewish*	
un **lecteur (interne/ externe)**	*(internal/external) drive*	
une **location**	*rental*	
le **logiciel**	*software*	
une **machine à traitement de texte**	*word processor*	
le **marketing**	*marketing*	
le **matériel**	*hardware*	
médical(e)	*medical*	
un **métro**	*subway*	
une **montagne**	*mountain*	

	négocier	*to negotiate*
s'	occuper de	*to take care of*
un	ordinateur	*computer*
une	ouvreuse	*usher*
un	panneau indicateur	*sign indicating arrival and departure times*
un	passeport	*passport*
un(e)	patron(ne)	*boss*
une	photocopie	*photocopy*
une	pièce d'identité	*identification document*
une	place	*seat*
une	plage	*beach*
	plaire à	*to please, to like*
une	porte	*gate*
se	présenter	*to present, to introduce onself*
	profiter de	*to take advantage of*
un	programme	*program*
un	quai	*platform*
une	qualification	*qualification*
	rappeler	*to call back*
la	réception	*reception desk*
une	recommandation	*recommendation*
	réduit(e)	*reduced*

	renvoyer	*to fire*
	réserver	*to reserve*
un	retard	*delay*
un	salaire	*salary*
se	servir de	*to use*
	suivre	*to follow, to take (a course)*
	taper à la machine	*to type*
un	tarif	*fare*
le	TGV	*TGV (fastest train in France)*
une	touche	*key (on a keyboard)*
	tout de suite	*immediately*
un	train	*train*
un	vélo	*bicycle*
un	visa	*visa*
	visiter	*to visit (a place)*
une	voie	*track*
une	voiture	*car*
un	voyage organisé	*tour*
un	wagon-bar	*lounge car (on a train)*
un	wagon-lit	*sleeping car*
un	wagon-restaurant	*dining car*
un	W.-C.	*toilet, water closet*

CHAPITRE 13

Préparatifs

Situation 1

Bientôt le départ!

JEAN-PHILIPPE:	Quelle est cette enveloppe qui est sur la table?
ANNE:	C'est mon billet d'avion.
SYLVIE:	Tu pars dans combien de temps?
ANNE:	Dans trois semaines.
SYLVIE:	Oh, non! Déjà?
ANNE:	Je n'arrive pas à le croire° moi-même. Ce que le temps passe vite!
JEAN-PHILIPPE:	Tu ne nous oublieras pas, dis? On s'écrira?
ANNE:	Bien sûr. La première lettre que je vous écrirai sera assez courte, juste pour vous faire savoir que je suis bien rentrée. Mais quelques jours après, je vous en écrirai une deuxième, qui sera beaucoup plus longue. D'accord?
JEAN-PHILIPPE:	Anne, tu sais que tu vas nous manquer.
ANNE:	Vous aussi, vous allez beaucoup me manquer. Je vais souvent penser à vous. Et toi, Pataud, tu te souviendras de moi?
PATAUD:	Oua, oua!

° can't believe it

Avez-vous suivi?

1. Dans combien de temps est-ce qu'Anne va partir?
2. Pourquoi est-ce qu'elle écrira deux lettres?
3. Qui va manquer à qui?

Autrement dit

Les exclamations et les compliments

Ce que / comme le temps passe vite!
Ce que / comme les jeunes ont changé!

Quelle drôle d'idée!
Quelle affaire!

Que tu es ennuyeuse, Sylvie!
Que la vie est dure!

Qu'est-ce qu'il est beau, ton costume!
Qu'est-ce qu'il fait chaud aujourd'hui!

Pour accepter un compliment

Quelle jolie robe! Tu trouves?
 Oh, vraiment?
 Tu es gentil.
 C'est gentil de le dire.

Pour exprimer l'incrédulité

Oh, non! Déjà?
Je n'arrive pas à le croire moi-même.
Ce n'est pas possible, ça!
Ce n'est pas croyable, ça!
Ce n'est pas vrai!
C'est incroyable!
Sans blague!

La lecture

Qu'est-ce que vous aimez lire? Les **romans°**? Les **magazines?** Les **journaux?** *novels*
Jean-Philippe aime les **romans policiers** et les **aventures.**
Sylvie aime les **albums** pour enfants et les **histoires d'amour.**
Anne aime les **drames psychologiques** et les **mystères.**
Elle cherche dans un **dictionnaire** quand elle ne connaît pas un mot en français.
Et Mme Chevalley? Elle adore les **histoires** tristes et sentimentales.
M. Bordier doit lire beaucoup de **rapports°.** *reports*
Mme Bordier doit lire les **brochures publicitaires.**

Le journal

Dans le journal on trouve...
 les gros titres *headlines*
 l'éditorial
 le carnet du jour
 les faits divers
 les nouvelles à la une. *front-page news*

Pratique et conversation

A. Une conversation avec Mme Chevalley. Vous parlez avec Mme Chevalley. Répondez à ses commentaires en employant une exclamation.

1. Autrefois, je pouvais laisser ma porte ouverte, mais maintenant, avec tous ces crimes...
2. Je viens d'acheter une nouvelle robe pour 200 francs seulement!
3. Il est déjà 5 heures?!
4. Ce M. Péreira! Il a voulu décorer son appartement tout en violet!
5. On dit qu'il va faire 30° aujourd'hui.
6. Et Mme Lalout qui est vraiment Valérie DuLouche!
7. Après tous mes efforts, mon petit chaton Minet a toujours des puces!

B. Des compliments. Faites des compliments à votre professeur ou à un(e) camarade de classe qui répondra comme il faut. Faites un compliment sur...

1. sa chemise/robe.
2. son accent en français.
3. ses progrès en français.
4. sa voiture.
5. ???

C. Sondage. Demandez à votre partenaire...

1. quel journal il/elle préfère et pourquoi.
2. quelle partie du journal il/elle préfère.
3. quel genre de roman il/elle préfère.
4. quel est son roman favori.
5. s'il/si elle a un dictionnaire français-anglais.

D. Le journal. Dans quelle partie du journal est-ce que vous trouveriez les titres suivants?

1. *L'énergie nucléaire: les risques augmentent*
2. *Naissances et mariages*
3. *Meurtre à Cannes: assassin appréhendé*
4. *Le Président des États-Unis en France*
5. *Français: la pollution nous concerne tous*

E. Une rencontre. Vous rencontrez un(e) ami(e) dans le couloir, qui porte de nouveaux vêtements vraiment à la mode. Vous lui faites des compliments. Il/Elle vous dit qu'il/elle est maintenant millionnaire, et vous explique comment. Exprimez votre incrédulité.

Structure I

Talking about everyday activities
The verb *écrire*

ÉCRIRE *(TO WRITE)*				STEM + ENDING	
Present	J'	**écris**	des cartes postales.	écri	s
	Tu	**écris**	à tes parents?	écri	s
	Anne	**écrit**	à la famille Bordier.	écri	t
	Nous	**écrivons**	à nos amis.	écriv	ons
		Écrivez-	vous la réponse?	écriv	ez
	Elles	**écrivent**	en français.	écriv	ent
Passé Composé	Qui	**a écrit**	à Anne?		
Imperfect	Je leur	**écrivais**	très souvent.		
Future	On s'	**écrira**?			
Conditional	On s'	**écrirait**	si tu partais.		

Décrire *(to describe)* is conjugated like **écrire**.

Pratique et conversation

A. Correspondance. Mme Chevalley parle de ses locataires. Donnez la forme correcte du verbe **écrire**.

1. La pauvre Anne! Elle/écrire/régulièrement/à ses parents, mais ses parents/écrire/rarement.
2. Mme Silvestri/écrire/une lettre à Mme Bordier quand elle était chez des amis à Genève.
3. Moi, je/écrire/souvent à mes amis.
4. Anne, vous nous/écrire/quand vous serez en Californie?
5. Jean-Philippe et Pierre, qu'est-ce que vous/écrire/là? Des graffiti? Ce n'est pas possible!

B. Interview. Demandez à votre partenaire...

1. s'il/si elle vous écrira cet été.
2. s'il/si elle écrira ses mémoires quand il/elle sera vieux/vieille.
3. à qui il/elle a écrit récemment, et pourquoi il/elle a écrit à cette personne.
4. s'il/si elle a écrit à ses parents quand il/elle était en vacances.
5. s'il/si elle vous écrirait même si vous ne répondiez pas.
6. de décrire un membre de sa famille.

C. Êtes-vous graphologue? Quelqu'un dans la classe écrira deux ou trois phrases en français. Ensuite, le professeur donnera ces phrases à plusieurs étudiants qui essaieront d'en analyser l'écriture, et de deviner l'étudiant qui les a écrites. Qui est le meilleur graphologue?

Structure II

Talking about everyday activities
The verb *lire*

	LIRE *(TO READ)*			STEM + ENDING	
Present	Je	**lis**	le journal.	li	s
	Tu	**lis**	les petites annonces?	li	s
	Anne	**lit**	une lettre.	li	t
	Nous	**lisons**	la question.	lis	ons
	Vous	**lisez**	le magazine.	lis	ez
	Ils	**lisent**	cette histoire.	lis	ent
Passé Composé	Hier, j'	**ai lu**	le journal.		
Imperfect	Elle	**lisait**	un livre quand j'ai téléphoné.		
Future	Il nous	**lira**	tes lettres.		
Conditional	Il nous	**lirait**	tes lettres si tu écrivais.		

Pratique et conversation

A. La lecture. Donnez la forme correcte du verbe **lire**.

1. Les Bordier/lire/beaucoup de magazines.
2. L'année dernière, Jean-Philippe/lire/un roman de Hemingway dans son cours d'anglais.
3. Sylvie/lire/un album pour enfants.
4. Je/lire/les rapports dans quelques jours.
5. Jean-Philippe, est-ce que tu/lire/mon journal? Arrête!
6. Mme Bordier/lire/des brochures publicitaires tous les jours.

B. Interview. Demandez à votre partenaire...

1. s'il/si elle lit régulièrement un magazine et quel magazine il/elle préfère.
2. s'il/si elle a lu un roman récemment.
3. s'il/si elle a déjà lu un livre en français.
4. s'il/si elle lira le journal ce dimanche.
5. s'il/si elle lirait un roman au lieu d'aller *(instead of going)* au cinéma.

C. Dans une librairie. Vous travaillez dans une librairie, et vous essayez d'aider un client à choisir un livre. Demandez-lui quel genre de livre il/elle aime lire, et quels livres il/elle a lus récemment. Suggérez des titres.

Structure III

Referring to someone or something already mentioned
The relative pronouns *qui* and *que*

a. Notice that the following statements are talking about the noun, **Pataud.**

Je vois Pataud.
Pataud est le chien des Bordier.

Such statements may be combined into a single, complex sentence by means of a relative pronoun.

Je vois Pautaud **qui** est le chien des Bordier.
*I see Pataud, **who** is the Bordiers' dog.*

b. Complex sentences are those that consist of two clauses. Relative pronouns link the relative clause to the main clause.

La photo **qui** est dans le tiroir est celle de ma grand-mère.
*The picture **that** is in the drawer is of my grandmother.*

c. The relative pronoun has two roles: it refers back to a word in the main clause, and it fills a grammatical slot in the relative clause.

Quelle est cette enveloppe **qui** est sur la table?
↑
(subject in relative clause refers back to **enveloppe**)
Je n'aime pas la cravate **que** tu m'as achetée.
↑
(object in relative clause refers back to **cravate**)

d. The relative pronoun **qui** is used for the subject of a relative clause. The relative pronoun **que** is used for the direct object of a relative clause. Both **qui** and **que** are used for referring back to either people or things.

RELATIVE PRONOUNS		
	Subject	*Direct Object*
People	**qui**	**que**
Things	**qui**	**que**

e. **Que** becomes **qu'** before another word beginning with a vowel sound. **Qui** does not change.

L'homme **qui** attend est mon voisin.
Voilà la lettre **qu'**il a envoyée.

f. In the example above, note that the past participle agrees with the preceding direct object.

Pratique et conversation

A. Dans l'agence de voyages de Mme Bordier. Faites une seule phrase de chaque paire en utilisant un pronom relatif.

1. Mme Bordier aide une cliente.
   La cliente cherche un hôtel pas cher à Tahiti.
2. Mme Bordier propose plusieurs hôtels.
   Les hôtels sont trop chers pour la cliente.
3. Mme Bordier propose un autre hôtel.
   Cet hôtel est beaucoup moins cher et près de la mer.
4. La cliente accepte l'hôtel.
   L'hôtel est près de la mer.
5. Pierre rédige un billet d'avion.
   Le billet d'avion est pour Valérie DuLouche.
6. Ensuite, Pierre essaie de réserver une place dans le train.
   Le train part à 13h00.
7. Le train est complet.
   Ce train est un TGV.
8. Finalement, Pierre réserve une place dans un autre train.
   La place est près du wagon-restaurant.

B. Anne part bientôt. Mettez le pronom relatif correct dans la phrase.

1. L'enveloppe _____ est sur la table contient le billet d'Anne.
2. L'année _____ elle passe en France sera bientôt finie.
3. Elle regrettera beaucoup la famille _____ l'a adoptée.
4. La première lettre _____ Anne écrira sera courte.
5. Aujourd'hui, Sylvie et Anne iront à la banque _____ est dans le quartier.
6. Ensuite, Anne ira dans les grands magasins: la valise _____ elle a maintenant est trop petite.
7. Il y a des magasins _____ ont des soldes maintenant.
8. Elle va prendre le métro, _____ va plus vite que l'autobus.

C. Magda, la diseuse de bonne aventure. Vous venez de faire un rêve *(dream)* assez troublant: un grand homme brun frappe à votre porte et vous donne une statuette en or, une bouteille vide et une photo. Ensuite, une femme blonde et voluptueuse arrive. Elle vous demande tous ces objets, et vous laisse un disque. Vous allez chez Magda, la gitane *(gypsy)*. Vous lui racontez les personnes et les objets que vous avez vus dans votre rêve. Elle vous en donne une interprétation.

MODÈLE: Vous: **J'ai vu un homme brun et mystérieux.**
　　　　 Magda: **L'homme que vous avez vu signifie l'aventure.**

D. Malentendus. Vous avez commandé une robe ou une chemise du catalogue *Cadeaux-Express* mais on vous a envoyé la mauvaise taille et la mauvaise couleur. Par dessus le marché *(On top of everything)*, on a envoyé le colis à la mauvaise adresse. Heureusement que le facteur vous connaît et il vous l'a livré! Vous téléphonez à *Cadeaux-Express* et essayez de régler le problème.

En contexte

Photos. Apportez trois photos en classe. Pour chaque photo, identifiez les personnes et les objets sur la photo en utilisant un pronom relatif. Ensuite, parlez un peu de la photo. À quel moment est-ce qu'on l'a prise? Où étiez-vous? Que faisiez-vous?

MODÈLE: **L'homme qui est à droite est mon père, et la femme que vous voyez à sa gauche est ma mère. Nous étions en vacances à la plage et...**

Situation 2

La petite banque du coin

Dans le quartier où habitent les Bordier, il y a une toute petite banque. Anne y est allée plusieurs fois pour changer des dollars, ou encaisser des chèques de voyage, sans problèmes. Mais cette fois-ci, il y a un monde fou°...   *a large crowd*

PREMIER CLIENT:	Monsieur, il faut que je demande un emprunt à la banque. Mais avant, il faudrait que je me renseigne sur le taux d'intérêt...
DEUXIÈME CLIENT:	Je voudrais ouvrir un compte courant°, mais je ne sais pas si j'ai assez d'argent. Est-ce qu'il faut que je dépose un minimum?
TROISIÈME CLIENT:	Excusez-moi... C'est ici, pour les demandes d'hypothèque°? Oh là là! Il faut vraiment que j'accomplisse toutes ces formalités?
QUATRIÈME CLIENT:	Pardon, Monsieur, je désirerais changer des devises° étrangères. Où faut-il que je m'adresse? Au guichet numéro trois? Merci.
CINQUIÈME CLIENT:	Ah! Il faut que vous changiez des francs suisses? Moi aussi! Vous savez quel est le taux du change? Hier, c'était très avantageux...
ANNE:	Hum... Sylvie, ça n'avance pas. Il y a trop de monde. On ferait mieux de revenir demain.
SYLVIE:	D'accord... mais pas à la même heure, Anne!
ANNE:	Tu as raison. À l'avenir, il vaut mieux que nous évitions la foule.

checking account

mortages

currency

Avez-vous suivi?

1. Pourquoi est-ce que vous feriez les transactions suivantes à la banque?
   a. faire un emprunt
   b. faire une demande d'hypothèque
   c. changer des devises
2. Qu'est-ce qu'il faut savoir avant de...
   a. faire un emprunt?
   b. ouvrir un compte-courant?
   c. changer des francs suisses?

Autrement dit

À la banque

Quand Anne est arrivée en France, elle est allée à la banque pour ouvrir **un compte.** Elle a dû remplir des formulaires et montrer des pièces d'identité et **un justificatif de domicile°.** Une semaine après, on lui a envoyé son **chéquier°.** Puisqu'Anne n'est pas une résidente permanente en France, elle a dû ouvrir **un compte étranger:** elle n'a pas le droit de déposer d'argent liquide français sur son compte, mais des chèques et des mandats peuvent être déposés, bien sûr. Pour retirer de l'argent, il suffit de faire un chèque **payable** à elle-même qu'elle **endossera** par la suite. Anne décide de demander **une carte de crédit,** qu'elle pourra utiliser à tous les **distributeurs automatiques de billets.**

proof of residency
checkbook

    Jean-Philippe aimerait partir en vacances avec ses copains cet été. Il a décidé de **faire des économies** et d'ouvrir un compte à **la caisse d'épargne°.** À la fin de l'année, il a réussi à **mettre** à peu près trois mille francs **de côté°.**

savings bank
put away, save

Les expressions impersonnelles

Il est nécessaire que nous changions cet argent.

Il faut
Il est essentiel
Il est important
Il est possible
Il est bon
Il vaut mieux

Pratique et conversation

A. À la banque. Complétez les dialogues suivants.

1. Bonjour, Mademoiselle.

   _____

   Vous êtes française?

   Non, _____

   Dans ce cas, il faut que vous ouvriez un compte étranger.

   _____

   Cela veut dire que vous ne pouvez pas déposer d'argent liquide français sur votre compte.

2. Bonjour, Monsieur. _____

   Pour changer les devises étrangères, il faut remplir ce formulaire.

   Très bien. _____

   Le dollar est à cinq francs trente aujourd'hui.

3. Bonjour, Mademoiselle. _____

   Pour ouvrir un compte courant, il faut présenter une pièce d'identité.

   _____

   Non, il n'y a pas de minimum.

   _____

   Pour les emprunts, allez au guichet numéro trois.

   _____

   Les taux d'intérêt changent tous les jours; vous pouvez demander au guichet numéro trois.

B. Transactions. Vous êtes à la banque. Vous voulez changer des dollars en francs français. Après, vous ouvrez un compte étranger. Jouez la scène avec un partenaire.

C. Expressions. Indiquez quelles expressions impersonnelles correspondent à quelle catégorie: **il faut, il est important, il est bon, il est probable, il vaut mieux, il est possible, il est essentiel, il est nécessaire.**

NÉCESSITÉ	PRÉFÉRENCE	PROBABILITÉ	JUGEMENT

Structure IV

Talking about what is necessary or important
The present subjunctive of regular verbs

Il est nécessaire que **nous changions** cet argent.
Il faut vraiment que **j'accomplisse** toutes ces formalités?
Ah! *Il faut que* **vous changiez** des francs suisses?
À l'avenir, *il vaut mieux que* **nous évitions** la foule.

a. The subjunctive mood occurs in a clause introduced by **que** after a limited number of expressions. In general, these expressions show that the speaker has a subjective attitude with regard to what he/she is saying.

THE PRESENT SUBJUNCTIVE					
-er *verbs*		-ir *verbs*		-re *verbs*	
Stem	*+ Ending*	*Stem*	*+ Ending*	*Stem*	*+ Ending*
que je parl	e	que je finiss	e	que je répond	e
que tu parl	es	que tu finiss	es	que tu répond	es
qu'il parl	e	qu'il finiss	e	qu'il répond	e
que nous parl	ions	que nous finiss	ions	que nous répond	ions
que vous parl	iez	que vous finiss	iez	que vous répond	iez
qu'elles parl	ent	qu'elles finiss	ent	qu'elles répond	ent

b. To form the present subjunctive, drop the **-ons** ending of the **nous** form of the present indicative and add the subjunctive endings above.

c. Impersonal expressions indicating necessity, preference, appropriateness, or doubt are followed by the subjunctive (see *Autrement dit* for a list of these expressions). The subjunctive is not used after impersonal expressions indicating certainty.

Il est important (préférable, bon, possible) que vous **apportiez** assez d'argent.

But:

Il est sûr (certain, probable) que vous **apportez** assez d'argent.

However, when expressions of certainty are in the negative, the subjunctive is used, since some doubt is implied.

Il n'est pas sûr (certain, probable) que vous **apportiez** assez d'argent.

d. Some verbs that are irregular in the present indicative form their present subjunctive like regular verbs. Among these are **connaître, dire, écrire, lire, mettre, plaire, suivre,** and **-ir** verbs like **dormir.**

Il est important que vous
- lisiez ce livre.
- écriviez une lettre.
- connaissiez Paris.
- dormiez.
- disiez la vérité.

e. In the examples above, there are two different subjects involved in the action: the impersonal **il** and a personal subject **vous** in the clause introduced by **que.** The infinitive rather than the subjunctive is used after impersonal expressions if the person doing the action is not specified.

Il faut **que je demande** un emprunt à la banque.
Il faut **demander** un emprunt à la banque.

Il est nécessaire **que nous changions** cet argent.
Il est nécessaire **de changer** cet argent.

Il vaut mieux **que nous évitions** la foule.
Il vaut mieux **éviter** la foule.

Note that except for **il faut** and **il vaut mieux,** the infinitive is introduced by the preposition **de** after impersonal expressions.

Pratique et conversation

A. Une journée chargée. Mettez la forme correcte du verbe.

1. Il est essentiel que M. Bordier/arriver/au bureau à l'heure.
2. Il faut que Sylvie et moi/finir/nos devoirs.
3. Il est important que Mme Bordier et Pierre/aider/leurs clients.
4. Il serait bon que Jean-Philippe/rentrer/tôt.
5. Il est possible que je/sortir/ce soir.
6. Il sera préférable que vous/travailler/toute la journée.
7. Il est possible que Mme Chevalley/partir/aujourd'hui.
8. Il faut que nous/donner/à manger à Pataud ce soir.
9. Il est évident que Pataud/aimer/manger.
10. Il n'est pas sûr que Mme DuLouche/répondre/au téléphone: elle déteste la publicité.
11. Il est possible que nous/sortir/plus tard.
12. Il faut que tu/écrire/des lettres.

B. Mme Bordier parle à ses clients. Mettez les verbes entre parenthèses à l'indicatif ou au subjonctif.

MME OLIVIER: Vous comprenez, Madame, il est essentiel que nous _____ (trouver) un hôtel pas cher.

MME BORDIER: Il est certain que ces hôtels _____ (exister) mais il faut que je _____ (regarder) dans ces brochures.

MME OLIVIER: Il est préférable que nous _____ (payer) le moins possible.

MME BORDIER: Oui, je comprends. Ah, voilà un hôtel, mais il n'est pas sûr que vous l' _____ (aimer).

MME OLIVIER: Vous avez raison. Je ne l'aime pas.

MME BORDIER: Mais, Madame. Il est évident que je ne _____ (trouver) pas d'hôtel pour vous. Vous demandez l'impossible.

MME OLIVIER: Je vois qu'il serait préférable que nous _____ (parler) à un autre agent de voyages.

MME BORDIER: Moi, je pense qu'il serait bon que vous _____. (rester) à Paris.

C. Conseils. En groupes de deux, donnez des conseils à votre partenaire. Dites-lui comment réussir dans le cours de français, comment rencontrer un(e) petit(e) ami(e), comment organiser une bonne boum et comment préparer un bon repas.

> MODÈLE: **Pour réussir en français, il est essentiel que tu étudies et il faut répéter beaucoup.**

D. Chez le médecin. Vous allez chez le médecin parce que vous êtes très stressé(e) et fatigué(e) tout le temps. Il vous pose des questions et vous répondez. Il vous donne des conseils.

> MODÈLE: Le médecin: **Combien d'heures est-ce que vous travaillez par jour?**
> Vous: **Je travaille seize heures par jour.**
> Le médecin: **Il est essentiel que vous travailliez moins.**

En contexte

Difficultés en amour. Vous avez des difficultés avec votre petit(e) ami(e): il/elle est peut-être jaloux/jalouse, ou il/elle a des habitudes personnelles que vous n'aimez pas. Vous en parlez à votre meilleur(e) ami(e), qui vous conseille.

> MODÈLE: Vous: **Ma petite amie est très jalouse.**
> Votre ami(e): **Il faut que tu lui dises que tu l'aimes.**

Situation 3

Rencontre dans le métro

[Anne est en train de regarder un plan du métro quand elle voit Pierre qui descend l'escalier.]

ANNE: Pierre, quelle surprise!
PIERRE: Bonjour, Anne! Tu as l'air perplexe!

ANNE: J'ai du mal à déchiffrer° ce plan de métro. Je n'ai toujours pas l'habitude de prendre le métro. Je préfère explorer Paris à pied.

to figure out

PIERRE: Tu veux que je t'aide? Où veux-tu aller?

ANNE: D'abord, il faut que j'aille dans les grands magasins pour acheter une nouvelle valise.

PIERRE: Rien de plus facile! D'ici, il faut que tu prennes la ligne Mairie de Montreuil et que tu descendes à la station Chaussée d'Antin. C'est tout près des Galeries Lafayette.

ANNE: Et de là au Quartier latin?

PIERRE: Prends la ligne Mairie d'Ivry, tu vois?

ANNE: Il faut finalement que je fasse une course du côté Place des Vosges.

PIERRE: Alors, prends la ligne La Courneuve, mais il va falloir que tu prennes la correspondance à Châtelet.

ANNE: Prendre la correspondance?

PIERRE: Oui, cela veut dire changer de ligne. De Châtelet, tu prendras la direction Château de Vincennes. Écoute, tu veux que je t'accompagne?

ANNE: Merci, tu es gentil. Mais il faut que nous nous dépêchions! Ce soir, il y aura des invités à la maison. Et il serait bon que je sois de retour avant six heures; je ne veux pas que Mme Bordier fasse tous les préparatifs elle-même.

Avez-vous suivi?

1. Pourquoi est-ce qu'Anne n'a pas l'habitude de prendre le métro?
2. Pourquoi est-ce qu'elle veut aller dans les grands magasins?
3. À quelle station faut-il descendre pour les grands magasins?
4. Que veut dire l'expression *prendre la correspondance?*
5. Pourquoi faut-il qu'Anne rentre avant six heures?
6. Anne habite dans le seizième arrondissement, métro Iéna. Tracez son voyage sur le plan trouvé à la page 364.

Autrement dit

Une visite guidée

La ville de Belfort est **entourée**° de **remparts**° qui datent du XIVème **siècle**°. Sa **cathédrale** est une des plus belles du pays. Au **centre-ville**°, il y a une **zone piétonnière**°. Le Monument aux Morts se trouve dans la Place Carnot, près de la **mairie**°. La **banlieue**° **s'étend**° dans toutes les directions.

surrounded; ramparts; century
downtown
pedestrian zone
city hall; suburbs; extends

Paris

Paris est divisé en vingt **arrondissements°**. Chaque arrondissement a son   districts
maire, son **commissariat de police,** sa **caserne des sapeurs-pompiers°** et   fire station
d'autres services municipaux. Chaque arrondissement est composé de nom-
breux **quartiers°**.   neighborhoods

　　Parmi les monuments les plus connus de Paris il y a:

LA PYRAMIDE DU LOUVRE　　　　　LE SACRÉ-CŒUR

BEAUBOURG
(LE CENTRE POMPIDOU)　　　　LE MUSÉE D'ORSAY　　　　L'OPÉRA
　　　　　　　　　　　　　　　　　　　　　　　　　(LE PALAIS GARNIER)

L'OPÉRA BASTILLE　　　　L'ARC DE TRIOMPHE　　　　LA PLACE DES VOSGES

Pour trouver son chemin

Les questions

Pardon, Monsieur, pourriez-vous m'indiquer où se trouve le musée Rodin?
Pardon, Madame. Où est la gare, s'il vous plaît?
Excusez-moi, Mademoiselle, pour aller au cinéma Rex?
Excusez-moi, Monsieur. Il y a un bureau de poste par ici?

Les réponses

Allez/Continuez **tout droit°.**   straight ahead
Suivez cette rue, et tournez à **gauche°.**   left
Prenez la première rue à **droite°.**   right
Le bureau de poste sera sur votre droite.
Vous suivrez cette rue, et ensuite, vous tournerez à gauche.
Vous continuerez tout droit et la gare sera sur votre gauche.

Le métro

Mme Bordier regarde **le plan du métro.** Elle trouve la bonne ligne, et achète
un carnet° de tickets au guichet. Le métro arrive et elle fait bien attention de   book
monter dans **la voiture** la moins chargée°. Elle **descend** à sa destination.   loaded down
Heureusement qu'elle n'a pas perdu son ticket, parce qu'elle en aura besoin à
la sortie, et pour le montrer aux **contrôleurs°** au cas où il y aurait **un contrôle°.** enforcement agents;
                                                                                            check

Pratique et conversation

A. Trouvez votre chemin. Vous visitez la ville de Belfort, et vous demandez votre
chemin à un passant patient. Posez-lui les questions suivantes. Il répondra en
consultant le plan. Demandez-lui comment aller...

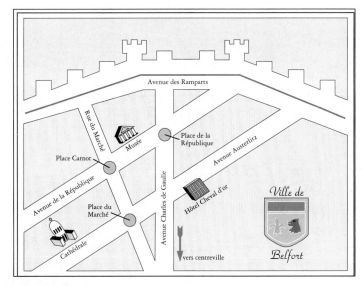

1. de l'hôtel Cheval d'or à la cathédrale.
2. de la cathédrale au musée.
3. du musée aux remparts.
4. des remparts au centre-ville.
5. du centre-ville à l'hôtel Cheval d'or.

B. Un étudiant étranger. Vous rencontrez un(e) étudiant(e) dans le couloir. Il/Elle vous pose des questions sur votre campus. Vous lui répondez. Il/Elle vous demande comment aller...

1. au restaurant universitaire.
2. à la résidence universitaire.
3. à la clinique.
4. à la bibliothèque.
5. au laboratoire de langues.

C. Le métro. Vous passez deux semaines à Paris. Votre hôtel est dans le cinquième arrondissement, métro Cardinal Lemoine. Comment allez-vous aux monuments suivants en métro? N'oubliez pas d'indiquer où il faut prendre la correspondance.

1. la place de l'Étoile
2. la tour Eiffel
3. le Louvre
4. Notre-Dame
5. Beaubourg

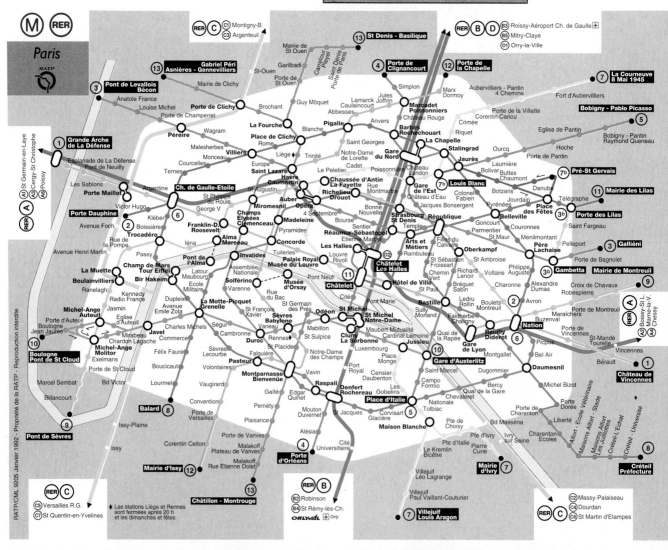

Structure V

Talking about what is necessary or important
The present subjunctive of irregular verbs

D'abord, il faut que j'**aille** dans les grands magasins pour acheter une nouvelle
  valise.
D'ici, il faut que tu **prennes** la ligne Mairie de Montreuil.
Il faut finalement que je **fasse** une course du côté Place des Vosges.
Et il serait bon que je **sois** de retour avant six heures.

a. Irregular verbs in the present subjunctive may have one or two stems. With the
    exception of **être** and **avoir,** all use the endings you have learned for regular
    verbs.

b. The following are one-stem irregular verbs in the present subjunctive.

FAIRE		POUVOIR		SAVOIR	
Stem	*+ Ending*	*Stem*	*+ Ending*	*Stem*	*+ Ending*
que je fass	e	que je puiss	e	que je sach	e
que tu fass	es	que tu puiss	es	que tu sach	es
qu'elle fass	e	qu'elle puiss	e	qu'elle sach	e
que nous fass	ions	que nous puiss	ions	que nous sach	ions
que vous fass	iez	que vous puiss	iez	que vous sach	iez
qu'ils fass	ent	qu'ils puiss	ent	qu'ils sach	ent

c. Two-stem verbs in the present subjunctive take the third-person indicative stem
    for all forms except **nous** and **vous.** For **nous** and **vous,** use the **nous** indicative
    stem.

que je **prenne**	que nous *pren* ions
que tu **prenne**s	que vous *pren* iez
qu'il **prenne**	qu'elles **prenne**nt

Other two-stem verbs which follow the same pattern as **prendre** are listed below,
with their stems.

INFINITIVE	STEM 1	STEM 2
boire	que je boive	que nous buvions
envoyer	que j'envoie	que nous envoyions
venir	que je vienne	que nous venions
voir	que je voie	que nous voyions

d. **Avoir, être, aller,** and **vouloir** have irregular two-stem conjugations in the subjunctive.

ÊTRE	
que je sois	que nous soyons
que tu sois	que vous soyez
qu'il soit	qu'ils soient

ALLER	
que j'aille	que nous allions
que tu ailles	que vous alliez
qu'il aille	qu'ils aillent

AVOIR	
que j'aie	que nous ayons
que tu aies	que vous ayez
qu'elle ait	qu'elles aient

VOULOIR	
que je veuille	que nous voulions
que tu veuilles	que vous vouliez
qu'elle veuille	qu'elles veuillent

Pratique et conversation

A. Une journée chez les Bordier. Mettez la forme correcte du verbe dans la phrase.

1. Il est essentiel que je/être/au bureau à huit heures.
2. Il est très important que ma secrétaire/envoyer/cette lettre aujourd'hui.
3. Sylvie, il faut que tu/faire/tes devoirs ce soir.
4. Jean-Philippe et Anne, il est important que vous/aller/dans les grands magasins.
5. Charles, faut-il qu'ils/prendre/la direction Mairie de Montreuil pour y aller?
6. N'oubliez pas que nous aurons des invités ce soir. Il serait bon que vous/revenir/avant six heures.
7. Il est possible que je/pouvoir/rentrer tôt.
8. Il serait bon que nous/boire/ce vin rouge avec nos invités ce soir.
9. Jean-Philippe! Ne parle plus de Mme DuLouche à Mme Chevalley! Faut-il que tu/savoir/tout de sa vie?
10. Solange, il serait préférable que nous/avoir/un peu de patience avec nos enfants.

B. Interview. Employez une expression de la colonne de gauche et une expression de la colonne de droite pour poser une question à votre partenaire. Ensuite, votre partenaire répondra.

MODÈLE: Vous: **Est-il essentiel que tu fasses toujours tes devoirs?**
Votre partenaire: **Oui, il est essentiel que je fasse toujours mes devoirs.**

il faut	être toujours à l'heure
il est essentiel	faire toujours ses devoirs
il vaut mieux	aller au laboratoire de langues
il est bon	avoir toujours de la patience
il est possible	venir en classe tous les jours
	savoir toujours la bonne réponse
	pouvoir répondre à toutes les questions

C. Problèmes. Vous avez beaucoup de difficultés en français et le professeur vous demande de venir à son bureau pour en parler. Il vous pose des questions et vous répondez. Ensuite, il vous donne des conseils.

MODÈLE: aller au labo

> Le professeur: **Est-ce que vous allez au labo tous les jours?**
> Vous: **Euh... non. Est-ce qu'il faut que j'aille au labo?**
> Le professeur: **Ah, oui! Il est essentiel que vous alliez au labo.**

1. faire vos devoirs
2. lire les leçons
3. venir au cours tous les jours
4. faire attention
5. écrire les réponses
6. prendre des notes
7. savoir étudier

D. Encore des conseils. Quels conseils est-ce que vous donneriez à un(e) ami(e) pour...

1. une interview?
2. le premier jour de travail?
3. la première fois qu'il/elle sort avec quelqu'un?
4. le premier jour en France?

Structure VI

Talking about what you want someone to do
The subjunctive after verbs of will and preference

Tu veux que je t'aide?
Écoute, tu veux que je t'accompagne?
Je ne veux pas que Mme Bordier fasse tous les préparatifs elle-même.

a. The subjunctive is used in a clause introduced by **que** after a verb of will or preference such as **aimer mieux** *(to prefer)*, **demander, désirer, exiger** *(to demand)*, **préférer**, and **vouloir**.

b. Note that this construction is only possible when there are two subjects involved. With a single subject, these verbs are followed by the infinitive.

Elle préfère que **nous** explorions Paris à pied.
Je préfère explorer Paris à pied.

Où veux-**tu** que **nous** allions?
Où veux-**tu** aller?

Pratique et conversation

A. À l'agence de voyages. Faites des phrases en employant le subjonctif ou l'infinitif.

MODÈLE: Je préfère... tu/venir à huit heures.
   Je préfère que tu viennes à huit heures.

1. Bonjour, Madame. Je voudrais... je/faire des réservations.
2. Bien sûr, Monsieur. Quel hôtel voulez-vous... je/réserver?
3. Moi, je préfère... ce/être un hôtel de luxe. Et toi, chérie?
4. Toi, tu veux toujours... nous/dépenser notre argent.
5. Moi, je préfère... je/avoir une chambre simple mais propre.
6. Mais toi, tu exiges toujours... la chambre/avoir un téléphone et une douche. Ce n'est pas toujours possible.
7. Excusez-moi, Mme Bordier. Voulez-vous... je/aller à la poste maintenant?
8. S'il vous plaît, Pierre. Et est-ce que vous pourriez leur demander... ils nous/renvoyer ce paquet?

B. Mme Bordier n'est pas contente. Qu'est-ce qu'elle dirait pour résoudre les situations suivantes?

MODÈLE: Jean-Philippe parle trop au téléphone.
   Jean-Philippe, je préfère que tu ne parles pas trop au téléphone.

1. Jean-Philippe rentre très tard tous les soirs.
2. Sylvie ne fait pas attention en classe.
3. Pataud ne répond pas quand on l'appelle.
4. Sylvie ment très souvent.
5. Jean-Philippe dit des bêtises à Sylvie.
6. Pataud est toujours dans la cuisine.

C. Quelle vie! Les professeurs et les parents sont souvent trop exigeants *(demanding)!* Qu'est-ce qu'ils demandent que vous fassiez ou que vous ne fassiez pas? Nommez cinq choses.

Compréhension auditive

UNE VOITURE À PARIS

Avant d'écouter

A. Renseignez-vous. Se déplacer en voiture à Paris n'est pas toujours très pratique. Les rues peuvent être très encombrées, surtout pendant les heures de pointe *(rush hour)* quand les ralentissements *(slow downs)* et les embouteillages *(traffic jams)* sont fréquents. Pour faciliter la circulation automobile, les stations de radio diffusent les conditions routières, surtout pour les artères les plus utilisées telles que le boulevard périphérique qui entoure *(surrounds)* Paris, et les quais de la Seine, axes transversaux importants.

B. Le plan de Paris. Regardez bien le plan de Paris. Repérez *(locate)* les ponts de la Seine, les portes de Paris et ensuite, répondez aux questions.

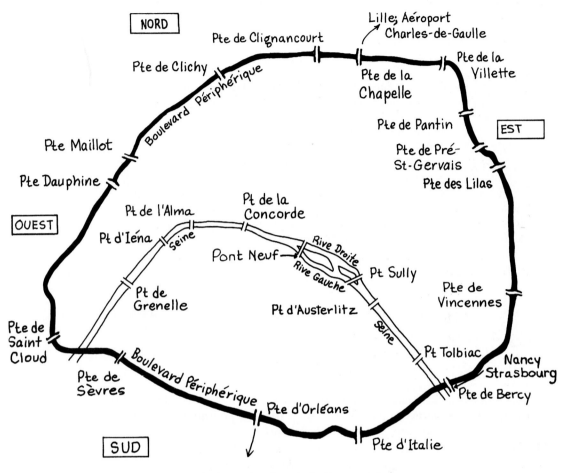

1. Quel pont est entre le pont d'Iéna et le pont de la Concorde?

   _____

2. Savez-vous quel est le plus ancien pont de Paris?

   _____

3. Si vous voulez aller à Lille, par quelle porte est-ce que vous sortez du boulevard périphérique? _____

4. Si vous voulez aller à l'aéroport d'Orly, par quelle porte est-ce que vous sortez? Et à Rouen? Et à Strasbourg? _____

   _____

C. Situations. Que feriez-vous dans les situations suivantes? Choisissez parmi les expressions suivantes, ou inventez votre propre réponse.

appeler la police/ralentir/s'arrêter/klaxonner/accélérer/appeler une dépanneuse *(tow truck)*
Que feriez-vous si...

1. vous étiez dans un accident de voiture?
2. vous voyiez un accident de voiture?

3. la chaussée était glissante *(the roadways were slippery)*?
4. vous vous trouviez dans un embouteillage?
5. votre voiture tombait en panne *(broke down)*?

Écoutons

La circulation routière. Écoutez le message et encerclez sur le plan de Paris les endroits où il y a des ralentissements. Écoutez encore une fois pour vérifier vos réponses.

Pratique et conversation

A. Les conditions routières. Préparez un message pour communiquer les encombrements et les embouteillages typiques pendant les heures de pointe dans votre ville.

B. Une voiture en panne. Votre voiture tombe en panne et vous appelez la dépanneuse. On vous demande où vous êtes et comment y arriver. Vous le lui expliquez.

C. Un P. V. La limite de vitesse est à 110 km/h mais vous roulez à 130 km/h! On vous arrête et vous menace d'un P. V. *(ticket)*. Expliquez pourquoi vous rouliez si vite et essayez de vous tirer *(get out)* de la situation.

Document I

Vivre à Paris

Goûts et préférences. Aimeriez-vous vivre à Paris? Dans quel quartier aimeriez-vous habiter? Pourquoi? Quelles qualités est-ce que vous rechercheriez *(seek out)* dans votre logement?

Lisons

En parcourant *(scanning)* le document suivant, essayez de trouver le logement qui correspond le plus à votre idéal.

ADRESSE	DESCRIPTION DU PROGRAMME	PRIX ET FINANCEMENT	
15ᵉ : « LE 6 RUE LABROUSTE » 6, rue Labrouste	11 appartements + 2 commerces disponibles° sur 14 + 2 commerces, du studio au 5 pièces avec jardins et terrasses. Livraison°: 4e trimestre 1992.	30.000 F le m2 moyen + parking.	available delivery
15ᵉ : « RESIDENCE ALLERAY CONVENTION » 52 - 56, rue d'Alleray.	Métro Convention ou Vaugirard. Beau jardin intérieur, balcons et terrasses. 80 appartements dont 1 disponible, 5 pièces. **Livraison immédiate.** Renseignements et vente : 41.05.30.30. Visite sur rendez-vous.	A partir de 36.000 F le m2. Financement libre.	
15ᵉ : « VILLA FLORENTINE » 80 - 82, boulevard Garibaldi.	A la lisière° du 7e arrondissement, une résidence de haut standing de 23 appartements d'une architecture très soignée. Appartements du 2 pièces au 6 pièces duplex avec jardins privatifs, terrasses, caves et parking. Appartement décoré à visiter sur rendez-vous. Tél. : 45.66.99.09.	A partir de 34.200 F le m2 hors parking.	border
15ᵉ : « LE PARC DE VAUGIRARD » Rue Lacretelle, angle rue Vaugelas	4 appartements disponibles, 2 et 4 pièces. **Livraison immédiate.** Renseignements et vente : 41.05.30.30. Visite sur rendez-vous.	Financement libre.	
16ᵉ : « VILLA LONGCHAMP » Rue Jean Hugues.	10 appartements grand standing dont 2 disponibles, de 4 et 6 pièces. Livraison : 3e trimestre 1992. Renseignements et vente : tél. : 44.00.56.30 ou 43.27.15.12.	Prêts libres.	
16ᵉ : « QUAI BLÉRIOT » 98 Quai Louis Blériot / 4 rue Wilhem	20 appartements avec prestations° luxueuses dont 10 appartements encore disponibles, du studio au 6 pièces. Vue sur Seine. Livraison : 4e trimestre 1992. Commercialisation : 98, quai Blériot, 75016 Paris ouvert du mardi au samedi de 10 h à 12 h 30 et de 14 h à 19 h. Fermé dimanche et lundi. Tél. : 45.20.19.98. Minitel : 3615 PARKINFO.	Financement libre.	appointments
16ᵉ : « RESIDENCE SEINE MIRABEAU » 133 bis, avenue de Versailles	Dans le quartier des villas, à Auteuil, près de la Seine, un petit immeuble de 13 appartements dont 3 disponibles, 5 pièces. Livraison : 2e trimestre 1992. Appartement décoré sur place lundi, mardi, mercredi et jeudi de 14 h à 19 h. Renseignements et vente : 42.15.00.21.	Financement libre.	
16ᵉ : 53, rue de La Tour	Métro Passy ou Trocadero. Entre Le Trocadéro et la Muette, une adresse prestigieuse, une résidence comme une suite d'hôtels particuliers°. 14 appartements dont 6 disponibles, du studio au 5 pièces. Livraison : 4e trimestre 1992. Renseignements et vente : 41.05.30.30.	Financement libre.	private
16ᵉ : « LES JARDINS MICHEL ANGE » 222, avenue de Versailles.	Métro Porte de Saint-Cloud, entre l'avenue de Versailles et le calme de charmants jardins intérieurs à l'image des villes et hameaux environnants. 109 appartements dont 4 disponibles, studio et 2 pièces. **Livraison immédiate.** Renseignements et vente : 41.05.30.30 sur rendez-vous.	Financement libre.	
16ᵉ : « VILLA CAMILLE CLAUDEL » 62, rue de la Pompe.	Au regard d'une clientèle exigeante°, d'un arrondissement recherché° Parthéna développe un nouveau concept immobilier. Des appartements spacieux (127 m2) parfaitement modulable dont l'agencement° laisse libre cours° à tout espace de vie souhaité. Un aménagement à la carte° que nous pourrons affiner° avec notre décorateur et vos conseils. Livraison : 1er semestre 1993.	Financement libre.	demanding; sought-after layout free rein; flexible arrangement refine model
17ᵉ : « LEGENDRE-DAUTANCOURT » 160-162, rue Legendre. APPARTEMENT TEMOIN.	12 appartements disponibles sur 47, du studio au 6 pièces. **Livraison immédiate.** Bureau de vente et appartement témoin° ouverts sur place les lundi, mardi, jeudi, vendredi, samedi de 14 h à 19 h. Tél. : 42.26.60.05.	4 p à partir de 2.450.000 F. 5 p à partir de 3.100.000 F (hors parking). Financ. libre.	

Avez-vous suivi?

A. Quel logement? Quel logement correspond aux descriptions suivantes?

QUALITÉ	RÉSIDENCE
près de la Seine	
grand standing	
jardins	
balcons	
appartements spacieux	
16ᵉ arrondissement	

B. Un choix. Si vous aviez le choix, quelle sorte de logement achèteriez-vous? Dans quelle résidence? Pourquoi? S'il n'y a vraiment rien qui serait acceptable dans cette liste, décrivez le genre de logement qui vous plairait.

C. Un jeu de rôle. Un(e) client(e) vient à votre agence immobilière pour trouver un logement. Posez-lui des questions sur ses préférences, et essayez de lui trouver une résidence en utilisant la liste ci-dessus.

Document II

RATP mode d'emploi

Comment se déplacer à Paris? Renseignez-vous en lisant ce document.

Avant de lire

A. Chez vous. Quels moyens de transport public existe dans votre ville/région? Y a-t-il un métro? des trains? des autocars? Quels sont les avantages de chacun de ces moyens de transport?

B. Comment vous déplacez-vous? Comment est-ce que vous vous déplacez en ville? Est-ce efficace? économe? non-polluant?

C. Que savez-vous? Que savez-vous déjà du système de transport public à Paris?

Lisons

BUS

Une façon agréable de visiter Paris sans se fatiguer ! 2 000 bus sillonnent° Paris dans tous les sens° et vous laissent toujours près de votre destination. Laissez-vous guider par les indications portées sur les points d'arrêt (numéros des lignes desservant° l'arrêt, correspondances d'une ligne à une autre, horaires, nombre de tickets - 1 ou 2 selon le trajet° dans Paris). Dans le bus, n'introduisez pas le coupon de votre carte Paris Visite ou Formule 1 dans l'appareil de contrôle°. Montrez simplement la carte avec le coupon au conducteur.
Horaires : ils varient selon les lignes. Les dimanches et jours de fête ainsi que le soir après 20 h 30, le service est plus limité.

NOCTAMBUS

Une service de nuit sur 10 lignes de bus qui partent du cœur de Paris : Châtelet (avenue Victoria ou rue St-Martin) jusqu'à la périphérie. Noctambus s'arrête au moment de votre choix, même en dehors des arrêts classiques.
Horaires :
Châtelet / banlieue. Un départ toutes les heures de 1 h 30 à 5 h 30.
Banlieue / Châtelet. Un départ toutes les heures de 1 h à 5 h.

crisscross; directions

serving

distance covered

automatic cancellation machine

METRO

C'est le transport qu'utilisent les parisiens pour se déplacer rapidement. Où que vous soyez, où que vous alliez°, il y a toujours une station de métro toute proche. Repérez° sur un plan votre destination et suivez les lignes en vous aidant de leur couleur, de leur numéro, et du nom du terminus qui indique la direction. Cette direction est indiquée sur le quai et dans tous les couloirs d'accès et de correspondance. L'itinéraire de la ligne choisie est affiché à l'intérieur des voitures. Vous changez de ligne ? suivez sur les quais les panneaux° orange "Correspondance" indiquant votre nouvelle direction. A la sortie de la station, consultez le plan du quartier. Vous repèrerez facilement le lieu final de votre destination.
Horaires :
Premiers départs des terminus : 5 h 30
Dernières arrivées aux terminus : 1 h 15

RER

Le RER est un moyen de transport ultra rapide qui relie° les différents points clés de Paris à tous ses environs : Versailles, Marne-la-Vallée - Chessy (gare située à la porte même du Parc Euro Disneyland®), Saint-Germain-en-Laye, les aéroports de Roissy Charles-de-Gaulle et Orly...
Sur le quai, vérifiez la destination choisie. Les gares desservies sont affichées sur les panneaux lumineux. Vous pouvez passer facilement du métro au RER : les deux réseaux sont en correspondance directe. En dehors de Paris, les tarifs dépendent de la distance parcourue°. Assurez-vous que la formule Paris Visite ou Formule 1 que vous avez choisie permet bien d'y accéder°.
Horaires :
Premiers départs des terminus : 5 h 00
Dernières arrivées aux terminus : 1 h 15

link

wherever you are, wherever you go
locate

signs
covered

to gain access

Avez-vous suivi?

A. Bus, Métro ou RER? Indiquez quel moyen de transport correspond aux descriptions suivantes.

DESCRIPTION	BUS	MÉTRO	RER
a un service de nuit			
va à Euro-Disney			
les tarifs dépendent de la distance			
le nom du terminus indique la direction			
les panneaux orange indiquent une correspondance			
s'arrête selon votre indication			
est en correspondance directe avec le métro			

B. Mode d'emploi. Il est minuit. Vous rentrez chez vous quand un passant vous arrête pour vous demander comment prendre le bus pour retourner à son hôtel. Il a une carte Paris Visite. Expliquez-lui comment faire son trajet *(trip)* et répondez à toutes ses questions.

Activités

A. Le jeu du métro. Votre professeur va distribuer des morceaux de papier avec le nom d'une station de métro écrit dessus. Vous en choisirez un, et votre partenaire un autre. Ensuite, vous expliquerez à votre partenaire comment aller de votre station à sa station. Utilisez le plan à la page 364.

B. Les tâches ménagères. Vos parents vous ont demandé à vous et à votre frère ou sœur (joué[e] par votre partenaire) de faire certaines tâches ménagères. Essayez de faire une division logique du travail.

MODÈLE: faire la vaisselle
Vous: **Je ferai la vaisselle./Je veux que tu fasses la vaisselle.**
Votre partenaire: **Je ne veux pas que tu fasses la vaisselle./Si je fais la vaisselle, toi, tu nettoieras.**

1. faire la lessive
2. ranger la salle de séjour
3. préparer le dîner
4. aller au supermarché
5. faire les lits

C. Perdu sur le campus. Vous venez d'arriver sur le campus. Vous êtes dans le parking, et il faut que vous alliez de là à la bibliothèque, au restaurant universitaire et au laboratoire de langues. Demandez à un(e) autre étudiant(e) comment aller à ces différents endroits.

Vocabulaire actif

	accompagner	*to accompany*	
	accomplir	*to complete, to accomplish*	
	à la une	*on the front page*	
l'	argent liquide (m.)	*cash*	
	arriver à	*to be able to, to manage to*	
un	arrondissement	*district*	
	avantageux(-euse)	*advantageous*	
	avoir du mal à	*to have difficulty in*	
	avoir le droit de	*to have the right to*	
une	banque	*bank*	
	cacher	*to hide*	
une	caisse d'épargne	*savings bank*	
un	carnet	*book (of tickets)*	
une	caserne des sapeurs-pompiers	*fire station*	
une	cathédrale	*cathedral*	
le	centre-ville	*downtown*	
un	chèque	*check*	
un	chéquier	*checkbook*	
un	coin	*corner*	
un	commissariat de police	*police station*	
un	compte	*account*	
un	compte courant	*checking account*	
	continuer	*to continue*	
	décrire	*to describe*	
une	demande	*application, request*	
	déposer	*to deposit*	
	descendre	*to go down, to get off (a vehicle)*	
une	devise	*currency*	
un	dictionnaire	*dictionary*	
une	direction	*direction*	
un	distributeur automatique de billets	*automatic teller, ATM*	

	droit(e)	*right (direction)*	
des	économies (faire des économies)	*savings (to save money)*	
	écrire	*to write*	
s'	écrire	*to write to one another*	
un	éditorial	*editorial*	
un	emprunt	*loan*	
	encaisser	*to deposit*	
	endosser	*to endorse*	
une	enveloppe	*envelope*	
un	escalier	*staircase*	
	essentiel(le)	*essential*	
	être de retour	*to be back*	
	éviter	*to avoid*	
	gauche	*left (direction)*	
les	gros titres (m.pl.)	*headlines*	
une	habitude	*habit*	
une	hypothèque	*mortgage*	
	il suffit	*it suffices, all one has to do is*	
s'	inquiéter	*to be worried*	
un	justificatif de domicile	*proof of residency*	
une	ligne	*line*	
	lire	*to read*	
un	magazine	*magazine*	
un	maire	*mayor*	
une	mairie	*city hall*	
	manquer à quelqu'un	*to be missed by someone*	
	mettre (de l'argent) de côté	*to save (money)*	
un	minimum	*minimum*	
	monter	*to go up, to get on (a vehicle)*	
un	monument	*monument*	
	nécessaire	*necessary*	
	penser à	*to think about*	
	perplexe	*confused*	
une	photo	*picture*	
une	place	*plaza, square*	

un	**plan**	*map* (city, subway)		un	**roman**	*novel*
	prendre la corre-spondance	*to transfer*		un	**roman policier**	*detective novel*
				une	**station**	*station* (subway)
un	**préparatif**	*preparation*			**Tais-toi!**	*Be quiet!*
un	**quartier**	*neighborhood*		un	**taux d'intérêt**	*interest rate*
un	**rapport**	*report*		un	**taux de change**	*exchange rate*
un	**rempart**	*rampart*		un	**tiroir**	*drawer*
se	**renseigner**	*to inform oneself*			**tourner**	*to turn*
					tout droit	*straight ahead*
	retirer	*to withdraw*				

CHAPITRE 14

Le départ

Situation 1

Au revoir et... à bientôt

[Nous sommes à l'aéroport. Tous les membres de la famille Bordier ont insisté pour venir dire au revoir à Anne et lui souhaiter bon voyage.]

ANNE:	Vraiment, c'est trop gentil. Je ne veux pas que vous vous dérangiez comme ça.
MME BORDIER:	C'est normal, Anne. Maintenant, tu es de la famille.
ANNE:	Attendez, je ne trouve pas mon passeport!
JEAN-PHILIPPE:	Tu me l'as montré tout à l'heure. Il y a à peine° dix minutes.
ANNE:	Je te l'ai montré, mais après ça, où est-ce que je l'ai mis? Ah! Le voilà! Heureusement!
SYLVIE:	Tu as la petite poupée que je t'ai donnée? Je suis triste que tu nous quittes, Anne!
MME BORDIER:	On est tous désolés que tu partes, mais nous espérons que tu reviendras nous voir bientôt.
JEAN-PHILIPPE:	Mais, écoute! Peut-être que tu ne partiras pas après tout! Je suis sûr que tu devras payer une surtaxe si tu veux enregistrer tes deux valises et tes trois sacs de voyage!
ANNE:	Je pourrais peut-être les prendre avec moi, dans l'avion.
JEAN-PHILIPPE:	Sûrement pas. Les hôtesses de l'air détestent qu'on soit trop chargé quand on entre dans l'avion. Elles veulent que tu aies un seul bagage à main, pas quatre!

hardly, scarcely

SYLVIE: Est-ce que tu peux mettre les uns dans les autres, comme des boîtes russes? Tiens, donne-les-moi! Tu vois, c'est possible: ils sont de tailles différentes.

ANNE: Excellente idée, Sylvie! Ouf! Ça y est! Maintenant... j'aurai... seulement... un... sac... à porter... si vous... m'aidez... à le soulever°!   to lift

[Anne Williams est bien partie. Et les Bordier sont rentrés chez eux bien tristes d'avoir perdu leur gentille pensionnaire°.]   boarder

Avez-vous suivi?

1. Pourquoi est-ce qu'Anne devra payer une surtaxe?
2. Normalement, combien de valises est-ce qu'on peut enregistrer?
3. Pourquoi est-ce qu'elle ne pourrait pas les prendre avec elle?
4. Normalement, combien de bagages à main est-ce qu'on peut prendre dans l'avion?
5. Quelle solution est-ce que Sylvie propose?
6. Est-ce que cette solution est pratique? Pourquoi ou pourquoi pas?

Autrement dit

Pour exprimer son regret, sa tristesse

Je suis triste que tu nous quittes.
   Je regrette
Je suis désolé
C'est dommage
   ◇ C'est bête

Pour exprimer son contentement

Je suis heureuse que tu décides de rester!
Je suis contente
   Je suis ravie

Pour exprimer sa surprise

Je suis étonné que l'avion soit en avance.
Je suis surpris

À la veille du départ

Le moment est arrivé: Anne doit partir demain. Elle **fait** ses deux **valises** qu'elle ferme avec difficulté. Elle a accumulé pas mal de **souvenirs** pendant son séjour en France. Les Bordier vont l'accompagner à l'aéroport. Ils télé-phoneront à Air France avant de quitter l'appartement, pour voir si l'avion par-tira **à l'heure** ou s'il est **retardé** ou **annulé**°.   canceled

À l'aéroport

Excusez-moi, Monsieur. Pourriez-vous me dire...

Où est le comptoir Air France?
 l'agence Europcar
 le car Air France
 la porte 12
 l'aérogare 2
 la navette
 le bureau de change

Où sont les toilettes?
 les consignes

L'AGENCE EUROPCAR

LE COMPTOIR AIR FRANCE

LA CONSIGNE AUTOMATIQUE

L'AÉROGARE NO. 2

LE BUREAU DE CHANGE

LA NAVETTE

Dans l'avion: le décollage° takeoff

«Bonjour Mesdames et Messieurs. Le commandant Aymonet et son **équipage°** crew
vous souhaitent la bienvenue à bord du vol Air France 003 à destination de
Los Angeles. Nous vous prions d'attacher vos **ceintures de sécurité,** de **re-**
dresser vos sièges° et de relever vos **tablettes°**. Nous vous rappelons qu'**il est** put your seats in the
interdit de fumer° tant que le signal lumineux est allumé et dans les toilettes. upright position; tray
Merci.» tables
smoking is forbidden

Dans l'avion: l'atterrissage° landing

«Nous commençons notre descente sur l'aéroport international de Los Angeles. Nous vous demandons de bien vouloir attacher votre ceinture, redresser
votre siège, relever votre tablette et de ne pas fumer jusqu'à l'extinction du signal lumineux. Merci. Le commandant Aymonet et son équipage vous souhaitent un agréable séjour à Los Angeles et espèrent vous revoir bientôt sur nos
lignes.»

Pratique et conversation

A. À l'aéroport. Vous travaillez au bureau de renseignements à l'aéroport. En vous
servant du plan ci-dessous, répondez aux questions des passagers (joués par vos
camarades de classe).

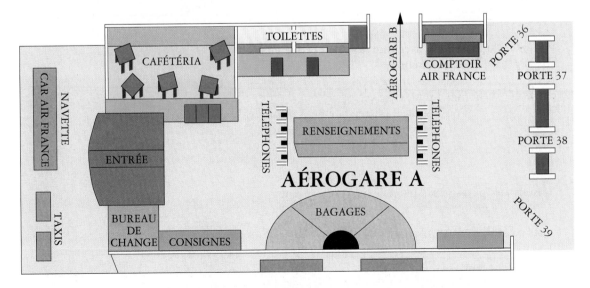

MODÈLE: Un passager: **Excusez-moi, Monsieur. Pourriez-vous me dire où se**
trouve le comptoir Air France?
Vous: **Le comptoir Air France se trouve près de la porte**
numéro 36.

B. Au comptoir Air France. Vous travaillez au comptoir Air France. Répondez aux questions des personnes qui attendent des passagers (jouées par vos camarades de classe) en utilisant le tableau qui suit.

ARRIVÉE AÉROPORT DE TOULOUSE-BLAGNAC				
Compagnie aérienne	*Numéro de vol*	*Provenance*	*Horaire*	*Observations*
Air Inter	047	ORLY OUEST	7h55	retardé 5mns
Air Inter	785	CHARLES DE GAULLE	8h10	retardé 10mns
Air Inter	147	ORLY OUEST	8h20	
Britair	6581	RENNES	8h30	retardé 7mns
Air Inter	573	LYON	9h25	retardé 8mns
Air Inter	247	ORLY OUEST	10h15	annulé
Air France	1581	BARCELONE	10h20	
Lufthansa	5598	FRANCFORT	11h30	retardé 15mns
Air Inter	465	CHARLES DE GAULLE	11h35	retardé 9mns
Air Inter	062	NICE	12h25	
Air Inter	347	ORLY OUEST	12h40	
Air France	1749	FRANCFORT	13h00	retardé 20mns
Air Inter	045	BORDEAUX	13h20	retardé 30 mns

MODÈLE: Un homme: **Est-ce que le vol en provenance d'Orly Ouest est à l'heure?**
Vous: **Air Inter 047?**
L'homme: **Oui, c'est ça.**
Vous: **Non, il est retardé de 5 minutes. L'atterrisage est prévu** *(expected)* **pour 8 heures.**

C. Conseils aux passagers. Mettez le mot qui convient.

1. Les passagers sur ce vol sont limités à deux valises et un _____.
2. Nous demandons aux passagers de bien vouloir mettre leurs bagages à main sous leur _____.
3. Il est _____ de fumer pendant le décollage ou _____.
4. Nous vous prions de bien vouloir attacher vos _____.
5. Nous regrettons d'informer nos passagers que le vol 162 a été _____ à cause du mauvais temps.

Situation 2

Une lettre d'Anne

Los Angeles, le 3 août 19...

Chers amis,

Deux lignes pour vous faire savoir que je suis bien rentrée, après un vol tranquille et sans histoires: l'avion est parti à l'heure, et arrivé en avance! Un vrai miracle de nos jours! L'équipage a pris grand soin° de nous: d'abord, on nous a servi le déjeuner; puis ils ont passé un film qui m'a bien fait rire et m'a fait oublier ma tristesse. Enfin, après un dîner copieux, on est arrivé à Los Angeles, où mes parents m'attendaient à l'aéroport. Ils m'ont tout de suite demandé de vos nouvelles.

Ne répondez pas à cette lettre: comme je vous l'ai dit, je vous en écrirai une autre, beaucoup plus longue, dans quelques jours, avant que les cours ne recommencent, et vous pourrez répondre à celle-là, d'accord?

Vous me manquez beaucoup, j'ai l'intention de trouver un emploi à mi-temps, afin de pouvoir retourner en France aussitôt que possible°.

Pour l'instant, donc, je vous embrasse tous très fort, et vous remercie encore de votre gentillesse et de votre générosité.

Affectueusement,

Anne

care

as soon as possible

Avez-vous suivi?

1. Pourquoi est-ce qu'Anne écrit aux Bordier?
2. Que veut dire l'expression *un vol sans histoires*?
3. Décrivez le vol d'Anne.
4. Pourquoi Anne veut-elle un emploi à mi-temps?
5. Quand est-ce qu'elle écrira une autre lettre?

Autrement dit

La correspondance

	SALUTATION INITIALE	SALUTATION FINALE
Aux amis:	Cher Jean-Philippe Chère Sylvie Chers amis	Amitiés Amicalement Bien à vous/toi
À votre petit(e) ami(e) ou à votre mari ou femme:	Mon (Pierre) chéri Ma (Françoise) chérie Mon amour	Je t'embrasse fort Je t'aime (de tout mon cœur)
Une lettre d'affaires:	Monsieur Madame Mademoiselle	Je vous prie d'agréer, Monsieur/ Madame/Mademoiselle, l'expression de mes sentiments distingués.

L'entrée en matière

Un petit mot pour vous dire...
Un mot rapide afin de te faire savoir...
Juste un mot pour vous dire...

Je vous remercie de votre gentillesse...
J'ai passé de très bons moments en votre compagnie...

Je voudrais commander...

Pour poser sa candidature

J'ai l'honneur de porter/poser ma candidature au poste d'[enseignant]...
Suite à votre annonce, je vous écris afin de vous faire savoir que la place de [secré-
    taire] qui est vacante m'intéresserait...

Pour raconter une série d'événements

D'abord, on nous a servi le déjeuner.
Au début
Pour commencer

Puis ils ont passé un film qui m'a bien fait rire.
Alors
Ensuite
Tout de suite après
En même temps

Enfin, après un dîner copieux, on est arrivé.
Finalement
À la fin

Pratique et conversation

A. Lettres. Mettez la formule qui convient.

1. _____ *Sylvie,*
   Juste un mot pour te dire que je suis bien arrivée à Los Angeles.
   .
   .
   .
   Tu me manques beaucoup et je pense bien souvent à toi.
   _____
   Anne

2. _____
   J'ai l'honneur de poser ma candidature au poste d'informaticien annoncé dans
   Le Monde *du 3 janvier.*
   .
   .
   .
   _____
   Pierre Beaulieu

3. _____
   Je voudrais commander trois boîtes de disquettes Superfin.
   .
   .
   .
   _____
   Solange Bordier

4. _____ *amis*
   Un mot rapide afin de vous faire savoir que j'ai bien reçu le paquet que vous
   m'avez envoyé.
   .
   .
   .
   _____
   Valérie

B. Ma journée. Racontez votre journée en employant les expressions **d'abord,**
puis, enfin et leurs équivalents.

MODÈLE: Ce matin
        D'abord, je me suis levé(e). Ensuite j'ai pris le petit déjeuner.
        Enfin, j'ai quitté l'appartement.
        Ce soir
        D'abord, je ferai mes devoirs. Puis, je regarderai la télé. Finale-
        ment, je me coucherai.

C. Comment fait-on? En employant les expressions **d'abord, ensuite, enfin** et
leurs équivalents, dites comment on...

1. ouvre un compte à la banque.
2. se prépare pour un voyage à l'étranger.
3. téléphone à l'étranger.
4. trouve un emploi.

Structure III

Talking about temporal and causal relationships
The subjunctive after certain conjunctions

a. The subjunctive is used after the following conjunctions:

avant que *(before)*
Elle va partir **avant que** je **ne revienne.**
... je vous en écrirai une autre, beaucoup plus longue, dans quelques jours, **avant que** les cours **ne recommencent.**

afin que = pour que *(in order to, so that)*
Mes parents travaillent **afin que/pour que** je **puisse** aller à l'université.

jusqu'à ce que *(until)*
Je resterai **jusqu'à ce qu'**il **arrive.**

bien que *(although)*
Bien qu'elle **veuille** partir en vacances, elle ne peut pas.

b. As the examples above illustrate, **ne** precedes a verb in the subjunctive after the conjunction **avant que.** This is not the negation **ne** and does not negate the verb.

c. When there is only one subject involved in the action, **avant que, afin que,** and **pour que** become **avant de, afin de,** and **pour.** These forms are followed by the infinitive:

Deux lignes **pour** vous **faire savoir** que je suis bien rentrée... Vous me manquez beaucoup, j'ai l'intention de trouver un emploi à mi-temps, **afin de pouvoir** retourner en France aussitôt que possible.

d. Note, however, that even without a change of subject, **bien que** and **jusqu'à ce que** must be followed by a clause with a verb in the subjunctive.

Bien qu'**il** n'ait pas beaucoup d'argent, **il** est heureux.
Je travaillerai jusqu'à ce que **je** finisse.

Pratique et conversation

A. Les derniers jours. Faites une seule phrase en utilisant l'expression entre paren-thèses.

MODÈLE: Anne va dans les grands magasins. (afin de)
           Anne achète une valise.
           Anne va dans les grands magasins afin d'acheter une valise.

1. Anne doit partir. (bien que)
   Anne est triste.
2. Ses parents lui envoient de l'argent. (pour que)
   Anne peut acheter des souvenirs.

3. Anne prend le métro. (pour)
   Anne va dans les grands magasins.
4. Pierre va avec elle. (afin que)
   Anne ne se perd pas dans le métro.
5. Anne cherche une valise. (afin de)
   Anne peut rapporter tous ses souvenirs.
6. Une seule valise lui plaît. Anne l'achète. (avant que)
   On la vend.
7. Anne se dépêche. (pour)
   Anne rentre avant six heures.
8. Sylvie regarde la télé. (avant de)
   Sylvie se couche.
9. Anne entre dans la cuisine. (afin de)
   Anne aide Mme Bordier.

B. Ma journée. Reliez les phrases en utilisant les expressions **avant de/avant que** ou **pour/pour que.**

MODÈLE: Je regarde la télé.
             Je fais mes devoirs.
             Avant de faire mes devoirs, je regarde la télé.

1. Je m'habille.
   Je prends une douche.
2. Je prépare mon examen.
   Je vais à la bibliothèque.
3. Je rentre.
   Mon père/ma mère prépare le dîner.
4. Mes amis arrivent.
   Je m'habille.
5. Nous allons au cinéma.
   Nous allons voir un nouveau film.
6. Je me couche.
   Je lis.
7. Je vais en France.
   J'étudie le français.
8. Je travaille.
   Je peux gagner de l'argent.

C. Préparations et précautions. Qu'est-ce que vous faites avant les activités suivantes?

MODÈLE: Vous passez un examen.
             Avant de passer un examen, j'étudie.

1. Vous partez en vacances.
2. Vous passez la douane.
3. Vous prenez le métro.
4. Vous sortez avec un(e) ami(e).
5. Vous allez dîner chez des amis.

D. Je vous accuse! On vous accuse d'avoir volé un collier d'une boutique de luxe. En fait, vous fréquentez ce magasin, et vous y êtes allé(e) ce matin, mais vous n'avez rien acheté. Expliquez vos actions et essayez de prouver votre innocence en répondant aux questions du détective.

1. Pourquoi êtes-vous allé(e) à la boutique *Le Cœur d'or*?
2. Où êtes-vous allé(e) avant?
3. Où êtes-vous allé(e) après?
4. Décrivez votre journée hier.
5. Qu'est-ce que vous pouvez dire pour prouver votre innocence?

Structure IV

Having something done for you
Faire + infinitive

Deux lignes pour vous **faire savoir** que je suis bien rentrée, après un vol tranquille et sans histoires.
Puis ils ont passé un film qui m'a bien **fait rire** et **m'a fait oublier** ma tristesse.

a. To describe an action that you are having performed for you, rather than perform yourself, use a conjugated form of **faire** followed by the infinitive.

> Je **fais réserver** une chambre d'hôtel.
> *I am having a hotel room reserved.*
> J'**ai fait envoyer** une lettre aux clients.
> *I had a letter sent to the customers.*

b. The person whom you are having perform the action, the agent, is introduced by the preposition **par.**

> Je fais envoyer une lettre **par** ma secrétaire.
> *I am having a letter sent by my secretary.*
> *I am having my secretary send a letter.*

c. In the **faire** + infinitive construction, all pronouns precede the conjugated form of **faire.**

> Je fais envoyer la lettre aux clients.
> Je **la leur** fais envoyer.

There is no agreement of the past participle in the **faire** + infinitive construction.

> Je la leur ai fait envoyer.

d. **Faire** + infinitive is also used to express causality.

> Ce livre m'a fait pleurer.
> *This book made me cry.* (It caused me to cry.)

e. Note the following translations.

faire savoir = *to cause to know, to let [someone] know, to inform*
faire venir = *to cause to come, to send for*
faire voir = *to cause to see, to show*

Pratique et conversation

A. Je n'ai pas le temps! Vous n'avez pas le temps de faire les actions suivantes. Dites que vous les faites faire.

MODÈLE: Vous faites la vaisselle?
   Non, je n'ai pas le temps! Je fais faire la vaisselle [par ma fille].

1. Vous nettoyez votre chambre?
2. Vous faites votre lit?
3. Vous préparez vos repas?
4. Vous envoyez le colis?
5. Vous tapez vos lettres?
6. Vous faites vos courses?

B. Interview. Posez les questions suivantes à votre partenaire. Demandez-lui...

1. quel livre/film l'a fait rire.
2. quel livre/film l'a fait pleurer.
3. quelle musique le/la fait danser.
4. s'il/si elle fait faire son lit ou s'il/si elle le fait lui-même/elle-même.
5. s'il/si elle prépare lui-même/elle-même ses repas, ou s'il/si elle les fait préparer.
6. s'il/si elle réserve lui-même/elle-même ses chambres d'hôtel ou s'il/si elle les fait réserver.
7. s'il/si elle fait lui-même/elle-même ses devoirs, ou s'il/si elle les fait faire.

C. Qu'est-ce que vous faites faire? Si vous pouviez, qu'est-ce que vous feriez faire par...

1. votre secrétaire?
2. votre professeur?
3. femme de ménage *(housekeeper)*?
4. vos parents?
5. votre camarade de chambre?

En contexte

Un voyage. Racontez un voyage que vous avez fait récemment: vos préparations, ce que vous avez fait faire avant de partir, les événements du jour du départ, une journée typique pendant le voyage, le jour du retour.

Situation 3

Des nouvelles de Paris

Paris, le 21 septembre 19...

Bien chère Anne,

Nous avons reçu ta première lettre et aussi ta seconde, quelques jours après. Elles nous ont fait, toutes deux, un immense plaisir, et je me hâte de° te répondre, parce que je crois que dans quelques jours, je vais être très occupé, moi aussi, avec la rentrée des classes. Cette année, je vais m'inscrire à un cours avancé d'anglais. J'ai fait pas mal de progrès cette année, surtout avec une Américaine chez nous!

Tu manques beaucoup à Papa: il ne peut pas croire que tu es partie. Maman ne sait pas ce qu'elle va faire sans toi et Sylvie insiste pour que tu reviennes demain! Il y a des charters assez bon marché°. Maman pourrait t'aider à ce sujet. Qu'est-ce que tu en penses? Bien sûr, moi aussi, j'aimerais énormément aller aux États-Unis. S'il me restait encore des vacances d'été, je voudrais bien y aller, crois-moi! Hélas°, il faudrait que j'attende au moins l'été prochain pour profiter de ton invitation.

Que te dire de plus, Anne? Valérie DuLouche a dû déménager parce que Mme Chevalley a parlé d'elle à tout le monde et finalement quelqu'un a averti° la presse. Une foule° de journalistes la suivait constamment, ce qui rendait° sa vie impossible ici.

Eh bien, Anne, c'est tout pour aujourd'hui. Est-ce que tu pourrais m'écrire en anglais? Ça me ferait du bien.

Bien à toi,

Jean-Philippe

Margin glosses:
I hasten to

cheap

Unfortunately

notified
crowd; which made

Avez-vous suivi?

1. Combien de lettres est-ce qu'Anne a envoyées aux Bordier?
2. Pourquoi est-ce que Jean-Philippe répond tout de suite à la lettre d'Anne?

3. Qu'est-ce qu'on veut qu'Anne fasse?
4. Pourquoi est-ce que Jean-Philippe ne peut pas aller aux États-Unis cet été?
5. Pourquoi Jean-Philippe veut-il qu'Anne lui écrive en anglais?

Autrement dit

La rentrée°

return to school

ENSEIGNEMENT DU PREMIER DEGRÉ		
Âge	*Institution*	*Diplôme*
2-6 ans	*École maternelle*	
	École primaire	
6-7 ans	• Cours préparatoire	
7-8 ans	• Cours élémentaire 1ère année	
8-9 ans	• Cours élémentaire 2ème année	
9-10 ans	• Cours moyen 1ère année	
10-11 ans	• Cours moyen 2ème année	
ENSEIGNEMENT SECONDAIRE ET TECHNIQUE: PREMIER CYCLE		
Âge	*Institution*	*Diplôme*
	C.E.S. (Collège d'Enseignement Secondaire)	*B.E.P.C. (Brevet d'Études du Premier Cycle)*
11-12 ans	• Sixième	
12-13 ans	• Cinquième	
13-14 ans	• Quatrième	
14-15 ans	• Troisième	
ENSEIGNEMENT SECONDAIRE ET TECHNIQUE: SECOND CYCLE		
Âge	*Institution*	*Diplôme*
	Lycée	*Baccalauréat*
15-16 ans	• Seconde	
16-17 ans	• Première	
17-18 ans	• Terminale	

Sylvie va à l'**école primaire.** Elle est en CE 2. Elle a de très bonnes **notes** dans toutes les **matières.**

Jean-Philippe va au lycée. Il est en seconde. Pour **recevoir son diplôme,** il sera obligé de **passer des épreuves°** à la fin de la **terminale.** S'il **est reçu°,** il aura un **baccalauréat°** (◇ le bac). S'il **échoue°,** il aura la possibilité de **se présenter** l'année suivante.

to take tests; passes
diploma awarded at the end of the **lycée;** fails

ÉTUDES LITTÉRAIRES: UNIVERSITÉ	
Année	*Diplôme*
Deuxième année	*D.E.U.G. (Diplôme d'Études Universitaires Générales)*
Troisième année	*Licence ès Lettres*
Quatrième année	*Maîtrise ès Lettres*
Cinquième année	*D.E.A. (Diplôme d'Études Approfondies)* *D.E.S.S. (Diplôme d'Études Supérieures Spécialisées)*
Sixième → huitième année	*Doctorat*

Il y a plusieurs séries de bacs avec des orientations et des épreuves différentes: les bacs littéraires, scientifiques et techniques. Si on a le bac, on a le droit d'entrer dans une université. L'étudiant **s'inscrit°** aux cours, accumule des **unités de valeur°** jusqu'au moment où il reçoit sa **licence°** en anglais/sociologie/chimie, etc. Après la licence vient **la maîtrise** suivie d'une **thèse** qui aboutit° au doctorat. Il y a aussi **les grandes écoles,** qui sont très prestigieuses. Pour y entrer, il faut réussir à un **concours°** rigoureux.

registers
credits; Approximate equivalent of the bachelor's degree
leads to
competitive exam

Pour demander son opinion

Qu'est-ce que vous pensez de ce film?
Qu'est-ce que vous en pensez?
Comment le trouvez-vous?
Que pensez-vous de Mme Chevalley?
Que pensez-vous d'elle?
Comment la trouvez-vous?
Quelle est votre opinion?
Quel est votre avis?

Pour donner son opinion

Je crois que ce film est excellent.
Je trouve que ce film est excellent.
Je trouve ce film excellent.
Je le trouve excellent.
À mon avis, Madame Chevalley est un peu folle.
  Selon moi,
  Pour moi,
J'ai l'impression que M. Péreira est malheureux.
  Il me semble

Pratique et conversation

A. L'enseignement en France. Regardez les tableaux aux pages 395-396. Ensuite, répondez aux questions.

1. À quel âge est-ce qu'on commence l'école maternelle? À quel âge est-ce qu'on finit le lycée? La dernière année du lycée correspond à quelle année dans le système scolaire américain?
2. Donnez un équivalent approximatif pour les écoles ou les classes suivantes.
   a. l'école maternelle
   b. le cours élémentaire première année
   c. le cours moyen deuxième année
   d. la troisième
3. Qu'est-ce qu'il faut faire pour obtenir un diplôme en France? et aux États-Unis?
4. Donnez le mot qui correspond aux définitions suivantes.
   a. diplôme qui vient après le bac
   b. équivalent du *credit* américain
   c. réussir à un examen
   d. diplôme qui vient après la licence
   e. le document qu'il faut écrire pour recevoir son doctorat
   f. évaluation écrite

B. L'emploi du temps. Regardez bien l'emploi du temps de Jean-Philippe et celui de Françoise. Ensuite, répondez aux questions.

1. Combien de cours suivent-ils?
2. Quels cours est-ce qu'ils ont le samedi matin?
3. Quels jours est-ce qu'ils n'ont pas de cours?

	lundi	mardi	mercredi	jeudi	vendredi	samedi
8 h 30 à 10 h 00	math. orthographe grammaire récréation grammaire	lecture et explication orthographe récréation conjugaison		math. conjugaison lecture récréation poésie	exercices orthographe lecture récréation dictée	math conjugaison expression écrite
10 h 15 11 h 30 à 13 h 00	cantine récréation sciences poésie lecture vocabulaire (jeux)	cantine récréation math. histoire leçon vocabulaire vocabulaire (jeux)		cantine récréation sport géographie chant vocabulaire (jeux)	cantine récréation dessin bibliothèque informatique vocabulaire (jeux)	
16 h 00						

Françoise

	LUNDI	MARDI	MERCREDI	JEUDI	VENDREDI	SAMEDI
8 H 30 à 9 H 30	TECHNOLOGIE sciences naturelles	MATH.		E.P.S.	GEOGRAPHIE	MATH.
9 H 30 à 10 H 30	sciences physiques	Sciences Physiques		E.P.S.	MATH	FRAANÇAIS
10 H 30 à 11 H 30	GEOGRAPHIE	ESPAGNOL		sciences Naturelles	ANGLAIS	E.P.S
11 H 30 à 12 H 30	MATH.	FRANÇAIS		ESPAGNOL	HISTOIRE ANGLAIS	ANGLAIS
14 H à 15 H	FRANÇAIS	ANGLAIS		TECHNOLOGIE	ESPAGNOL	
15 H à 16 H	FRANÇAIS	MUSIQUE			FRANÇAIS	
16 H à 17 H	EDUCATION CIVIQUE	DESSIN				

Jean-Philippe

4. Combien d'heures de maths est-ce que Françoise a par semaine? et Jean-Philippe?
5. Si vous étiez Jean-Philippe, quel jour est-ce que vous préféreriez le plus? le moins?

C. Exprimez votre opinion! Demandez à votre partenaire son opinion sur les choses et les personnes suivantes. Il vous répondra, et il vous demandera votre opinion à vous!

1. le journal des étudiants
2. son professeur de chimie (biologie, histoire, etc.)
3. le président des États-Unis
4. l'équipe de football de votre université
5. le film *L'Arme fatale 3* ou un autre film qu'il vient de voir
6. un livre qu'il a lu récemment (demandez-lui-en le titre)

Structure V

Linking ideas
The relative pronouns *ce qui* and *ce que*

Maman ne sait pas **ce qu'**elle va faire sans toi.
Une foule de journalistes la suivait constamment, **ce qui** rendait sa vie impossible ici.

a. Whereas **qui** and **que** refer to specific nouns which precede, the relative pronouns **ce qui** and **ce que** refer back to previously stated ideas, sentences, or situations. **Ce qui** is used as the subject of the relative clause, **ce que** as the object.

Il ne sait pas **ce qui** est important!
          [subject]
He doesn't know what is important.

Ce qu'il a acheté est inutile.
[object]
What he bought is useless.

b. **Ce qui** and **ce que** may also be used to anticipate elements in a sentence. This construction adds emphasis. The element to be emphasized is introduced by **c'est.**

Ce qui est important, **c'est** la santé.
What is [really] important is health.
Ce que tu dois acheter, **c'est** un cadeau.
What you [really] must buy is a present.

c. **Ce qui** and **ce que** are often used in indirect questions. The following transformations take place.

DIRECT QUESTION		INDIRECT QUESTION
qu'est-ce qui?	→	ce qui
que?, qu'est-ce que?		ce que

Qu'est ce qui est important?   Il demande **ce qui** est important.
Qu'est-ce que tu veux? ⎫
Que veux-tu? ⎭   Elle demande **ce que** tu veux.

Pratique et conversation

A. Réponses. Choisissez une réponse de la liste à droite qui correspond aux situations décrites dans la liste à gauche.

1. —————— Mme Bordier parle à Pierre Beaulieu de ses responsabilités. Elle lui dit...

2. —————— Sylvie réussit à son cours d'art, mais elle ne fait pas très bien dans son cours de science. Mme Bordier lui dit...

3. —————— Pataud dort sur le sofa. M. Bordier lui dit...

4. —————— Tout le monde bavarde à l'aéroport pendant qu'on annonce les départs. Anne dit...

5. —————— Anne est très triste au moment de son départ. Les Bordier lui disent...

6. —————— Anne est très déprimée après son retour. Son père s'inquiète mais sa mère le rassure. Elle lui dit...

a. Chut! Ce qu'on annonce est important!

b. Ce que tu fais n'est pas permis!

c. Ce qui est essentiel, c'est que vous soyez à l'heure!

d. Non, non, ce qu'elle a, c'est de la nostalgie pour la France!

e. Ce qui est important, c'est de rester en contact.

f. Le dessin, c'est très bien, mais ce qui compte dans la vie, ce sont les études pratiques!

B. Jean-Philippe, tu m'agaces. Mme Bordier est exaspérée: son fils n'a pas de direction dans sa vie. Exprimez sa frustration en suivant le modèle:

MODÈLE: Qu'est-ce qu'il veut faire dans la vie? Il ne sait pas...
Il ne sait pas ce qu'il veut faire dans la vie.

1. Qu'est-ce qu'il veut étudier à la faculté? Il ne sait pas...
2. Qu'est-ce qui est utile? Il oublie toujours...
3. Qu'est-ce qu'il pense? Il ne sait pas...
4. Qu'est-ce qui lui est important? Il ignore...
5. Qu'est-ce qui est nécessaire? Il oublie toujours...

C. Interview. Posez des questions à votre camarade. Demandez-lui...

MODÈLE: ce qu'on fait dans le cours de français.
Vous: **Qu'est-ce qu'on fait dans le cours de français?**
Votre partenaire: **On parle, on apprend et on s'amuse.**

1. ce qu'il/elle fera après le cours.
2. ce qu'il/elle fera ce week-end.

3. ce qu'il/elle fait pendant un vol de plusieurs heures.
4. ce qui est important dans la vie.
5. ce qui lui plaît dans cette classe.
6. ce qu'il/elle aimerait dire à son professeur de français.

D. Conseils et consolation. Consolez ou conseillez votre partenaire qui se trouve dans les situations suivantes. Employez une phrase qui commence par **ce qui**.

MODÈLE: Il/Elle a eu un accident, mais il/elle ne s'est pas fait mal.
Ce qui compte, c'est que tu vas bien.

1. Il/Elle a bien préparé un examen, mais il/elle n'y a pas réussi.
2. Il/Elle a beaucoup de malchance, mais il/elle est en bonne santé.
3. Il/Elle refuse de parler à un(e) ami(e) parce qu'il/elle est en colère.
4. Il/Elle est gravement malade, mais il/elle refuse d'écouter le médecin.
5. Il/Elle a reçu deux offres d'emploi, mais pas pour son poste préféré.
6. Il/Elle a oublié de mettre tous les souvenirs pour ses amis dans sa valise.

Structure VI

Expressing beliefs
The verb *croire*

				STEM + ENDING	
		CROIRE *(TO BELIEVE)*			
Present	Je	**crois**	qu'elle est folle.	croi	s
	Tu	**crois**	en Dieu.	croi	s
	Il	**croit**	que tu as raison.	croi	t
	Nous	**croyons**	cette histoire.	croy	ons
	Vous	**croyez**	qu'il dit la vérité?	croy	ez
	Elles	**croient**	à l'astrologie.	croi	ent
Passé Composé	Qui l'	**a cru?**			
Imperfect	Je	**croyais**	à son innocence.		
Future	Je le	**croirai**	quand je le verrai.		
Conditional	Le	**croiriez-**	vous s'il vous le disait?		

a. The verb **croire,** *to believe,* may be followed by a direct object or a clause introduced by **que.**

b. To say *to believe in*, use **croire à,** except in the expression **croire en Dieu.**

c. Some speakers may use the subjunctive after a negative form of **croire** or **penser.**

Je ne crois pas qu'il **ait** raison.
Elle ne pense pas que cette histoire **soit** vraie.

d. Other verbs which are used to express beliefs and opinions are:

douter (+ subjunctive)
ne pas douter (+ indicative)
nier (+ subjunctive)
ne pas nier (+ indicative)

Pratique et conversation

A. Est-ce qu'elle reviendra? Indiquez si les personnes suivantes pensent qu'Anne reviendra en France ou non. Employez le verbe **croire**.

1. Mme Chevalley
2. les Bordier
3. Pierre Beaulieu
4. vous
5. vous et le professeur

B. Qu'est-ce qu'ils croyaient? Composez des phrases avec les éléments suivants qui indiquent l'opinion de ces personnages historiques.

Christophe Colomb	croire	en Dieu
Galilée	penser	il ne fallait jamais mentir
Alexandre le Grand		le soleil était au centre de l'univers
les Grecs		aux dieux païens
George Washington		il était un dieu
Jeanne d'Arc		la terre était ronde

C. Interview. Demandez à votre partenaire...

1. s'il/si elle croit que Jean-Philippe visitera les États-Unis.
2. s'il/si elle doute que Jean-Philippe réussisse à son bac.
3. s'il/si elle pense que Mme Chevalley est trop curieuse.
4. s'il/si elle croyait au père Noël quand il/elle était petit(e).
5. ce qu'il/elle pense de notre président.
6. s'il/si elle croit qu'il est important de parler une langue étrangère.
7. s'il/si elle doute de savoir bien parler français un de ces jours.

Compréhension auditive

LES VACANCES

Avant d'écouter

A. Renseignez-vous. Vous voulez aller en France? Vous n'avez pas beaucoup d'argent? Comme Jean-Philippe l'a signalé dans sa lettre à Anne, les charters ont souvent des prix très avantageux. Mais attention! Parfois, les vols sont annulés au dernier moment. Choisissez une compagnie réputée. Pour ceux qui veulent voyager plus tranquillement, il existe aussi des tarifs spéciaux et des pass pour les jeunes sur les vols réguliers. Alors, renseignez-vous!

B. Où irons-nous? Dites où se trouvent les villes ou îles suivantes. Lesquelles *(which ones)* sont francophones?

1. Montréal _____
2. Ajaccio_____
3. Tunis _____
4. Tel-Aviv _____
5. Djerba _____
6. Ténérife _____
7. Point-à-Pitre _____
8. Le Caire _____
9. Ibiza_____
10. San Francisco _____

Écoutons

A. Une grille. Vous allez écouter les promotions de Go Voyages, une agence de voyages à Paris. Vous allez entendre chaque phrase deux fois. Après la deuxième fois, arrêtez la cassette et remplissez la partie correspondante de la grille.

DESTINATION	DÉPARTS	RETOUR	PRIX ALLER SIMPLE	PRIX ALLER ET RETOUR
New York	du 9/8 au 19/8	toutes dates	1500 francs	2800 francs
Montréal	du _____ au _____	_____	1500 francs	2800 francs
_____ et _____	du 9/8 au 3/9	toutes dates	_____	3250 francs
Ajaccio et Figari	27/7	_____	xxx	800 francs
_____	25/7	1/8	xxx	_____
Fort-de-France et Pointe-à-Pitre	du 31/7 au 15/8	toutes dates	_____	3250 francs
Djerba	25/7	du _____ au _____	xxx	1300 francs
Ibiza	du _____ au _____	du 6/9 au 13/9	xxx	1400 francs
_____	du 10/8 au 31/8	xxx	xxx	_____
Palma	26/7	du _____ au _____	xxx	950 francs
Ténérife	_____	du 5/8 au 19/8	xxx	

Pratique et conversation

A. Ici Go Voyages. Vous téléphonez à Go Voyages pour arranger un voyage à l'étranger. Posez des questions à l'employé(e) (joué[e] par votre partenaire) sur les destinations, les dates et les prix. L'employé(e) répondra. Il/Elle vous donnera aussi l'horaire des vols (inventez-le!).

B. Allons en France! Il n'est peut-être pas trop tard pour arranger un voyage pour l'été. Lisez les journaux, appelez les compagnies aériennes ou les agents de voyages et trouvez le tarif le moins cher pour aller en France (ou une autre destination francophone qui vous intéresserait.) Racontez ce que vous avez appris à la classe et... réservez vos places!

Document

Un sondage

Ce sondage révèle l'attitude des Français envers les professeurs. Comment est-ce que vous répondriez à ces questions? Et les autres Américains?

Avant de lire

A. Hypothèses. Selon vous, combien de Français tiennent les opinions suivantes?

	LA MAJORITÉ	À PEU PRÈS LA MOITIÉ	LA MINORITÉ
souhaitent que leur enfant devienne professeur			
ne souhaiteraient pas que leur enfant devienne professeur			
jugent que les professeurs sont trop payés			
ont une bonne opinion des professeurs			
font plutôt confiance à un professeur jeune			

B. Que pensez-vous? Répondez aux questions suivantes.

1. Quels sont les avantages et les désavantages du métier *(profession)* de professeur?
2. Quelles qualités sont importantes pour être un bon professeur?
3. Quels reproches est-ce que vous faites aux professeurs?
4. Quel professeur est le plus important?

C. Devinez. Que veulent dire les mots en italique? Utilisez le contexte et la dérivation du mot pour en deviner le sens *(to guess its meaning)*.

1. 57% des lycéens et étudiants sont favorables à une *notation* des professeurs par les élèves. (la note = *a grade*)
2. 13% des lycéens trouvent leurs professeurs *compréhensifs*. (comprendre = *to understand*)
3. 11% des Français trouvent *les connaissances* des professeurs insuffisantes. (connaître = *to know, be acquainted with*)
4. 15% critiquent le *désintéressement* des professeurs. (intéresser = *to interest*)
5. 35% pensent que les professeurs *maîtrisent* bien leur sujet. (maître = *master*)

Lisons

ENSEIGNANTS

Seuls 2,3% des Français ont une mauvaise opinion des professeurs.

6,1% des Français donneraient raison à leur enfant contre son professeur si un conflit les opposait.

10% des enseignants avouent° qu'il leur est déjà arrivé° d'avoir peur face à leurs élèves.   *confess; already happened to them*

10,5% des Français considèrent que les profs font leur métier avec passion.

11% des Français jugent qu'ils sont trop payés.

20% des parents se disent «hostiles», voire° «exaspérés» par les revendications° des enseignants.   *indeed; claims, demands*

25,9% des Français ne souhaiteraient pas que leur enfant devienne professeur.

Pour 33% des Français les profs ne sont pas assez payés.

37% des Français ont une mauvaise opinion des syndicats° d'enseignants.   *unions*

37% des lycéens et étudiants font davantage° confiance à un professeur âgé.   *more*

44% des lycéens font plutôt° confiance à un professeur jeune. Et 45% à un homme.   *rather, fairly*

47% des enseignants estiment qu'ils ont été mal formés à l'exercice de leur métier.

48% des enseignants n'appartiennent° à aucun syndicat.   *belong*

57% des lycéens et étudiants sont favorables à une notation des professeurs par les élèves.

60% des enseignants disent se situer plutôt à gauche.

60% des enseignants n'ont jamais eu envie de quitter l'enseignement pour un autre métier.

60% des parents se disent solidaires ou, du moins, éprouvent de la sympathie pour les revendications des enseignants.

61,7% des Français souhaitent que leur enfant devienne professeur.

68% des lycéens ne souhaitent absolument pas devenir enseignants.

Pour 68,8% des Français, la première qualité d'un professeur est de savoir bien expliquer.

78% des Français ont plutôt une bonne opinion des professeurs.

Quel professeur est le plus important, selon les Français?
▷ Pour 0,1% le prof de dessin.
▷ Pour 3,1% le prof de langues.
▷ Pour 27% le prof de maths.
▷ Pour 52% le prof de français.

Le principal inconvénient du métier de professeur, selon les Français?
▷ Pour 33% le salaire.
▷ Pour 44% la discipline avec les élèves.
▷ Pour 64% la fatigue et la tension nerveuse.

Et son principal avantage?
▷ Pour 12% le prestige de la profession.
▷ Pour 13% le salaire.
▷ Pour 46% la sécurité de l'emploi.
▷ Pour 60% les vacances scolaires.

Quels défauts les Français trouvent-ils aux enseignants?
▷ 11% leurs connaissances insuffisantes.
▷ 27% leur manque d'enthousiasme.
▷ 29% leurs méthodes d'enseignement.
▷ 30% leur crainte° des changements et des réformes. fear
▷ 32% leur trop grande politisation.

Et quelles qualités?
▷ 15% leur désintéressement.
▷ 21% leur disponibilité° pour les parents d'élèves. availability
▷ 29% leur dynamisme.
▷ 31% leur capacité d'adaptation et de modernisation.
▷ 34% leur ouverture d'esprit.
▷ 43% leur attachement aux enfants.
▷ 44% leur disponibilité pour les enfants.
▷ 50% leur patience.

Que pensent les lycéens et étudiants français de leurs professeurs?
▷ 2% les trouvent brillants.
▷ 6% «dans le coup°». "in"
▷ 7% laxistes.
▷ 8% mous°. soft
▷ 9% bavards.
▷ 13% compréhensifs.
▷ 13% appliqués.
▷ 13% trop politisés.
▷ 16,5% sadiques.
▷ 19% trop compliqués.
▷ 19% disponibles.
▷ 22% ouverts.
▷ 25% mal préparés.

▷ 33% exigeants.
▷ 35% jugent qu'ils pourraient mieux faire.
▷ 35% qu'ils maîtrisent bien leur sujet.
▷ 48% qu'ils sont «soporifiques.»

---

140 000 professseurs sont absents chaque jour en France.

Avez-vous suivi?

A. Vérifiez. Vérifiez les hypothèses que vous avez faites dans la partie A ci-dessus. Étaient-elles justes? Quelles opinions vous ont étonnées?

B. Jugements. Répondez aux questions suivantes. Justifiez votre réponse en citant le texte.

1. Est-ce que les Français ont une attitude plutôt favorable *(a fairly favorable attitude)* ou défavorable envers *(towards)* les professeurs? Et les lycéens?
2. Quelles qualités est-ce que les Français recherchent *(look for)* dans les professeurs?
3. Selon les Français, quels sont les principaux avantages et inconvénients de ce métier?
4. Selon le sondage, est-ce que les professeurs sont contents de leur métier?
5. Est-ce que les parents montrent beaucoup de solidarité avec les professeurs?

C. Comparaisons. Est-ce que les parents et étudiants américains exprimeraient *(would express)* les mêmes attitudes? Quelles opinions seraient les mêmes? différentes?

D. Portraits. Faites le portrait de votre meilleur professeur. Quelles qualités est-ce qu'il/elle avait?

Lecture

Eugène Ionesco, *Exercices de conversation et de diction françaises pour étudiants américains.*

Les premières années de l'étude d'une langue sont souvent très frustrantes pour les étudiants universitaires: ils ont beaucoup à dire, mais leur compétence linguistique se développe lentement. Dans cet extrait, Eugène Ionesco, (1912–), dramaturge   le plus connu du théâtre de l'absurde, met en valeur la banalité de la conversation dans les cours de langue.

Avant de lire

Réflexions.   De quoi parlez-vous dans le cours de français? Comment sont les mots que vous utilisez? les phrases? Êtes-vous satisfait(e) de votre niveau de communication? Qu'est-ce que vous aimeriez pouvoir dire?

Lisons

JEAN-MARIE MARIE-JEANNE

JEAN-MARIE, MARIE-JEANNE

JEAN-MARIE: Bonjour, Marie-Jeanne.

MARIE-JEANNE: Bonjour, Jean-Marie. Où allez-vous?

JEAN-MARIE: Je vais en classe et vous?

MARIE-JEANNE: Je vais en classe. Ah, voilà Philippe. Où va-t-il si vite?

JEAN-MARIE: Il se dirige° vers le collège. °he's going in the direction of

MARIE-JEANNE: Nous aussi, nous y allons, mais pas aussi vite que lui. Je suis en avance.

JEAN-MARIE: J'ai peur d'être en retard. Pourtant° nous suivons le même cours, nous devons y être à la même heure. °nevertheless

MARIE-JEANNE: Alors c'est peut-être moi qui suis en retard.

JEAN-MARIE: Et moi en avance.

MARIE-JEANNE: Sommes-nous logiques?

JEAN-MARIE: Je ne le pense pas.

MARIE-JEANNE: Cela ne fait rien, l'important c'est d'être en bonne santé.

JEAN-MARIE: C'est juste, il faut pouvoir résister jusqu'aux vacances de l'année prochaine.

MARIE-JEANNE: L'année prochaine est bien loin.

JEAN-MARIE: Faut-il beaucoup de temps pour que le français entre dans ma tête?

MARIE-JEANNE: Il faut vingt ans de travail pour une tête comme la tienne°. °yours

JEAN-MARIE: En vingt ans, je peux oublier les leçons des dix-neuf autres années.

MARIE-JEANNE: Dans ce cas on te fera recommencer encore pendant vingt ans.

JEAN-MARIE: Tu es un peu injuste. N'est-ce pas du bon français que je parle en ce moment?

MARIE-JEANNE: Ce n'est pas du vrai français. C'est traduit de l'anglais.

L'APPEL

PHILIPPE, *le professeur*,

MARIE-JEANNE, JEAN-MARIE, *les élèves*

PHILIPPE: Bonjour, messieurs; bonjour, mesdemoiselles. Vous ne répondez pas? On ne répond pas. Pourquoi ne répondez-vous pas? Répondez donc. Oh, il est trop tôt, les élèves ne sont pas encore là. Tiens, j'entends leurs pas° dans le couloir. Ils arrivent. Ils sont là. Ouvrez la porte. Entrez. Fermez la porte. Avancez. Asseyez-vous. Silence. Je fais l'appel: Jean-Marie. °steps

JEAN-MARIE: Présent.

PHILIPPE: Dites-moi, Jean-Marie, comment vous appelez-vous?

JEAN-MARIE: Je m'appelle Jean-Marie.

PHILIPPE: C'est juste. Vous me comprenez. Vous êtes un garçon intelligent. Marie-Jeanne.

MARIE-JEANNE:	Présente.
PHILIPPE:	Dites-moi, Marie-Jeanne, comment vous appelez-vous?
MARIE-JEANNE:	Je m'appelle Jean-Marie.
PHILIPPE:	Vous ne comprenez pas. C'est faux. Vous vous trompez°. you are mistaken Attention, Marie-Jeanne: dites-moi, comment vous ap- pelez-vous?
MARIE-JEANNE:	Je m'appelle Marie-Jeanne.
PHILIPPE:	C'est mieux. Ne vous trompez plus. Cela suffit pour au- jourd'hui. Levez-vous. Sortez. Allez manger.

Avez-vous suivi?

1. Où vont Jean-Marie, Marie-Jeanne et Philippe?
2. Qui va très vite? Qui est en avance? en retard? est-ce qu'on peut être en avance et en retard en même temps?
3. Selon Marie-Jeanne, combien de temps est-ce qu'il faudra pour que Jean-Marie parle bien français? Quelle sorte de français est-ce qu'il parle maintenant?
4. Qui est le professeur?
5. Pourquoi est-ce que les élèves ne répondent pas tout de suite?
6. Qui sont les étudiants?
7. Quelle question est-ce que le professeur pose aux élèves? Qui répond correcte-ment à la question? Qui ne répond pas bien?

Pour aller plus loin

1. L'auteur a choisi des noms similaires pour les élèves. Si les noms sont presque in-terchangeables, quel commentaire fait-il sur l'identité des élèves?
2. Est-ce que ce dialogue est naturel? Justifiez votre réponse.
3. Qu'est-ce qu'il y a «d'illogique» dans ce dialogue?
4. Est-ce que vous avez vu des dialogues pareils dans les manuels de langue? Est-ce que ce dialogue est un bon modèle pour les étudiants?
5. Quelles expressions typiques d'un professeur est-ce que Philippe utilise?
6. Le professeur demande à Marie-Jeanne son nom. Elle répond «Jean-Marie». Le professeur repose la même question et cette fois-ci, elle répond correctement. Qu'est-ce que l'auteur veut suggérer par cet échange?

Activités

A. **Lettres.** Rédigez une des lettres suivantes.
    1. une lettre de remerciement à un(e) ami(e) chez qui vous avez dîné
    2. une demande d'emploi
    3. une commande

B. **L'arrivée.** Vous venez d'arriver à l'aéroport Charles de Gaulle à Paris. Vous allez à l'accueil *(information desk)* pour demander où vous pouvez laisser vos bagages pendant que vous allez chercher votre voiture de location. Vous demandez aussi où se trouvent le bureau de change et les toilettes.

C. **Une mauvaise nouvelle.** Vous arrivez au comptoir Air France et on vous in-forme que votre vol a été annulé. Vous essayez d'arranger un autre vol ou une nuit dans un hôtel!

Vocabulaire actif

une	aérogare	*terminal*			faire du bien	*to do good*
un	aéroport	*airport*			finalement	*finally*
	afin de	*in order to*		une	hôtesse de l'air	*flight attendant*
	afin que	*in order that, so that*			il est interdit	*it is prohibited*
					il me semble	*it seems to me*
l'	agrégation (f.)	*advanced degree which follows the* **maîtrise**		une	impression	*impression*
				s'	inscrire à	*to register*
					insister	*to insist*
	à la fin	*finally*			jusqu'à ce que	*until*
	alors	*then*		la	licence	*approximate equivalent of the bachelor's degree*
	annulé(e)	*canceled*				
un	atterrissage	*landing*				
	au début	*first of all*		la	maîtrise	*approximate equivalent of the master's degree*
	avant que	*before*				
un	avis	*opinion*				
le	baccalauréat (◇ bac)	*diploma awarded at the end of the* **lycée**			malgré	*in spite of*
				une	matière	*subject (of studies)*
des	bagages à main (m.pl.)	*hand luggage*				
				un	miracle	*miracle*
	bien que	*although*		une	navette	*shuttle*
une	boîte	*box*		une	note	*grade*
un	bureau de change	*foreign currency exchange*		une	opinion	*opinion*
					passer un examen	*to take an examination*
une	candidature	*candidacy*				
une	ceinture de sécurité	*seat belt*			penser de	*to think about (to have an opinion)*
un	charter	*charter*				
	cher (chère)	*dear*		une	poupée	*doll*
un	comptoir	*counter*			pour	*in order to*
un	concours	*competitive exam*			pour que	*in order that, so that*
				se	présenter à un examen	*to take an exam*
une	consigne	*locker*				
	copieux(-euse)	*generous, large*				
	croire	*to believe*		la	presse	*press, journalists*
	d'abord	*first of all*		des	progrès (m.pl.)	*progress*
un	décollage	*takeoff*			puis	*then*
	déménager	*to move*		la	rentrée	*beginning of classes*
un	diplôme	*degree, diploma*				
le	doctorat	*doctorate*			retourner	*to go back*
	échouer à	*to fail*		un	sac de voyage	*tote bag*
	embrasser	*to hug*			selon	*according to*
	enfin	*finally*		un	siège	*seat*
	en même temps	*at the same time*		un	souvenir	*souvenir*
	ensuite	*then*		un	steward	*steward*
					surtout	*especially*
une	épreuve	*test*		une	thèse	*thesis*
un	équipage	*crew*			tout à l'heure	*just now*
	espérer	*to hope*			tout de suite après	*right afterward*
	être reçu à	*to pass (an exam, a course)*		une	unité de valeur	*credit*
				un	vol	*flight*

Appendix I

Regular verbs

Infinitive	Present Indicative	Imperative	Passé composé
parler	je parle tu parles il/elle/on parle nous parlons vous parlez ils/elles parlent	parle parlons parlez	j'ai parlé tu as parlé il a parlé nous avons parlé vous avez parlé ils ont parlé
finir	je finis tu finis il/elle/on finit nous finissons vous finissez ils/elles finissent	finis finissons finissez	j'ai fini tu as fini il a fini nous avons fini vous avez fini ils ont fini
dormir	je dors tu dors il/elle/on dort nous dormons vous dormez ils/elles dorment	dors dormons dormez	j'ai dormi tu as dormi il a dormi nous avons dormi vous avez dormi ils ont dormi
répondre	je réponds tu réponds il/elle/on répond nous répondons vous répondez ils/elles répondent	réponds répondons répondez	j'ai répondu tu as répondu il a répondu nous avons répondu vous avez répondu ils ont répondu

Imperfect	Future	Conditional	Present Subjunctive
je parlais	je parlerai	je parlerais	que je parle
tu parlais	tu parleras	tu parlerais	que tu parles
il parlait	il parlera	il parlerait	qu'il parle
nous parlions	nous parlerons	nous parlerions	que nous parlions
vous parliez	vous parlerez	vous parleriez	que vous parliez
ils parlaient	ils parleront	ils parleraient	qu'ils parlent
je finissais	je finirai	je finirais	que je finisse
tu finissais	tu finiras	tu finirais	que tu finisses
il finissait	il finira	il finirait	qu'il finisse
nous finissions	nous finirons	nous finirions	que nous finissions
vous finissiez	vous finirez	vous finiriez	que vous finissiez
ils finissaient	ils finiront	ils finiraient	qu'ils finissent
je dormais	je dormirai	je dormirais	que je dorme
tu dormais	tu dormiras	tu dormirais	que tu dormes
il dormait	il dormira	il dormirait	qu'il dorme
nous dormions	nous dormirons	nous dormirions	que nous dormions
vous dormiez	vous dormirez	vous dormiriez	que vous dormiez
ils dormaient	ils dormiront	ils dormiraient	qu'ils dorment
je répondais	je répondrai	je répondrais	que je réponde
tu répondais	tu répondras	tu répondrais	que tu répondes
il répondait	il répondra	il répondrait	qu'il réponde
nous répondions	nous répondrons	nous répondrions	que nous répondions
vous répondiez	vous répondrez	vous répondriez	que vous répondiez
ils répondaient	ils répondront	ils répondraient	qu'ils répondent

Stem-changing verbs

Infinitive	Present Indicative	Imperative	Passé composé
préférer	je préfère tu préfères il/elle/on préfère nous préférons vous préférez ils/elles préfèrent	préfère préférons préférez	j'ai préféré
acheter	j'achète tu achètes il/elle/on achète nous achetons vous achetez ils/elles achètent	achète achetons achetez	j'ai acheté
appeler	j'appelle tu appelles il/elle/on appelle nous appelons vous appelez ils/elles appellent	appelle appelons appelez	j'ai appelé
payer	je paie tu paies il/elle/on paie nous payons vous payez ils/elles paient	paie payons payez	j'ai payé
manger	je mange tu manges il/elle/on mange nous mangeons vous mangez ils/elles mangent	mange mangeons mangez	j'ai mangé

Imperfect	Future	Conditional	Present Subjunctive
je préférais	je préférerai	je préférerais	que je préfère
			que tu préfères
			qu'il préfère
			que nous préférions
			que vous préfériez
			qu'il préfèrent
j'achetais	j'achèterai	j'achèterais	que j'achète
			que tu achètes
			qu'il achète
			que nous achetions
			que vous achetiez
			qu'ils achètent
j'appelais	j'appellerai	j'appellerais	que j'appelle
			que tu appelles
			qu'il appelle
			que nous appelions
			que vous appeliez
			qu'ils appellent
je payais	je paierai	je paierais	que je paie
			que tu paies
			qu'il paie
			que nous payions
			que vous payiez
			qu'ils paient
je mangeais	je mangerai	je mangerais	que je mange
tu mangeais			que tu manges
il mangeait			qu'il mange
nous mangions			que nous mangions
vous mangiez			que vous mangiez
ils mangeaient			qu'ils mangent

Irregular verbs

Infinitive	Present Indicative	Imperative	Passé composé
aller	je vais tu vas il/elle/on va nous allons vous allez ils/elles vont	va allons allez	je suis allé(e)
boire	je bois tu bois il/elle/on boit nous buvons vous buvez ils/elles boivent	bois buvons buvez	j'ai bu
connaître	je connais tu connais il/elle/on connaît nous connaissons vous connaissez ils/elles connaissent	connais connaissons connaissez	j'ai connu
croire	je crois tu crois il/elle/on croit nous croyons vous croyez ils/elles croient	crois croyons croyez	j'ai cru
devoir	je dois tu dois il/elle/on doit nous devons vous devez ils/elles doivent	dois devons devez	j'ai dû
dire	je dis tu dis il/elle/on dit nous disons vous dites ils/elles disent	dis disons dites	j'ai dit

Imperfect	Future	Conditional	Present Subjunctive
j'allais	j'irai	j'irais	que j'aille que tu ailles qu'il aille que nous allions que vous alliez qu'ils aillent
je buvais	je boirai	je boirais	que je boive que tu boives qu'il boive que nous buvions que vous buviez qu'ils boivent
je connaissais	je connaîtrai	je connaîtrais	que je connaisse que tu connaisses qu'il connaisse que nous connaissions que vous connaissiez qu'ils connaissent
je croyais	je croirai	je croirais	que je croie que tu croies qu'il croie que nous croyions que vous croyiez qu'ils croient
je devais	je devrai	je devrais	que je doive que tu doives qu'il doive que nous devions que vous deviez qu'ils doivent
je disais	je dirai	je dirais	que je dise que tu dises qu'il dise que nous disions que vous disiez qu'ils disent

Irregular verbs

Infinitive	Present Indicative	Imperative	Passé composé
écrire (décrire)	j'écris tu écris il/elle/on écrit nous écrivons vous écrivez ils/elles écrivent	écris écrivons écrivez	j'ai écrit
envoyer	j'envoie tu envoies il/elle/on envoie nous envoyons vous envoyez ils/elles envoient	envoie envoyons envoyez	j'ai envoyé
faire	je fais tu fais il/elle/on fait nous faisons vous faites ils/elles font	fais faisons faites	j'ai fait
lire	je lis tu lis il/elle/on lit nous lisons vous lisez ils/elles lisent	lis lisons lisez	j'ai lu
mettre (permettre, promettre)	je mets tu mets il/elle/on met nous mettons vous mettez ils/elles mettent	mets mettons mettez	j'ai mis
ouvrir (couvrir, découvrir, offrir, souffrir)	je ouvre tu ouvres il/elle/on ouvre nous ouvrons vous ouvrez ils/elles ouvrent	ouvre ouvrons ouvrez	j'ai ouvert

Imperfect	Future	Conditional	Present Subjunctive
j'écrivais	j'écrirai	j'écrirais	que j'écrive que tu écrives qu'il écrive que nous écrivions que vous écriviez qu'ils écrivent
j'envoyais	j'enverrai	j'enverrais	que j'envoie que tu envoies qu'il envoie que nous envoyions que vous envoyiez qu'ils envoient
je faisais	je ferai	je ferais	que je fasse que tu fasses qu'il fasse que nous fassions que vous fassiez qu'ils fassent
je lisais	je lirai	je lirais	que je lise que tu lises qu'il lise que nous lisions que vous lisiez qu'ils lisent
je mettais	je mettrai	je mettrais	que je mette que tu mettes qu'il mette que nous mettions que vous mettiez qu'ils mettent
j'ouvrais	j'ouvrirai	j'ouvrirais	que j'ouvre que tu ouvres qu'il ouvre que nous ouvrions que vous ouvriez qu'ils ouvrent

Irregular verbs

Infinitive	Present Indicative	Imperative	Passé composé
plaire (déplaire)	il plaît		il a plu
pouvoir	je peux tu peux il/elle/on peut nous pouvons vous pouvez ils/elles peuvent		j'ai pu
prendre (apprendre, comprendre)	je prends tu prends il/elle/on prend nous prenons vous prenez ils/elles prennent	prends prenons prenez	j'ai pris
recevoir	je reçois tu reçois il/elle/on reçoit nous recevons vous recevez ils/elles reçoivent	reçois recevons recevez	j'ai reçu
savoir	je sais tu sais il/elle/on sait nous savons vous savez ils/elles savent	sache sachons sachez	j'ai su
suivre	je suis tu suis il/elle/on suit nous suivons vous suivez ils/elles suivent	suis suivons suivez	j'ai suivi

Imperfect	Future	Conditional	Present Subjunctive
il plaisait	il plaira	il plairait	qu'il plaise
je pouvais	je pourrai	je pourrais	que je puisse que tu puisses qu'il puisse que nous puissions que vous puissiez qu'ils puissent
je prenais	je prendrai	je prendrais	que je prenne que tu prennes qu'il prenne que nous prenions que vous preniez qu'ils prennent
je recevais	je recevrai	je recevrais	que je reçoive que tu reçoives qu'il reçoive que nous recevions que vous receviez qu'ils reçoivent
je savais	je saurai	je saurais	que je sache que tu saches qu'il sache que nous sachions que vous sachiez qu'ils sachent
je suivais	je suivrai	je suivrais	que je suive que tu suives qu'il suive que nous suivions que vous suiviez qu'ils suivent

Irregular verbs

Infinitive	Present Indicative	Imperative	Passé composé
venir (devenir, revenir, se souvenir, tenir)	je viens tu viens il/elle/on vient nous venons vous venez ils/elles viennent	viens venons venez	je suis venu(e)
voir	je vois tu vois il/elle/on voit nous voyons vous voyez ils/elles voient	vois voyons voyez	j'ai vu
vouloir	je veux tu veux il/elle/on veut nous voulons vous voulez ils/elles veulent	veuille veuillons veuillez	j'ai voulu

Imperfect	Future	Conditional	Present Subjunctive
je venais	je viendrai	je viendrais	que je vienne
			que tu viennes
			qu'il vienne
			que nous venions
			que vous veniez
			qu'ils viennent
je voyais	je verrai	je verrais	que je voie
			que tu voies
			qu'il voie
			que nous voyions
			que vous voyiez
			qu'ils voient
je voulais	je voudrai	je voudrais	que je veuille
			que tu veuilles
			qu'il veuille
			que nous voulions
			que vous vouliez
			qu'ils veuillent

Auxiliary verbs

Infinitive	Present Indicative	Imperative	Passé composé
être	je suis tu es il/elle/on est nous sommes vous êtes ils/elles sont	sois soyons soyez	j'ai été tu as été il a été nous avons été vous avez été ils ont été
avoir	j'ai tu as il/elle/on a nous avons vous avez ils/elles ont	aie ayons ayez	j'ai eu tu as eu il a eu nous avons eu vous avez eu ils ont eu

Imperfect	Future	Conditional	Present Subjunctive
j'étais	je serai	je serais	que je sois
tu étais	tu seras	tu serais	que tu sois
il était	il sera	il serait	qu'il soit
nous étions	nous serons	nous serions	que nous soyons
vous étiez	vous serez	vous seriez	que vous soyez
ils étaient	ils seront	ils seraient	qu'ils soient
j'avais	j'aurai	j'aurais	que j'aie
tu avais	tu auras	tu aurais	que tu aies
il avait	il aura	il aurait	qu'il ait
nous avions	nous aurons	nous aurions	que nous ayons
vous aviez	vous aurez	vous auriez	que vous ayez
ils avaient	ils auront	ils auraient	qu'ils aient

Appendix II

Verbs that take **être** in the **passé composé**.

aller	rentrer
arriver	rester
descendre	retourner
devenir	revenir
entrer	sortir
monter	tomber
partir	venir

French–English Vocabulary

The French–English and English–French vocabularies contain all words taught for active use in *Situations et Contextes*. Number references in the French–English vocabulary indicate the chapter where words are first introduced. Both the masculine and feminine forms are given for adjectives and nouns as well as irregular plural forms. Verbs are listed in the infinitive.

The following abbreviations are used:

adj	adjective	*pl*	plural
f	feminine	**qqch**	**quelque chose**
invar	invariable	**qqn**	**quelqu'un**
m	masculine		

à to, until, 1
accepter to accept, 7
accessible accessible, 9
accompagner to accompany, 7
accomplir to complete, accomplish, 13
achat *m,* purchase, 6
acheter to buy, 6
action *f,* action, 7
addition *f,* check, 5
administration *f,* administration, 12
adorer to adore, 2
adresse *f,* address, 6
aérogramme *m,* aerogram, air letter, 11
aéroport *m,* airport, 14
affaire *f,* bargain, 6; business, matter, 11
affiche *f,* poster, 1
affranchir to affix postage, stamp, 11
afin: afin de in order to, 14; **afin que** in order that, 14
agaçant(e) annoying, aggravating, 8
agacer to annoy, aggravate, 8
âge *m,* age, 6
agence de voyages *f,* travel agency, 3
agent de police *m,* police officer, 9
agent de voyages *m,* travel agent, 3
aggrégation *f,* advanced degree after the *maîtrise,* 14
agneau *m,* lamb, 5
agréable pleasant, 4
agresseur *m,* mugger, 9
agression *f,* mugging, 9
aider to help, 8
aimable friendly, 4
aimer to like, love, 2; **aimer mieux** to prefer, 13

air: marché en plein air *m,* uncovered, open market, 6
ajouter to add, 5
Algérie *f,* Algeria, 4
algérien(ne) *adj,* Algerian, 4
Allemagne *f,* Germany, 4
allemand *m,* German language, 2
allemand(e) *adj,* German, 4
aller to go, 3; **aller à pied** to walk, go on foot, 3; **aller à vélo** to go by bicycle, 3; **aller bien** to go well, 6; **aller et retour** *m,* round-trip ticket, 12; **aller simple** *m,* one-way ticket, 12
alliance *f,* wedding ring, 9
allô hello *(on the telephone),* 9
alors then, 14
amener to bring, 8
ami(e) *m/f,* friend, 3
amphithéâtre *m,* lecture hall, 2
amuse-gueule *m, invar,* snack, 8
amuser (qqn) to amuse someone, 10; **s'amuser** to have a good time, 10
Andorre *f,* Andorra, 4
angine *f,* sore throat, 10
anglais *m,* English language, 2
Angleterre *f,* England, 4
animal (*pl* **animaux**) *m,* animal, 2
année *f,* year, 3
anniversaire *m,* birthday, 8
annonce *f,* announcement, 12; **petites annonces** classified ads, 12
annuaire *m,* telephone book, 11
annuler to cancel, 14
antibiotique *m,* antibiotic, 10

antihistaminique *m,* antihistamine, 10
antipathique unfriendly, unpleasant, 4
août *m,* August, 3
appeler (qqn) to call (someone), 10;
    s'appeler to be named, 10
apporter to bring, 11
apprendre to learn, 10
après after, 3
après-midi *m,* afternoon, 3
architecte *m/f,* architect, 3
argent *m,* money, 6; **argent de poche**
    pocket money, 12; **argent liquide**
    cash, 13
Armistice: l'Armistice *m,* Armistice Day,
    3
arrêter to stop, 2
arrivée *f,* arrival, 12
arriver to arrive, come, 2; to happen,
    11; **arriver à** to be able to, manage,
    13
arrogant(e) arrogant, 9
arrondissement *m,* district, 13
arroser to water, 8
ascenseur *m,* elevator, 2
Ascension: l'Ascension *f,* the Ascension,
    3
aspirateur *m,* vacuum cleaner, 8
aspirine *f,* aspirin, 10
assez enough, 6
assiette *f,* dish, 2
assistant(e) social(e) *m/f,* social worker,
    9
Assomption: l'Assomption *f,* the As-
    sumption, 3
assurance *f,* insurance, 12; **assurance**
    dentaire dental insurance; **assurance**
    vie life insurance
assurer to assure, 10
attendre to wait for, 11
atterrissage *m,* landing *(of a plane),* 14
aujourd'hui today, 3
aussi also, 1; **aussi... que** as . . . as, 8
autobus *m,* bus, 3
autocar *m,* intercity bus, 12
automne *m,* autumn, 7
autrefois formerly, 9
avance: (être) en avance (to be) early, 3
avant before, 1; **avant que** before, 14
avantage *m,* advantage, 12
avantageux(-euse) advantageous, 13
avion *m,* airplane, 3
avis *m,* opinion, 14
avocat(e) *m/f,* lawyer, 3
avoir to have, 3; **avoir besoin de** to
    need, 6; **avoir bonne mine** to look

good, 10; **avoir chaud** to be hot, 5;
avoir de la chance to be lucky, 8;
avoir du mal à to have difficulty in,
13; **avoir envie de** to want, desire,
7; **avoir faim** to be hungry, 5; **avoir**
froid to be cold, 5; **avoir horreur**
de to hate, 11; **avoir l'air** (*+adj*) to
look (*+adj*), 9; **avoir le cafard** to be
depressed, 10; **avoir le droit de** to
have the right, 13; **avoir mal (à)** to
have an ache, pain, 10; **avoir mal au**
cœur to be nauseated, 10; **avoir mal**
au foie to have indigestion, 10;
avoir mauvaise mine to look bad,
10; **avoir quelque chose** to have something wrong, 10; **avoir raison** to be
right, 8; **avoir soif** to be thirsty, 5;
avoir sommeil to be sleepy, 5; **avoir**
tort to be wrong, 10; **avoir un**
bon/mauvais sens de l'humour to
have a good/bad sense of humor, 9
avril *m,* April, 3

baccalauréat *m,* diploma at the end of
    lycée, 14
bagage *m,* baggage, luggage, 14; **bagage**
    à main *m,* hand luggage, 14
bague *f,* ring, 6
bal *m,* dance, 7
balai *m,* broom, 8
balayer to sweep, 8
banlieue *f,* suburbs, 2
banque *f,* bank, 13
basket *f,* basketball shoe, 6
basket-ball (basket) *m,* basketball, 7
bateau *m,* boat, 11
bâtiment *m,* building, 2
beau/belle (*pl* beaux/belles) beautiful, 4
beaucoup a lot, 2
beaujolais *m,* beaujolais (*a type of red*
    wine), 5
Belgique *f,* Belgium, 4
belle-mère *f,* mother-in-law, 12
bête stupid, 4
beurre *m,* butter, 5
bibliothèque *f,* library, 2
bicyclette *f,* bicycle, 7
bien well, 1; **bien que** although; 14;
    bien sûr of course, 2
bientôt: à bientôt see you soon, 1
bière *f,* beer, 5
bifteck *m,* steak, 5
bijou (*pl* bijoux) *m,* jewel, 9
bijouterie *f,* jewelry, 6
billet *m,* ticket, 3

biologie *f,* biology, 2
biscuit sec *m,* cookie, 8
blague *f,* joke, 11
blanc(he) white, 5
bleu(e) blue, 4
blouson *m,* jacket, 6
bœuf *m,* beef, 5
boire to drink, 5
boîte *f,* box, 14
bon (bonne) good, 4
bonjour hello, 1
bon marché *invar,* cheap, 6
bonne nuit good night, 1
bonsoir good evening, 1
botte *f,* boot, 6
bouche *f,* mouth, 10
bouché(e) stuffed up, blocked, 10
boucherie *f,* butcher's shop, 6
boucle d'oreille *f,* earring, 6
boulangerie *f,* bakery, 6
boum *f,* party, 7
bouquiner to read, 7
bouteille *f,* bottle, 8
bracelet *m,* bracelet, 6
bras *m,* arm, 10
bricoler to putter, 7
bridge *m,* bridge *(card game),* 7
brie *m,* brie *(type of cheese),* 5
brioche *f,* brioche *(type of roll),* 5
brochure *f,* brochure, 12
bronchite *f,* bronchitis, 10
brosse *f,* brush, 10; **brosse à dents** *f,* toothbrush, 10
brosser to brush, 10; **se brosser (les dents)** to brush one's (teeth), 10
brun(e) brown, 4
buffet *m,* sideboard, 2
bureau (*pl* **bureaux**) *m,* desk, 1; office, 3; **bureau de change** foreign currency exchange, 14; **bureau de poste** post office, 11

ça this, that, 2; **ça suffit** that's enough, 10
cabine: cabine téléphonique *f,* telephone booth, 11
cacahuète *f,* peanut, 8
cacher to hide, 11
cadeau (*pl* **cadeaux**) *m,* present, 3
cadre *m/f,* executive, 3
café *m,* coffee; café, 5; **café crème** coffee with steamed milk, 5
cahier *m,* notebook, 1
caisse *f,* cash register, 3; **caisse d'epargne** savings bank, 13

caissier/caissière *m/f,* cashier, 3
camarade *m/f,* friend, 2
cambriolage *m,* break-in, 9
cambrioleur *m,* burglar, 9
camembert *m,* camembert *(type of cheese),* 5
campagne *f,* country(side), 2
camping *m,* camping, 7
Canada *m,* Canada, 4
canadien(ne) *adj,* Canadian, 4
candidature *f,* candidacy, 14
capitale *f,* capital, 4
carie *f,* cavity, 10
carnet *m,* book (of tickets), 13; **carnet du jour** *m,* birth, death announcements, 8
carotte *f,* carrot, 5
carreaux: à carreaux checkered, 6
cartable *m,* book bag, briefcase, 1
carte *f,* menu, 5; card, 6; **Carte Bleue** Visa, 6; **carte de crédit** credit card, 6; **carte postale** postcard, 11; **jouer aux cartes** to play cards, 7
caserne *f,* fire station, 13
casser to break, 10; **se casser (la jambe)** to break one's (leg), 10
cassette *f,* cassette tape, 1
cathédrale *f,* cathedral, 13
cause; à cause de because of, 9
ce, cet, cette, ces this, that, these, those, 6
ceinture *f,* belt, 14; **ceinture de sécurité** seat belt, 14
célibataire *m/f,* bachelor, unmarried man/woman, 9
celui, celle, ceux, celles this, that, these, those (as pronouns), 10
cent hundred, 8
centaine *f,* around one hundred, 8
centre *m,* center, 6; **centre commercial** shopping center, 6; **centre-ville** downtown, 13
chablis *m,* chablis *(type of white wine),* 5
chaîne stéréo *f,* stereo, 2
chaise *f,* chair, 1
chaleureux(-euse) warm, open, 9
chambre *f,* bedroom, 2; **chambre d'hôtel** hotel room, 12
champagne *m,* champagne, 5
chance *f,* luck, 8
chapeau *m,* hat, 6; **chapeau!** congratulations!, 8
chapitre *m,* chapter, 1
charcuterie *f,* delicatessen, 6
charmant(e) charming, 4

charter *m*, charter flight, 14
châtain(e) brown *(hair)*, 4
chaud(e) hot, 5
chaussette **f,** sock, 6
chaussure *f*, shoe, 6; **chaussure à talon haut** high-heeled shoe, 6; **chaussure de tennis** tennis shoe, 6
chemise *f*, shirt, 6
chemisier *m*, blouse, 6
chèque *m*, check, 6
chéquier *m*, checkbook, 13
cher (chère) expensive, 6; dear, 14
chercher to look for, 2
cheveux *m pl*, hair, 4
chic *invar*, nice, great, 8
chimie *f*, chemistry, 2
chips *f pl*, potato chips, 8
chirurgie *f*, surgery, 10
chirurgien(ne) *m/f*, surgeon, 10
chocolat m, hot chocolate, 5; chocolate, 8
choisir to choose, 7
chômage *m*, unemployment, 9
chouette nice, great, 8
ciao bye, 1
ciné-club *m*, film series, 7
cinq five, 1
citron *m*, lemon, 5
civilisé(e) civilized, 9
classe *f*, class, 1
clavier *m*, keyboard, 12
clé *f*, key, 12
client(e) *m/f*, client, customer, 3
coca *m*, cola, 5
cochon *invar*, sloppy, 8
cocktail *m*, cocktail party, 3
cœur *m*, heart, 10
cognac *m*, cognac, 5
coiffeur/coiffeuse *m/f*, hairdresser, 3
coin *m*, corner, 13
coïncidence *f*, coincidence, 12
colère *f*, anger, 8
colis *m*, package, 11
collier *m*, necklace, 6
combien how many, 3; **combien de** how many, how much, 6
comédie *f*, comedy, 7
comme as, like, 2; **comme ci comme ça** OK, so-so, 1
comment how, 3
commerce *m*, business, 2
commissariat de police *m*, police station, 13
compartiment *m*, compartment, 12
complet(-ète) full, 12
complexé(e) timid, unsure of oneself, 9

compliment *m*, compliment, 2
composter to validate, 12
comprendre to understand, 10
compris(e) included, 5
compte *m*, account, 13; **compte courant** *m*, checking account, 13
comptoir *m*, counter, 14
concert *m*, concert, 7
concierge *m/f*, super, janitor, 4
concours *m*, competitive exam 14
confiture *f*, jam, 5
connaître to be acquainted with, 11
conseil(s) *m*, advice, 12
conseiller (qqch à qqn) to advise, 9
consigne *f*, locker, 14
content(e) happy, 4
continuer (à) to continue, 13
contrôle douanier *m*, customs check, 12
copain/copine *m/f*, pal, friend, 7
copieux(-ieuse) generous, large, 14
costume *m*, suit, 6
côté: à côté de compared to, next to, 3
coton *m*, cotton, 6
coucher (qqn) to put (someone) to bed, 10; **se coucher** to go to bed, 10
couchette *f*, sleeping berth, 12
couler to drip, run, 10
couleur *f*, color, 6
couloir *m*, corridor, 4
couper to cut, 8
courrier *m*, mail, 11
cours *m*, course, 2
course *f*, errand, 4
court(e) short, 4
cousin(e) *m/f*, cousin, 4
couteau *m*, knife, 5
coûter to cost, 6
couvrir to cover, 10
cravate *f*, tie, 6
crayon *m*, pencil, 1
crevette *f*, shrimp, 5
crime *m*, crime, 9
crise de nerfs *f*, anxiety attack, 10
croire to believe, 13
croissant *m*, croissant *(type of roll)*, 5
croque-monsieur *m*, grilled ham and cheese sandwich, 5
croque-madame *m*, grilled ham and cheese sandwich with a poached egg, 5
croyable believable, 11
crudités *f*, raw vegetables, 5
cuillère *f*, spoon, 5
cuillerée *f*, spoonful, 6; **cuillerée à café** teaspoonful; **cuillerée à soupe** tablespoonful

cuisine *f,* kitchen, 2
cuisinière *f,* stove, 8
curriculum vitæ *m,* résumé, 12

d'abord first of all, 7
d'accord OK, 7
dame *f,* lady, 4
Danemark *m,* Denmark, 4
danois(e) *adj,* Danish, 4
dans in, within, 2
danser to dance, 2
de of, to, 2
débarrasser to clear, 8
début *m,* beginning, 14; **au début** first of all, 14
décembre *m,* December, 3
décider to decide, 6
décision *f,* decision, 7
déclaration *f,* declaration, 12
décollage *m,* take-off, 14
décontracté(e) relaxed, at ease, 9
découvrir to discover, 10
décrire to describe, 13
déguiser: se déguiser to disguise oneself, 11
déjeuner to have lunch, 3; *m,* lunch, 3
délicieux(-euse) delicious, 5
délinquance juvénile *f,* juvenile delinquency, 9
délinquant(e) juvénile *m/f,* juvenile delinquent, 9
demain tomorrow, 1; **à demain** see you tomorrow, 1
demande *f,* application, request, 13
demander to ask, 3
déménager to move, 14
dent *f,* tooth, 10
dentaire dental, 12
dentifrice *m,* toothpaste, 10
dentiste *m/f,* dentist, 10
départ *m,* departure, 12
dépêcher: se dépêcher to hurry, 10
déposer to deposit, 13
dépression *f,* depression, 10
déprimé(e) depressed, 10
depuis for, since, 10
déranger to bother, 11
dernier(-ère) last, 6
derrière behind, 2
des some, 1
désagréable unpleasant, 4
descendre to go down, get off, 13
désolé(e) sorry, 7

désordre *m,* disorder, 8
dessert *m,* dessert, 5
dessin animé *m,* cartoon, 7
dessous: en dessous de underneath, 4
dessus: au-dessus de above, 4
destinataire *m/f,* receiver, 11
détective *m,* detective, 9
détendu(e) relaxed, 9
détester to hate, 2
deux two, 1
deuxième second, 4
devant in front of, 2
déveine *f,* bad luck, 8
devenir to become, 10
devise *f,* currency, 13
devoir to owe; to have to, 11; *m,* assignment, 1; *pl,* homework, 1
diagnostic *m,* diagnosis, 10
dictionnaire *m,* dictionary, 13
difficile difficult, 4
dimanche *m,* Sunday, 3
dîner to have dinner, 3; *m,* dinner, 3
diplôme *m,* diploma, degree, 14
dire to say, tell, 8
direction *f,* direction, 13
discothèque *f,* discothèque, 7
disponible available, 12
disque *m,* record, 1
disquette *f,* diskette, 12
distant(e) distant, 9
distributeur automatique de billets *m,* automatic teller, ATM, 13
dix ten, 1
dix-huit eighteen, 1
dix-neuf nineteen, 1
dix-sept seventeen, 1
dizaine *f,* around ten, 8
doctorat *m,* doctorate, 14
doigt *m,* finger, 10
dommage *m,* shame, 9
donc so, 5
donner to give, 2
dormir to sleep, 7
dos *m,* back, 10
douane *f,* customs, 11
douche *f,* shower, 12
douzaine *f,* dozen, 8
douze twelve, 1
drame *m,* drama, 7
droite *f,* right (direction), 13; **à droite** to the right, 4
drôle funny, 9
du, de la, de l' some, any *(may not be translated),* 5
dur(e) hard, 5

eau (*pl* **eaux**) *f,* water, 5, **eau minérale** mineral water, 5

échecs *m pl,* chess, 7

échouer (à) to fail, 14

école *f,* school, 2; **école maternelle** nursery school, 3, **école primaire** elementary school, 2

économies *f pl,* savings, 13

écossais(e) Scottish, 4

Écosse *f,* Scotland 4

écouter (qqch) to listen, 2

écran *m,* screen, 12

écrire to write, 13; **s'écrire** to write to one another, 13

éditorial *m,* editorial, 13

éducation physique *f,* physical education, 2

elle she, it, 2; **elles** they, 2

embaucher to hire, 12

embêtant(e) annoying, aggravating, 8

embêter to annoy, aggravate, 8

embrasser to hug, kiss, 14

emploi *m,* job, 3; **emploi du temps** schedule, 3

employé(e) *m/f,* employee, 6

emprunt *m,* loan, 13

encaisser to deposit, 13

enchanté(e) pleased to meet you, 2

endormir: s'endormir to fall asleep, 10

endosser to endorse, 13

énergie *f,* energy, 7

énervant(e) annoying, aggravating, 7

énerver to annoy, aggravate, 8

enfin finally, 14

ennuyer: s'ennuyer to be bored, 10

ennuyeux(-euse) boring, annoying, 7

enregistrer to check in, 12

ensuite next, 7

entendre to hear, 11; **s'entendre bien avec** to get along well with, 11

entrer (dans) to come in, enter, go in, 2

enveloppe *f,* envelope, 13

envoyer to send, 11

épicerie *f,* grocery store, 6

épreuve *f,* test, 14

équipage *m,* crew, 14

erreur *f,* error, 9

escalier *m,* staircase, 4

Espagne *f,* Spain, 4

espagnol *m,* Spanish language, 2

espagnol(e) *adj,* Spanish, 4

espèces *f pl,* cash, 6

espérer to hope, 8

essentiel(le) essential, 13

est *m,* east, 4; **à l'est de** to the east of, 4

est-ce que *used to form a question,* 2

estomac *m,* stomach, 10

et and, 1

étage *m,* floor, 4

été *m,* summer, 7

étiquette *f,* label, 11

étonnant(e) astonishing, surprising, 11

étonner to astonish, surprise, 11

étranger(-ère) foreign, 7

être to be, 2; **être amoureux(-euse) de** to be in love with, 12; **être au régime** to be on a diet, 5; **être d'accord** to be in agreement, agree, 10; **être de bonne humeur** to be in a good mood, 9; **être de mauvaise humeur** to be in a bad mood, 9 **être de retour** to be back, 13; **être désolé(e)** to be sorry, 11; **être divorcé(e)** to be divorced, 9; **être en avance** to be early, 3; **être en bonne forme** to feel great, be in good shape, 10; **être en colère** to be angry, 8; **être en deuil** to be in mourning, 9; **être en mauvaise forme** to be in bad shape, 10; **être en pleine forme** to feel great, be in good shape, 10; **être en retard** to be late, 3; **être en train de** to be in the midst of, 11; **être fiancé(e)** to be engaged, 9; **être reçu(e) à** to pass, 14; **être souffrant(e)** to be ill, 10

études *f,* studies, 2

étudiant(e) *m/f,* student, 1

étudier to study, 2

EuroCard *f,* Mastercard, 6

européen(ne) *adj,* European, 4

éviter to avoid, 13

exact(e) exact, right, 10

examen *m,* exam, 3

examiner to examine, 11

excuser to excuse, 10; **s'excuser** to excuse oneself, 11

exiger to demand, 13

ex-mari *m,* ex-husband, 9

expédier to send, 11

expéditeur *m,* sender, 11

expérience *f,* experience, 12

expliquer to explain, 11

express *m,* espresso, 5

extraverti(e) extroverted, 9

facile easy, 4

facteur *m,* mailman, 3

faculté(fac) university, 2
faire to make, do, 4; **faire beau** to be nice weather, 7; **faire chaud** to be hot, 7; **faire de la bicyclette** to go bicycling, 7; **faire de la course à pied** to do track, 7; **faire de la natation** to go swimming, 7; **faire de la voile** to go sailing, 12; **faire des achats** to go shopping, 4; **faire des courses** to run errands, 4; **faire des économies** to save money, 13; **faire des radios** to take x-rays, 10; **faire des tests** to run tests, 10; **faire du bien** to do good, 14; **faire du camping** to go camping, 7; **faire du cyclisme** to go cycling, 7; **faire du rugby** to play rugby, 7; **faire du ski** to go skiing, 7; **faire du soleil** to be sunny, 7; **faire du vélo** to go bicycling, 7; **faire du vent** to be windy, 7; **faire frais** to be cool, 7; **faire froid** to be cold, 7; **faire gris** to be overcast, cloudy, 7; **faire la cuisine** to cook, 8; **faire la grasse matinée** to sleep in, 7; **faire la lessive** to do laundry, 4; **faire la queue** to wait in line, 6; **faire la vaisselle** to do dishes, 4; **faire le lit** to make the bed, 4; **faire les comptes** to do the finances, 4; **faire les courses** to go grocery shopping, 4; **faire les devoirs** to do homework, 4; **faire les vitres** to clean the windows, 8; **faire mal à** to hurt, 10; **faire mauvais** to be bad weather, 7; **faire un safari** to go on a safari, 12; **faire une dépression** to be depressed, 10; **faire une opération** to perform an operation, 10; **faire une prise de sang** to draw blood, 10; **faire une promenade** to take a walk, 7; **faire une randonnée** to go hiking, 12; **faire une tête** to be angry, unhappy, 8; **se faire mal** to hurt oneself, 10; **s'en faire** to worry, 11
faits divers *m pl,* news in brief, 13
falloir to be necessary, 6
famille *f,* family, 3
fatigué(e) tired, 4
faut: il faut it is necessary, 6
fauteuil *m,* armchair, 2
faux (fausse) false, 10
félicitations congratulations, 8
féliciter to congratulate, 8
femme *f,* woman, wife, 4

fenêtre *f,* window, 1
fer à repasser *m,* iron, 8
fermer to close, 2
fête *f,* holiday, 3; **fête du travail** May Day, 3; **fête nationale** national holiday, 3
février *m,* February, 3
fiançailles *f pl,* engagement, 9
fiancé(e) *m/f,* fiancé(e), 9
fiche *f,* slip (of paper), 11
fièvre *f,* fever, 10
figurer: se figurer to imagine, 11
fil dentaire *m,* dental floss, 10
fille *f,* girl, daughter, 2; **fille au pair** au pair girl, 1
film *m,* film, 7; **film d'amour** romantic film; **film d'aventure** adventure film; **film de science-fiction** science fiction film; **film historique** historical film; **film policier** detective film
fils *m,* son, 2
fin *f,* end, 14; **à la fin** finally
finalement finally, 7
fines herbes *f pl,* herb mixture, 5
finir to finish, 7
finlandais(e) Finnish, 4
Finlande *f,* Finland, 4
fleur *f,* flower, 8
foie *m,* liver, 10
fond: au fond de at the back, at the end of, 4
football *m,* soccer, 7
formalités (douanières) *f pl,* (customs) formalities, 12
formation *f,* training, 12
formidable terrific, 8
formulaire *m,* form, 6
foule *f,* crowd, 3
fourchette *f,* fork, 5
frais (fraîche) fresh, 5
fraise *f,* strawberry, 5
français *m,* French language, 2
français(e) *adj,* French, 4
France *f,* France, 4
frapper to knock, 11
frère *m,* brother, 4
frigo *m,* refrigerator, 8
frisé(e) curly, 4
frites *f pl,* French fries, 5
froid(e) cold, 4
fromage *m,* cheese, 5
fruit *m,* fruit, 5
fumer to smoke, 12
fumeur/fumeuse *m/f,* smoker, 12
furieux(-euse) angry, furious, 8

gagner to save (money); win, 6
gardien(ne) *m/f,* guardian, 2
gare *f,* train station, 12
gâteau *m,* cake, 8
gâter to spoil, 8
gauche *f,* left *(direction),* 13; **à gauche** to the left, 4
généraliste *m/f,* general practitioner, 10
généreux(-euse) generous, 4
genre *m,* kind, type, 12
gentil(le) nice, 4
gestion *f,* management, 12
glace *f,* ice cream, 5
glaçon *m,* ice cube, 5
gomme *f,* eraser, 1
gorge *f,* throat, 10
gramme *m,* gram, 8
grand(e) tall, big, 4
grand-mère *f,* grandmother, 4
grand-père *m,* grandfather, 4
grippe *f,* flu, 10
gris(e) gray, 6
gros(se) fat, 4
grossir to put on weight, 7
guichet *m,* ticket, bank window, 11
guitare *f,* guitar, 7

habillé(e) dressed, 9
habiller (qqn) to dress (someone), 10; **s'habiller** to get dressed, 10
habiter to live, 2
habitude *f,* habit, 13
haricots verts *m pl,* green beans, 5
heure *f,* hour, o'clock, 3; **à l'heure** on time, 3; **à quelle heure...?** what time ...?, 3; **à tout à l'heure** see you soon, 1
heureux(-euse) happy, 4
hier yesterday, 6
histoire *f,* history, story, 2
hiver *m,* winter, 7
homme *m,* man, 6
honnête honest, 9
hôpital *m,* hospital, 3
horaire *m,* timetable, 12
hors d'œuvre *m,* appetizer, 5
hot dog *m,* hot dog, 5
hôtesse de l'air *f,* flight attendant, 14
huit eight, 1
hypermarché *m,* large discount store, 6
hypothèque *f,* mortgage, 13

ici here, 2
idée *f,* idea, 7

identité *f,* identity, 12; **pièce d'identité** *f,* identification document
il he, it, 2; **il n'y a pas de quoi** you're welcome, 8; **il suffit** it suffices, all one has to, 13; **il vaut mieux** it is better, preferable, 12; **il y a** there is, there are, 3; **il y a** *(+time expression)* ago, 11
illustration *f,* picture, plate, 6
ils they, 2
immeuble *m,* apartment building, 2
impôts *m pl,* taxes, 9
impression *f,* impression, 14
Impressionnistes *m pl,* Impressionists, 6
imprimante *f,* printer, 12
inaccessible distant, inaccessible, 9
incroyable unbelievable, 11
infirmier/infirmière *m/f,* nurse, 3
inflation *f,* inflation, 9
informaticien(ne) *m/f,* computer operator, 3
informatique *f,* computer science, 2
ingénieur/femme ingénieur *m/f,* engineer
inquiéter (qqn) to worry (someone), 10; **s'inquiéter** to be worried, 13
inscrire: s'inscrire à to register, 14
insister to insist, 14
instant *m,* instant, 5
instituteur/institutrice *m/f,* elementary school teacher, 3
intelligent(e) intelligent, 4
interdit(e) forbidden, prohibited, 14
intéressant(e) interesting, 4
interview *f,* interview, 12
introverti(e) introverted, 9
invitation *f,* invitation, 7
invité(e) *m/f,* guest, 8
inviter to invite, 8
irlandais(e) Irish, 4
irrespectueux(-euse) disrespectful, 9
irresponsable irresponsible, 9
Italie *f,* Italy, 4
italien *m,* Italian language, 2
italien(ne) *adj,* Italian, 4

jamais ever, 9; **ne... jamais** never, 9
jambe *f,* leg, 10
jambon *m,* ham, 5
janvier *m,* January, 3
jardin *m,* garden, 2
jardiner to garden, 7
jaune yellow, 6
je I, 2; **je vous en (t'en) prie** please, 5
jean *m,* bluejeans, 6

jeudi   *m,* Thursday, 3
jeune   young, 4
jogging   *m,* jogging, 7
joli(e)   pretty, 4
jouer: jouer à   to play a sport, 7; **jouer de**   to play an instrument, 7
jour   *m,* day, 3; **de nos jours**   nowadays, 9; **jour de congé**   day off, 12; **jour de l'An**   New Year's Day, 3
journal (*pl* **journaux)**   *m,* newspaper, 13
journalisme   *m,* journalism, 2
journaliste   *m/f,* journalist, 3
journée   *f,* day(time), 7
juillet   *m,* July, 3
juin   *m,* June, 3
jurer   to swear, 10
jus   *m,* juice, 8
jusqu'à   until, 3; **jusqu'à ce que**   until, 14
juste   right, 10
justificatif de domicile   *m,* proof of residency, 13

kilo   *m,* kilo, 8
kilogramme   *m,* kilogram, 8

là-bas   there, 9
laboratoire (labo)   *m,* laboratory, 2
laid(e)   ugly, 4
laine   *f,* wool, 6
laisser   to leave, 9
lait   *m,* milk, 5
lampe   *f,* lamp, 2
langue   *f,* language, 2
laryngite   *f,* sore throat, laryngitis, 10
latin   *m,* Latin language, 2
laver   to wash, 6; **se laver**   to wash up, 10
lave-vaisselle   *m,* dishwasher, 8
le, la, l', les   the, 2
leçon   *f,* lesson, 1
lecteur (interne/externe)   *m,* (internal/external) drive, 12
légume   *m,* vegetable, 5
lettre   *f,* letter, 11
leur, leurs   their, 4
lever: se lever   to get up, 10
librairie   *f,* bookstore, 6
libre   free, 7
licence   *f,* bachelor's degree *(approximate equivalent),* 14
ligne   *f,* line, 13
limonade   *f,* lemon soda, 5

lire   to read, 13
liste   *f,* list, 6
lit   *m,* bed, 2
litre   *m,* liter, 8
livre   *m,* book, 1
logiciel   *m,* software, 12
loin (de)   far, 4
long(ue)   long, 4
lundi   *m,* Monday, 3
Luxembourg   *m,* Luxembourg, 4
lycée   *m,* high school, 2

machine   *f,* machine, 8; **machine à laver** washing machine, 8; **machine à traitement de texte**   word processor, 12
Madame (*pl* **Mesdames)**   Ma'am, Mrs., 1
Mademoiselle (*pl* **Mesdemoiselles)**   Miss, 1
magasin   *m,* store, 6; **grand magasin** department store, 6
magazine   *m,* magazine, 1
magnétoscope   *m,* VCR, 2
mai   *m,* May, 3
maigrir   to grow thin, lose weight, 7
maillot de bain   *m,* bathing suit, 6
main   *f,* hand, 10
maintenant   now, 1
maire   *m,* mayor, 13
mairie   *f,* city hall, 13
mais   but, 2
maison   *f,* house, 2
maîtrise   *f,* master's degree *(approximate equivalent),* 14
malade   sick, 10
maladie   *f,* sickness, illness, 10
malgré   in spite of, 14
malheureux(-euse)   unhappy, 4
malhonnête   dishonest, 9
mandat   *m,* money order, 11
manger   to eat, 2
manquer (à qqn)   to be missed (by someone), 13
manteau (*pl* **manteaux)**   *m,* overcoat, 6
maquillé(e)   to be made up, 9
maquiller: se maquiller   to put on make-up, 10
marchand de vin   *m,* wine merchant, 6
marché   *m,* market, 6; **marché aux puces** flea market, 7
mardi   *m,* Tuesday, 3
mariage   *m,* marriage, 9
marier: se marier (avec)   to marry, 10
mariés   *m pl,* married couple, 4
marketing   *m,* marketing, 12

Maroc *m,* Morocco, 4
marrant(e) funny, 9
mars *m,* March, 3
match *m,* match, game, 7
matériel *m,* hardware, 12
mathématiques (maths) *f pl,* math, 2
matière *f,* subject matter, 14
matin *m,* morning, 3
mauvais(e) bad, 7
mayonnaise *f,* mayonnaise, 5
mécontent(e) unhappy, 4
médecin *m,* doctor, 3
médical(e) medical, 12
médicaments *m pl,* medicine, 10
meilleur(e) better, 8
ménage *m,* housework, 3
menthe à l'eau *f,* mint-flavored soft
    drink, 5
mentir to lie 7
menu *m,* complete meal at a fixed price,
    5
merci thank you, 1
mercredi *m,* Wednesday, 3
mère *f,* mother, 4
Messieurs Dames Ladies and Gentlemen,
    5
mètre *m,* meter, 8
métro *m,* subway, 12
mettre to put, place, put on, 8; **mettre**
    de côté to save (money), 13; **mettre**
    un plâtre to put on a cast, 10
meurtre *m,* murder, 9
meurtrier *m,* murderer, 9
midi *m,* noon, 3
mieux better, 10
migraine *f,* headache, 10
mille thousand, 8
mince thin, 4
minimum *m,* minimum, 13
minuit *m,* midnight, 3
miracle *m,* miracle, 14
mocassin *m,* loafer, 6
mode *f,* fashion, 6
moderne modern, 2
moins... que less . . . than, 8
mois *m,* month, 3
mon, ma, mes my, 4
monde *m,* people, 6
monnaie *f,* change, 11
Monsieur (*pl* **Messieurs**) Sir, Mr., 1
montagne *f,* mountain, 12
monter to go up, get on, 13
monument *m,* monument, 13
moule *f,* mussel, 5
mousse *f,* mousse, 5; **mousse à raser** *f,*

shaving cream, 6
musée *m,* museum, 7
mystère *m,* mystery, 4
mystérieux(-euse) mysterious, 4

nager to swim, 7
nappe *f,* tablecloth, 5
natation *f,* swimming, 7
Nations Unies *f pl,* United Nations, 4
nature plain (tea, coffee), 5
navette *f,* shuttle, 14
ne: ne... jamais never, 5; **ne... ni... ni**
    neither . . . nor, 9; **ne... pas** not,
    2; **ne... pas encore** not yet, 9; **ne...**
    personne no one, 9; **ne... plus** no
    longer, 9; **ne... rien** nothing, any-
    thing, 9
nécessaire necessary, 6
négocier to negotiate, **12**
neiger to snow, 7
n'est-ce pas? isn't it? isn't it so?, 6
nettoyer to clean, 8
neuf nine
neuf (neuve) new, 1; **quoi de neuf?**
    what's new?, 1
nez *m,* nose, 10
Noël *m,* Christmas, 3
noir(e) black, 4
nom *m,* name, 4
non no, 1
nord *m,* north, 4; **au nord de** to the
    north of, 4
Norvège *f,* Norway, 4
norvégien(ne) *adj,* Norwegian, 4
note *f,* grade, 14
notre, nos our, 4
nous we, 2
nouveau (nouvelle) (*pl* **nouveaux/nou-**
    velles) new, 6
nouvelle *f,* news, 11
novembre *m,* November, 3
nuit *f,* night, 1
numéro de téléphone *m,* telephone
    number, 6

obéir (à qqn) to obey (someone), 7
occupé(e) busy, 3
occuper: s'occuper de to take care of, 12
octobre *m,* October, 3
oculiste *m/f,* optometrist, 10
œil(*pl* **yeux**) *m,* eye, 4
œuf *m,* egg, 5; **œuf dur** hard-boiled
    egg, 5

offrir to give as a gift, 6
olive *f,* olive, 8
omelette *f,* omelet, 5
on we, you, one, people, 2
oncle *m,* uncle, 4
onze eleven, 1
opération *f,* operation, 10
opérer to operate, 10
opinion *f,* opinion, 14
orange *f,* orange, 5
Orangina *m,* orange soda, 5
ordinateur *m,* computer, 12
ordonnance *f,* prescription, 10
oreille *f,* ear, 10
oser to dare, 9
oto-rhino (-laryngologiste) *m/f,* ear-nose-throat doctor, 10
ou or, 2
où where, 2
oublier to forget, 6
ouest *m,* west, 4; **à l'ouest de** to the west of
oui yes, 1
ouvreuse *f,* usher, 12
ouvrier/ouvrière *m/f,* worker, 3
ouvrir to open, 10

page *f,* page, 1
pain *m,* bread, 5
panneau indicateur *m,* sign indicating arrivals and departures, 13
pantalon *m,* pants, 6
papeterie *f,* stationery store, 6
papier *m,* paper, 6; **papier hygiénique** toilet paper, 6
Pâques *f,* Easter, 3
paquet *m,* package, 11; **paquet-cadeau** gift box, 6
par by, for, 3; **par avion** by air mail, 11; **par bateau** by surface mail, 11; **par exemple** for example, 3; **par exprès** by express mail, 11
parce que because, 3
pardon excuse me, 6
parents *m pl,* parents, 3
paresseux(-euse) lazy, 9
parfait(e) perfect, 8
parisien(ne) *adj,* Parisian, 4
Parisien(ne) *m/f,* Parisian, 3
parler to speak, 2
part *f,* behalf, 8
partir to leave, 7
passeport *m,* passport, 12
passer to run, 8; **passer un coup de fil** to phone, 10; **passer un examen** to take an exam, 14; **se passer** to happen, 10
passion *f,* passion, 7
pâté *m,* pâté, 5
pâtée *f,* dog food, 7
patient(e) patient, 4
pâtisserie *f,* pastry, 5; pastry shop, 6
patron(ne) *m/f,* boss, 12
payer to pay, 6
pays *m,* country, 4
Pays-Bas *m pl,* the Netherlands, 4
pêche *f,* peach, 5
pédiatre *m/f,* pediatrician, 10
peinture *f,* painting, 6
pendant during, 3
pénible annoying, difficult, 8
penser to think, 2; **penser à** to think about, 13; **penser de** to think of *(to have an opinion of),* 14
Pentecôte *f,* Pentecost, 3
perdre to lose, 11
père *m,* father, 4
permettre (qqch à qqn) to permit (something to someone), 10
perplexe confused, 13
personne *f,* person, 4; **ne... personne** no one, nobody, 9
petit(e) small, short, 4; **petit déjeuner** *m,* breakfast, 5
peu little, 2; **un peu** *m,* a little, 2
peut-être perhaps, 10
pharmacien(ne) *m/f,* pharmacist, 10
philosophie *f,* philosophy, 2
photo f, picture, 2
photocopie *f,* photocopy, 12
photographe *m/f,* photographer, 11
phrase *f,* sentence, 1
physique *f,* physics, 2
piano *m,* piano, 7
pièce *f,* room, 4
pied *m,* foot, 10; **à pied** on foot, 3
pire worse, 11; **le pire** the worst, 11
pizza *f,* pizza, 5
place *f,* seat, 3; plaza, square, 13
plage *f,* beach, 12
plaire à to like, please, 12
plaisanter to joke, 11
plaisir *m,* pleasure, 7
plan *m,* (city, metro) map, 13
plante *f,* plant, 8
pleuvoir to rain, 7
plombage *m,* filling, 10
plomber to fill a cavity, 10
pluie *f,* rain, 7

plus   more; **plus... que** more . . . than, 8; **ne... plus** no longer, 9
pneumonie   *f,* pneumonia, 10
pochette   *f,* gift package, 6
podologue   *m/f,* podiatrist, 10
pointure   *f,* shoe/glove size, 6
poire   *f,* pear, 5
pois: petits pois   *m pl,* peas, 5; **à pois** polka-dotted, 6
poisson   *m,* fish, 5
poissonnerie   *f,* fish shop, 6
poivre   *m,* pepper, 5
poker   *m,* poker *(card game),* 7
poli(e)   polite, 4
police   *f,* police, 13
pollution   *f,* pollution, 9
polyester   *m,* polyester, 6
pomme   *f,* apple, 5; **pomme de terre**   *f,* potato, 5
pompier   *m,* fireman, 9
porte   *f,* door, 1; gate, 12
portefeuille   *m,* wallet, 6
porter   to wear, 6; **se porter (bien/mal)** to feel (good/bad), 10
portugais(e)   *adj,* Portuguese, 4
Portugal   *m,* Portugal, 4
possible   possible, 7
poste   *f,* post office, 3; **poste aérienne** air mail, 11; **poste restante**   poste restante, general delivery, 11; **bureau de poste**   *m,* post office, 11
poulet   *m,* chicken, 5
poupée   *f,* doll, 14
pour   in order to, for, 14; **pour l'instant** for now, 5; **pour que**   in order that, 14
pourquoi   why, 3
pouvoir   to be able, can, 7
pratiquer   to practice, 2
préférable   preferable, better, 12
préférer   to prefer, 2
premier(-ère)   first, 3
prendre   to take, to have (a meal), 5; **prendre la correspondance**   to transfer, 13; **prendre le pouls**   to take a pulse, 10; **prendre un verre**   to have a drink, 5
préparatifs   *m pl,* preparations, 13
préparer   to prepare, 2
près de   near, 4
présenter   to present, introduce, 12; **se présenter**   to present oneself, introduce oneself, 12; **se présenter à un examen**   to take an exam, 14
presse   *f,* press, 14

prétentieux(-euse)   pretentious, 9
printemps   *m,* spring, 7
prix   *m,* price, 6
professeur   *m,* high school teacher, professor, 1
profession   *f,* profession, 6
profiter (de)   to take advantage (of), 12
programme   *m,* program, 12
progrès   *m pl,* progress, 14
promenade   *f,* walk, 7
promettre (qqch à qqn)   to promise (something to someone), 10
publicité   *f,* publicity, 11
puis   then, 3
pull   *m,* sweater, 6
punch   *m,* punch, 8

quai   *m,* platform, 12
qualification   *f,* qualification, 12
quand   when, 3
quartier   *m,* neighborhood, 13
quatorze   fourteen, 1
quatre   four, 1
quatrième   fourth, 4
quel(le)   which, what, 6
quelque chose   something, 5
quelquefois   sometimes, 3
quelqu'un   someone, 8
question   *f,* question, 1
qui   who, 2; **qui est à l'appareil?**   who's there (on the phone)?, 9
quiche   *f,* quiche *(type of cheese tart),* 5
quinzaine   *f,* around fifteen, 8
quinze   fifteen, 1
quitter   to leave, 2

raconter   to tell, talk about, 2
radio   *f,* radio, 2; x-ray, 10
raide   straight, 4
randonnée   *f,* hike, 12
ranger   to straighten up, clean up, 8
râpé(e)   grated, 5
rappeler   to call back, 12; **se rappeler** to remember, 12
rapport   *m,* report, 13
rarement   rarely, 5
raser: se raser   to shave, 10
ravi(e)   delighted, 8
rayé(e)   striped, 6
rayon   *m,* department, 6
réception   *f,* reception desk, 12
recevoir   to receive, 6; **recevoir un diplôme**   to graduate, get a degree, 14

recommandation *f*, recommendation, 12

recommandé: en recommandé by registered mail, 11

réduit(e) reduced, 12

refuser to refuse, 7

regarder to watch, look at, 2

régime *m*, diet, 5

régler to pay, 6

regretter to be sorry, 7

relax(e) relaxed, 9

remède *m*, remedy, 10

remercier to thank, 8

rempart *m*, rampart, 13

remplir to fill out, 11

rencontrer to meet, 8; **se rencontrer** to meet one another, 10

rendez-vous *m*, appointment, 3

rendre to return (an object), 11; **rendre visite (à qqn)** to visit (someone), 11; **se rendre compte (de)** to realize, 11

renseignement *m*, information, 6

renseigner: se renseigner to get information, 11

rentrée *f*, beginning of classes, 14

rentrer to go home, 2

renverser to spill, tip over, 8

renvoyer to return, send back 11; to fire, 12

repas *m*, meal, 3

repasser to iron, 8

répéter to repeat, 2; to rehearse, 11

répondre (à) to answer, 11

reposer: se reposer to rest, 10

réserver to reserve, 12

résidence *f*, dormitory, 2

résister to resist, 7

respectueux(-euse) respectful, 9

responsable responsible, 4

ressembler à to resemble, seem like, 9

restaurant *m*, restaurant, 3; **restaurant universitaire** student cafeteria, 2

rester to stay, 3

retard *m*, delay, 12; **en retard** late, 3

retirer to withdraw, 13

retourner to go back, 6

retrouver to find again, 9

réunion *f*, meeting, 3

réussir (à) to succeed, pass *(course, test)*, 7

réveiller (qqn) to wake (up) (someone), 10; **se réveiller** to wake up, 10

revenir to return, get over, 10

revoir: au revoir good-bye, 1

rez-de-chaussée *m*, ground floor, 4

rhume *m*, cold, 10

riche rich, 4

ridicule ridiculous, 4

rien: de rien you're welcome, 8; **ne... rien** nothing, 9

robe *f*, dress, 6

rôle *m*, role, 11

roman *m*, novel, 13; **roman policier** detective novel, 13

roquefort *m*, roquefort *(type of cheese)*, 5

rosbif *m*, roast beef, 5

rose pink, 6

rouge red, 5

roux (rousse) red (hair), 4

rugby *m*, rugby, 7

russe *adj*, Russian, 4; *m*, Russian language, 2

sac *m*, purse, 6; **sac de voyage** totebag, 14

safari *m*, safari, 12

saison *f*, season, 7

salade *f*, salad, 5

salaire *m*, salary, 12

salle *f*, room, 2; **salle à manger** dining room; **salle de bains** bathroom; **salle de séjour** living room

salut hi; good-bye, 1

samedi *m*, Saturday, 3

sandale *f*, sandal, 6

sandwich *m*, sandwich, 5

saucisson *m*, sausage, 5

savoir to know, 8

savon *m*, soap, 6

Schweppes *m*, tonic water, 5

sciences politiques *f pl*, political science, 2

séance *f*, showing, 7

séchoir *m*, dryer, 8

secret *m*, secret, 11

seize sixteen, 1

sel *m*, salt, 5

selon according to, 14

semaine *f*, week, 3

sembler to seem, 14

sens de l'humour *m*, sense of humor, 9

sentimental (*pl* sentimentaux) sentimental, 7

sentir to feel, smell, 10; **se sentir (+*adj*)** to feel (+*adj*), 10

sept seven, 1

septembre *m*, September, 3

serveur/serveuse *m/f*, waiter/waitress, 3

service *m,* tip, service charge, 5
serviette *f,* napkin, 5
servir to serve, 7; **se servir (de)** to use, 12
seul(e) alone, 8
seulement only, 10
si if, 12; yes *(reply to a negative statement),* 10
siège *m,* seat, 14
s'il vous (te) plaît please, 1
sinusite *f,* sinusitis, 10
sirop *m,* syrup, 10
six six, 1
ski *m,* skiing, ski, 7
sociable friendly, 4
sociologie *f,* sociology, 2
sœur *f,* sister, 4
sofa *m,* sofa, 2
soie *f,* silk, 6
soigner (qqn) to take care of (someone), 10; **se soigner** to take care of oneself, 10
soir *m,* evening, 3
soirée *f,* evening party, 7
solde *m,* sale, 6; **en solde** on sale
sole *f,* sole *(fish),* 5
soleil *m,* sun, 7
son, sa, ses his, her, its, 4
sortir to go out, 7
souffrir to suffer, 10
sous under, 2
souvenir *m,* memory, souvenir, 14; **se souvenir de** to remember, 10
souvent often, 5
sport *m,* sport, 7
sportif/sportive *m/f,* sportsman/sportswoman, 7
sportif(-ive) *adj,* athletic, 7
station *f,* station, 13
steak frites *m,* steak with french fries, 5
steward *m,* steward, 14
studio *m,* studio, 11
stylo *m,* pen, 1
sud *m,* south, 4; **au sud de** to the south of
Suède *f,* Sweden, 4
suédois(e) *adj,* Swedish, 4
suisse *adj,* Swiss, 4
Suisse *f,* Switzerland, 4
suivre to follow; to take (a course), 12
supermarché *m,* supermarket, 6
sur on, 2
sûr(e) sure, 4
surprenant(e) surprising, 11
surprendre to surprise, 11

surprise-partie *f,* party, 7
surtout especially, 14
sympa *invar,* nice, 4
sympathique nice, 4
symptôme *m,* symptom, 10

table *f,* table, 2
tableau (*pl* tableaux) *m,* blackboard, 1; picture, 2
taille *f,* size *(except for gloves or shoes),* 6
tais-toi! be quiet!, 13
tante *f,* aunt, 4
taper à la machine to type, 12
tard late, 3
tarif *m,* fare, 12
tarte aux pommes *f,* apple tart, 5
tartine *f,* slice of bread, 5
tasse *f,* cup, 6
taux *m,* rate, 13; **taux d'intérêt** interest rate; **taux du change** exchange rate
taxi *m,* taxi, 9
Tee-shirt *m,* T-shirt, 1
télégramme *m,* telegram, 11
téléphone *m,* telephone, 2
téléphoner (à) to call, phone, 11
télévision *f,* television, 2
tellement so much, so many, 6
temps *m,* weather, 7; **à mi-temps** part-time, 12; **à plein temps** full-time, 12; **dans le temps** in the past, 9; **de temps en temps** sometimes, 5; **en même temps** at the same time, 14; **gagner du temps** to save time, 6
tennis *m,* tennis, 7
tête *f,* head, 10
TGV *m,* French high-speed train, 12
thé *m,* tea, 5
théâtre *m,* theater, 7
thèse *f,* thesis, 14
thon *m,* tuna, 5
timbre(-poste) *m,* stamp, 11
timide timid, 4
tiroir *m,* drawer, 13
titre *m,* title, 13; **gros titres** *m pl,* headlines, 13; **sous-titre** m, subtitle, 7
toilettes *f pl,* toilet, 2
tomate *f,* tomato, 5
tomber to fall, 7
ton, ta, tes your, 4
tôt early, 4
touche *f,* key *(on a keyboard),* 12
toujours always, 5, still, 9
tourner to turn, 13

Toussaint: la Toussaint *f,* All Saints' Day, 3

tousser to cough, 10

tout(e) (*pl* **tous/toutes**) all, 8; **à tout à l'heure** see you soon, 1; **tout à l'heure** just now, 14; **tout de suite** immediately, 8; **tout droit** straight ahead, 13; **tout le monde** everybody, 1; **tout le temps** always, 5

toux *f,* cough, 10

train *m,* train, 3

tranquille calm, quiet, 4

travail *m,* work, job, 3

travailler to work, 2

travailleur(-euse) hardworking, 9

treize thirteen, 1

trente thirty, 1

très very, 1

tricoter to knit, 7

triste sad, 9

trois three, 1

troisième third, 4

tromper: se tromper de to be wrong, make an error, 10

trop too much, too many, 6

trouver to find, 3; **se trouver** to be located, be, 10

truite *f,* trout, 5

tu you, 2

Tunisie *f,* Tunisia, 4

tunisien(ne) *adj,* Tunisian, 4

un, une *m/f,* a, an, one, 1; **à la une** on the front page, 13

unité de valeur *f,* credit, 14

universitaire university, 2

université *f,* university, 3

urgent(e) urgent, 11

usine *f,* factory, 3

valise *f,* suitcase, 2

veau *m,* veal, 5

veinard(e) *m/f,* someone who is lucky, 8

veine *f,* luck, 8

vélo *m,* bicycle, 3

vendre to sell, 11

vendredi *m,* Friday, 3

venir to come, 8; **venir de** (*+infinitive*) to have just (*+past participle*), 9

vent *m,* wind, 7

verre *m,* glass, 5

version: version française *f,* French version (dubbed), 7; **version originale** original version (not dubbed), 7

vert(e) green, 4

veste *f,* sports jacket, 6

veuf/veuve *m/f,* widower/widow, 9

viande *f,* meat, 5

vide empty, 8

ville *f,* city, 2

vin *m,* wine, 5

vingt twenty, 1

vingtaine *f,* around twenty, 8

violence *f,* violence, 7

violon *m,* violin, 7

visa *m,* visa, 12

visiter to visit (a place), 12

vitrine *f,* store window, 6

voici here is, 5

voie *f,* track, 12

voilà here is, there is, 1

voir to see, 6

voisin(e) *m/f,* neighbor, 4

voiture *f,* car, wagon, 3; **voiture de location** rental car, 12

vol *m,* theft, 9; flight, 14

voleur *m,* thief, 9

volley-ball (volley) *m,* volleyball, 7

votre, vos your, 4

vouloir to want, 7; **vouloir dire** to mean, 8

vous you, 2

voyage *m,* trip, 2; **voyage d'affaires** business trip, 10; **voyage organisé** tour, 12

vrai(e) true, 10

vraiment really, 6

W.-C. *m pl,* toilet, 12

wagon *m,* car (*of a train*), 12; **wagon-bar** bar (*on a train*); **wagon-lit** sleeping car; **wagon-restaurant** dining car

English–French Vocabulary

The following abbreviations are used:

adj	adjective	*m*	masculine
adv	adverb	*pl*	plural
f	feminine	*qqch*	**quelque chose**
invar	invariable	*qqn*	**quelqu'un**

a, an, one un, une
able: to be able to pouvoir, arriver à
above au dessus de
to **accept** accepter
accessible accessible
to **accompany** accompagner
to **accomplish** accomplir
according to selon
account compte *m*
acquainted: to be acquainted with connaître
action action *f*
to **add** ajouter
address adresse *f*
administration administration *f*
to **adore** adorer
advantage avantage *m;* **to take advantage of** profiter de
advantageous avantageux(-euse)
adventure film film d'aventure *m*
advice conseil(s) *m(pl)*
to **advise** conseiller *(qqch à qqn)*
aerogram aérogramme *m*
to **affix postage** affranchir
after après
afternoon après-midi *m*
age âge *m*
agency: travel agency agence de voyages *f*
to **aggravate** agacer, embêter, énerver
aggravating agaçant(e), embêtant(e), énervant(e), pénible
ago il y a
to **agree** être d'accord
agreement: to be in agreement être d'accord
ahead: straight ahead tout droit
air letter aérogramme *m*
air mail poste aérienne *f;* par avion
airplane avion *m*
airport aéroport *m*

Algeria Algérie *f*
Algerian *adj* algérien(ne)
all tout, toute, tous, toutes
All Saints' Day la Toussaint *f*
alone seul(e)
also aussi
although bien que
always toujours, tout le temps
to **amuse** amuser *(qqn)*
and et
Andorra Andorre *f*
anger colère *f*
angry furieux(-euse); **to be angry** être en colère, faire une tête
animal animal *(pl* animaux) *m*
announcement annonce *f;* **birth and death announcements** carnet du jour *m*
to **annoy** agacer, embêter, énerver
annoying agaçant(e), embêtant(e), énervant(e), pénible, ennuyeux(-euse)
to **answer** répondre (à)
antibiotic antibiotique *m*
antihistamine antihistaminique *m*
apartment building immeuble *m*
to **appear** (*+adj*) avoir l'air (*+adj*)
appetizer hors d'œuvre *m*
apple pomme *f;* **apple tart** tarte aux pommes *f*
application demande *f*
appointment rendez-vous *m*
April avril *m*
architect architecte *m/f*
arm bras *m*
armchair fauteuil *m*
Armistice Day l'Armistice *m*
arrival arrivée *f*
to **arrive** arriver
arrogant arrogant(e)
as comme; **as . . . as** aussi... que

Ascension: the Ascension   l'Ascension *f*

to ask   demander *(qqch à qqn)*

asleep: to fall asleep   s'endormir

aspirin   aspirine *f*

Assumption: the Assumption   l'Assomption *f*

to assure   assurer

to astonish   étonner

astonishing   étonnant(e)

athletic   sportif(-ive)

ATM   distributeur automatique de billets *m*

August   août *m*

aunt   tante *f*

au pair girl   fille au pair *f*

automatic teller   distributeur automatique de billets *m*

autumn   automne *m*

available   disponible

to avoid   éviter

bachelor   célibataire *m/f*

bachelor's degree   licence *f*

back   dos *m;* at the back of   au fond de; to be back   être de retour

bad   mauvais(e); bad luck   déveine *f;* to be bad (weather)   faire mauvais; to look bad   avoir mauvaise mine

baggage   bagage *m*

bakery   boulangerie *f*

bank   banque *f;* bank window   guichet *m*

bar *(on a train)*   wagon-bar *m*

bargain   affaire *f*

basketball   basket-ball (basket) *m;* basketball shoe   basket *f*

bathing suit   maillot de bain *m*

bathroom   salle de bains *f*

to be   être

beach   plage *f*

beaujolais   beaujolais *m*

beautiful   beau (belle) *(pl* beaux/belles)

because   parce que; because of   à cause de

become   devenir

bed   lit *m;* to go to bed   se coucher; to make the bed   faire le lit

bedroom   chambre *f*

beef   bœuf *m*

beer   bière *f*

before   avant, avant que

beginning   début *m;* beginning of classes   rentrée *f*

behalf   part *f*

behind   derrière

Belgium   Belgique *f*

believable   croyable

to believe   croire

belt   ceinture *f;* seat belt   ceinture de sécurité

berth: sleeping berth   couchette *f*

better   meilleur(e) *adj;* mieux *adv;* it is better   il vaut mieux

bicycle   bicyclette *f,* vélo *m*

big   grand(e)

biology   biologie *f*

birth, death announcements   carnet du jour *m*

birthday   anniversaire *m*

black   noir(e); black *(tea, coffee)* nature

blackboard   tableau *(pl* tableaux) *m*

blocked up   bouché(e)

blond   blond(e)

blood: to draw blood   faire une prise de sang

blouse   chemisier *m*

blue   bleu(e)

blue jeans   jean *m*

boat   bateau *(pl* bateaux) *m*

book   livre *m;* book of tickets   carnet *m;* telephone book   annuaire *m*

book bag   cartable *m*

bookstore   librairie *f*

boot   botte *f*

booth: telephone booth   cabine téléphonique *f*

bored: to be bored   s'ennuyer

boring   ennuyeux(-euse)

boss   patron(ne) *m/f*

to bother   déranger

box   boîte *f*

bracelet   bracelet *m*

bread   pain *m;* slice of bread   tartine *f*

to break   casser; to break one's (leg)   se casser (la jambe)

breakfast   petit déjeuner *m;* to have breakfast   prendre le petit déjeuner

break-in   cambriolage *m*

briefcase   cartable *m*

to bring   amener *(people);* apporter *(things)*

brioche   brioche *f*

brochure   brochure *f*

bronchitis   bronchite *f*

broom   balai *m*

brother   frère *m*

brown   brun(e), marron

brush   brosse *f;* toothbrush   brosse à dents *f*

to brush   brosser; to brush one's (teeth)   se brosser (les dents)

building   bâtiment *m*

burglar   cambrioleur *m*

bus   autobus *m;* intercity bus   autocar *m*

business   affaires *f pl;* commerce *m;* **business trip**   voyage d'affaires *m*
busy   occupé(e); **to be busy**   être occupé(e)
but   mais
butcher's shop   boucherie *f*
butter   beurre *m*
to **buy**   acheter
by   par
bye   ciao, salut

café   café *m*
cafeteria: student cafeteria   restaurant universitaire, resto-U *m*
cake   gâteau *m*
to **call**   appeler *(qqn);* **to call back**   rappeler *(qqn)*
calm   tranquille
to **camp, go camping**   faire du camping; **camp grounds**   camping *m*
can   pouvoir
Canada   Canada *m*
Canadian   *adj* canadien(ne)
to **cancel**   annuler
canceled   annulé(e)
candidacy   candidature *f*
capital   capitale *f*
car   voiture *f;* **dining car**   wagon-restaurant *m;* **rental car**   voiture de location *f;* **sleeping car**   wagon-lit *m*
card   carte *f;* **postcard**   carte postale
care: to take care of   s'occuper de; **to take care of oneself**   se soigner; **to take care of (someone)**   soigner *(qqn)*
carrot   carotte *f*
cartoon   dessin animé *m*
cash   argent liquide *m;* espèces *f pl;* **cash register**   caisse *f*
cashier   caissier/caissière *m/f*
cassette tape   cassette *f*
cast: to put on a cast   mettre un plâtre
cathedral   cathédrale *f*
cavity   carie *f*
center   centre *m*
chablis   chablis *m*
chair   chaise *f*
champagne   champagne *m*
change   monnaie *f*
chapter   chapitre *m*
charming   charmant(e)
charter flight   charter *m*
cheap   bon marché
check   chèque *m;* **check** *(restaurant)*   addition *f*

to **check in**   enregistrer
checkbook   chéquier *m*
checkered   à carreaux
checking account   compte courant *m*
cheese   fromage *m*
chemistry   chimie *f*
chess   échecs *m pl*
chicken   poulet *m*
chips: potato chips   chips *f pl*
chocolate   chocolat *m;* **hot chocolate**   chocolat
to **choose**   choisir
Christmas   Noël *m*
city   ville *f;* **city hall**   mairie *f*
civilized   civilisé(e)
class   classe *f*
classified ads   petites annonces *f pl*
to **clean**   nettoyer; **to clean up**   ranger, nettoyer
to **clear**   débarrasser
client   client(e) *m/f*
to **close**   fermer
cloudy   nuageux(-euse); **to be cloudy**   faire gris
cocktail party   cocktail *m*
coffee   café *m*
cognac   cognac *m*
coincidence   coïncidence *f*
cola   coca *m*
cold   rhume *m;* froid; **to be cold**   avoir froid; **to be cold (weather)**   faire froid
cologne   eau de cologne *f*
color   couleur *f*
to **come**   arriver, venir; **come in**   entrer (dans)
comedy   comédie *f*
compared to   à côté de
compartment   compartiment *m*
to **complete**   accomplir
compliment   compliment *m*
computer   ordinateur *m*
computer operator   informaticien(ne) *m/f*
computer science   informatique *f*
concert   concert *m*
confused   perplexe
to **congratulate**   féliciter
congratulations!   chapeau!, félicitations!
to **continue**   continuer (à)
to **cook**   faire la cuisine
cookie   biscuit sec *m*
cool: to be cool (weather)   faire frais
corner   coin *m*
correct   juste
corridor   couloir *m*

to **cost**   coûter
  cotton   coton *m*
  cough   toux *f*
to **cough**   tousser
  counter   comptoir *m*
  country   pays *m*
  country(side)   campagne *f*
  couple: married couple   mariés *m pl*
  course   cours *m*; **of course**   bien sûr; **to take a course**   suivre un cours
  cousin   cousin(e) *m/f*
to **cover**   couvrir
  credit   unité de valeur *f*
  credit card   carte de crédit *f*
  crew   équipage *m*
  crime   crime *m*
  croissant   croissant *m*
  crowd   foule *f*
  cup   tasse *f*
  curly   frisé(e)
  currency   devise *f*
  customer   client(e) *m/f*
  customs   douane *f*; **customs check**   contrôle douanier *m*
to **cut**   couper

  dance   bal *m*
to **dance**   danser
  Danish   danois(e)
to **dare**   oser
  daughter   fille *f*
  day   jour *m*; **day off**   jour de congé *m*; **day(time)**   journée *f*
  dear   cher (chère)
  December   décembre *m*
to **decide**   décider (de), se décider
  decision   décision *f*
  declaration   déclaration *f*
  degree   diplôme *m*; **to get a degree**   recevoir un diplôme
  delay   retard *m*
  delicatessen   charcuterie *f*
  delicious   délicieux(-euse)
  delighted   ravi(e)
to **demand**   exiger
  Denmark   Danemark *m*
  dental   dentaire; **dental floss**   fil dentaire *m*; **dental insurance**   assurance dentaire *f*
  dentist   dentiste *m/f*
  department   rayon *m*
  department store   grand magasin *m*
  departure   départ *m*
to **deposit**   encaisser, déposer
  depressed   déprimé(e); **to be depressed**   faire une dépression, avoir le cafard

  depression   dépression *f*
to **descend**   descendre
to **describe**   décrire
  desk   bureau (*pl* bureaux) *m*; **reception desk**   réception *f*
  dessert   dessert *m*
  detective   détective *m*
  diagnosis   diagnostic *m*
  dictionary   dictionnaire *m*
  diet   régime *m*; **to be on a diet**   être au régime
  difficult   difficile, pénible
  difficulty: to have difficulty (in)   avoir du mal (à)
  dinner   dîner *m*; **to have dinner**   dîner
  diploma   diplôme *m*; **high school diploma**   baccalauréat *m*
  direction   direction *f*
  discothèque   discothèque *f*
  discount store   hypermarché *m*
to **discover**   découvrir
to **disguise oneself**   se déguiser
  dish   assiette *f*; **to do the dishes**   faire la vaisselle
  dishonest   malhonnête
  dishwasher   lave-vaisselle *m*
  disorder   désordre *m*
  disquette   disquette *f*
  disrespectful   irrespectueux(-euse)
  distant   distant(e), inaccessible
  district   arrondissement *m*
  divorced: to be divorced   être divorcé(e)
to **do**   faire
  doctor   médecin *m*
  doctorate   doctorat *m*
  doll   poupée *f*
  door   porte *f*
  dormitory   résidence *f*
  dotted: polka-dotted   à pois
  downtown   centre-ville *m*
  dozen   douzaine *f*
  drama   drame *m*
  drawer   tiroir *m*
  dress   robe *f*
to **dress (someone)**   habiller (*qqn*); **to get dressed**   s'habiller
  dressed   habillé(e)
to **drink**   boire; **to have a drink**   prendre un verre
to **drip**   couler
  drive (internal/external)   lecteur (interne/externe) *m*
  dryer   séchoir *m*
  dubbed   version française *f*; **not dubbed**   version originale *f*
  during   pendant

ear oreille *f*
ear-nose-throat doctor oto-rhino
  (-laryngologiste) *m/f*
early avance, en avance, tôt
earring boucle d'oreille *f*
east est *m*; **to the east of** à l'est de
Easter Pâques *f*
easy facile
to **eat** manger
editorial éditorial *m*
egg œuf *m*
eight huit
eighteen dix-huit
elementary school école primaire *f*
elevator ascenseur *m*
eleven onze
employee employé(e) *m/f*
empty vide
end fin *f*; **at the end of** au fond de
to **endorse** endosser
energy énergie *f*
engaged: to be engaged être fiancé(e)
engagement fiançailles *f pl*
engineer ingénieur, femme ingénieur *m/f*
England Angleterre *f*
English language anglais *m*
enough assez
to **enter** entrer (dans)
envelope enveloppe *f*
eraser gomme *f*
errand course *f*
error erreur *f*; **to make an error** se
  tromper (de)
especially surtout
espresso express *m*
essential essentiel(le)
European *adj* européen(ne)
evening soir *m*; **evening party** soirée *f*;
  good evening bonsoir
ever jamais
everybody tout le monde
exact exact(e)
exam examen *m*; **competitive exam**
  concours *m*; **to take an exam** se
  présenter (à), passer un examen
to **examine** examiner
exchange rate taux du change *m*; **foreign
  currency exchange** bureau de
  change *m*
to **excuse** excuser; **to excuse oneself** s'excuser; **Excuse me!** Pardon!
  Excuse(z)-moi!
executive cadre *m/f*
ex-husband ex-mari *m*
expensive cher (chère)
experience expérience *f*

to **explain** expliquer
express mail par exprès
extroverted extraverti(e)
eye œil (*pl* yeux) *m*

factory usine *f*
to **fail** échouer (à)
to **fall** tomber; **to fall asleep** s'endormir
false faux (fausse)
family famille *f*
far loin de
fare tarif *m*
fashion mode *f*
fat gros(se)
father père *m*
February février *m*
to **feel (something)** sentir *(qqch)*; **to feel
  (good/bad)** se porter (bien/mal), se
  sentir (bien/mal); **to feel great** être
  en bonne/pleine forme
fever fièvre *f*
fiancé(e) fiancé(e) *m/f*
fifteen quinze; **around fifteen** quinzaine *f*
to **fill** remplir; **to fill a cavity** plomber une
  carie; **to fill out (a form)** remplir
  (un formulaire)
filling plombage *m*
film film *m*; **detective film** film policier
  m; **historical film** film historique *m*;
  romantic film film d'amour *m*; **science fiction film** film de science-
  fiction *m*; **film series** ciné-club *m*
finally à la fin, enfin, finalement
finances: to do the finances faire les
  comptes
to **find** trouver
to **find again** retrouver
finger doigt *m*
to **finish** finir
Finland Finlande *f*
Finnish finlandais(e)
to **fire** renvoyer
fireman pompier *m*
fire station caserne *f*
first premier(-ère); **first of all** au début,
  d'abord
fish poisson *m*
fish shop poissonnerie *f*
five cinq
flea market marché aux puces *m*
flight vol *m*; **charter flight** charter *m*;
  flight attendant hôtesse de l'air *f*
floor étage *m*
flower fleur *f*

flu   grippe *f*

to **follow**   suivre

foot   pied *m*

for   pour; **for example**   par exemple; **for now**   pour l'instant; **for** *(+time expression)* depuis *(+time expression)*

forbidden   interdit(e)

foreign   étranger(-ère)

foreign currency exchange   bureau de change *m*

to **forget**   oublier

fork   fourchette *f*

form   formulaire *m*

formality   formalité *f*

formerly   autrefois

four   quatre

fourteen   quatorze

fourth   quatrième

France   France *f*

free   libre

French   *adj* français(e)

french fries   frites *f pl*

French language   français *m*

fresh   frais (fraîche)

Friday   vendredi *m*

friend   ami(e), camarade, copain/copine *m/f*

friendly   aimable, sociable

front: in front of   devant

fruit   fruit *m*

full   complet(-ète)

full-time   à plein temps

fun: to have fun   s'amuser

funny   drôle, marrant(e)

furious   furieux(-euse)

game   match *m*, jeu (*pl* jeux) *m*

garden   jardin *m*

to **garden**   jardiner

gate   porte *f*

general delivery   poste restante *f*

general practitioner   généraliste *m/f*

generous   généreux(-euse)

generous *(amount)*   copieux(-euse)

German *adj*   allemand(e)

German language   allemand *m*

Germany   Allemagne *f*

to **get**   recevoir, obtenir; **to get a degree** obtenir un diplôme; **to get along well with**   s'entendre bien avec; **to get information**   se renseigner; **to get off** descendre de; **to get on**   monter dans; **to get up**   se lever

gift box   pochette *f*, paquet-cadeau *m*

girl   fille *f*

to **give**   donner; **to give as a gift**   offrir

glass   verre *m*

glove size   pointure *f*

to **go**   aller; **to go back**   retourner; **to go camping**   faire du camping; **to go down**   descendre; **to go grocery shopping**   faire les courses; **to go hiking**   faire une randonnée; **to go home**   rentrer; **to go jogging**   faire du jogging; **to go on a safari**   faire un safari; **to go out**   sortir; **to go sailing**   faire de la voile; **to go shopping**   faire des achats; **to go skiing** faire du ski; **to go to bed**   se coucher; **to go up**   monter; **to go well**   aller bien

good   bon(bonne); **good-bye**   au revoir, salut; **good evening**   bonsoir; **good night**   bonne nuit; **to do good**   faire du bien; **to look good**   avoir bonne mine, avoir l'air bon

grade   note *f*

to **graduate**   obtenir un diplôme

gram   gramme *m*

grandfather   grand-père *m*

grandmother   grand-mère *f*

grated   râpé(e)

gray   gris(e)

great!   chic, chouette

green   vert(e)

green beans   haricots verts *m pl*

grilled ham and cheese   croque-monsieur *m*

grilled ham and cheese with egg croque-madame *m*

grocery store   épicerie *f*

ground floor   rez-de-chaussée *m*

to **grow thin**   maigrir

guardian   gardien(ne) *m/f*

guest   invité(e) *m/f*

guitar   guitare *f*

habit   habitude *f*

hair   cheveux *m pl*

hairdresser   coiffeur/coiffeuse *m/f*

ham   jambon *m*

hand   main *f*; **hand luggage**   bagage à main *m*

to **happen**   arriver, se passer

happy   content(e), heureux(-euse)

hard   difficile, dur(e)

hard-boiled egg   œuf dur *m*

hardware   matériel *m*

hardworking   travailleur(-euse)

hat   chapeau *m*
to **hate**   détester, avoir horreur de
to **have**   avoir; **to have an ache**   avoir mal (à); **to have difficulty (in)**   avoir du mal (à); **to have dinner**   dîner; **to have a drink**   prendre un verre; **to have a good time**   s'amuser; **to have indigestion**   avoir mal au foie; **to have just** (+ *past participle*) venir de (+*infinitive*); **to have a meal**   prendre un repas; **to have a pain**   avoir mal (à); **to have to**   devoir
he   il
head   tête *f*
headache   migraine *f*
headlines   gros titres *m pl*
to **hear**   entendre
heart   cœur *m*
hello   allô *(telephone)*, bonjour
to **help**   aider
her   son, sa, ses
herb mixture   fines herbes *f pl*
here   ici; **here is**   voici, voilà
hi!   salut!
to **hide**   cacher
high-heeled shoe   chaussure à talon haut *f*
high school   lycée *m*
hike   randonnée *f*; **to go hiking**   faire une randonnée
to **hire**   embaucher
his   son, sa, ses
historical: historical film   film historique *m*
history   histoire *f*
holiday   fête *f*
homework   devoirs *m pl*; **homework assignment**   devoir *m*; **to do homework**   faire les devoirs
honest   honnête
to **hope**   espérer
hospital   hôpital *m*
hot   chaud(e); **to be hot**   avoir chaud; **to be hot (weather)**   faire chaud
hot chocolate   chocolat *m*
hot dog   hot dog *m*
hour   heure *f*
house   maison *f*
housework   ménage *m*
how   comment
how many   combien de
how much   combien de
to **hug**   embrasser
hundred   cent; **around one hundred**   centaine *f*
hungry: to be hungry   avoir faim
to **hurry**   se dépêcher
to **hurt oneself**   se faire mal

I   je
ice cream   glace *f*
ice cube   glaçon *m*
idea   idée *f*
identification document   pièce d'identité *f*
identity   identité *f*
ill   souffrant(e), malade; **to be ill**   être souffrant(e), malade
illness   maladie *f*
to **imagine**   se figurer
immediately   tout de suite
impression   impression *f*
Impressionists   Impressionnistes *m pl*
in   dans; **in front of**   devant; **in order to**   pour, pour que, afin de, afin que; **in spite of**   malgré; **in the past**   dans le temps
inaccessible   inaccessible
included   compris(e)
indigestion: to have indigestion   avoir mal au foie
inflation   inflation *f*
information   renseignement *m*; **to get information**   se renseigner
to **insist**   insister
instant   instant *m*
insurance   assurance *f*
intelligent   intelligent(e)
intercity bus   autocar *m*
interesting   intéressant(e)
interest rate   taux d'intérêt *m*
interview   interview *f*
to **introduce**   présenter; **to introduce oneself**   se présenter
introverted   introverti(e)
invitation   invitation *f*
to **invite**   inviter
Irish   *adj*   irlandais(e)
iron   fer à repasser *m*
to **iron**   repasser
irresponsible   irresponsable
it   il, elle; **it is better**   il vaut mieux; **it suffices**   il suffit; **isn't it?**   n'est-ce pas?
Italian   *adj*   italien(ne)
Italian language   italien *m*
Italy   Italie *f*
its   son, sa, ses

jacket   blouson *m*; **sports jacket**   veste *f*
jam   confiture *f*
janitor   concierge *m/f*
January   janvier *m*
jewel   bijou (*pl* bijoux) *m*
jewelry   bijouterie *f*

job emploi, travail *m*
jogging jogging *m*
joke blague *f*, plaisanterie *f*
to **joke** plaisanter
journalism journalisme *m*
journalist journaliste *m/f*
juice jus *m*
July juillet *m*
June juin *m*
just now tout à l'heure
juvenile delinquency délinquance juvénile *f*
juvenile delinquent délinquant(e) juvénile *m/f*

key clé *f*; *(on a keyboard)* touche *f*
keyboard clavier *m*
kilo kilo *m*
kilogram kilogramme *m*
kind genre *m*
to **kiss** embrasser
kitchen cuisine *f*
knife couteau *m*
to **knit** tricoter
to **knock** frapper
to **know** savoir

label étiquette *f*
laboratory laboratoire, labo *m*
Ladies and Gentlemen Messieurs Dames
lady dame *f*
lamb agneau *m*
lamp lampe *f*
landing atterrissage *m*
language langue *f*
large *(amount)* copieux(-euse)
laryngitis laryngite *f*
last dernier(-ère)
late en retard; **to be late** être en retard
Latin language latin *m*
laundry: to do laundry faire la lessive
lawyer avocat(e) *m/f*
lazy paresseux(-euse)
to **learn** apprendre
to **leave** laisser, partir, quitter
lecture hall amphithéâtre *m*
left *(direction)* gauche *f*; **to the left** à gauche
leg jambe *f*
lemon citron *m*
lemon soda limonade *f*
less . . . than moins... que
lesson leçon *f*
letter lettre *f*

library bibliothèque *f*
lie mensonge *m*; **to lie** mentir
life insurance assurance vie *f*
like comme
to **like** aimer, plaire (à)
line ligne *f*, queue *f*; **to wait in line** faire la queue
lipstick rouge à lèvres *m*
list liste *f*
to **listen (to)** écouter *(qqn, qqch)*
liter litre *m*
little peu *m*; **a little** un peu
to **live** habiter
liver foie *m*
living room salle de séjour *f*
loafer mocassin *m*
loan emprunt *m*
located: to be located se trouver
locker consigne *f*
long long(ue)
to **look** *(+adj)* avoir l'air *(+adj)*; **to look bad** avoir mauvaise mine; **to look good** avoir bonne mine
to **look at** regarder
to **look for** chercher
to **lose** perdre; **to lose weight** maigrir
lot: a lot beaucoup
to **love** aimer; **to be in love (with)** être amoureux(-euse) (de)
luck chance *f*, veine *f*; **to be lucky** avoir de la chance
lucky person veinard(e) *m/f*
luggage bagage *m*; **hand luggage** bagage à main
lunch déjeuner *m*; **to have lunch** déjeuner
Luxembourg Luxembourg *m*

machine machine *f*; **washing machine** machine à laver
made up: to be made up maquillé(e)
magazine magazine *m*
mail courrier *m*; **by air mail** par avion; **by surface mail** par bateau
mailman facteur *m*
to **make** faire; **to make the bed** faire le lit
makeup maquillage *m*; **to put on makeup** se maquiller
man homme *m*
to **manage** arriver à
management gestion *f*
many beaucoup de; **how many** combien de; **too many** trop de
map carte *f*; *(city, metro)* plan *m*
March mars *m*

market   marché *m*; **open-air market**
   marché en plein air
marketing   marketing *m*
to **marry**   se marier (avec); **married** marié(e);
   married couple   mariés *m pl*
Mastercard   EuroCard *f*
master's degree   maîtrise *f*
mathematics   mathématiques, maths *f pl*
matter   affaire *f*
May   mai *m*
May Day   la fête du travail *f*
mayonnaise   mayonnaise *f*
mayor   maire *m*
meal   repas *m*
to **mean**   vouloir dire
meat   viande *f*
medical   médical(e)
medicine   médicaments *m pl*; **medicine**
   (profession)   médecine *f*
to **meet**   rencontrer, retrouver; **to meet one**
   another   se rencontrer, se retrouver;
   pleased to meet you   enchanté(e)
meeting   réunion *f*
memory   souvenir *m*
menu   carte *f*
merchant: wine merchant   marchand de
   vin *m*
meter   mètre *m*
midnight   minuit *m*
midst: to be in the midst of   être en
   train de
milk   lait *m*
mineral water   eau minérale *f*
minimum   minimum *m*
miracle   miracle *m*
Miss   Mademoiselle (*pl* Mesdemoiselles)
missed: to be missed by someone   manquer à qqn
modern   moderne
Monday   lundi *m*
money   argent *m*; **money order**   mandat
   m; **pocket money**   argent de poche *m*
month   mois *m*
monument   monument *m*
mood: to be in a bad mood   être de
   mauvaise humeur; **to be in a good**
   mood   être de bonne humeur
more . . . than   plus... que
morning   matin *m*
Morocco   Maroc *m*
mortgage   hypothèque *f*
mother   mère *f*
mother-in-law   belle-mère *f*
mountain   montagne *f*
mourning   deuil *m*; **to be in mourning**
   être en deuil

mousse   mousse *f*
mouth   bouche *f*
to **move**   déménager
Mr.   Monsieur (*pl* Messieurs)
Mrs.   Madame (*pl* Mesdames)
much: how much   combien de; **too**
   much   trop de
mugger   agresseur *m*
mugging   agression *f*
murder   meurtre *m*
murderer   meurtrier *m*
museum   musée *m*
mussels   moules *f pl*
my   mon, ma, mes
mysterious   mystérieux(-euse)
mystery   mystère *m*

name   nom *m*
to **name: to be named**   s'appeler
napkin   serviette *f*
national   national(e)
nauseated: to be nauseated   avoir mal au
   cœur
near   près de
necessary   nécessaire; **to be necessary**
   falloir
necklace   collier *m*
to **need**   avoir besoin de
to **negotiate**   négocier
neighbor   voisin(e) *m/f*
neighborhood   quartier *m*
neither . . . nor   ne... ni... ni
Netherlands   Pays-Bas *m pl*
never   ne... jamais
new   nouveau (nouvelle) (*pl* nouveaux/
   nouvelles); **What's new?**   Quoi de
   neuf?
news   nouvelle *f*; **news in brief**   faits
   divers *m*
newspaper   journal (*pl* journaux) *m*
New Year's Day   jour de l'An *m*
next   ensuite; **next to**   à côté de
nice   gentil(le), sympathique, sympa, chic,
   chouette; **to be nice (weather)**   faire
   beau
night   nuit *f*; **good night**   bonne nuit
nine   neuf
nineteen   dix-neuf
no   non; **no longer**   ne... plus; **no one**
   ne... personne
noon   midi *m*
north   nord *m*; **to the north of**   au nord de
Norway   Norvège *f*
Norwegian   *adj* norvégien(ne)
nose   nez *m*

not   ne... pas; **not yet**   ne... pas encore
notebook   cahier *m*
nothing   ne... rien
novel   roman *m*; **detective novel**   roman policier
November   novembre *m*
now   maintenant
nowadays   de nos jours
number   nombre *m*; **telephone number** numéro de téléphone *m*
nurse   infirmier/infirmière *m/f*
nursery school   école maternelle *f*

to **obey**   obéir (à)
o'clock   heure *f*
October   octobre *m*
of course   bien sûr
office   bureau (*pl* bureaux) *m*; **post office** bureau de poste *m*
often   souvent
OK   d'accord
olive   olive *f*
omelet   omelette *f*
on   sur; **on bicycle**   à vélo; **on foot**   à pied; **on sale**   en solde; **on the front page**   à la une; **on time**   à l'heure
one-way (ticket)   aller simple
only   seulement
to **open**   ouvrir
to **operate**   opérer
operation   opération *f*
opinion   opinion *f*; avis *m*
optometrist   oculiste *m/f*
or   ou
orange   orange *f*; **orange soda** Orangina *m*
our   notre, nos
overcast: to be overcast   faire gris
overcoat   manteau *m*
to **owe**   devoir

package   colis, paquet *m*
page   page *f*
pain: to have a pain   avoir mal à
painting   peinture *f*
pal   copain/copine *m/f*
pants   pantalon *m*
paper   papier *m*; **slip of paper**   fiche *f*; **toilet paper**   papier hygiénique *m*
parents   parents *m pl*
Parisian   *adj* parisien(ne); Parisien(ne) *m/f*
part-time   à mi-temps
party   boum , surprise-partie *f*

to **pass** *(course, test)*   réussir (à), être reçu(e) (à)
passion   passion *f*
passport   passeport *m*
past: in the past   dans le temps
pastry   pâtisserie *f*; **pastry shop**   pâtisserie *f*
pâté   pâté *m*
patient   patient(e)
to **pay**   payer, régler
peach   pêche *f*
peanut   cacahuète *f*
pear   poire *f*
peas   petits pois *m pl*
pediatrician   pédiatre *m/f*
pen   stylo *m*
pencil   crayon *m*
Pentecost   Pentecôte *f*
people   monde *m*
pepper   poivre *m*
perfect   parfait(e)
perfume   parfum *m*
perhaps   peut-être
to **permit**   permettre (*à qqn de faire qqch*)
person   personne *f*
pharmacist   pharmacien(ne) *m/f*
philosophy   philosophie *f*
photocopy   photocopie *f*
photographer   photographe *m/f*
physical education   éducation physique *f*
physics   physique *f*
piano   piano *m*
picture   photo *f*; tableau (*pl* tableaux) *m*; illustration *f*
pink   rose
pizza   pizza *f*
to **place**   mettre
plant   plante *f*
platform   quai *m*
to **play**   jouer; **to play** *(sport)*   jouer (à); **to play** *(instrument)*   jouer (de); **to play cards**   jouer aux cartes
plaza   place *f*
pleasant   agréable
to **please**   plaire (à)
please   s'il vous (te) plaît, je vous en (t'en) prie
pleased to meet you   enchanté(e)
pleasure   plaisir *m*
pneumonia   pneumonie *f*
pocket money   argent de poche *m*
podiatrist   podologue *m/f*
police   police *f*; **police station**   commissariat de police *m*
police officer   agent de police *m*
polite   poli(e)

political science   sciences politiques *f pl*
polka-dotted   à pois
pollution   pollution *f*
polyester   polyester *m*
Portugal   Portugal *m*
Portuguese   *adj* portugais(e)
possible   possible
postcard   carte postale *f*
post office   bureau de poste *m*, poste *f*
poster   affiche *f*
poste restante   poste restante *f*
potato   pomme de terre *f*; **potato chips**   chips *f pl*
to **practice**   pratiquer
to **prefer**   préférer, aimer mieux
preferable   préférable; **it is preferable**   il vaut mieux, il est préférable
preparations   préparatifs *m pl*
to **prepare**   préparer
prescription   ordonnance *f*
present   cadeau (*pl* cadeaux) *m*
to **present**   présenter
press   presse *f*
pretentious   prétentieux(-euse)
pretty   joli(e)
price   prix *m*
printer   imprimante *f*
profession   profession *f*
professor   professeur *m*
program   programme *m*
progress   progrès *m pl*
prohibited   interdit(e)
to **promise**   promettre (*qqch à qqn*)
proof of residency   justificatif de domicile *m*
publicity   publicité *f*
pulse: to take a pulse   prendre le pouls
punch   punch *m*
purchase   achat *m*
to **purchase**   acheter
purse   sac *m*
to **put, to put on**   mettre; **to put on a cast** mettre un plâtre; **to put on makeup** se maquiller; **to put on weight** grossir; **to put (someone) to bed** coucher (*qqn*)

qualification   qualification *f*
question   question *f*
quiet   tranquille; **be quiet!**   tais-toi!

radio   radio *f*
rain   pluie *f*
to **rain**   pleuvoir

rampart   rempart *m*
rarely   rarement
rate   taux *m*; **exchange rate**   taux du change; **interest rate**   taux d'intérêt
to **read**   lire, bouquiner
to **realize**   se rendre compte de
really   vraiment
to **receive**   recevoir
receiver   destinataire *m/f*
reception desk   réception *f*
recommendation   recommandation *f*
record   disque *m*
red   rouge, *(hair)* roux (rousse)
reduced   réduit(e)
refrigerator   frigo *m*
to **refuse**   refuser
register   caisse *f*
to **register (for)**   s'inscrire (à)
registered *(mail)*   en recommandé
to **rehearse**   répéter
relaxed   décontracté(e), détendu(e), relax(e)
remedy   remède *m*
to **remember**   se souvenir de
rental car   voiture de location *f*
to **repeat**   répéter
report   rapport *m*
request   demande *f*
to **resemble**   ressembler à
to **reserve**   réserver
residency: proof of residency   justificatif de domicile *m*
to **resist**   résister
respectful   respectueux(-euse)
responsible   responsable
to **rest**   se reposer
restaurant   restaurant *m*
résumé   curriculum vitæ *m*
to **return**   revenir, retourner; *(letter)* renvoyer; *(object)* rendre
rich   riche
ridiculous   ridicule
right *(correct)*   exact(e), juste; *(direction)* droite *f*; **to the right**   à droite; **right afterward**   tout de suite après; **to be right**   avoir raison; **to have the right**   avoir le droit de
ring   bague *f*; **wedding ring**   alliance *f*
roast beef   rosbif *m*
role   rôle *m*
romantic film   film d'amour *m*
room   pièce *f*, salle *f*; **dining room**   salle à manger *f*; **hotel room**   chambre d'hôtel *f*; **living room**   salle de séjour *f*
round-trip (ticket)   aller et retour *m*

rugby rugby *m*

to **run** (*film*) passer; (*water*) couler; (*tests*) faire des tests

Russian *adj* russe

Russian language russe *m*

sad triste

safari safari *m*; **to go on a safari** faire un safari

sailing: to go sailing faire de la voile

salad salade *f*

salary salaire *m*

sale solde *m*; **on sale** en solde

salt sel *m*

sandal sandale *f*

sandwich sandwich *m*

Saturday samedi *m*

sausage saucisson *m*

to **save** (*money*) mettre (de l'argent) de côté, faire des économies; (*time*) gagner du temps

savings économies *f pl*

savings bank caisse d'épargne *f*

to **say** dire

schedule emploi du temps *m*

school école *f*; **elementary school** école primaire *f*; **high school** lycée *m*; **nursery school** école maternelle *f*

science fiction film film de science-fiction *m*

Scotland Écosse *f*

Scottish écossais(e)

screen écran *m*

season saison *f*

seat place *f*, siège *m*

seat belt ceinture de sécurité *f*

second deuxième

secret secret *m*

to **see** voir; **see you soon** à bientôt, à tout à l'heure; **see you tomorrow** à demain

to **seem** sembler; **it seems to me** il me semble; **to seem like** ressembler à

to **sell** vendre

to **send** envoyer, expédier; **to send back** renvoyer

sender expéditeur *m*

sense of humor sens de l'humour *m*

sentence phrase *f*

sentimental sentimental(e) (*pl* sentimentaux)

September septembre *m*

to **serve** servir

service charge service *m*

seven sept

seventeen dix-sept

shame dommage *m*

shampoo shampooing *m*

shape: to be in bad/good shape être en mauvaise/bonne forme

shave se raser

shaving cream mousse à raser *f*

she elle

shirt chemise *f*

shoe chaussure *f*; **basketball shoe** basket *f*; **tennis shoe** chaussure de tennis *f*

shoe size pointure *f*

shopping: to go grocery shopping faire les courses; **to go shopping** faire des achats; **shopping center** centre commercial *m*

short (*things*) court(e), (*people*) petit(e)

shower douche *f*

showing séance *f*

shrimp crevette *f*

shuttle navette *f*

sick malade

sickness maladie *f*

sideboard buffet *m*

sign indicating arrivals and departures panneau indicateur *m*

silk soie *f*

since depuis

sinusitis sinusite *f*

Sir Monsieur (*pl* Messieurs)

sister sœur *f*

six six

sixteen seize

size (*shoe, glove*) pointure *f*; (*except for gloves, shoes*) taille *f*

ski ski *m*

skiing: to go skiing faire du ski

to **sleep** dormir

to **sleep in** faire la grasse matinée

sleeping berth couchette *f*

sleeping car wagon-lit *m*

sleepy: to be sleepy avoir sommeil

slice: slice of bread tartine *f*

slip: slip of paper fiche *f*

sloppy cochon (*invar*)

small petit(e)

to **smell** sentir

to **smoke** fumer

smoker fumeur/fumeuse *m/f*

snack amuse-gueule *m* (*invar*)

to **snow** neiger

so donc; **so many** tellement; **so much** tellement; **so-so** comme ci comme ça

soap savon *m*

soccer   football *m*
social worker   assistant(e) social(e) *m/f*
sociology   sociologie *f*
sock   chaussette *f*
soda: orange soda   Orangina *m*
sofa   sofa *m*
software   logiciel *m*
sole *(fish)*   sole *f*
some   *translated by indefinite or partitive noun markers*
someone   quelqu'un
something   quelque chose
sometimes   de temps en temps, quelquefois
son   fils *m*
soon: see you soon   à bientôt, à tout à l'heure
sore throat   angine *f*, laryngite *f*
sorry   désolé(e); **to be sorry**   être désolé(e), regretter
south   sud *m*; **to the south of**   au sud de
souvenir   souvenir *m*
Spain   Espagne *f*
Spanish   *adj* espagnol(e)
Spanish language   espagnol *m*
to **speak**   parler
to **spill**   renverser
to **spoil**   gâter
spoon   cuillerée *f*
sport   sport *m*
sports jacket   veste *f*
sportsman/sportswoman   sportif/sportive *m/f*
spring   printemps *m*
square   place *f*
staircase   escalier *m*
to **stamp**   affranchir
stamp   timbre(-poste) *m*
station *(subway)*   station *f*; **train station**   gare *f*
stationery store   papeterie *f*
to **stay**   rester
steak   bifteck *m*
stereo   chaîne stéréo *f*
steward   steward *m*
stomach   estomac *m*
to **stop**   arrêter
store   magasin *m*
store window   vitrine *f*
story   histoire *f*
stove   cuisinière *f*
straight *(hair)*   raide; **straight ahead**   tout droit
to **straighten up**   ranger
strawberry   fraise *f*
striped   rayé(e)

student   étudiant(e) *m/f*; **student cafeteria**   restaurant universitaire, resto-U *m*
studies   études *f pl*
studio   studio *m*
to **study**   étudier
stuffed up   bouché(e)
stupid   bête
subject matter   matière *f*
subtitle   sous-titre *m*
suburbs   banlieue *f*
subway   métro *m*
to **succeed**   réussir (à)
to **suffer**   souffrir
to **suffice**   suffire; **it suffices**   il suffit
suit   costume *m*
suitcase   valise *f*
summer   été *m*
sun   soleil *m*
Sunday   dimanche *m*
sunny: to be sunny   faire du soleil
super   concierge *m/f*
supermarket   supermarché *m*
sure   sûr(e)
surface: by surface mail   par bateau
surgeon   chirurgien *m*
surgery   chirurgie *f*
to **surprise**   étonner, surprendre
surprising   étonnant(e)
to **swear**   jurer
sweater   pull *m*
Sweden   Suède *f*
Swedish   *adj* suédois(e)
to **sweep**   balayer
to **swim**   nager
swimming   natation *f*
Swiss   *adj* suisse
Switzerland   Suisse *f*
symptom   symptôme *m*
syrup   sirop *m*

table   table *f*
tablecloth   nappe *f*
tablespoonful   cuillerée à soupe *f*
to **take**   prendre; **to take a course**   suivre un cours; **to take a pulse**   prendre le pouls; **to take a walk**   faire une promenade; **to take advantage of**   profiter de; **to take an exam**   se présenter à un examen, passer un examen; **to take care of**   s'occuper de; **to take care of oneself**   se soigner; **to take care of (someone)**   soigner *(qqn)*; **to take x-rays**   faire des radios
take-off   décollage *m*

to **talk** parler; **to talk about** parler de, raconter

tall grand(e)

taxes impôts *m*

taxi taxi *m*

tea thé *m*

teacher: elementary school teacher instituteur/institutrice *m/f*; **high school teacher** professeur *m*

teaspoonful cuillerée à café *f*

telegram télégramme *m*

to **telephone** passer un coup de fil à, téléphoner (à)

telephone téléphone *m*; **telephone book** annuaire *m*; **telephone booth** cabine téléphonique *f*; **telephone number** numéro de téléphone *m*

television télévision *f*

to **tell** raconter

ten dix; **around ten** dizaine *f*

tennis tennis *m*

tennis shoe chaussure de tennis *f*

terrific formidable

test épreuve *f*; **to take a test** passer un examen; **to run tests** faire des tests

to **thank** remercier

thank you merci

that ce/cet/cette; **that one** celui/celle

the le, la, les

theater théâtre *m*

theft vol *m*

their leur, leurs

then alors, ensuite, puis

there là-bas; **there is, there are** il y a, voilà

these ces; **these** *(pronoun)* ceux/celles

thesis thèse *f*

they ils, elles

thief voleur *m*

thin mince

to **think about** *(reflect on)* penser à; *(have an opinion about)* penser de

third troisième

thirsty: to be thirsty avoir soif

thirteen treize

thirty trente

this ce/cet/cette; **this one** celui/celle

those ces; **those** *(pronoun)* ceux/celles

thousand mille

three trois

throat gorge *f*; **sore throat** angine *f*, laryngite *f*

Thursday jeudi *m*

ticket billet *m*; **one-way ticket** aller simple *m*; **round-trip ticket** aller et retour *m*; **ticket window** guichet *m*

tie cravate *f*

time heure *f*, temps *m*; **at the same time** en même temps; **to have a good time** s'amuser; **what time is it?** quelle heure est-il?

timetable horaire *m*

timid complexé(e), timide

tip service *m*

to **tip over** renverser

tired fatigué(e)

title titre *m*

to à

today aujourd'hui

toilet toilette *f*, W.-C. *m pl*

toilet paper papier hygiénique *m*

tomato tomate *f*

tomorrow demain

tonic water Schweppes *m*

too trop; **too many** trop de; **too much** trop de

tooth dent *f*

toothbrush brosse à dents *f*

toothpaste dentifrice *m*

totebag sac de voyage *m*

tour voyage organisé *m*

track voie *f*

train train *m*; **train station** gare *f*

training formation *f*

to **transfer** prendre la correspondance

travel agency agence de voyages *f*

travel agent agent de voyages *m*

trip voyage *m*

trout truite *f*

true vrai(e)

T-shirt Tee-shirt *m*

Tuesday mardi *m*

tuna thon *m*

Tunisia Tunisie *f*

Tunisian *adj* tunisien(ne)

to **turn** tourner

twelve douze

twenty vingt; **around twenty** vingtaine *f*

two deux

type genre *m*

to **type** taper à la machine

ugly laid(e)

unbelievable incroyable

uncle oncle *m*

under sous

underneath en dessous de

to **understand** comprendre

unemployment chômage *m*

unfriendly antipathique

unhappy malheureux(-euse) mécontent(e); **to be unhappy** faire une tête
United Nations Nations Unies *f pl*
university *adj* universitaire
university université *f*, fac *f*
unmarried woman célibataire *f*
unpleasant antipathique, désagréable
until jusqu'à, jusqu'à ce que
urgent urgent(e)
to **use** employer, se servir de
usher ouvreuse *f*

to **vacuum** passer l'aspirateur
vacuum cleaner aspirateur *m*
to **validate** composter
VCR magnétoscope *m*
veal veau *m*
vegetable légume *m*; **raw vegetables** crudités *f pl*
version version *f*
very très
violence violence *f*
violin violon *m*
visa visa *m*
Visa card Carte Bleue *f*
to **visit** *(person)* rendre visite à, *(place)* visiter
volleyball volley-ball (volley) *m*

to **wait (for someone)** attendre *(qqn)*; **to wait in line** faire la queue
waiter serveur *m*
waitress serveuse *f*
to **wake (someone)** réveiller *(qqn)*; **to wake up** se réveiller
to **walk** aller à pied, faire une promenade
walk promenade *f*
wallet portefeuille *m*
to **want** vouloir, avoir envie de
warm *(personality)* chaleureux(-euse)
to **wash** laver; **to wash up** se laver
washing machine machine à laver *f*
to **watch** regarder
water eau *f*; **mineral water** eau minérale *f*; **tonic water** Schweppes *m*
to **water** arroser
we nous
to **wear** porter
weather temps *m*
wedding mariage **m**; **wedding ring** alliance *f*
Wednesday mercredi *m*
week semaine *f*
weight: to put on weight grossir

welcome: you're welcome de rien, il n'y a pas de quoi
well bien
west ouest *m*; **to the west of** à l'ouest de
what quel, qu'est-ce que
when quand
where où
which quel (quelle)
white blanc(he)
who qui; **who's there?** *(on the phone)* qui est à l'appareil?
why pourquoi
widow veuve *f*
widower veuf *m*
wife femme *f*
to **win** gagner
wind vent *m*
window fenêtre *f*; **bank, ticket window** guichet *m*; **to clean the windows** faire les vitres
windy: to be windy faire du vent
wine vin *m*; **wine merchant** marchand de vin *m*
winter hiver *m*
to **withdraw** retirer
woman femme *f*
wool laine *f*
word processor machine à traitement de texte *f*
to **work** travailler
work emploi *m*, travail *m*
worker ouvrier/ouvrière *m/f*
worried inquiet(-ète); **to be worried** s'inquiéter
to **worry** s'inquiéter, s'en faire; **to worry someone** inquiéter *(qqn)*
worse pire
worst le/la/les pire(s)
to **write** écrire; **to write to one another** s'écrire
wrong: to be wrong avoir tort, se tromper; **to have something wrong** avoir quelque chose

x-ray radio *f*; **to take x-rays** faire des radios

year an *m*, année *f*
yellow jaune
yes oui; *(reply to a negative)* si
yesterday hier
you tu, vous; **you're welcome** de rien, il n'y a pas de quoi
young jeune
your ton, ta, tes; votre, vos

Index

Literary Credits

We wish to thank the authors, publishers, and holders of copyright for their permission to use or adapt the following: "Lisez chaque jour", © Ouest-France, le 17 août 1992; "La Tour de France des parcs d'attraction", tiré du mensuel © *Réponse à tout;* "Restaurants à Caen", Avec les compliments de l'Office de Tourisme de CAEN; "L'Horoscope oriental" and "Vous sentez-vous partagé?", *Qui êtes-vous?,* © Marabout, 1986; Jacques Prévert, Familiale, *Paroles,* © Editions Gallimard; Nathalie Sarraute, *Tropismes,* Les Editions de Minuit; Document SNCF; Léon Laleau, Trahison, *Musique Nègre,* © Imprimerie de l'Etat, Port-au-Prince, Haïti, 1931; Aimé Césaire, Pour saluer le Tiers Monde/à Léopold Sédar Senghor, *Ferrements,* © Editions de Seuil, 1960; © Regie Autonome des Transports Parisiens; "RATP-Mode d'emploi", Avec l'accord express de la RATP; Vous les Français, Jérôme DUHAMEL, © Editions Albin Michel; and Eugène Ionesco, *Exercices de conversation et de diction françaises pour étudiants américains,* © Editions Gallimard.

Photo Credits

Chapter 1: Page 1: left, © Beryl Goldberg; right, © Lee Gregory/Stock Boston *Chapter* 2: Page 19: © Sandra Baker/Gamma Liaison; Page 31: bottom left, © Lee Gregory/PhotoEdit; right, © Francis Jalain/Explorer/Photo Researchers, Inc.; top, © Peter Menzel/Stock, Boston *Chapter* 3: Page 47: top, © Lee Gregory/PhotoEdit; © Patrick Forestier/Sygma; Page 68: © The Walt Disney Company; © The Walt Disney Company *Chapter* 4: Page 73: © Will McIntyre/Photo Researchers, Inc.; Page 90: © Werner Bokelberg/The Image Bank; Page 91: right, © David R. Frazier Photolibrary; left, © J. Douglas Guy; Page 96: © Hugh Rogers/Monkmeyer *Chapter* 5: Page 99: top, © Peter Menzel/Stock, Boston; bottom, © Iconos/Explorer/Photo Researchers, Inc.; Page 101: © David R. Frazier Photolibrary; Page 108: © Helen Marcus/Photo Researchers, Inc.; Page 115: © Ronny Jacques/Photo Researchers, Inc. *Chapter* 6: Page 127: © Dufeu/Jerrican/Photo Researchers, Inc.; Page 146: top, © Peter Menzel; bottom, © Hugh Rogers/Monkmeyer; Page 147: top: © IPA/The Image Works; bottom, © Stuart Cohen *Chapter* 7: Page 163: bottom, © Witt/Sipa Press; top, © Owen Franken/Stock, Boston; Page 167: left, © Winning/Vandystadt/Photo Researchers, Inc.; bottom, © Patrick Behar/Vandystadt/Photo Researchers, Inc.; top, © N. Tavernier/Sipa Press *Chapter* 8: Page 187: © Richard Lucas/The Image Works; Page 208: top, © Raphael Gaillarde/Gamma Liaison; bottom, © Sipa Press; right, © SIPA Press; Page 216: © Peter Menzel *Chapter* 9: Page 219: © Jerome Chatin/Gamma Liaison; © David R. Frazier Photolibrary; Page 222: left, © Stuart Cohen; top, © A. Chaumat/ Petit Format; bottom, © J.C. Francolon *Chapter* 10: Page 247: © Mat Jacob/The Image Works; Page 250: © Lee Gregory/Stock, Boston; Page 276: © Beryl Goldberg *Chapter* 11: Page 279: © Lee Gregory/Stock, Boston; © David R. Frazier Photolibrary; Page 281: © Lee Gregory; Page 282: © Lee Gregory/PhotoEdit *Chapter* 12: Page 307: © Marcel Isy-Schwart/The Image Bank; Page 318: left, © Mat Jacob/The Image Works; right, © Aurora; Page 330: © Exroy/Explorer/Photo Researchers, Inc.; Page 343: left, © Robert Fried/Stock, Boston; right, © Will &; Deni McIntyre/Photo Researchers, Inc.; Page 344: © J. Barry O'Rourke/The Stock Market *Chapter* 13: Page 347: top, © Bill Gallery/Stock, Boston; bottom, © Lisl Dennis/The Image Bank; Page 356: © Alain Choisnet/The Image Bank; Page 362: top left, © Monkmeyer Press; top right, © Monique Salabar/The Image Works; center left, © George Holton; center, © Peter Menzel; center right, © Lesley Desmond/Monkmeyer Press; bottom left, © Mat Jacob/ The Image Works; bottom center, © Mark Antman/ The Image Works; bottom right, © Mark Antman/The Image Works *Chapter* 14: Page 377: © Peter Menzel; Page 380: top left, © Francis de Richemond/The Image Works; top right, © Philipe Gontier/The Image Works; center left, © Francis de Richemond/The Image Works; center right, © Francis de Richemond/The Image Works; bottom left, © Francis de Richemond/The Image Works; bottom right, © Francis de Richemond/ The Image Works